大学语文

（2020年修订版）

主　编：王　钢　杨同军　林敬华

副主编：马　艳　应永恒　张　阳　范　薇
　　　　翟　倩　李一宇　李　群　都昕蕾

参　编：谢展智

湖南师范大学出版社
·长沙·

图书在版编目（CIP）数据

大学语文 / 王钢，杨同军，林敬华主编. —长沙：
湖南师范大学出版社，2015.8

　ISBN 978-7-5648-2210-1

　Ⅰ.①大…　Ⅱ.①王…②杨…③林…　Ⅲ.①大学
语文课—高等学校—教材　Ⅳ.①H19

中国版本图书馆CIP数据核字（2015）第183760号

大学语文
DAXUE YUWEN

王　钢　杨同军　林敬华　主编

策划统筹：文智达教育

责任编辑：李　楠　李培超

责任校对：赵晓磊

出版发行：湖南师范大学出版社

地　　址：长沙市岳麓山

邮　　编：410081

电　　话：0731-88872751

网　　址：http://press.hunnu.edu.cn

印　　装：湖南旭诚印务有限公司

开　　本：787 mm×1092 mm　1/16

印　　张：19

字　　数：355千字

版　　次：2015年8月第1版

印　　次：2021年8月第3次印刷

书　　号：ISBN 978-7-5648-2210-1

定　　价：48.00元

前　言

　　"大学语文"是一门文化素质教育课程，它以培养学生汉语语言文学的阅读、欣赏、理解和表达能力为目的，同时注重对大学生人文精神与品德素养的培养，是对大学生进行文化素质教育的一个重要手段。对于人类精神文化的传承、大学生人文素质的培养、健全人格的形成、审美能力的提高，大学语文课的作用是无法替代的。所以，学好大学语文会使学生终身受益。

　　近年来，国家加强了对学生的语文教育，引起了人们的普遍关注，取得了良好的社会效益。本教材针对大学语文的教学特点，结合教学实践，从目前大学生的实际需要出发，在广泛征求教师、学生意见的基础上编写而成。

　　为了更好地适应我国高等教育发展的要求，在语文教学实践中产生新理念、新经验，构建新模式，我们在编写过程中以大学生为主体，以大学生活为起点，引出一个自然的、自主的、循序渐进的表达训练过程，这是我们对"大学语文"基本的理解；创设学生自主表达的情境，为学生人文素质的养成开发语文资源，让学生在人文表达的实践中认识人文并成长为"人"，这是我们努力的方向。

　　本教材人文性与实用性兼备、广度与深度结合、审美与趣味并重。我们选文范围广博，中国古代文类、中国现代文类和外国文类的选文构成三足鼎立态势。选文中既有文辞优美的文学作品，又有实用性很强的应用文；既有名篇，又有新作；既重道又重文，文道结合，文道兼丰。

　　全书共五篇，第一篇至第四篇分别为诗歌篇、散文篇、小说篇、戏剧篇，按文学作品的体裁分类，精心遴选古今中外优秀名篇供学生阅读，并配有相应的练习，以帮助学生了解文学史的有关知识，这样编写不仅注重了个体知识的学习，而且突出"线性"内容的介绍，把学生对作家作品的评析鉴赏，放在文学史的坐标上予以定位，使学生对我国古代、现代文学发展的轨迹有一个"相对"完整的了解，对各种文体的产生与流变有个清晰的印象，使学生能够用历史的眼光、历史的角度去认识人和人、人与社会、人与自然的关系，并从中汲取智慧。

　　我们对文章的遴选涵盖历史、思想、艺术和文明等方面，旨在文化传承和人格陶冶。学生阅读古今中外人文的经典名作，接受讲气节、明廉耻、重道德、懂事理、爱艺术的教育。这种"求真""求善""求美"的人文意识成为全书的主导。这四篇的学习内容贴近学生的应用实际，编排体例由浅入深，与"应用写作"的相关部分前后呼应，适用于在校大学生。

　　我们的思考是不周密的，每一篇提出一个问题，教材共提出五个问题，这些问题是否有充分的代表性，对问题的把握是否准确，围绕问题的思考设计是否合理、有序，都需要进一步验证。此外，这本为大学生语文学习设计的教材，是否真正做到以学生为本位，能否足够有力地支持可持续性学习，这也需要得到实践的检验。我们期待来自教师、学生与读者的意见和建议，并在这里向广大读者表示由衷的感谢！

编　者

目　录

诗歌篇

第一章　诗歌概述

第一节　诗歌的含义、特点与种类

一、诗歌的含义

诗歌是最古老的一种文学样式，各民族文学发展的历史几乎都是从诗歌开始的。最早的诗歌，可追溯到原始人为协调劳动动作、交流感情而发出的劳动呼声。《淮南子·道应训》中说："今夫举大木者，前呼'邪许'，后亦应之，此举重劝力之歌也。"这种简单的劳动呼声还不能算作诗，但包含了诗的本质特点之一，即它具有韵律性。随着人类社会的发展，人类思维能力的提高和语言的产生，才出现了含有一定内容，又具有韵律节奏的原始歌谣。如《礼记·郊特牲》中记载的《蜡辞》："土，反其宅！水，归其壑！昆虫，毋作！草本，归其泽！"这首诗歌相传源于神农时代，描绘了当时人们为了农业丰收而祭祀祷告的唱辞。再如，《吴越春秋》中记载的《弹歌》："断竹，续竹，飞土，逐宍。"则生动地再现了远古先民从制造弹弓到外出狩猎的完整过程。这些歌谣，大都存在于劳动过程和劳动前后的祝祷与庆典活动中，最初与音乐、舞蹈合为一体。如《礼记·乐记》中说道："诗言其志也，歌咏其声也，舞动其容也。三者本於心，然后乐器从之。"又如，《诗大序》中说道："诗者，志之所之也，在心为志，发言为诗。情动於中而形於言，言之不足故嗟叹之，嗟叹之不足故永歌之，永歌之不足，不知手之舞之足之蹈之也。"说的都是早期诗歌与音乐、舞蹈是融为一体的，这里除了上面提及的诗歌的韵律性特点，还揭示了另一个特点，即它的抒情性。

在一个相当长的历史时期内，诗歌只是活在劳动人民的口头创作之中，并由人们"口耳相传"，以后才出现文人创作的诗。经过文人参与创作后的诗歌，在思想性和艺术性方面都有了极大的进步。随着时代的推移，诗歌创作经验和理论都在不断累积和发展，逐渐形成了古代诗歌的丰硕成果和宝贵价值，使古代诗歌在整个中国古代文学史上占有重要的地位。

诗歌自产生以来，经历了不同的历史时期，产生了众多的体裁样式，人们对诗歌含义的解释也不下千百种，在运用诗歌这个概念时也就有了广义狭义之分。20世纪30年代，杨鸿烈在《中国诗学大纲》中曾一口气列出中国文论中关于诗的40条定义加以评析，美国现代诗人卡尔·桑德堡在《诗的定义（初型）试拟》中也曾拟出38条诗歌定义。

以我国诗歌为例，我国古代的诗，有合乐的"歌诗"，也有不合乐的"徒歌"，合称诗歌。诗的范围，有的定得窄，仅指古体诗、近体诗等；有的定得较宽，把楚辞、词、散曲都包括在内。它们共同的特点是具有抒情性和一定的韵律。到现代，随着文学的发展，除格律诗外，还有自由诗、散文诗等。

同样，在西方的文学观念中，"诗"也有广义狭义之分。"诗"最初用来指一切创造性的作品，包括文学、绘画、雕刻等艺术形式。后来，各门类艺术逐渐分离，"诗"专指文学作品，像亚里士多德《诗学》中的"诗"，就兼指史诗、悲剧与喜剧。19世纪，在别林斯基等人的批评论著中，"诗"也常常用来指包括小说在内的各种文学样式，所谓"诗的"，也就是"文学的"。狭义的"诗"，则指具体的文学样式，如抒情诗、叙事诗。

结合中外学者对诗歌概念的见解，总结概括出诗歌的含义，即所谓诗歌，指的是与小说、戏剧、散文、影视文学相并列的，一种高度凝练集中，重在抒情，饱含着丰富的想象与情感，讲究节奏和韵律的文学样式。

二、诗歌的特点

关于诗歌的特征，古今中外的诗人、评论家都发表过不少精彩的意见，概括起来，其特征有以下几点。

1. 浓郁的抒情性

诗歌是最重要的抒情文体，抒情是诗歌最基本的本质特征，这为历代诗人、文论家所公认，并贯穿于古今中外一切伟大的诗篇中。

我国历来就有"诗国"之称，在我国第一部诗歌总集《诗经》里，古人就发出了"心之忧矣，我歌且谣"的歌声。在先秦，"诗言志"是人们对诗歌本质最普遍的认识。所谓"志"，亦即诗人的思想和情感。魏晋时期，陆机在《文赋》中第一次提出了"诗缘情而绮靡"的主张，对后世诗坛产生了深远的影响。唐代诗人白居易则明确把"情"视为诗的根本，认为"感人心者，莫先于情，莫始于言，莫切于声，莫深于义。诗者：根情，苗言，华声，实义。"到现当代，人们仍持同样的见解。鲁迅说："诗歌是本以抒发自己的感情的。"郭沫若说："诗的本质专在抒情。"当代诗人郭小川认为："没有感情，就没有诗歌。"

诗的抒情性在西方同样也受到重视。古罗马演说家西赛罗说，古希腊哲学家德谟克利特就"不承认有某人可以不充满热情而成为大诗人"。黑格尔在《美学》中也指出："抒情诗主要地表现内心的情绪。"英国诗人华兹华斯说："诗是强烈感情的流露。"

可见，诗最本质的特点便是抒情。如果没有诗人情感的渗透和熔铸，就不可能产生诗。如传统蒙学《声律启蒙》中的句子：云对雨，雪对风。晚照对晴空。来鸿对去燕，宿鸟对鸣虫。三尺剑，六钧弓，岭北对江东；人间清暑殿，天上广寒宫。两岸晓烟杨柳绿，一园春雨杏花红。两鬓风霜，途次早行之客；一蓑烟雨，溪边晚钓之翁。这些句子，有对仗、有平仄、有景物，也押了韵，念起来声音和谐，节奏响亮，但它不是诗。押韵不一定是诗，《百家姓》《三字经》《千字文》不是诗，华丽的辞藻不一定是诗，生活现象的罗列也不一定是诗，用形象图解某一意念不是诗，将句子分行排列也不一定是诗。如果没有诗人主观情感的渗透，就不具备诗的审美特质，诗必须有情感在。如王逸在《楚辞章句》中说道："《九歌》者，屈原之所作也。昔楚国南郢之邑，沅湘之间，其俗信鬼而好祠，其祠必作歌乐舞鼓，以乐诸神，屈原放逐，窜伏其域，怀忧苦毒，愁思沸郁，出见俗人祭祀之礼，歌舞之乐，其词鄙陋。因为作《九歌》之曲。"这里就提到了抒情诗歌的一个典型创作过程。战国时期著名爱国诗人屈原因为受到谗言陷害被放逐到边地，心中忧愤悲怆，所以在听到了当地民歌之后就借用其曲调，创作了抒发内心不平之气的《九歌》组诗，其中不乏经典诗句流传后世，经久不衰，如"帝子降兮北渚，目眇眇兮愁予。袅袅兮秋风，洞庭波兮木叶下。"（《湘夫人》）"余处幽篁兮终不见天，路险难兮独后来。表独立兮山之上，云容容兮而在下。"（《山鬼》）可以说，《九歌》就是诗人屈原用来抒情言志的诗歌作品，这首组诗最具艺术价值的地方也正在于它感人至深的抒情性。

诗的抒情性不仅体现在抒情诗上，也体现在叙事诗上，吕进在《新诗的创作与欣赏》中说，"我们可以在叙事诗或略带情节的抒情诗中发现，凡是叙事的地方，诗就出现快镜头，凡是抒情的地方，诗就出现慢镜头。" 如我国古代文学史上第一部长篇叙事诗《孔雀东南飞》，通过叙述焦仲卿和刘兰芝夫妇感情深厚却出于家人的反对被迫分离殉情的情节，刻画了生动感人的人物形象，抒发了对封建礼教的控诉之情和对焦刘夫妇深情厚谊的真挚歌颂，在叙事的同时也极具抒情性。

强调诗歌的抒情本质，并不是说其他文学就没有或不需要抒情，只是它们都不像诗歌那样把感情作为自己主要的表现对象，并且在情感的强烈、集中和表达方面有着那么严那么高的要求。同样，强调抒情是诗歌的本质，也并不是说一切情感的流露都能成为好诗。情感有真伪、高下、美丑、强弱之分。一首成功的诗，首先要具有真情实感，它来自生活，出自肺腑，那些浮泛的矫饰，无病的呻吟，假大空的豪言壮语，不可能成为好的诗歌。其次，诗的情感还要求健康、高尚。罗斯金说："一个少女可以歌唱她失去的爱情，但是一个守财奴却不能歌唱他所失去的钱财。"普列汉诺夫指出，因为前者感情高尚，可以感动善良的人们，而后者感情卑下，不能引起人们的共鸣。人类的一切情感，特别是与人民、与生活、与时代息息相关血肉相通的情感，都是诗情的源泉，而一切病态的、格调低下的、颓废粗俗的情感，都不宜选做诗歌抒情的对象。

由于诗歌以抒情为主，带有诗人强烈的主观色彩。因此，诗歌对社会生活的反映主要不是通过对客观生活内容的描摹，而是要把社会生活心灵化，即把它熔铸内化为诗人的主观情感加以表现。所以，真正的诗，永远是心灵的诗，灵魂的歌。生活的心灵化，情感化，也就决定了诗人个性在诗歌创作中的地位。郭沫若说："诗的主要成分总要算是'自我表现'了。"诗人公木也曾说："凡诗中或明或暗都有个'我'，需要描写'自我'。"如果没有"我"的独特情感，没有"我"的审美发现，就不会有诗的抒情个性。但是，"表现自我"并不等于"个人主义"，也不意味着与社会生活的隔绝。诗歌"表现自我"，表现的不仅是诗人的个性、人格和灵魂，还有诗人对于生活、时代、社会的独特情感体验，这使得诗歌具有参照世界、反映现实的普遍意义。正如别林斯基所说："伟大的诗人谈着他自己，谈着他的'我'的时候，也就是谈着大家，谈着全人类。"

　　诗歌是激情的产物。古罗马贺拉斯有句名言："愤怒出诗人。"但也有人认为，情绪过于激烈时不宜作诗。如鲁迅就说过："我以为情感正烈时候，不宜作诗，否则锋芒太露，能将'诗美'杀掉。"狄德罗也说过："你是否趁你的朋友或爱人死的时候就作诗哀悼呢? 不，谁趁这种时候去发挥诗才，谁就会倒霉。"这两种意见究竟孰是孰非呢? 实际上，不同的情感状态，不同的情感内容，就有不同的抒情方式。激情如炽，固然可以抒发为诗；痛定思痛，也可以长歌当哭。

　　大体说来，诗歌的抒情方式有两大类：或直抒胸臆、激情奔放，或以物传情、深沉含蓄。当诗人在现实生活中感受到的情感如潮水一般在胸中激荡时，诗人往往在歌唱与呐喊中把自己的激情不加掩饰地倾泻出来；有时，诗人也将情感与人生哲理、信念熔为一炉，以直陈的方式来表达，如陈子昂的《登幽州台歌》、裴多菲的《自由颂》、普希金的《假如生活欺骗了你》，都是直抒胸臆的名篇。但诗人更多时候是借物抒情。诗人涌动于胸中的情感，既是具体的，又是无形的，无法让人直接感知。因此，诗人在抒发情感时，往往力求情与境谐，情与景合，把情感凝结成有声有色有形有态的具象，以让读者去体验和感受。例如，"情谊"是无形的，但"桃花潭水深千尺，不及汪伦送我情"的诗句却让读者感受到了别情的深长；"忧愁"是抽象的，但"问君能有几多愁，恰似一江春水向东流"的诗句却让读者体会到了忧愁的绵绵不绝。

2. 高度集中地反映社会生活

　　诗是一种高度凝练高度集中的语言艺术。它要像凸透镜一样，把生活中的光和热都集中到足以引起燃烧的焦点上来，万取一收，一以见万，以有限的篇幅反映无限宽广的内容。因此，诗歌一般不对事件过程作冗长的铺垫和交代，它总是把笔力集中到诗人感情的抒发上，通过抒情的方式，高度集中地反映社会生活。

　　诗歌在形象的刻画上不同于散文、小说。散文、小说对形象的刻画一般是全面展开的，甚至是精雕细刻的，诗歌对形象的刻画往往采取写意的手法，只是抓住事物感人至深的特征来写。如元稹的《古行宫》："寥落古行宫，宫花寂寞红。白头宫女在，闲坐说玄宗。"诗人这里写宫花和宫女，并没有全面铺开来写，只是抓住宫花灿烂的色彩与宫女婆娑的白发来写，短短几句，就抒发了作者对历史盛衰的感慨，可谓高度精练。

　　诗歌总是以有限的篇幅，最少、最精美的文字，来反映无限广阔的内容。旧诗中的许多作品，均能以少胜多，做到"字少而意丰""以片言明百义"。如温庭筠的《商山早行》："鸡声茅店月，人迹板桥霜。"通过寥寥数字，便将凄清冷落的意境和游子在旅途中的辛劳、孤寂抒写得淋漓尽致。新诗用白话来表现现实生活，不像旧诗那样对字句有严格限制，篇幅可长可短，每行的字数可多可少，但对生活的反映同样是高度集中的，如诗人韩翰的《重量》："她把带血的头颅／放在生命的天平上／让所有的苟活者／都失去了——重量。"全诗短短几句，既没有铺陈张志新烈士临刑的场面，也没有大篇幅的抒情，只是寥寥数语，深刻地表现了对烈士的敬仰，也对所有苟活者进行了鞭挞。

3. 丰富的想象

　　一切文学创作都离不开想象，诗歌创作特别需要想象。艾青说："没有想象就没有诗。"赫兹利特说:"诗歌是幻想和感情的白热化。"波德莱尔说:"只有想象里才有诗。"

诗歌的情感抒发需要借助于形象,诗歌创造形象有其特殊性,一般情况下,它不会对事物作详细、具体的描写,也不会对事物过程作一一铺叙。它只是抓住最便于抒情的事物,以抒发自己的感情。它对事物的描写,往往是写意性的,它通过"意象"的创造来构筑自己的形象体系和艺术世界。

所谓"意象",它不是纯客观的描摹,而是诗人主观情感作用于客观物象,并在融合转化中生成的具有特定情感内容的艺术形象,它是"客观物象"与"主观情感"的有机统一。"意象"是诗歌形象构成的重要元素。一首诗可以有一个单一的意象,也可以有多个意象组成的复合意象。

诗人创造意象有两种类型:一是以心写物,一是缘心造物。所谓"以心写物",它直接缘于作者的感官印象,是对生活场景的诗意刻画。例如杜甫的《绝句》:"迟日江山丽,春风花草香。泥融飞燕子,沙暖睡鸳鸯。"这首诗一句一个意象,四个意象组成了初春美丽的图画,表现了诗人面对一派春光的喜悦之情,其意象与客观事物有着某种对应。所谓"缘心造物",其意象不是来自现实的生活场景,而是由诗人主观臆造的。例如舒婷的《祖国啊,我亲爱的祖国》中的句子:"我是你簇新的理想,刚从神话的蛛网里挣脱;我是你雪被下古莲的胚芽;我是你挂着眼泪的笑窝;我是新刷出的雪白的起跑线;是绯红的黎明 / 正在喷薄!——祖国啊!"这些诗句的意象,是诗人主观臆造的,诗人根据情感抒发的需要,在平日积淀的感官印象基础上,通过大胆的创造性想象,将其整合为新颖独到的"意象",这些"意象"虽然离生活实景较远,但依然是诗人主观情感的真实表达。

诗人通过意象抒发情感,其意象可以在情感的弥漫下奔向多极,呈现交叉、重叠、多元;也可融合而奔向整一,构成一个整体的、令人回味无穷的艺术境界,在后者,也就构成了诗的意境。意境是情、理、形、神高度融合而成的一个引人联想想象的艺术世界,是由诸多意象融合而成的含蓄而又蕴藉的完整画面。意境是中国古代诗学一个重要的审美范畴。不仅诗歌创作追求意境,小说、散文、戏剧、影视文学创作有时也追求诗的意境。

由于诗歌意象的独特性,诗歌的形象创造和情感表现特别需要奇特而丰富的想象。诗歌创作,必须不为客观事物所囿,在情感的驱动下,展开想象的翅膀,去捕捉、开拓、创造奇特而新颖的意象。为此,诗人常常运用夸张、比喻、变形、通感、拟人等艺术手法。

别林斯基说:"在诗中,想象是主要的活动力量,创作过程只有通过想象才能够得到完成。"在诗歌创作中,诗人只有展开想象的翅膀,摆脱现实的拘泥,才能充分调动形象思维,营造新颖独创的意象,创造优美蕴藉的意境。如果缺乏想象力,想象不能腾飞,诗歌的感情表达,作品的审美价值就会大打折扣,写得太直太露,如白开水一般,无滋无味。即使不是太直太露,单靠技术上的刻板操作,也只能使诗歌"意""象"脱节,"意""境"混乱。

4. **精美而具有韵律的语言**

诗的语言是最为精美的语言,它的精美表现在字字珠玑并富于音乐美。

诗自产生之日起,就与音乐结下了不解之缘,每首原始的诗歌,既是诗,同时也是音乐作品。文学独立之后,诗歌仍在很长一段时间里保留着合乐、能唱的特点。同时,诗歌之所以具有音乐性,还与它的抒情性紧密相关。感情的起伏跌宕、波动流走,构成了诗歌内在的音乐美。将诗歌内在的音乐美传达出来,也就构成了诗歌语言上的音乐美。诗歌语言作为文学中最精练的抒情语言,它着意强化了语言的音乐性,最充分地发挥了语言音响的特殊功能。所以,英国诗人柯勒律治说:"心灵里没有音乐,绝不可能成为一个真正的诗人。"英国作家爱伦·坡也说:"文学的诗可以简单说为美的有韵律的创造。"

诗歌语言的音乐美,主要表现为节奏和押韵。郭沫若说:"节奏之于诗,是她的外形,也是她的生命,我们可以说没有诗是没有节奏的,没有节奏的便不是诗。"所谓节奏,是指诗歌语言轻重、缓急、强弱、高低、长短所带给人的一种张弛交错的特殊美感。它实质上是宇宙节奏、生活节奏、情感节奏的诗化。

专家们研究,中国诗歌语言上的节奏,主要是通过"平仄"和"顿"来完成的。在古代汉语里,汉字有平、上、去、入四声,平声除外,其他都是仄声(在现代汉语中,平声分为阴平和阳平,入声则分别归入阴平、阳平、去声)。平声音长而平稳,仄声音短而有升降,古代诗人运用平仄的对立,在长期的诗歌创作实践中形成了一些稳定的平仄格式,如王之涣的《登鹳雀楼》:

白日依山尽,仄仄平平仄

黄河入海流。平平仄仄平

欲穷千里目,平平平仄仄

更上一层楼。仄仄仄平平

这首诗,每句平仄相间,单句与双句之间相间位置的字音,特别是二、四两字,上句用平声字,下句一定用仄声字,这种平仄有规律地组合,也就造成了语音上的错落有致,变化和谐,也就形成了诗歌语言的节奏。

所谓"顿",是指读一行诗时可以略为停顿一下的音节上的基本单位。如徐志摩《再别康桥》中的第一节:

轻轻地 / 我 / 走了,

正如我 / 轻轻地 / 来,

我 / 轻轻地 / 招手,

作别 / 西天的 / 云彩。

诗中长短不一,相互交错的"顿",也就构成了诗歌语言上的节奏。专家们研究,中国古代的七言诗,一般每句分四顿,五言诗每句分三顿。如:"故人 / 西辞 / 黄鹤 / 楼,烟花 / 三月 / 下 / 扬州。孤帆 / 远影 / 碧空 / 尽,唯见 / 长江 / 天际 / 流。"如:"千山 / 鸟飞 / 绝,万径 / 人踪 / 灭。孤舟 / 蓑笠 / 翁,独钓 / 寒江 / 雪。"现在的新诗,由于诗无定节,节无定行,行无定字,"分顿并不一定像我国古典诗歌一样固定以两个字或收尾的一个字为一顿,而可以从一个字多到三四个字为一顿"(何其芳《关于诗歌形式问题的争论》)。

构成诗歌语言上的音乐美,除了节奏,还有押韵。诗歌有头韵、腰韵、脚韵,中国诗歌一般押脚韵。中国汉字的读音由声母和韵母组成,这就为诗歌的押韵提供了条件。所谓押韵,就是指同韵母的字在诗行中有规律地重复出现。押韵可以给读者提供一种听觉上的美感,有利于感情的强调和意义的集中,可以使全篇具有整体感。黑格尔曾指出:"音节和韵是诗的原始的唯一的愉悦感官的芬芳气息。"中国古代的格律诗对押韵要求相当严,不仅规定了韵的位置,还规定了韵的平仄。而自由诗的押韵,就比较灵活、自由,可疏可密,可一韵到底,也可中途换韵。尽管现代诗坛出现了一些不押韵的诗,但从整体上说,如果不是因韵害意,不是玩文字游戏,押韵对诗歌艺术仍然是很重要的,因为它能构成诗歌的回环之美、听觉之美,有利于情感的抒发,便于记忆传诵。

由于诗歌要强化感情,突出意象,也由于诗歌有音韵和节奏上的要求,也就带来诗歌语言上的一些特殊之处。

诗歌的语言是最精炼、最形象、最优美的语言,它像水晶一样晶莹剔透。诗句缺乏锤炼、啰唆是诗的致命伤。写诗歌,要字字必争,句句必争,炼字炼句,精心推敲,尽可能做到精炼、形象、优美,不多一字,也不少一字。如著名的关于"推敲"的诗歌创作典故:唐代诗人贾岛经常骑驴吟诗,一天他一边骑驴走在路上,一边在头脑中反复思考刚刚创作的一首诗:"鸟宿池边树,僧敲月下门。"他正在想用"推"字好还是用"敲"更好,结果不小心冲撞了韩愈,韩愈问清缘由后,建议他用"敲"字,因为"敲"字更能凸显夜晚的万籁俱寂。

诗歌的语言要内蕴丰富、含蓄。中国古代的诗论,就特别强调这一点,要求诗歌要有"象外之象""景外之景""弦外之响""韵外之致"。古人认为,诗歌如果没有韵外之致,也就如同嚼蜡。如司空图在《与极浦书》中写道:"戴容州云:'诗家之景,如蓝田日暖,良玉生烟,可望而不可置于眉睫之前也。'象外之象,景外之景,岂容易可谭哉?"这里他把绘画领域的画外之境引入诗歌批评领域,比较直观形象地揭示了诗歌意境的审美特征,即用具体直观的有限文字营造出抽象蕴藉的韵致境界,体现了中国传统美学虚实相生理念在诗歌领域的应用,也是闻一多的"三美"诗歌理论中"绘画美"的集中体现。

诗歌的语言常常打破常规的语法规范,出现成分残缺或词序倒置。如杜甫《秋兴八首》中的名句:"香稻啄余鹦鹉粒,碧梧栖老凤凰枝",按照一般文法,根本读不通。这种见解是极精到的。这种情况在现代诗歌中也大量存在。

诗的语句跳动性极大,它不像散文的语言强调意思的完整性,它往往只呈现最重要的词语或意象,而将一些关联性的词语省略掉,让读者凭想象去连缀补充,如马致远的《天净沙·秋思》:"枯藤老树昏鸦,小桥流水人家,古道西风瘦马,夕阳西下,断肠人在天涯。"开头句,由九个偏正词组组成,作者就把关联词语省略掉了。诗句的跨度极大。大量的省略不仅没有破坏意义的传达,相反还大大地拓展了诗的联想空间。

诗歌特殊的语言结构还表现在诗行的排列上。现代诗歌的一个重要外部标志,就是诗的分行排列,闻一多曾把它视为"建筑的美"。在大多数的情况下,散文语言的排列有很大的随意性,没有多少独立的意义。而诗的分行排列却是诗人精心安排的结果,直接影响到诗的功能和价值的实现,并具有独立的审美价值。把一篇散文分行排列,不能算诗。而把一首现代诗排成散文样式,却将大大削弱诗的艺术魅力。中外格律诗有固定的句式、行数,具有整齐的形式外观。而自由诗的分行则相当灵活:可以一句一行,也可把一句排成几行,可以一个字排一行,可以把几十个字排成一行。诗的分行既要服从表现情感、构造意象的内在需要,又要适应诗歌音乐美、建筑美的外在需要。例如,马雅可夫斯基的长篇政治抒情诗,大多采用了一种"楼梯式"的分行,造成了一种独特的情感节奏和语言节奏,有如激流飞泻,层层浪涌;惠特曼的《草叶集》则采用了大量近乎散文的长长诗行以歌颂大自然、劳动和创造,读起来显得汪洋恣肆、雄浑豪迈。他们在诗行的排列上,都独具匠心。

三、诗歌的种类

诗歌在不同民族不同时代的发展中产生了多种不同的形态,现将一些基本的形态介绍如下。

1. 叙事诗和抒情诗

这是依据诗歌的内容而划分的。凡侧重于抒发诗人思想感情的诗称抒情诗;即用抒情的方式"歌唱一个故事"的称叙事诗。抒情诗一般没有完整的故事情节,也不详尽地叙述事件的过程,它一般将客观事物的描写融到作者强烈的情感抒发之中,其写景状物,或写生活中某一事件的片断,都是为了抒情。和抒情诗比较起来,叙事诗一般都有比较完整的故事情节和比较具体的人物描写,但它不像小说那样侧重于客观事物的叙述和描写,它通常是以抒情的方式叙事,把丰富的感情融注在人物形象和故事情节之中。它不是讲述一个故事,而是歌唱一个故事。抒情诗和叙事诗并不是截然分开的,抒情诗也可以有许多叙事因素,叙事诗因其是抒情的叙事,也离不开抒情的成分。二者的划分,主要是就其主导倾向而言的。

【举例】叙事诗

木兰辞

南北朝民歌

唧唧复唧唧,木兰当户织。不闻机杼声,唯闻女叹息。问女何所思,问女何所忆。

女亦无所思,女亦无所忆。阿爷无大儿,木兰无长兄。愿为市鞍马,从此替爷征。

东市买骏马,西市买鞍鞯,南市买辔头,北市买长鞭。

旦辞爷娘去,暮宿黄河边。不闻爷娘唤女声,但闻黄河流水鸣溅溅。

旦辞黄河去,暮至黑山头。不闻爷娘唤女声,但闻燕山胡骑鸣啾啾。

万里赴戎机,关山度若飞。朔气传金柝,寒光照铁衣。将军百战死,壮士十年归。

归来见天子,天子坐明堂。策勋十二转,赏赐百千强。可汗问所欲,木兰不用尚书郎,愿驰千里足,送儿还故乡。

爷娘闻女来,出郭相扶将;阿姊闻妹来,当户理红妆;小弟闻姊来,磨刀霍霍向猪羊。

开我东阁门,坐我西阁床。脱我战时袍,著我旧时裳。当窗理云鬓,对镜帖花黄。

出门看火伴,火伴皆惊:同行十二年,不知木兰是女郎。

雄兔脚扑朔,雌兔眼迷离;双兔傍地走,安能辨我是雄雌?

【举例】抒情诗

当你老了

[爱尔兰]威廉·巴特勒·叶芝

当你老了，头白了，睡意昏沉，

炉火旁打盹，请取下这部诗歌，

慢慢读，回想你过去眼神的柔和，

回想它们昔日浓重的阴影；

多少人爱你青春欢畅的时辰，

爱慕你的美丽，假意或真心，

只有一个人爱你那朝圣者的灵魂，

爱你衰老了的脸上痛苦的皱纹；

垂下头来，在红光闪耀的炉子旁，

凄然地轻轻诉说那爱情的消逝，

在头顶的山上它缓缓踱着步子，

在一群星星中间隐藏着脸庞。

2. 旧诗与新诗

这是依据诗歌的语言划分的。旧诗指以用古汉语为基础写成的诗歌。"五四"新文化运动前的诗均为旧诗，包括古体诗、近代诗、文人词等形态。当代人用文言写的诗，我们习惯上也称之为旧体诗。新诗是以现代汉语为基础写成的诗歌，它不受声韵格律的约束，篇无定句，句无定字，不受格调和韵的限制。新诗的主要形式是自由诗，它的音节、句数、段式没有固定的格式，语言表达自由，有一定的节奏，可押韵或不押韵，抒写思想感情较为自由。

【举例】旧诗

蝶恋花·阅尽天涯离别苦

[清]王国维

阅尽天涯离别苦，不道归来，零落花如许。

花底相看无一语，绿窗春与天俱莫。

待把相思灯下诉，一缕新欢，旧恨千千缕。

最是人间留不住，朱颜辞镜花辞树。

【举例】新诗

雪花的快乐

[现代]徐志摩

假如我是一朵雪花，

翩翩的在半空里潇洒，

我一定认清我的方向——
飞扬,飞扬,飞扬——
这地面上有我的方向。
不去那冷寞的幽谷,
不去那凄清的山麓,
也不上荒街去惆怅——
飞扬,飞扬,飞扬——
你看,我有我的方向!
在半空里娟娟地飞舞,
认明了那清幽的住处,
等着她来花园里探望——
飞扬,飞扬,飞扬——
啊,她身上有朱砂梅的清香!
那时我凭借我的身轻,
盈盈地,沾住了她的衣襟,
贴近她柔波似的心胸——
消溶,消溶,消溶——
溶入了她柔波似的心胸!

3. 格律诗和自由诗

这是依据诗歌语言的格式来划分的,与前面讲的旧诗新诗略有交叉。格律诗指有一定格式的诗,它要求相当严,篇有定句,句有定字,讲究对仗、平仄、押韵。行、节、字数、声调、用韵都有严格规定。我国古代的绝句、律诗,词、曲,欧洲的十四行诗等,都属格律诗。"五四"以来,诗人们虽然对现代汉诗的格律作了不懈的探索,但真正意义上的,大家所公认的现代格律诗并没有出现,我们基本上把新诗看作自由诗。格律诗是人们在诗歌创作中,通过长期的探索逐渐成熟定型的,中外的格律诗一般都有和谐统一、寓变化于严整的特点,代表了古典诗歌形式的最高成就。其局限是,由于受格律严格限制,使许多东西难以表现,有限的格律也容易导致风格的雷同。所谓自由诗,也就是写法比较自由的诗。它没有固定的格式,诗节的划分,篇幅的长短,诗行的字数以及节奏、韵律都没有严格的规定。诗句诗节的长度随诗意的变化而变化,韵律灵活,靠短语、句子、段落的参差变化来形成诗歌的韵律和节奏。自由诗是现代广为流传的一种诗体。一般认为,现代意义上的自由诗,是由美国诗人惠特曼所创造的。事实上,人类创造诗歌之始,仅求声韵的和谐和感情的抒发,是没有"格律诗"的概念的,像我国古代的四言古诗,五言古诗,杂言体诗,歌行体诗,在格律上并没有严格规定,都可以看作自由诗。

【举例】格律诗

无题二首·其一

[唐]李商隐

昨夜星辰昨夜风，画楼西畔桂堂东。

身无彩凤双飞翼，心有灵犀一点通。

隔座送钩春酒暖，分曹射覆蜡灯红。

嗟余听鼓应官去，走马兰台类转蓬。

【举例】自由诗

哦，船长，我的船长（节选）

[美国]惠特曼

哦，船长，我的船长！我们险恶的航程已经告终，

我们的船安渡过惊涛骇浪，我们寻求的奖赏已赢得手中。

港口已经不远，钟声我已听见，万千人众在欢呼呐喊，

目迎着我们的船从容返航，我们的船威严而且勇敢。

可是，心啊！心啊！心啊！

哦，殷红的血滴流泻，

在甲板上，那里躺着我的船长，

他已倒下，已死去，已冷却。

4. 散文诗

散文诗通常被视为自由诗的一种，但它有别于一般的自由诗，是介于散文和诗之间的一种新兴诗体。它不分行排列，篇幅短小，语言精练，抒情色彩强，富于诗的激情和意境。它一般从小处着笔，多用象征、暗示，比一般抒情散文更集中，更凝练，更注意语言的流畅优美。散文诗脱去了诗的外壳，却始终没有抛却诗的内核。它不押韵，但诗的精炼却保留下来了，它追求的是一种内在的韵律。散文诗兴起于19世纪的欧美，20世纪移植到我国。像高尔基的《海燕之歌》，鲁迅《野草》中的《雪》《好的故事》等，都是著名的散文诗。

【举例】

好的故事

[现代]鲁迅

灯火渐渐地缩小了，在预告石油的已经不多；石油又不是老牌，早熏得灯罩很昏暗。鞭爆的繁响在四近，烟草的烟雾在身边：是昏沉的夜。

我闭了眼睛，向后一仰，靠在椅背上；捏着《初学记》的手搁在膝髁上。

我在蒙胧中，看见一个好的故事。

这故事很美丽，幽雅，有趣。许多美的人和美的事，错综起来像一天云锦，而且万颗奔星似地飞动着，同时又展开去，以至于无穷。

我仿佛记得坐小船经过山阴道，两岸边的乌桕，新禾，野花，鸡，狗，丛树和枯树，茅屋，塔，伽蓝，农夫和村妇，村女，晒着的衣裳，和尚，蓑笠，天，云，竹……都倒影在澄碧的小河中，随着每一打桨，各各夹带了闪烁的日光，并水里的萍藻游鱼，一同荡漾。诸影诸物，无不解散，而且摇动，扩大，互相融和；刚一融和，却又退缩，复近于原形。边缘都参差如夏云头，镶着日光，发出水银色焰。凡是我所经过的河，都是如此。

我所见的故事也如此。水中的青天的底子，一切事物统在上面交错，织成一篇，永是生动，永是展开，我看不见这一篇的结束。

河边枯柳树下的几株瘦削的一丈红，该是村女种的罢。大红花和斑红花，都在水里面浮动，忽而碎散，拉长了，如缕缕的胭脂水，然而没有晕。茅屋，狗，塔，村女，云……也都浮动着。大红花一朵朵全被拉长了，这时是泼刺奔迸的红锦带。带织入狗中，狗织入白云中，白云织入村女中……在一瞬间，他们又将退缩了。但斑红花影也已碎散，伸长，就要织进塔，村女，狗，茅屋，云里去。

我所见的故事清楚起来了，美丽，幽雅，有趣，而且分明。青天上面，有无数美的人和美的事，我一一看见，一一知道。

我就要凝视他们……

我正要凝视他们时，骤然一惊，睁开眼，云锦也已皱蹙，凌乱，仿佛有谁掷一块大石下河水中，水波陡然起立，将整篇的影子撕成片片了。我无意识地赶忙捏住几乎坠地的《初学记》，眼前还剩着几点虹霓色的碎影。

我真爱这一篇好的故事，趁碎影还在，我要追回他，完成他，留下他。我抛了书，欠身伸手去取笔，——何尝有一丝碎影，只见昏暗的灯光，我不在小船里了。

但我总记得见过这一篇好的故事，在昏沉的夜……

5. 民歌

民歌是劳动人民口头创造的诗歌，包括山歌、渔歌、盘歌、夯歌、道情、小调、花儿、童谣、灯歌、秧歌、信天游、爬山调、伐木号子、拉纤号子等。它体现了集体的智慧和感情，具有浓郁的地方色彩，积淀了丰富的民俗民情，具有独特的审美意味。它的生活气息浓厚，风格刚健清新，曲调朴实、自然，语言生动形象，表现手法丰富多样，真实地反映了人民的生活、情绪、思想、意志、理想。民歌是各民族文化的一个重要的组成部分，它如同一个瑰丽的宝山，孕育了各个时代的优秀诗人，为他们的创作提供了丰富的营养；历代都有诗人采用民歌体进行创作。如李季的《王贵与李香香》、阮章竞的《漳河水》、贺敬之的《回延安》，都是有名的成功之作。

【举例】

回延安（节选其三）

[现代]贺敬之

米酒油馍木炭火，
团团围定炕上坐。
满窑里围得不透风，

脑畔上还响着脚步声。

老爷爷进门气喘得紧：

"我梦见鸡毛信来——可真见亲人……"

亲人见了亲人面，

欢喜的眼泪眼眶里转。

"保卫延安你们费了心，

白头发添了几根根。"

团支书又领进社主任，

当年的放羊娃如今长成人。

白生生的窗纸红窗花，

娃娃们争抢来把手拉。

一口口的米酒千万句话，

长江大河起浪花。

十年来革命大发展，

说不尽这三千六百天……

第二节　中外诗歌发展史略

一、中国诗歌的发展

鲁迅先生曾说过："在文艺作品发生的次序中，恐怕是诗歌在先。"

诗的产生，与劳动，与音乐、舞蹈紧密相关。《淮南子·道应训》说："今夫举大木者，前呼'邪许'，后亦应之，此举重劝力之歌也。"《吕氏春秋·古乐篇》说："昔葛天氏之乐，三人操牛尾，投足以歌八阕。"这些记载说明诗歌不仅产生于劳动，而且与音乐和舞蹈密切相关。

1.《诗经》与《楚辞》

《诗经》是中国文学史上最早的一部诗歌总集，分为风、雅、颂三大类，共三百零五篇，又称为"诗三百"。它是我国现实主义文学的源头，对我国诗歌发展有着巨大的贡献。它名之以"经"，不仅以儒家所赋予的特定思想内涵，泽被后世；也以其现实主义精神、赋比兴手法、质朴刚健的诗风，影响着一代又一代的诗人。以后各个时代的文学家和诗人，虽然在风格和擅长的艺术形式上各不相同，但他们都从《诗经》中汲取了无尽的营养。

《诗经》之后，有《楚辞》。《楚辞》以屈原的作品为代表。屈原的《离骚》，在文学史上的地位是极高的，它不仅以光照日月的人格泽惠千古，同时也把诗引向了一个无比神奇瑰丽的世界，以后的诗人，莫不从中吸取营养。鲁迅曾评价说："逸响伟辞，卓绝一世……较之于诗，则其言甚长，其思甚幻，其文甚丽，其旨甚明，凭心而言，不遵矩度……其影响于后来之文章，乃甚或在三百篇之上。"

《诗经》与《楚辞》，并称为"风""骚"，其在文化史上的地位，是不可动摇的。

2. 汉代"乐府"

汉代的《乐府》，代表了两汉诗歌的最高成就，它"感于哀乐，缘事而发"，长于叙事，配乐而歌，"可以观风俗，知厚薄"，继《诗经》之后，构成了我国现实主义文学的第二个高峰，有力地推动了五、七言诗的发展。《乐府》对唐诗的影响，极为深远，其"感于哀乐，缘事而发"的优良传统，质朴、刚劲的诗风，是唐人普遍认可、向往、追求的美学风范，其体制也成了唐人创作的一个源头。

除乐府民歌以外，汉代诗歌还有文人写的五言诗。其中被收入萧统《文选》的"古诗十九首"，代表了汉代文人五言诗的最高成就。它们都是"无名氏"的作品，且不是一人一时之作，但却有相对统一的思想情调和艺术风格。作者大都是些仕途失意或异乡漂泊的文人雅士。他们过着坎坷又辛苦的贫寒生活，彷徨苦闷，没有出路，因此在作品中弥漫着浓重的感伤气氛。在十九首诗中，有些是咏叹失志伤时的作品，有些是抒写相思离别的作品。这些诗虽然也能反映出时代的某些侧面，但由于题材狭窄，所反映的现实内容较之乐府诗是不可同日而语的。"古诗十九首"的主要成就在艺术方面。它不仅继承了乐府民歌中抒情诗的技巧，而且还把这种技巧提高一步，并吸取《诗经》《楚辞》的营养，使五言诗成为一种更成熟的形式。如果说，乐府诗代表了两汉五言叙事诗艺术的最高成就，"古诗十九首"就代表了五言抒情诗的最高成就，特别是其中写相思离别之作，已达到我国抒情诗的最高意境，后代模仿者，很少能超越。它的语言非常平易、自然、含蓄、简练、生动、真挚，虽无奇险惊人之句，但耐人回味。刘勰《文心雕龙》说它"结体散文，质而不野，婉转附物，怊怅切情。"陆时雍《古诗镜》说它"深衷浅貌，语短情长"。谢榛《四溟诗话》说它"格古调高，句平意远，不尚难字，而自然过人矣"。沈德潜《说诗晬语》说它"或寓言，或显言，或反复言，初无奇辟之思，惊险之句，而西京古诗皆在其下"。这些评语都极中肯。

3. 建安时代

这时的文人打破两汉以来辞赋独盛的局面，使诗歌成为文学创作的主要形式。这个时期，产生了不少杰出的诗人和优秀的诗篇，现实主义精神得到进一步发扬，抒情诗、叙事诗都有了新的发展，五、七言诗在此时奠定了基础，艺术表现手法也更趋成熟。

建安诗人以"曹氏三父子"和"建安七子"为代表，他们在向乐府民歌学习的基础上，创作了大量诗作，奠定了他们在我国诗歌史上不可动摇的地位。

曹操，史称他"登高必赋，被之管弦，皆成乐章"。他不因袭旧套，突破传统思想的束缚，反对绮靡柔弱的文风，开创了文艺反映社会现实、表现诗人政治抱负的"建安风骨"（也称"建安风力"或"汉魏风骨"）。他从乐府民歌中汲取丰富的营养来抒发自己的怀抱，代表作有《短歌行》《步出夏门行》《龟虽寿》等，敖陶孙的《诗评》称他"如幽燕老将，气韵沈雄"。在曹操的倡导下，当时的诗坛呈现出一派"俊才云蒸"的繁荣景象。

曹植，在他继承汉乐府民歌的优良传统，并适当吸取前人创作经验，在立意谋篇、修辞炼句上下功夫，使主题突出，结构完整，辞藻华丽，起句挺拔，又富于生活气息和真情实感。他的诗最富于建安诗歌所特有的那种慷慨激越的悲壮情调，堪称建安时代的代表。钟嵘称他："骨气奇高，词采华茂。"

除曹氏父子，"建安七子"中最负盛名的有王粲，刘勰曾称他为"七子之冠冕"。由于他饱经乱离，其作品能比较真实地反映出当时社会的动乱和人民的苦难。代表作《七哀诗》，描写了流离的痛苦，反映了豺虎横行，白骨蔽野，母亲忍痛弃子，使人触目惊心，显示了批判现实的力量，表现了他对人民悲惨遭遇的同情以及诗人自己深沉的悲愤。

除"三曹""七子"，还有女诗人蔡琰（文姬）。她的代表作《悲愤诗》，揭露了董卓乱兵的残暴和被掳者的惨苦遭遇，抒写了她前半生颠沛流离的生活，笔端饱含血泪，在广阔的场景里反映了当时的内乱给广大人民带来的深重灾难，是这一时代的重要作品。至于相传为她所作的《胡笳十八拍》，真伪问题尚有争论。

魏末又出现了与"建安七子"遥相映衬的"竹林七贤"。但二者有极大区别。"建安七子"，大都经过乱离生活，因此能在作品中不同程度地反映社会现实。"竹林七贤"则尽寄情山水，对社会现实感受不深。只有嵇康与阮籍，不愿与世俗同流合污，并对封建统治者虐害人民的本质有所揭露。嵇康擅长四言诗，他有高洁的志趣和愤世嫉俗的思想，常在作品中流露出愤愤不平之情。鲁迅说他一生脾气很坏，敢在诗文中发议论，是个"高傲的人"；并说他的作品"思想新颖，往往与古时旧说反对"。他的诗还富有秀逸的风格和清远的情趣，刘勰的《文心雕龙》说他"嵇志清峻"。钟嵘的《诗品》说他"过于峻切"。阮籍专力于五言诗，常用象征和曲折隐晦的手法，写出对现实的不满和内心的苦闷。他的《咏怀诗》八十二首，对后来的陶潜、庾信、陈子昂、李白等都有影响。

4. 晋代

及至晋代，出现了著名诗人陶潜。他被人称为"田园诗人"或"隐逸诗人"，实则是个不能忘怀现实的人。他的诗，于平淡中舒卷着时代的风云，在静穆里激荡着沸腾的热情。他写的田园诗，或表现劳动时的愉快和丰收时的喜悦，或咏叹天灾、饥寒带来的忧虑，或抒发陶然自乐的情绪和对远古的怀念。他的作品，反映出退隐前后的复杂心情，有时表现为清静淡泊，悠然自得；有时显露不平，甚至激奋；有时还议论时政，愤世嫉俗。在艺术形式上，他的诗简洁、含蓄、朴素、自然、新鲜、明朗，一反当时骈俪华美的文风，以独特的艺术风格彪炳于世。陶诗在思想内容和艺术形式两个方面，对后来诗人都产生了不小影响。他那蔑视富贵，不愿同流合污的气节，给后世一些进步诗人以很大影响。在艺术上，唐代诗人几乎或多或少都受过他的影响。宋代以后的诗人，在反对雕琢提倡朴素诗风时，也常从陶诗中汲取力量。

5. 魏晋南北朝

这一时期，是中国历史上政治异常黑暗混乱的时代。诗歌发展日益呈现出浮艳的文风，因此，南北朝时期，未能产生卓有成就的大诗人。但就诗歌形体说，这一时期却是由汉魏古诗到唐代近体诗的主要桥梁。当时的诗歌，上承汉魏，下启有唐。其中，谢灵运富艳精工、典丽厚重的山水诗,开辟了诗歌表现的新领域;鲍照朗健奇矫的诗作,不仅继承了建安以来反映现实生活的优良传统,还以一大批内容充实、形式渐趋成熟的七言乐府为以后的七言歌行奠定了良好的基础;沈约的声律说及"永明体",则直接推动了近体诗的形成;庾信苍凉悲愤、刚健深沉的后期创作,成为唐代格律诗的直接开启者;而沉湎艳情、采丽竞繁、格调低下的齐梁体,也为唐代诗歌创作提供了反面教材。

6. 唐代

唐代的诗歌创作呈现空前繁荣的景象。唐人的创作,代表了我国古代五七言、古近体的最高成就。它构成了我国古代文化最为灿烂辉煌的一部分,也给后人留下了一个无法跨越的高峰。

从唐建制到开元前,史称初唐。这一时期,是唐诗矫正诗风,扫清障碍的时期,活跃于这一时期的诗人,是一批勇于革新的斗士,筚路蓝缕的先行。唐初前三四十年,诗坛弥漫着梁陈余风。内容不出宫闱应制,风格纤柔轻靡,形式上则"采丽竞繁",连一代英主李世民,也要做做宫体诗。直到公元655年武则天称后,王、杨、卢、骆、陈、杜、沈、宋等一批诗人登上诗坛,唐诗才开始呈现自己的面貌。

王勃、杨炯、卢照邻、骆宾王,史称"初唐四杰"。他们不满淫靡绮艳的齐梁余风,以改造宫体诗的方法开始自觉地为唐诗发展清扫道路。他们为诗歌注入实实在在的生活内容和清新刚健的风格。他们的优秀之作,一扫齐梁靡靡之音,为唐诗繁荣投来了第一缕明丽的霞光。由于他们并未完全摆脱六朝宫体的体制,藻绘余习难免,但他们的历史功绩是不可磨灭的,杜甫后来给他们以很高的评价:"王杨卢骆当时体,轻薄为文哂未休。尔曹身与名俱灭,不废江河万古流。"

陈子昂改革诗风,走的则是与"四杰"不同的路子,他直接从汉魏风骨中汲取营养,高倡"兴寄""风骨"。他既有理论又有创作,以自己的理论和实践,为唐诗开辟疆域。他是唐诗发展中继往开来的关键人物,有人将他比作大泽乡振臂一呼为群雄开路的先锋,韩愈后来有诗称:"国朝有文章,子昂始高蹈。"

杜审言、沈佺期、宋之问等人,则继承南朝诗人对于诗形的研究,精心完成了五七言律体,为唐诗的繁荣做出了自己的贡献。

从玄宗即位到代宗登基(712—762),史称盛唐。诗至盛唐,最为夺目。这一时期,名家辈出,群星灿烂。出现了以王维、孟浩然、储光羲、常建为代表的田园山水诗派,以高适、岑参、李颀、王昌龄为代表的边塞诗派,以及在诗歌史上雄视千古的双子星座——李白和杜甫。在诗歌创作方面,显示了盛唐之所以为"盛"。

集中反映盛唐积极进取时代精神的,是出自王、李、高、岑之手的边塞诗。这些诗篇,充满了建功立业的激情,交织着英雄气概与儿女情长,悲凉慷慨而始终又不失奋发昂扬。

这一时期的田园山水诗,挖掘的是田园山水和普通生活的诗意,抒写的是清澄无染的人格魅力,艺术上,上承陶潜、二谢而自成一家。尤其是王维,他常常用极简省含蓄的文字,描绘出诗意盎然的画境,是一个影响深远的大家。

　　这一时期的七言歌行,是"盛唐气象"的直观载体,李白、高适、岑参、李颀等人,都以纵肆的笔调,多变的章法,淋漓尽致的笔墨,写壮伟宏丽的题材,表现出豪迈非凡的气概。尤其是李白,意气风发,才思横溢,其歌行不拘骈偶,杂用古文和《楚辞》句法,纵横捭阖,虎踯龙腾。

　　这一时期的绝句,也称得上唐诗中的极品。李白、王昌龄、王维、王之涣、高适、岑参,都深谙此道,他们的作品,充分显示了盛唐诗人非凡的艺术造诣。以上是就整体上说的,倘具体分析,安史之乱前与安史之乱后,诗坛面貌并不一样。

　　程千帆先生曾指出,安史之乱前,诗人们在创作中所散发的是强烈的浪漫气息。他们或向往边塞追求功名,或遗世高蹈希企隐逸,或因时变化二者兼有。其热烈高昂或悠游自在的歌唱,无不充满浪漫气息,前人所说"盛唐气象",很大程度指的就是这种富于浪漫气息的时代精神。经历安史之乱,国破家亡之痛,诗人们再也唱不出热烈高昂或悠游自在之歌了,只有杜甫,始终以严肃、悲悯的心情,关注着社稷黎元的命运,为家国安危人民哀乐而歌唱。杜甫一生把许多国家变故、民间疾苦,自己所经所历、所感所思写到诗里,他以碧海掣鲸的笔力,表现那个时代的剧痛,抒写胸中如山如河的郁积。他将律诗发展到了一个完全成熟的阶段。杜甫的作品,诸体兼备,包容博大,沉郁顿挫,地负海涵。其人,被誉为"诗圣";其诗,被称作"诗史"。

　　安史之乱以后,进入中唐。经短暂的衰退,诗歌创作又形成新的高峰。刘长卿、韦应物的山水诗,是王维、孟浩然一派的继续;卢纶、李益的边塞诗,是高适、岑参一派的余绪;元结、顾况的新题乐府诗,承杜甫"即事名篇"之传统,开新乐府运动的先声。特别是"诗到元和体变新",宪宗元和时期(806—820),出现了以白居易为首,元稹、张籍、王建、李绅等为羽翼的"白派",以及以韩愈为首,孟郊、贾岛、卢仝等为羽翼的"韩派",蔚为壮观。

　　白派诗人,继承杜甫敢于正视现实、抨击黑暗的一面,并努力使语言通俗流畅,生动感人。其乐府叙事诗,题材广阔,组织复杂,风格平易。韩派诗人,则继承了杜甫在艺术上刻意求新、富于创造的精神,致力于在杜甫胸中笔下还没有来得及开拓的境界。内容上,他们写险怪、幽僻;形式上,以散文句法入诗。如果说李、杜诗中有文,韩愈简直是以文为诗。他丰富了"唐音",也影响到宋代。

　　除"韩""白"两大派,柳宗元、刘禹锡、李贺也是这一时期卓有成就的诗人。柳诗峻洁清腴,摹山范水,上承谢灵运;刘诗简练沉着,讽时之作,下启苏东坡;李诗奇诡瑰丽,其新辞异彩,妙思怪想,固然受韩孟诗风的影响,但他在韩白之外,自创了自己独特的艺术风格。

　　进入晚唐,最突出的诗人有杜牧和李商隐,他们有"小李杜"之称。杜诗出于杜、韩,风格上熔清新峻拔为一炉,其七绝,清新俊逸,在王昌龄、李白之后自成一家。李商隐的七律,在前人已多方开拓、几乎难以为继的情况下,异军突起。其语言、对仗、声律、典故,都经过了精心的选择与组织,开阖顿挫,变化万千,接席杜甫而无愧。他们构成唐诗灿烂的晚霞。与李商隐齐名的温庭筠,情思才力虽比不上李商隐,其轻艳的诗风,对唐末诗人也产生了影响。其后，杜荀鹤、罗隐、聂夷中等人，以通俗的语言反映社会问题，追踪元白；司空图、韦庄等人，以凄婉轻艳的风格，伤悼乱离；皮日休、陆龟蒙等人，每于吟咏悠闲时显出不忘世事的沉痛。他们虽构不成盛唐、中唐气象，但也不失为晚唐余韵。

以上是对唐诗发展轮廓一个大致的勾勒。唐代的诗歌创作，犹如一部气势雄伟、跌宕起伏而又气象万千的大合唱，仅《全唐诗》所收诗人，就达2200多人，诗48900余首。在以上描述中，未被提及的诗家，就如同绿叶之于红花，群星之于皓月，正是因为他们的参与，唐代的诗歌创作才显得这样的雄浑、高亢、有声有色而又令人荡气回肠。

7. 宋代

唐诗宋词，历来对列并举，它们各尽其美，各臻其盛，千百年来传诵不衰。词入宋以后，便以崭新的艺术风貌出现在诗苑乐坛，迅速发展成为一代之胜。

北宋词的发展，分前后两期。北宋前期，以晏殊、晏几道父子及欧阳修为代表。这一时期的词人，多承晚唐五代余绪，填词以小令为主，内容多写男女艳情。他们以婉约为宗，言情虽缠绵而不轻薄，用词虽华美而不淫艳，风格华贵雍容，不卑俗也不纤巧，大都以工丽取胜。初期小令，到晏几道而达到登峰造极的地步。

柳词的出现，则标志着宋词发展到了一个崭新阶段，它从内容到形式，较唐五代文人词都有新的突破和开拓。柳永精通音律，第一个致力于填写慢词。他一改宋初以下以小令为主要创作形式的局面，创制了大量慢词，使慢词取得了与小令并峙的地位。这些慢词，体制加大，篇幅增长，音调更加繁复曲折，句式更富于变化，从而增强了词体的容量，提高了词的艺术表现力。柳词多写都市繁华景象及下层市民的生活，尤善于表达羁旅行役之苦。他善于用铺叙和白描的手法，"层层铺叙，情景兼融，一笔到底，始终不懈"（夏敬观《手评乐章集》），把叙事、写景、抒情、议论熔为一炉，淋漓尽致而又层次井然。在语言方面，柳词摆脱了花间派铺金缀玉、浓妆艳抹之习，大量吸收当时民间流传的口语、俚语入词，通俗流畅，富有音乐性。

苏轼的出现，则有如黄钟大吕，巨响隆隆，使词坛风气为之大变。作为词的革新家，苏轼以豪放杰出之才以及"无意不可入，无事不可言"的逸怀浩气，高歌入云。他肆力打破诗词界限，把艺术的笔触伸向广阔的现实生活和个人丰富的内心世界，"以诗为词"，风格多样，扩大了词的题材，提高了词的意境，丰富了词的表现手法，"词至东坡，倾荡磊落，如诗，如文，如天地奇观"。苏轼"以诗为词"，冲破了"词为艳科"与"诗庄词媚"的旧观念以及音律束缚，使词的思想内容、创作题材和表现手法都有了新的开拓，词由歌筵酒席间随意抒写、歌儿舞女浅斟低唱的艳语，扩展到抒情言志的一种独立的抒情诗体。在苏轼的笔下，词已走出宫闱闺阁，面向广阔的社会人生，凡可为诗者，皆可入词。随之题材和思想内容的拓展，词的表现手法也随之创新，或描写，或叙述，或议论，或白描，或用典，凡诗文之法皆可以用于填词，使词的品格和审美价值大为提高，词体也由附庸之邦而蔚为大观。宋人王灼指出："长短句虽至本朝盛，而前人自立，与真情衰矣。东坡先生非心醉于音律者，偶尔作歌，指出向上一路，新天下耳目，弄笔者始知自振。"

苏轼之后，词坛形成了豪放、婉约两大流派，相互争奇斗艳，促进了宋词的发展和繁荣。

在姹紫嫣红的宋代词苑,秦观词如春日幽花,自成馨逸,较之其他婉约词,更具妩媚风韵。贺铸的词以深婉密丽见长,又间有寄托,境界亦近诗。周邦彦是北宋婉约词的集大成者。人称其有"集词学之大成"(陈匪石《宋词举》)之功,他的词是维系南、北两宋词坛的重要纽带。他以"旁搜远绍之才,寄情长短句,缜密典丽,流风可仰"。

南北宋之交,还出现了我国古代最优秀的女词人李清照。她于苏豪、柳俗、周律之外,别树一帜,其词婉约而不流于柔靡,清秀而具逸思,意境深厚,感情婉曲,造语清新,音调优美,词作中充满了一种纯净高雅的女性意识,人称"易安体"。

入南宋,宋词进入了一个新的发展时期。南宋一百五十年间,几与内忧外患相终始,感时伤乱,抒发爱国情怀,成了这一时期的主题,豪放词成为主调。宋室南渡,一批词人身经丧乱之苦,出于对国事的关心,他们一改早年绮罗香泽的传统词风,以豪放的格调、跌宕腾挪的笔势来抒发他们慷慨报国的壮志,表达对神州陆沉、权奸误国的愤慨,成为上承苏轼下启辛弃疾的重要词作家。其中以张元幹成就最高,与张元幹先后同时开创南宋词坛新风的南渡词人尚有叶梦得、朱敦儒等。这批词人,在北宋时所写的词,大多不出传统题材范围,词风婉丽。靖康之变以后,面对国破家亡的悲惨现实,他们的词风受到时代风波的冲击而有所改变。继张元幹之后,在词的创作上成就较高的是张孝祥,他极力追踪苏轼,以雄丽著称。陈应行说他的词有"潇洒出尘之姿,自在如神之笔,豪迈凌云之气"(《于湖先生雅词序》)。他与张元幹的词可称为南宋初期词坛的双璧。

在张元幹等南渡词人开创南宋词坛新风的基础上,辛弃疾、陈亮等南宋词人,创作了许多以抗战复国为主题的辞章,风格苍凉悲壮。随着辛弃疾以及辛派词人的崛起,南宋词坛上抗战救亡的呼声一浪高过一浪。

辛弃疾是南宋爱国词人的杰出代表。他有出将入相之才,胸怀报国凌云之志,但受南宋苟安政策的羁绊,壮志难酬,郁愤深积,只得将一腔爱国之情,寄之于词。辛词题材广阔,气势纵横,不为格律所拘束,善于熔铸经史诗文一如己出,亦长于白描。"其词慷慨纵横,有不可一世之概,于倚声家为变调,而异军特起,能于剪红刻翠之外,屹然别立一宗"(《四库全书提要》)。辛弃疾进一步把词从男女之情和羁旅行役的狭小天地里解放出来,空前地扩大了词的艺术容量,提高了词的抒情功能,真正做到了"无事不可入,无意不可言"(刘熙载《艺概·词曲概》)。辛词充满了浪漫主义的奇情壮思,又深于寄托,善于用典。他驾驭语言的能力极强,又发展了苏轼的豪放风格,开创出雄奇阔大的词境,所作"大声镗鞳,小声铿鍧,横绝六合,扫空万古",但又不拘一格,沉郁、明快、激烈、妩媚等风格兼而有之。总之,他把宋词的思想性和艺术性推到了历史的巅峰,代表了宋代词坛的最高成就。

南宋后期,婉约词也有长足的发展,姜夔、吴文英、王沂孙三大家,均以周邦彦为宗师,尚雕琢、重音律、求典雅,造境遣词,均避俗崇雅,使南宋词坛出现一种"复雅"的艺术倾向。词坛分为"慷慨愤世"和"感喟哀时"两派。宋词进入一个更严谨、更圆熟的发展阶段。代表人物有姜夔、史达祖、吴文英以及稍后的周密、王沂孙、张炎等。

姜夔是南宋格律词派的一代宗主,以清刚、高雅、峻峭擅胜,宗之者有史达祖、蒋捷、高观国等人，张炎是其嫡派传人，其影响曾长期笼罩词坛。姜词多咏物、记游之作，其中咏及柳与梅的词各占三分之一之多。姜词虽不直接议论时事政治，却能于咏物、记游之中寄寓个人的身世之感和家国之恨，且音律精严，笔致含蓄，格调高雅，情韵悠远。他继承了周邦彦等婉约派的传统，又吸收了江西诗派的清健之气、辛派词人的雄快之风，故能矫浓艳之习，于雅练中见清劲，在南宋后期的词坛上独树一帜。

姜夔之后，格律派词人以吴文英成就较著。吴词远承北宋周邦彦，近师姜白石。他内容多登临、酬唱、祝寿、咏物、怀人之作。吴词温丽，精于造句，针线密细，周密为其嫡传。王沂孙的词，雅丽深婉，颇似周邦彦，其清峭处又似姜白石，他以深致名世，在词坛独树一帜，成为全宋词之殿。

8. 元代

元曲不单是一种新兴的艺术品种，而且是"一代之绝作"，清人焦循在《易余龠录》中说："一代有一代之所胜，欲自楚骚以下撰为一集，汉则专取其赋，魏晋六朝至隋则专录其五言诗，唐则专录其律诗，宋专录其词，元专录其曲。"王国维也把元曲与"楚之骚、汉之赋、六代之骈语、唐之诗、宋之词"并列，称之为"一代之文学，而后世莫能继焉者也"（《宋元戏曲考》）。

元曲包括两部分：散曲与杂剧。散曲是元代盛行的一种新体诗。

散曲在元代，一般被称为乐府或词，它又包括小令和套数两种主要形式。小令又叫作"叶儿"，它是单个的曲子，相当于一首单调的词。它是按不同曲调创作的，每一个曲调都有一个名称，如[山坡羊]、[水仙子]、[落梅风]、[拨不断]、[沉醉东风]等。每调又各有不同的乐句。因此，配合这些曲调写出来的小令，其字数和句式也就不同。

小令是散曲的基本单位，如果作者表达的内容比较复杂，单调不够容纳，还可以把两三个宫调相同而音律恰能衔接的曲调，连接在一起来填写（但最多只能填三调），这就成为带过曲。带过曲的组合，有一定的规律，不能随便配搭。元人使用过的有三十四种，其中以中吕宫的[醉高歌]带[红绣鞋]，[十二月]带[尧民歌]，双调的[雁儿落]带[得胜令]，南吕宫的[骂玉郎]带[感皇恩]最为常见。这是小令的变体，传统的分法，还是将它算在小令之内。

套数则是更加复杂的结构，它吸收宋大曲、转踏，诸宫调等联套的方法，将同一宫调中的许多曲子连缀起来，各套曲子的连缀，有一定的顺序，一般用一二支小曲开端，用"煞调""尾声"结束。中间选用的调数，可多可少，短者只有三四调，长的有连缀到二三十调。

散曲形式较为自由活泼，内容则无所不有，无所不可，有所谓黄冠体、草堂体、楚江体、香奁体、骚人体、俳优体等。就其应用而言，有嘲谑、劝诫、怀古、议论、讽刺、警世、写景和咏物；也可叙别离之情，写幽会之辞，甚至敷陈故事。它开拓了传统韵文的题材范围，突破了当时诗词偏于表现文人身边琐事及酬唱赠答的狭隘圈子。任中敏曾指出："我国一切韵文，其驳杂广大，殆无逾于曲者。剧曲不论，只就散曲以观，上而时会盛衰，政事兴废；下而里巷琐故，韩闳秘闻。其间形式多样，或议或叙，举无不可于此体中发挥之者"（《散曲概论》)。尽管元散曲中有不少歌唱避世、美化隐逸生活的作品，和一些渲染色情、打情骂俏的篇章，以及一些庸俗无聊、反映市民低级情趣的作品，但瑕不掩瑜，无论从思想上还是从艺术上看，元代散曲的成就高出诗词。据近人隋树森《宋元散曲》的辑录，元代有名姓可考的散曲作者，达二百余人，散曲数量也相当可观，有小令3800余首，套数540余套。

元代散曲的发展，大致可分前后两个时期。前期，从金末到元成宗大德年间（约1234—1307），其间作品，一般都浑朴自然，接近口语。后期，从武宗至元末（约1308—1368），其间的作品，都趋于清丽典雅。

前期作家，以关汉卿、马致远为代表，他们挥洒自如地运用散曲这一形式，或质朴，或清丽，或豪放，或诙谐，随物赋形，曲折尽意地"抒其拂郁感慨之怀"，写出了许多有代表性的作品。关汉卿的作品，以清隽婉丽见长，语言清新，缠绵悱恻，内容多半是表现男女爱情以及抒发个人感受的。马致远的散曲，多抒写个人的身世感触，风格肃爽豪放，虽其中也有一些隐士式的啸傲风月的消极情感，但他的作品，有明显的个性，且艺术成就很高，向来被认为是元散曲作者中的大家。他扩大了曲的表现范围，丰富了曲的意境。曲到了他手上，"堂庑始大，体制始尊"，使人承认散曲也是一种新的诗体，提高了散曲这一形式的文学地位。

后期作家，以张可久、乔吉为代表。张可久一生致力于散曲的创作，留下作品八百多首；乔吉也有二百多首。他们创作的数量，在元曲家中是最多的。但他们纵情诗酒，放浪山水，对现实表现出淡漠的态度。在艺术上，他们刻意求工，以诗词的细腻来匡补散曲的粗犷；用词典雅，衬字很少甚至不用，格调婉约，与词没有多大区别。不像初期作品，充满了俚俗生动的特色。

散曲发展到明代，明人继承元代精神，还产生了不少作品，到清代就很少有成就较高的散曲作家了。

9. 明清两代

明清两代，传统诗、词、曲的创作仍在进行，但已无法形成前代那种万千气象了。明中叶以后，文学流派众多，有"前七子"和"后七子"。所谓"前七子"（指李梦阳、何景明、徐祯卿、康海、边贡、王九思和王廷相）；所谓"后七子"（指李攀龙、王世贞、谢榛、宗臣、梁有誉、徐中行、吴国伦）。他们倡导"文必秦汉、诗必盛唐"的"拟古主义"的文学主张，对扫除华而不实的台阁体文风，起过积极的作用，但由于其文学主张否认了文学的时代特点，产生的流弊也显而易见。

清朝是我国历史上最后一个封建王朝。统治阶级为维护日趋没落的封建制度，竭力推崇程朱理学，不断加强对人民的思想钳制，文化上也实行高压政策，因此，反封建专制的斗争成为文学创作的重要内容。清代文学上的成就，突出表现在小说方面，戏曲也有佳作，而诗、词因受拟古主义的影响而略逊一筹。

10. 近代

近代诗歌与散文的发展，大致可分为三个时期，即鸦片战争和太平天国革命时期，资产阶级改良主义时期，资产阶级民主革命时期。杰出的思想家和文学家龚自珍，是鸦片战争时期首开风气的代表人物。

龚自珍（1792—1841），字璱人，号定庵，浙江仁和（今杭州）人，出身官僚家庭，38岁中进士，担任过内阁中书、礼部主事等官职，著有《龚自珍全集》。他的诗，现存六百多首，不少篇章着眼现实，抒发感慨，交织着愤世伤时和忧国忧民的思想，表现出对美好未来的朦胧向往，真正别具一格地打破了清代诗坛模山范水的沉寂局面。如1826年写的七律《咏史》，有力地揭露了统治阶级的反动腐朽和知识分子蝇营狗苟的丑恶面目，文锋犀利，愤慨之情溢于言表。1839年写的《己亥杂诗》315首，则是他的代表作。它反映当时社会的主要矛盾，具有强烈的战斗性和深刻的现实意义。其中《九州生气恃风雷》等，更是众口传诵的名篇。

中法、中日战争失败后，以康有为为代表的资产阶级改良主义思想兴盛起来，文学上也出现了以黄遵宪为旗帜的"诗界革命"。黄遵宪（1848—1905），字公度，广东嘉应（今梅县）人，出身官僚家庭，光绪元年中举，长期从事外交工作，到过英、美、日本、新加坡，1895年回国，积极参加维新运动，戊戌变法失败后被放归乡里，著有《日本杂事诗》《人境庐诗草》等。他的诗，多写外国的奇异风物，资本主义社会的物质文明以及重大的历史事件。如《哭威海》《马关纪事》《台湾行》，有力地控诉了帝国主义的侵略罪行，谴责了清廷的腐败无能，并对国人发出了亡国危机迫在眉睫的警告，篇篇洋溢着深沉的爱国主义精神。

资产阶级民主革命时期的诗人，则首推章炳麟、秋瑾和柳亚子。

章炳麟（1867—1936），字太炎，浙江余姚人，是一个学识渊博，积极宣传民族民主革命的思想家和革命家。他的诗取法汉魏，多为五言。早期小诗《狱中赠邹容》影响较大，既哀悼了牺牲者，又表达了自己视死如归的壮烈情怀。

秋瑾（1878—1907），字璇卿，号竞雄，别号鉴湖女侠，浙江会稽人。1904年东渡日本，加入光复会和同盟会，热情参加革命活动。1905年底归国，创办《中国女报》，并奔走沪杭各地，积极组织起义。1907年事发遇害。秋瑾写得最多的是诗，著名篇章有《宝刀歌》《黄海舟中日人索句并见日俄战争地图》《同胞苦》《感时》《对酒》等。秋瑾也写词，词作以后期为好，如《鹧鸪天》等。秋瑾在文学上的努力是多方面的。在她短暂的一生中，写了相当丰富的作品，闪耀着爱国热情和革命思想的光辉。虽作品散失不全，有不够成熟的地方，但在这个时期的革命文学中，她的成就，确实在许多作者之上。她以沸腾的革命热情来写文学作品，将革命和文学完全统一起来。

柳亚子（1887—1958），名弃疾，江苏吴江人。1906年加入同盟会和光复会，1909年南社成立后，做了很多实际工作，后来成为坚定的国民党左派，是一位随着时代前进的爱国诗人，有"诗史"之称。柳亚子的诗作与革命进程紧密相连，饱含爱国主义和民主主义激情，具有强烈的战斗性，如《吊鉴湖女侠》，对秋瑾的牺牲极度悲愤，但字里行间仍有一股豪壮之气，用语瑰丽典雅，风格凝重稳健。

11. 现代

到现代，诗歌创作的主要形式是新诗。较之于传统的诗、词、曲，无论诗体还是语体，新诗都是一种革命。

新诗诞生于五四新文化运动。胡适是最早尝试新诗创作、最有代表性的初期白话诗人。他的《尝试集》(1920),是中国第一部新诗别集,在当时产生了很大影响。紧随胡适从事新诗创作并为新诗发展立下开拓之功的是刘半农和沈尹默。随后从事新诗写作的有周作人、俞平白、康白情、刘大白,他们的创作也产生过较大影响。继初期白话诗而起的是当时在日本留学的郭沫若,他以天马行空般的不羁之才,使新诗大放异彩。与此同时或稍后,相继出现于诗坛的,有以冰心、宗白华为代表的小诗;以冯雪峰、潘漠华、应修人、汪静之等为代表的"湖畔诗人"。稍后于湖畔诗人出现在诗坛上的,是杰出的抒情诗人冯至。他的诗以富于想象而又讲求节制见长,继承了郭沫若的长处而又避免了郭诗的一些缺点。鲁迅《野草》中的散文诗,也创作于这一时期,这是中国散文诗的奠基之作。而出版过诗集《新梦》(1925)和《哀中国》(1927)的蒋光慈,则以他的政治抒情诗在当时的青年中产生了较大影响。同时,1925年至1926年,以闻一多、徐志摩为代表的新格律诗派和以李金发为代表的象征诗派,也各树旗帜,开始了他们对新诗艺术的探索。新格律诗派意在克服早期新诗语言上过分散漫的倾向,象征诗派则要使新诗写得更富于诗的境界和韵味。他们虽然难免带着自己的偏见和局限,但也确实为新诗艺术的进步做出了各自的贡献。

进入20世纪30年代,出现了以殷夫为前驱、蒲风为代表的中国诗歌会诗人群;以徐志摩、陈梦家为代表的后期新月派;以戴望舒以及卞之琳、何其芳等为代表的现代派诗人群。"左联"时期,又有臧克家、艾青、田间等新诗人的崛起。

抗日战争爆发,中国现代文学进入一个新的阶段,战时特有的政治文化氛围,促成了许多只有战时才有的文化现象。几乎所有的诗人,都一起唱起了民族解放的战歌。当抗战转入相持阶段,人们才开始对抗战初期所失落的个性有了新的自觉的追求。这一时期,出现了以胡风为中心,以鲁藜、绿原、冀汸、阿垅、曾卓、牛汉等为代表的七月诗派;以冯至为代表的校园诗人群;以穆旦为代表的"中国新诗派"。在解放区,还出现了《王贵与李香香》《漳河水》等优秀长篇叙事诗。

12. 1949年之后

中华人民共和国成立,标志着中国文学进入一个新的阶段,五六十年代,诗歌创作领域,新中国成立初期的"颂歌",发展轨迹经过了新华颂(如郭沫若的《新华颂》、何其芳的《我们最伟大的节日》),建设者之歌(如李季的《玉门诗抄》、田间的《马头琴歌集》、邵燕祥的《到远方去》),新生活赞歌(如闻捷的《天山牧歌》,公刘的《五月一日的夜晚》《上海夜歌》,梁上泉的《高原牧笛》等)。

1956—1957年,诗坛呈现过短暂繁荣的局面,主要表现在"干预生活"的批判锋芒(如公木的《爬也是黑豆》、邵燕祥的《贾桂香》《团委书记心肠好》、袁水拍的《一种逻辑》);走向内心的人生思索(如公刘的《迟开的蔷薇》、流沙河《草木篇》)等。但这种活跃中走向繁荣的趋向,很快遭到了挫折。20世纪50年代末至60年代中期,诗坛上出现了生活赞美诗和政治抒情诗。前者的代表性诗人有张志民、李瑛、严阵、张永枚、梁上泉等,后者的代表性诗人有郭小川、贺敬之等。

长达十年的"文化大革命"进一步导致了极"左"文艺思潮登峰造极以及当代文学的空前浩劫。在1966年2月,江青在上海主持召开了部队文艺工作座谈会,出笼了《林彪同志委托江青同志召开的部队文艺工作座谈会纪要》。《纪要》的核心即"文艺黑线专政"论。《纪要》贯彻实施的结果,是清洗文艺机构,扫荡文艺作品,审查文艺工作者,践踏优秀文艺遗产,颠倒文艺理论是非。1976年4月5日,爆发了"天安门事件"(又称"四五"运动、天安门诗歌运动)。天安门诗歌运动,是历史转折的前奏,文学黎明的号角。

随着"文化大革命"的终结,中国进入到了一个历史的新时期。在拨乱反正工作基本完成,思想解放运动深入发展之后,文艺界于1979年10月至11月,在北京召开了第四次文代会。1980年7月26日《人民日报》发表题为《文艺为人民服务,文艺为社会主义服务》的社论,取代了"文艺为政治服务"的口号。新时期文学创作经历了伤痕文学、反思文学、改革文学之后,20世纪80年代中期,形成了现代主义文学思潮勃兴的局面。其实,早在70年代末至80年代前期,就有新诗潮(朦胧诗)、意识流小说和探索剧的热潮,这都是新时期较早的现代派思潮。

朦胧诗以肯定人的价值、唤起人的觉醒来复活诗的本性和尊严,它以强烈的现代意识,思考人的本质、尊严和价值,强调自我价值的实现,强调诗人的主体意识;追求物象的心灵化,以暗示和象征替代了显现和比喻,注重意象的营构和组合。朦胧诗的代表性诗人有舒婷、北岛、顾城、梁小滨、江河、杨炼等。

80年代后期,诗坛出现了影响较大的"后新诗潮",代表诗派有"他们"、"海上诗群"、非非主义、莽汉主义等。"后新诗潮"的美学追求,主要表现为:非崇高,反意象,反优雅,反文化与文化重构,生命体验等。八九十年代诗歌的代表性诗人主要有韩东、海子、于坚、翟永明等。

作为新诗,它虽然经历了近一个世纪的努力,但仍处于继续探索之中。

二、外国诗歌的发展

外国诗歌源远流长,在漫长的历史发展中,形成了许多种类,不同地区和民族都各具特点,并有各自的价值和成就。

1. 古代

在西方,古希腊是诗歌的发源地。古希腊的诗歌包括史诗、抒情诗、悲剧和喜剧。

史诗(又称英雄史诗)是古代以传说或重大历史事件为题材的长篇叙事诗。古希腊流传下来最早的完整诗歌作品是两部史诗《伊利昂纪》(一译《伊利亚特》)和《奥德修纪》(一译《奥德赛》)。相传这两部史诗是公元前9世纪至前8世纪之间一位名叫荷马的盲诗人根据民间流传的特洛伊战争的传说编成,故称"荷马史诗"。这两部史诗穿插了很多神话和传说,全面而生动地反映了从氏族社会向奴隶制社会过渡时期古希腊的社会生活,歌颂部落英雄。荷马史诗实际上是古希腊人集体创作的艺术结晶,一直被认为是古代史诗的典范。

古希腊的抒情诗来源于民歌,有挽歌、战歌和情歌,也有饮酒歌和歌颂战争与竞技胜利者的颂歌。著名的抒情诗人有萨福（前612—？）、阿拉克里翁（前570—？）和品达罗斯（前518—前438），他们的诗表现的是奴隶主贵族的思想感情，但奠定了后世许多欧洲诗歌的格律形式。

古希腊的戏剧都是用诗写成，剧作家主要有三大悲剧诗人埃斯库罗斯（约前525—前456）、索福克勒斯（约前496—前406）、欧里庇得斯（约前485—前406）和喜剧诗人阿里斯托芬（约前446—前385）。他们的剧作反映了雅典奴隶主民主制时期自由民的民主思想。此外，古希腊社会晚期田园诗也取得了较大成就。田园诗又称牧歌，是一种描写牧人和农村生活的短小抒情诗。著名诗人有忒奥克里托斯（前310—前250）。

在古代罗马，受希腊的影响，诗歌也有长足的发展。代表诗人是奥古斯都时期（前27—14）的维吉尔（前70—前19）、贺拉斯（前65—前8）和奥维德（前43—前8）。维吉尔模仿荷马史诗，结合罗马帝国政治需要创作的《埃涅阿斯纪》不仅是罗马文学史上最重要的史诗，也是欧洲文人史诗的典范。贺拉斯的诗体论著《诗艺》对欧洲文学理论的发展产生了重要影响。奥维德的长诗《变形记》汇集了希腊罗马神话，后世欧洲不少文学作品都从中取材。

2. 中世纪

进入中世纪，以宣传宗教的赞美诗充斥欧洲诗坛，但也出现了反映世俗封建主生活和道德的骑士抒情诗和骑士叙事诗。骑士抒情诗主要讴歌骑士"典雅的爱情"。骑士叙事诗大多记叙骑士为了爱情、荣誉或宗教所进行的冒险。骑士诗歌所表现的对世俗生活的向往，对个人荣誉的追求和对爱情生活的肯定都背离了教会的禁欲主义。这一时期诗歌的突出成就是民间创作的英雄史诗，其中著名的有反映封建化以前各民族部落生活的早期史诗盎格鲁撒克逊人的《贝奥武甫》、日耳曼人的《希尔德布兰特之歌》、芬兰的《卡勒瓦拉》等，以及反映各民族高度封建化以后封建国家的社会关系和政治要求的后期史诗，如法国的《罗兰之歌》、德国的《尼伯龙根之歌》以及俄罗斯的《伊戈尔远征记》。

在中世纪晚期，意大利出现了第一位民族诗人但丁（1265—1321）。他的代表作叙事长诗《神曲》虽仍带有浓厚的宗教色彩，但广泛反映了中世纪后期意大利社会生活，透露了新时代新思想的曙光，因而恩格斯称他是"中世纪的最后一位诗人，同时又是新时代的最初一位诗人"。

3. 文艺复兴时期

文艺复兴时期人文主义思想席卷西欧，诗歌创作进入一个新的历史阶段。意大利诗人彼特拉克（1304—1374）一生写了300多首抒情诗，他的诗，注入了新时代人文主义思想，并使欧洲格律严谨的十四行诗（又称"商籁体"）趋于完美，成为近代欧洲诗歌中一种重要抒情诗体。法国以龙沙（1524—1585）为首的"七星诗社"，创造性地接受古希腊、罗马诗歌遗产，对法国诗歌进行革新，宣传人文主义思想，推动了法国民族诗歌的发展。英国诗人乔叟（1340—1400）用诗体写成的《坎特伯雷故事集》，生动描绘了14世纪英国的社会生活，刻画了各阶层的人物形象，体现了反封建倾向和人文主义思想。他首创的十音节双韵诗体，对后来英国诗歌创作产生了深远影响，他被称为"英国诗歌之父"。在英国文艺复兴进入兴盛的16世纪中期到17世纪初，斯宾塞（1552—1599）和威廉·莎士比亚（1564—1616）的创作，将诗歌发展到了高峰。斯宾塞的长诗《仙后》，通过对女王的歌颂宣扬了新兴资产阶级的道德观念和积极乐观的人生态度。其诗体完美，富于音乐性，后来被称为"斯宾塞体"，对英国诗歌格律形成有很大影响。威廉·莎士比亚是英国诗坛的巨人，他一生创作了两部叙事长诗，154首十四行诗和用无韵诗体写的37个剧本，他的诗作反映了16至17世纪英国的现实和新兴资产阶级的理想，其中十四行诗洋溢着对青春和美、对爱情和友谊的歌颂，感情丰富，文字纤巧绮丽，节奏感强，是文艺复兴时期英国诗歌的重要成果。

4. 17世纪

欧洲文坛的主流是古典主义，法国古典主义诗人拉封丹（1621—1695）的寓言诗享有全欧性的声誉。这一时期英国在资产阶级革命中产生了反映清教思想的革命诗人弥尔顿。三部杰作是长诗《失乐园》《复乐园》和诗剧《力士参孙》，都取材于《圣经》，但表现的是对英国资产阶级革命的反思和坚强的革命精神，成为英国资产阶级革命的文学丰碑。

5. 18世纪

欧洲进入启蒙运动时期，成就杰出的诗人有德国的席勒（1759—1805）和歌德（1749—1832）。歌德是德国文学史上最伟大的诗人。他开创了近代德国抒情诗风。他的代表作诗剧《浮士德》概括了从文艺复兴到19世纪初欧洲资产阶级精神发展过程，不仅内容博大精深，而且运用了欧洲所有的诗体形式，是德国民族文学中的世界名著。

6. 19世纪

19世纪西方文坛浪漫主义兴起，诗歌创作空前繁荣。

英国最早的浪漫主义诗人是"湖畔派"华兹华斯（1770—1850），柯尔律治（1772—1834）和骚塞（1774—1843）。他们厌恶资本主义文明，寄情山水，注重人与自然的诗意统一，给英国诗坛带来重大革新。稍后以珀西·比希·雪莱（1792—1822）、乔治·戈登·拜伦（1788—1824）为代表的第二代浪漫主义诗人把诗歌创作带进了更广阔的领域。他们的诗表现出强烈的反封建，争自由的民主倾向。珀西·比希·雪莱的代表作诗剧《解放了的普罗米修斯》以神话题材形象地展现了推翻暴政后人间获得自由、平等的动人景象。乔治·戈登·拜伦是这时期欧洲最杰出的诗人。他的长诗《恰尔德·哈洛尔德游记》表达了对封建专制压迫的憎恨，对资产阶级自由、民主的向往；"东方叙事诗"塑造一系列个人反抗的英雄形象；诗体小说《唐璜》通过贵族青年唐璜的经历，以辛辣的社会讽刺，抨击以神圣同盟为代表的欧洲封建反动势力。

法国浪漫主义诗人有拉马丁（1790—1869）和维尼（1797—1863）等，而成就最大的是雨果。他的著名诗作有诗集《东方吟》《惩罚集》《静观集》等。德国著名诗人海涅（1797—1856）早期诗歌具有浪漫主义色彩，但他影响最大的诗篇是具有革命民主主义倾向的政治抒情诗《西里西亚的纺织工人》和政治讽刺诗《德国——一个冬天的童话》。波兰诗人密茨凯维奇（1798—1855）和匈牙利诗人裴多菲（1823—1849）都以大量的诗篇，号召人民为民族的独立和自由而战，成为本民族的杰出诗人和民主战士。

俄国浪漫主义诗歌的主要代表是普希金（1799—1837），他被誉为"俄罗斯诗歌的太阳"。他的抒情诗、叙事长诗、童话诗、诗体悲剧都触及俄国的现实问题，奠定了俄罗斯民族诗歌发展的方向。他的代表作《叶甫盖尼·奥涅金》广泛描绘了19世纪20年代俄国城乡的社会生活，提出了进步贵族与人民的关系问题，成为俄国现实主义文学的奠基作。莱蒙托夫（1814—1845）的浪漫主义长诗《童僧》《恶魔》洋溢着狂热的叛逆精神和对自由的呐喊。革命民主主义诗人涅克拉索夫（1821—1878）创作了大量诉说人民苦难的诗歌，他的代表作长诗《谁在俄罗斯能过好日子》描绘了农奴制改革前后俄国农村的现实，表现了俄罗斯人民对幸福和真理的渴望与追求。

美国浪漫主义诗歌的杰出代表是惠特曼（1819—1865），他被认为是伟大的民主诗人。他的毕生精力之作是包括近400首诗的诗集《草叶集》。他的诗歌颂民主，歌颂劳动，歌颂大自然，歌颂物质文明，歌颂"个人"的理想形象，抨击蓄奴制和一切不符合自由民主理想的社会现象，渗透着对人类的广泛的爱，并在形式上突破了传统格律的束缚，开创了"自由体"诗歌的新形式并形成了平民化风格，开一代诗风，对世界诗歌的发展产生了深远影响。

19世纪，随着无产阶级登上历史舞台，在无产阶级革命中诞生的诗歌，在西方诗坛显示了新的活力。主要有英国宪章派诗歌、德国工人诗歌和法国巴黎公社诗歌。其中德国诗人维尔特（1822—1865），被恩格斯称为"德国无产阶级第一个和最重要的诗人"。法国的欧仁·鲍狄埃（1816—1887）在巴黎公社失败后创作的《国际歌》，已成为全世界无产阶级的战歌。

19世纪后期法国诗坛还出现了象征主义诗歌，其先驱是以戈蒂耶（1811—1872）为代表的"巴那斯诗派"和诗集《恶之花》的作者波德莱尔（1821—1867）。"巴那斯派"强调"为艺术而艺术"，追求诗歌形式完美，波德莱尔提出"对应论"，即通过感觉转移的手法创造出特异的审美效应，这些都为象征主义提供了理论基础。象征主义在法国诗歌领域的影响一直延续到20世纪初期，主要诗人是马拉美（1842—1898）、魏尔伦（1844—1896）和兰波（1854—1891）。[①]

7. 20世纪

20世纪西方由于各种社会思潮的影响，各种诗歌流派异彩纷呈，特别是现代派诗歌引人注目，如后期象征主义诗歌、未来主义诗歌、垮掉派诗歌等。后期象征主义的主要代表诗作有英国诗人T. S.艾略特（1862—1949）的《荒原》，爱尔兰诗人叶芝（1865—1939）的《驶向拜占庭》，法国诗人瓦雷里（1871—1945）的《海滨墓园》，德国诗人里尔克（1875—1926）的《杜伊诺哀歌》和属于象征主义的美国意象派诗人庞德（1885—1972）的《诗章》等。其中艾略特的《荒原》，以新奇的形象、多变的韵律和通过大量引文对比古今各国文化的手法，表现了第一次世界大战后西方文明的危机，被誉为"现代诗歌的里程碑"。未来主义的代表诗作有法国诗人阿波利奈尔（1880—1918）的《醇酒集》，俄国诗人马雅可夫斯基（1893—1930）的长诗《穿裤子的云》等，垮掉派诗歌的代表作是美国诗人金斯堡（1926—1997）的长诗《嚎叫》。

在十月革命后的苏联，也涌现了一批杰出的诗人，影响较大的有马雅可夫斯基、勃洛克

（1880—1921）、叶赛宁（1895—1925）、阿赫玛托娃（1889—1966）等。马雅可夫斯基原是未来主义诗人，十月革命后成为苏维埃诗歌的奠基人之一。他的诗表达了社会主义时代强烈的革命热情，并在形式上创造出口语化的、适合朗诵的"楼梯式"诗。勃洛克的代表作《十二个》以浓重的象征主义色彩对十月革命进行了热情的歌颂。叶赛宁的抒情诗擅长描绘农村大自然景色，被誉为"乡村诗人"。他的叙事诗代表作《安娜·斯涅金娜》描写了农村革命的广阔图景，首次在俄罗斯诗歌中探索了农民在无产阶级革命中的历史命运。阿赫玛托娃的代表作《安魂曲》通过个人家庭的不幸，对苏联的历史进行了反思，具有深邃的思想性和哲理性。

8. 古代东方

在东方，一些国家的民族诗歌历史，比西方更久远。埃及早在公元前3000多年的古王国时期就已产生了歌谣、诗歌。古埃及的诗歌，有世俗诗、宗教诗、赞美诗等，其中许多诗歌赞美神和国王，有的则反映劳动者的心声，如《庄稼人的歌谣》《打谷人的歌谣》，还有礼赞尼罗河的颂诗《尼罗河颂》。在公元前3000年至前2000年新王国时期，还产生了一部宗教性诗歌集《亡灵书》，收入27篇诗，生动描述了古埃及人的宗教信仰和冥土观念。在两河流域的古巴比伦，公元前19世纪至公元前16世纪就形成了一部完整的史诗《吉尔伽美什》，反映了古巴比伦人对自然法则和生死秘密的探求以及对天命的反抗。这是人类最早的史诗。古希伯来在公元前5世纪开始编纂的犹太教经典，也是古希伯来文学总集《圣经》（后基督教徒把它编为《旧约全书》）中，收录150篇诗组成的抒情诗集《诗篇》和没有宗教气息的情歌《雅歌》以及哀叹亡国之痛的《耶利米哀歌》。古印度在公元前15世纪至前3世纪吠陀时期，产生了印度最大的宗教文献和文学总集《吠陀》（"吠陀"是梵语"知识"的音译），收集了这一时期大量的诗歌，这也是印度最古老的诗集。在公元前4世纪至公元前1世纪，又出现了著名的两大史诗《摩诃婆罗多》和《罗摩衍那》。在公元4至5世纪笈多王朝时期出现了印度古代最伟大的诗人迦梨陀娑（350—?），他的长篇抒情诗《云使》，叙事长诗《罗怙世系》和《鸠摩罗出世》都是梵语诗歌的典范。

中古时代，东方各国的诗歌，走向全面繁荣。日本在公元8世纪编成的诗歌集《万叶集》是日本民族最早的诗歌总集，收录4500余首和歌。和歌是日本民族诗体，有短歌、长歌、旋头歌、佛足石歌等四类。《万叶集》中的和歌以雄浑、真率见长，其具有姓名的作者有300余人，其中最有名的诗人是山上忆良（660—733）。公元17世纪江户时期出现了俳句诗人松尾芭蕉（1644—1694）。俳句是日本民族特有的短诗形式，由"5、7、5"的3句式共17个音组成，含蓄、凝练，追求一种淡雅、静寂和隽永的意境。松尾芭蕉一生写了大量俳句，形成了独特的艺术风格，被称为"俳圣"。印度中古影响最大的诗人是杜勒西达斯（约1483—约1563），他的长篇叙事诗《罗摩功行录》继承印度古典诗歌的传统，开创了印度诗的新篇章，并被当作宗教的经典。中古波斯拥有一批世界著名的诗人。鲁达基（858—941）被称为"波斯诗歌之父"，据说他写了诗章100卷。三大诗人菲尔多西（941—1020）、萨迪（1203—1292）和哈菲兹将波斯诗歌创作推向高峰。菲尔多西的史诗《王书》，长达12万行，记叙了波斯民族将近4000年历史，以此激发爱国热情，振奋民族的英雄主义。萨迪的代表作是两部训诲性诗体故事集《果园》和《蔷薇园》，蕴含丰富的人生哲理。哈菲兹是抒情诗大师，他的主要作品是《诗歌集》，包含500多首抒情诗。中古阿拉伯早期诗歌的主要成就是悬诗。悬诗是阿拉伯特有的诗歌形式，指诗人写的诗歌在赛诗会上当众朗诵，获胜的诗用金粉书写在麻布上，悬挂到克尔伯神庙的墙上，故称悬诗。中古阿拉伯最著名的诗人是蒲绥里（1213—约1296）。他的长篇宗教颂诗《斗篷颂》赞颂伊斯兰教的先知穆罕默德毕生伟业，具有神秘主义色彩。

9. 近代东方

近代东方最伟大的诗人是印度的拉宾德拉纳特·泰戈尔（1861—1941），他被誉为印度的"诗圣""诗哲"。他一生创作了50部诗集，包括故事诗、抒情诗、散文诗。主要诗集有《新月集》《园丁集》《飞鸟集》《生辰集》等。代表作是获诺贝尔文学奖的英文散文诗集《吉檀迦利》，诗集的题名是孟加拉语的音译，意为"奉献"。这是一部献给生命之神的颂诗，诗人通过对神的礼赞，表达对人生理想的探索与追求，宣扬泛神与泛爱的思想。

20世纪东方诗坛享誉世界的诗人有黎巴嫩的纪伯伦（1883—1931）。他的散文诗集《先知》，以智者答听众问的形式，论述人生问题，思想深邃，见解新颖，富于哲理性。此外，非洲塞内加尔诗人桑戈尔（1906—2001），以大量的诗篇揭露殖民主义给非洲大陆带来的苦难，呼吁为维护民族独立而斗争，他被誉为非洲第一位具有世界性影响的诗人。

第三节　诗歌的欣赏

诗歌的阅读，不同于一般文章的阅读。一般的文章，我们只要把握文章的意思就行了，文学作品的阅读却要品出"味"来。现实生活中我们可能体会得到，读一篇小说，读一首诗歌，读出了全部文字，并不见得就把握了它。有时候，甚至读懂了其中每一个字，每一个词，每一个句子的含义，也不见得就把握了它。作品的意境、神韵、形象、意蕴、匠心、风格、创作个性，不是通过文字直接呈现出来的，需要我们借助文字，通过想象、联想去感受，去体会。概而言之，诗歌的欣赏有以下几点值得注意。

一、欣赏诗歌要从诗歌的抒情性特点出发

诗是抒情的，它要在内在真实感情的表现上，而不是外在表象的描述上完成自己表现生活的职责。诗人必须把自己对生活的感受化为激情，因此，诗歌创作，要服从情感逻辑，运用想象和夸张。有时，为了抒情的需要，它甚至要冲破客观生活的逻辑，突破常规的语法，以达到最佳的抒情效果。诗歌运用意象、意境来抒发感情，它特别讲究新颖别致的构思，讲究象征、比喻、通感等手法的运用，讲究语言的"陌生化"。别林斯基说："纯抒情的作品看来仿佛是一幅画，但主要之点实则不在画，而在于那幅画在我们心中引起的感情。"

因"诗的，也就是抒情的"，所以诗歌欣赏不同于叙事文学作品的欣赏。在叙事文学作

品中，从始至终贯穿着一种叙事线索，它形象的完整性、延续性，必须在整个叙事过程中得到充分的展示，作者的情感被挤压到了一个比较次要的地位。叙事作品这一特定的情景构成也就形成了我们对叙事作品特定的审美经验。我们在阅读叙事文学作品时，一方面是穿越形象，把形象与现实联系起来，从而透过形象把握现实；另一方面，则是从现实回归到形象，依据现实来评价形象的意义。诗歌里的形象往往不是按照其自身的内在逻辑以及形象与形象之间的客观联系组合起来，它们更多的是聚集于创作主体某种情感周围。因此，在诗歌的欣赏中，我们穿越诗的形象之后，将汇入诗的情感之中，在情感与形象之间回环交流，从而充分地领略诗意。欣赏诗歌，首先就得从这些特点出发，要懂得"诗家语"，懂得诗歌欣赏的规律，不要用阅读其他文学作品的方法来阅读诗歌。如杜甫的《水槛遣心二首（其一）》："去郭轩楹敞，无村眺望赊。澄江平少岸，幽树晚多花。细雨鱼儿出，微风燕子斜。城中十万户，此地两三家。"诗人寓情于景，描绘了春日水边的景色，通过树、花、鱼、燕子等形象的描摹，表达了对焕发蓬勃生机的大自然的热爱之情和悠闲享受生活的自得心境。

二、通过文字、意象和有关背景材料，运用想象、联想，进入诗境

读诗歌，要运用想象和联想，把诗歌的文字化为一个一个鲜明的意象，化为诗人所描述的生动的画面，然后调动自己的生活积累和情感体验，融入诗人抒发的情感世界中去。

读诗歌，不能停留在字句上，也不能停留在单个的意象上，而要把握作品的整个世界，如果不能融入诗作的情感世界中去，就无法感受流注于整个作品之中的生气，就不能把握"活生生"的有血有肉的具体的作品。在这个过程中，适当地了解有关作品的背景材料，对欣赏是十分有益的。孟子说："颂其诗，读其书，不知其人，可乎？"又说："说诗者不以文害辞，不以辞害意。以意逆志，是为得之。"了解诗人诗作的有关背景，有助于正确而深刻地理解作品。例如，唐代诗人朱庆余曾写过一首《闺意》："洞房昨夜停红烛，待晓堂前拜舅姑。妆罢低声问夫婿，画眉深浅入时无？"诗作表面上写的是一个新婚女子怀着忐忑不安的心情询问丈夫，自己的化妆公婆是否会满意，实则询问当时的主考官张籍对自己准备参加考试的情况是否满意，如果了解这一背景，我们对诗作的理解就会更深入一些。又如，顾城的《一代人》："黑夜给了我黑色的眼睛／我却用它寻找光明"。诗作只有两句，却道出了一代人的心声。如果不了解"文化大革命"十年浩劫的有关背景，我们就无法理解诗作所包含的内容及其表现手法。

对诗歌的理解还不能止于把握作者的原意。在欣赏诗歌时，还要调动自己的情感、积累、想象，创造性地理解它。古人谈诗歌，强调"象外之象""景外之景""味外之味"，强调读者要通过创造性的想象，由隐而显，由藏而露，由省而多，由虚而实，进行再度的创造。在这个过程中，由于每个人的经历、思想、学识、文学修养、审美经验、审美情趣不同，会各得于心，只要不是违背诗作的基本规范去胡思乱想，都是允许的。

三、抓住"初感"，逐层深入，品味诗歌的艺术特色

欣赏诗歌，不仅要"以意逆志"，去体会作品的深层意蕴，还要对诗歌的艺术表现有自己独到的体验。一般说来，在品读诗歌时，会形成自己的最初感受，这"初感"对诗歌欣赏其实是非常可贵的，但我们的欣赏又不能停留在最初的印象上，而要抓住"初感"，使欣赏不断深化，要进一步体会诗歌在艺术表现上的种种妙处。如，诗人是怎样创造意境的，是怎样组织意象的，诗歌是怎样构思的，诗歌的语言有何特色等，通过进一步的审美探究，以获得更深刻的美感。如李清照的《醉花阴·薄雾浓云愁永昼》："薄雾浓云愁永昼，瑞脑消金兽。佳节又重阳，玉枕纱厨，半夜凉初透。东篱把酒黄昏后，有暗香盈袖。莫道不销魂，帘卷西风，人比黄花瘦。"词人通过对重阳佳节时屋舍内环境的描写，运用精准含蓄的语言，通过"人比黄花瘦"巧妙设譬，摹画了主人公内心孤单寂寞的情绪，同时用菊花的"暗香"来烘托人物高洁的情操，描写、抒情、言志结合得浑然一体，可见女词人高超的艺术创作功力，难怪连她的丈夫赵明诚都自叹不如。《琅嬛记》中就记载了这件词坛佳话："易安以《重阳·醉花阴》词函致明诚。明诚叹赏，自愧弗逮，务欲胜之。一切谢客，忘食忘寝者三日夜，得五十阕，杂易安作，以示友人陆德夫。德夫玩之再三，曰：'只三句绝佳。'明诚诘之。曰：'莫道不销魂，帘卷西风，人似黄花瘦。'正易安作也。"可见，要欣赏诗歌，应该沿着初读的第一印象，逐层深入，从意象、意境、语言、结构等方面来反复咀嚼其艺术特色，只有这样才能真正读出诗味。

 思考与练习

一、名词解释
1.诗歌
2.叙事诗
3.抒情诗
4.散文诗
5.民歌

二、简答题
1.诗歌的特点有哪些？
2.诗歌的种类有哪些？

【思政元素版块一】爱国篇

【导语】

"我的祖国和我,像海和浪花一朵;浪是那海的赤子,海是那浪的依托……"每当我们耳边响起这首《我和我的祖国》的歌声时,应该都会被歌词中所形容的个人与国家之间同荣辱、共命运的依存关系所感动。国家对于个人来说,就像广博雄壮的大海托起小小一朵浪花,护它周全,任它绽放。人存于世,是渺小孤立的个体,生存不易,如果背后有一个强大繁荣的祖国作为依托,那么就更容易生活得安乐幸福。国家给了个人生存的保障和发展的依托,个人也应该回报给国家热爱与忠诚。爱国主义永不过时,作为新时代的大学生,更应该认清国内外的政治形势,关心国计民生的大事,时时刻刻把祖国母亲放在心里,高扬爱国主义的旗帜,把爱国热情遍洒自己生活的每一个角落。

在中国文学史的长河中,爱国主义主题被不断歌颂和传唱。战国时期的爱国诗人屈原,被奸臣迫害,流放边地,然而,在流放期间,他考虑的最多的不是个人的得失安危,而是祖国的前途命运,写下了很多爱国诗篇,如《离骚》中的"长太息以掩涕兮,哀民生之多艰""亦余心之所善兮,虽九死其犹未悔"。《九章·涉江》中的"余将董道而不豫兮,固将重昏而终身。"《卜居》中的"世溷浊而不清:蝉翼为重,千钧为轻;黄钟毁弃,瓦釜雷鸣;谗人高张,贤士无名。"

南宋爱国词人辛弃疾在南渡之后,屡次提出兴兵北上、收复失地的建议,但都未被朝廷采纳,他满腔报国的热血无处可洒,只能把驰骋沙场、为国效命的激情化为一首首爱国词作,如《破阵子·为陈同甫赋壮词以寄之》:"醉里挑灯看剑,梦回吹角连营。八百里分麾下炙,五十弦翻塞外声,沙场秋点兵。马作的卢飞快,弓如霹雳弦惊。了却君王天下事,赢得生前身后名。可怜白发生!"

南宋末年,民族英雄文天祥在被元军抓捕劝降时,他决然地写下了"人生自古谁无死,留取丹心照汗青"的千古名句,之后,以身殉国、从容就义。

台湾诗人余光中的散文作品《听听那冷雨》借冷雨抒情,表现了诗人远离大陆故土后,对祖国和家乡深深的思念情绪。

这些洋溢着爱国主义的文学作品有的像战争的号角,激励了一代又一代的中华儿女为了保卫国家和人民抛头颅、洒热血,前仆后继,舍生取义;有的像哀怨的乐曲,婉转地传达着文学家报国无门、壮志难酬的愤懑情绪;有的则像温柔的月光,寄托着文学家"月是故乡明"的家国情怀和故园牵念。我们在读这些作品时,要能够带入到作品的具体情境中,与文学家产生共情,体会作品中复杂的况味,同时,更应该学习这些文学家的爱国主义精神,使自己受到爱国主义教育,并在今后的学习、工作和生活中,始终把祖国放在第一位,以自己是一名中国人而骄傲,尽自己最大能力为祖国的繁荣昌盛做出贡献。

第二章 中国诗歌名篇鉴赏

蒹 葭[1]

《诗经》

蒹葭苍苍[2]，白露为霜[3]。
所谓伊人[4]，在水一方。
溯洄从之[5]，道阻且长。
溯游从之[6]，宛在水中央[7]。

蒹葭萋萋，白露未晞[8]。
所谓伊人，在水之湄[9]。
溯洄从之，道阻且跻[10]。
溯游从之，宛在水中坻[11]。

蒹葭采采，白露未已[12]。
所谓伊人，在水之涘[13]。
溯洄从之，道阻且右[14]。
溯游从之，宛在水中沚[15]。

注释

[1] 选自《诗经·秦风》。秦：周朝时诸侯国名，在今陕西中部和甘肃东部一带。蒹葭(jiān jiā)：没有长穗的芦苇。

[2] 苍苍：繁盛的样子。后两章"萋萋""采采"均与之同。

[3] 为：指凝结成。

[4] 伊人：这个人。指作者所追寻的人。

[5] 溯洄：逆流而上。从之：追寻她。

[6] 溯游：顺流而下。

[7] 宛：宛然，真好像。

[8] 晞(xī)：干。

[9] 湄：岸边，水与草交接之处。

[10] 跻（jī）：升，高。

[11] 坻（chí）：水中的小块陆地，小岛。

[12] 未已：指露水尚未被阳光蒸发完毕。

[13] 涘（sì）：水边。

[14] 右：迂回曲折。

[15] 沚（zhǐ）：水中的沙滩。

思考与练习

一、诗中描写了三幅不同时间的晚秋晨光图，请找出具体的句子，并分析其对渲染烘托主人公思想感情的作用。

二、重章叠句、反复吟唱是《诗经·国风》在形式上的特点之一，请结合学过的篇目，谈谈这种艺术形式的表达效果。

三、找出诗中起兴的诗句，并谈谈它的作用。

四、背诵、翻译全诗。

知识延展

《诗经》是我国第一部诗歌总集，收录了自西周初年至春秋中期五百多年的305篇诗歌，起初称为《诗》《诗三百》，到了汉代，儒家将其奉为经典，故称《诗经》。其作品本为配乐歌词，包括"风""雅""颂"三部分，"风"160篇，是15个地方的民歌，称为"十五国风"；"雅"分为"大雅"和"小雅"，共105篇，是周天子王城区域的音乐；"颂"有"周颂""鲁颂"和"商颂"，有诗40篇，是天子诸侯祭神祭祖的乐歌。《诗经》反映了周初到春秋前期奴隶社会的面貌，其精华部分主要是"十五国风"。《诗经》句式以四言为主，也有杂言，结构上多采用重章叠句、反复吟唱的形式，而赋、比、兴（"赋"是铺陈其事；"比"是比喻；"兴"是托物起兴）是常用艺术手法，从而形成了诗歌朗朗上口、易学好记的特点，其魅力经久不衰。

短歌行[1]

［东汉］曹操

对酒当歌[2]，人生几何[3]？

譬如朝露[4]，去日苦多[5]。

慨当以慷[6]，忧思难忘[7]。

何以解忧[8]？唯有杜康[9]。

青青子衿，悠悠我心[10]。

但为君故[11]，沉吟至今。

呦呦鹿鸣，食野之苹。

我有嘉宾，鼓瑟吹笙[12]。

明明如月，何时可掇[13]？

忧从中来[14]，不可断绝。

越陌度阡[15]，枉用相存[16]。

契阔谈宴[17]，心念旧恩[18]。

月明星稀，乌鹊南飞。

绕树三匝，何枝可依？

山不厌高，水不厌深[19]。

周公吐哺[20]，天下归心。

注释

[1] 《短歌行》：选自《曹操集》。《短歌行》是乐府旧题，属《相和歌辞·平调曲》。乐府又有《长歌行》。长歌、短歌是就歌曲长短而言。行：古代歌曲的一种体裁，这大约是用于宴会的歌。

[2] 当：义同"对"。

[3] 几何：多少。这句是感叹人生短暂。

[4] 朝露：早晨的露水，太阳一出就干，比喻人生短促。

[5] "去日"句：苦于过去了的日子太多了。意为今后的时光很少了。

[6] 慨当以慷：是"慷慨"的间隔用法。这里形容歌声激越。

[7] 忧思：一作"幽思"，深藏的心事，指抱负。

[8] 何以：以何，用什么。

[9] 杜康：代指酒，相传杜康是最早造酒的人，一说黄帝时人，一说周时人。

[10] 衿（jīn）：衣领。青衿是周代学子的服装，后以"青衿"指代读书人。悠悠：形容情思绵邈。"青青"两句用《诗经·郑风·子衿》成句，借以表示对贤才的渴慕。

[11] 但：只。君：指思慕的贤才。故：缘故。

[12] "呦呦"四句：用《诗经·小雅·鹿鸣》成句，表达礼遇贤才的心情。呦呦（yōu yōu）：鹿的叫声。

[13] "明明"两句：意谓皎洁的月亮，什么时候停止它的运行呢？比喻求贤之思不绝。掇：拾取，比喻理想可望而不可即。

[14] 中：内心。

[15] 越陌度阡：指客人远道而来。陌、阡是田间的小路。东西方向的叫陌，南北方向的叫阡。

[16] 枉用相存：屈驾你来探望。枉：枉驾，屈驾。存：问候。

[17] 契阔：聚散。契：投合。阔：疏远。这里指久别重逢。

[18] 旧恩：往日的情谊。

[19] "山不"两句：比喻招纳贤才，多多益善。

[20] 周公吐哺：传说周公唯恐失天下之士，常常吃饭时停下来接待贤才。哺：咀嚼着的食物。这句是用周公的典故，表示要像周公那样礼贤下士。

 思考与练习

一、背诵全诗，分析该诗表达了作者怎样的思想感情。

二、结合《观沧海》《龟虽寿》分析曹操诗歌的艺术特色。

三、诗中"山不厌高，水不厌深。周公吐哺，天下归心"表现了作者怎样的思想感情？

 知识延展

曹操（155—220），东汉末年著名政治家、军事家、文学家。作为政治家，曹操二十岁被举为孝廉，参加镇压黄巾起义，起兵讨伐董卓，先"挟天子以令诸侯"，后削平吕布等割据势力，并逐渐统一了中国北部。官位为丞相时，曾几次下《求贤令》，打破当时以家世为用人标准的惯例，实行"任人唯贤，唯才是举"政策，并采取抑制豪强，限制兼并，广兴屯田等一些有利于人民的措施。作为军事家，他率军平定北方，征战南方。作为文学家，曹操精音律，善诗歌，即使在鞍马劳顿中，也常常横槊赋诗，因事命题。他的诗歌内容较为丰富，风格苍劲悲凉。代表作品有《蒿里行》《短歌行》《观沧海》《龟虽寿》等。

行行重行行[1]

《古诗十九首》

行行重行行[2]，与君生别离[3]。

相去万余里，各在天一涯[4]。

道路阻且长[5]，会面安可知？

胡马依北风，越鸟巢南枝[6]。

相去日已远，衣带日已缓[7]。

浮云蔽白日[8]，游子不顾反[9]。

思君令人老，岁月忽已晚。

弃捐勿复道，努力加餐饭[10]。

 注释

[1] 选自《昭明文选》。

[2] "行行"句：不停地愈走愈远。行行：行而不止。

[3] 生别离：《楚辞·九歌·少司命》有"悲莫悲兮生别离"的诗句，此句暗示了"悲莫悲"的意思。

[4] 涯：一方，边际。

[5] 阻且长：艰险而又漫长。阻，艰险。且，又。

[6] "胡马"两句：意思说胡马、越鸟尚且如此思恋故土，难道游子就不思乡？胡马：胡地之马，北方所产。依：依傍。越鸟：南方之鸟。越：南方为越之地，包括现在的两广、福建等地。巢南枝：在向南的枝条上筑巢。巢：筑巢。

[7] "衣带"句：衣带一天比一天宽松，意即人一天比一天瘦。缓：宽松。

[8] 白日：喻指未归的丈夫。此句是思妇设想丈夫另有所欢而不思返。

[9] 反：通"返"，回来。

[10] "弃捐"两句：别再提这件事了，还是努力加餐保养身体吧。弃捐：抛弃。

 思考与练习

一、解释以下字的意思。

1. 重 2. 生 3. 阻 4. 已 5. 缓

二、将《蒹葭》与该诗进行比较，分析二者在表现形式上的异同。

三、背诵、翻译全诗。

知识延展

　　"古诗"是大约在魏末晋初流传的一批五言抒情诗，主题大多抒写游子、思妇的感伤情怀，具有独特的表现手法和艺术风格，深受当时文人的喜爱，被奉为五言诗的一种典范。但是，它们没有题目，也不知作者是谁，因此就被笼统地称为"古诗"，意思指它们是魏、晋以前的古人所做的诗，一般认为是汉朝诗歌。西晋诗人陆机仿古诗而做，总题名《拟古诗》。到梁代，昭明太子萧统主持编选作品总集《文选》时，从这批"古诗"中选取了十九首。所以就沿用"古诗"的名称，给这十九首诗，拟了个总题目《古诗十九首》。这些诗从思想内容上看，大致可分游子诗和思妇诗。《古诗十九首》是五言诗成熟的标志，大多是文人模仿乐府之作，刘勰称之为"五言之冠冕"。主要代表作有《行行重行行》《涉江采芙蓉》《明月皎夜光》《庭中有奇树》《迢迢牵牛星》等，这些诗歌在艺术上继承了《诗经》《楚辞》的传统，汲取了汉代乐府民歌的营养，较之以前的诗歌在艺术上有了较大发展。

西洲曲[1]

《南朝乐府》

忆梅下[2]西洲[3]，折梅寄江北。
单衫杏子红，双鬓鸦雏色[4]。
西洲在何处？两桨桥头渡。
日暮伯劳[5]飞，风吹乌臼树。

树下即门前，门中露翠钿[6]。

开门郎不至，出门采红莲。

采莲南塘秋，莲花过人头。

低头弄莲子，莲子清如水。

置莲怀袖中，莲心[7]彻底红[8]。

忆郎郎不至，仰首望飞鸿[9]。

鸿飞满西洲，望郎上青楼。

楼高望不见，尽日栏杆头。

栏杆十二曲，垂手明如玉。

卷帘天自高，海水摇空绿。

海水梦悠悠[10]，君[11]愁我亦愁。

南风知我意，吹梦到西洲。

注释

[1] 选自《玉台新咏》。

[2] 下：落。落梅时节是本诗中男女共同纪念的时节。

[3] 西洲：地名，未详所在。它是本篇中男女共同纪念的地方。

[4] 鸦雏色：形容头发乌黑发亮。鸦雏，小鸦。

[5] 伯劳：鸣禽，仲夏始鸣。

[6] 翠钿（diàn）：用翠玉做成或镶嵌的首饰。

[7] 莲心：和"怜心"双关，就是相爱之心。

[8] 彻底红：就是红得通透。

[9] 飞鸿：代指书信的意思，古人认为鸿雁能传递书信。

[10] 悠悠：邈远。天海寥廓无边，所以说它"悠悠"，天海的"悠悠"正如梦的"悠悠"。

[11] 君：指住在江北的爱人。

思考与练习

一、试结合本诗分析南朝民歌的文学特点。

二、《西洲曲》通过什么手法抒情？有何艺术特色？

知识延展

《西洲曲》，南朝乐府民歌名，最早著录于徐陵所编的《玉台新咏》。西洲曲是南朝乐府民歌中最长的抒情诗篇，历来被视为南朝乐府民歌的代表作。称其"续续相生，连跗接萼，摇曳无穷，情味愈出"（《古诗源》卷十二），陈祚明则谓之"言情之绝唱"（《采菽堂古诗选》）。

诗中描写一位少女从初春到深秋，从现实到梦境，对钟爱之人的苦苦思念，洋溢着浓厚的生活气息和鲜明的感情色彩，表现出鲜明的民歌特色和纯熟的表现技巧。

春江花月夜[1]

［唐］张若虚

春江潮水连海平，海上明月共潮生。
滟滟[2]随波千万里，何处春江无月明。
江流宛转绕芳甸[3]，月照花林皆似霰[4]。
空里流霜[5]不觉飞，汀[6]上白沙看不见。
江天一色无纤尘[7]，皎皎空中孤月轮[8]。
江畔何人初见月？江月何年初照人？
人生代代无穷已[9]，江月年年只相似。
不知江月待何人，但见[10]长江送流水。
白云一片去悠悠[11]，青枫浦[12]上不胜愁。
谁家今夜扁舟[13]子？何处相思明月楼[14]？
可怜楼上月徘徊[15]，应照离人妆镜台[16]。
玉户[17]帘中卷不去，捣衣砧[18]上拂还来。
此时相望不相闻[19]，愿逐[20]月华[21]流照君。
鸿雁长飞光不度，鱼龙潜跃水成文[22]。
昨夜闲潭[23]梦落花，可怜春半不还家。
江水流春去欲尽，江潭落月复西斜。
斜月沉沉藏海雾，碣石潇湘无限路[24]。
不知乘月[25]几人归，落月摇情[26]满江树。

📖 注释

[1] 选自《全唐诗》。
[2] 滟（yàn）滟：波光闪动的光彩。
[3] 芳甸（diàn）：遍生花草的原野。
[4] 霰（xiàn）：雪珠，小冰粒。
[5] 流霜：飞霜，古人以为霜和雪一样，是从空中落下来的，所以叫流霜。这里比喻月光皎洁，月色朦胧、流荡，所以不觉得有霜霰飞扬。
[6] 汀（tīng）：水边平地，这里指江边的沙滩。
[7] 纤尘：微细的灰尘。
[8] 月轮：指月亮，因月圆时像车轮，故称月轮。
[9] 已：尽。

[10] 但见：只见，仅见。

[11] 悠悠：渺茫，深远。

[12] 青枫浦：地名，今湖南省浏阳市境内有青枫浦。这里泛指游子所在的地方。

[13] 扁舟：孤舟，小船。

[14] 明月楼：月夜下的闺楼。这里指闺中思妇。

[15] 月徘徊：月影移动的样子。

[16] 妆镜台：梳妆台。

[17] 玉户：形容楼阁华丽，以玉石镶嵌。

[18] 捣衣砧（zhēn）：捣衣石、捶布石。

[19] 相闻：互通音信。

[20] 逐：跟从、跟随。

[21] 月华：月光。

[22] 文：同"纹"，指波纹。

[23] 闲潭：安静的水潭。

[24] 无限路：言离人相去很远。

[25] 乘月：趁着月光。

[26] 摇情：激荡情思，犹言牵情。

思考与练习

一、学生才艺展示，挑选三个同学分别进行《春江花月夜》书法、绘画、朗诵表演。

二、用第一人称改写诗中思妇游子的内容，注意写出他们的情感与心理，并背诵《春江花月夜》全诗。

知识延展

张若虚（约660—约720），扬州（治所在今江苏扬州）人。曾任兖州兵曹。唐中宗神龙（706—707）年间，与贺知章、贺朝、万齐融、邢巨、包融等都以文辞俊秀驰名于京都，他与贺知章、张旭、包融并称为"吴中四士"。

饮中八仙歌[1]

［唐］杜甫

知章[2]骑马似乘船，眼花落井水底眠。

汝阳三斗始朝天，道逢曲车口流涎，恨不移封向酒泉。

左相日兴费万钱，饮如长鲸吸百川，衔杯乐圣称避贤。

宗之潇洒美少年，举觞白眼望青天，皎[3]如玉树临风前。

苏晋长斋绣佛前，醉中往往爱逃禅。

李白一斗诗百篇，长安市上酒家眠，天子呼来不上船，自称臣是酒中仙。

张旭三杯草圣传，脱帽露顶王公前，挥毫落纸如云烟。

焦遂五斗方卓然[4]，高谈雄辩惊四筵[5]。

注释

[1] 选自《全唐诗》。

[2] 知章：指贺知章，诗人。

[3] 皎：洁白。

[4] 卓然：形容酒后精神焕发，不凡的样子。

[5] 四筵：四座。

知识延展

杜甫（712—770），字子美，自号少陵野老，原籍襄阳（今湖北省襄樊市），寄居巩县（今河南省巩义市）。杜甫是盛唐时期伟大的现实主义诗人。他忧国忧民，人格高尚，诗艺精湛，被后世尊称为"诗圣"，其诗被称为"诗史"。杜甫与李白合称"李杜"。本诗约作于天宝五年（746）杜甫初到长安时。杜甫从"饮酒"这个角度把李白与贺知章、李适之、李琎、崔宗之、苏晋、张旭、焦遂七人联系在一起，描写出八人各自醉态特点，充分表现了他们嗜酒如命、放浪不羁的性格，生动地再现了盛唐时代文人士大夫乐观、放达的精神风貌。

八声甘州[1]

［北宋］柳永

对潇潇暮雨洒江天[2]，一番洗清秋。渐霜风凄紧[3]，关河冷落，残照当楼。是处红衰翠减[4]，苒苒[5]物华休。唯有长江水，无语东流。

不忍登高临远，望故乡渺邈[6]，归思难收。叹年来踪迹，何事苦淹留[7]？想佳人妆楼颙望[8]，误几回、天际识归舟[9]。争[10]知我，倚栏杆处，正恁凝愁！

注释

[1]选自《乐章集》。

[2] 潇潇：形容雨声急骤。

[3] 凄紧：一作"凄惨"。

[4] 是处红衰翠减：到处花草凋零。语出李商隐《赠荷花》诗："此荷此叶常相映，翠减红衰愁杀人。"翠，一作绿。

[5] 苒(rǎn)苒：形容时光消逝。

[6] 渺邈：遥远。

[7] 淹留：久留。

[8] 颙(yóng)望：凝望。一作"长望"。

[9] 误几回、天际识归舟：多少次错把远处驶来的船当作心上人回家的船。语出谢朓《之宣城郡出新林浦向板桥》："天际识归舟，云中辨江树。"

[10] 争：怎。

知识延展

柳永（生卒年不详），原名三变，字景庄，后改名永，字耆卿，排行第七，又称柳七。北宋著名词人，婉约派代表作家，崇安（今福建武夷山市）人。宋仁宗朝进士，官至屯田员外郎，故世称柳屯田。其词多描绘城市风光和歌妓生活，尤长于抒写羁旅行役之情，创作慢词独多。在当时流传极其广泛，人称"凡有井水饮处，皆能歌柳词"，对宋词的发展有重大影响。著有《乐章集》。《八声甘州》，一名《甘州》。这首词为思念家乡之作，主人公羁旅失意的苦闷之情、漂泊之恨，尽从"望"中透出。其中"霜风凄紧，关河冷落，残照当楼"三句，被苏轼认为"不减唐人高处"（宋赵令畤《侯鲭录》卷七）。

新诗两首

断　章[1]
卞之琳

你站在桥上看风景，
看风景的人在楼上看你。
明月装饰了你的窗子，
你装饰了别人的梦。

雨　巷[2]
戴望舒

撑着油纸伞，独自
彷徨在悠长、悠长
又寂寥的雨巷，

我希望逢着
一个丁香一样地
结着愁怨的姑娘。

她是有
丁香一样的颜色，
丁香一样的芬芳，
丁香一样的忧愁，
在雨中哀怨，
哀怨又彷徨。

她彷徨在这寂寥的雨巷，
撑着油纸伞
像我一样，
像我一样地
默默彳亍 [3] 着，
冷漠，凄清，又惆怅。

她静默地走近
走近，又投出
太息一般的眼光，

她飘过
像梦一般地，
像梦一般地凄婉迷茫。

像梦中飘过
一枝丁香地，
我身旁飘过这女郎；
她静默地远了，远了，
到了颓圮的篱墙，
走尽这雨巷。

在雨的哀曲里，
消了她的颜色，
散了她的芬芳，
消散了，甚至她的
太息般的眼光，

丁香般的惆怅。

撑着油纸伞，独自
彷徨在悠长、悠长
又寂寥的雨巷，
我希望飘过
一个丁香一样地
结着愁怨的姑娘。

注释

[1] 选自《鱼目集》，文化生活出版社1935年版。
[2] 选自《小说月报》第19卷第8号。
[3] 彳(chì)亍(chù)：慢步走，走走停停。

思考与练习

一、《断章》包含了哪些哲理？诗中的"风景"指的是什么？
二、《雨巷》表达了作者怎样的思想感情？哪些方面体现了该诗的音韵美？

知识延展

卞之琳(1910—2000)，江苏海门人，我国著名诗人、翻译家、文学研究家。曾用笔名"季陵"。1933年毕业于北京大学英文系，曾任北京大学西语系教授、中国社会科学院文学所研究员、国务院学位委员会第一、二届外国文学评议组成员、中国威廉·莎士比亚研究会副会长、中国作家协会理事、顾问等职，作者一生翻译了大量世界名著，有《莎士比亚悲剧四种》《窄门》《浪子回家集》《紫罗兰姑娘》《英国诗选》等，此外，他还创作了《雕虫纪历》《十年诗草》《山山水水》《小说片断》《莎士比亚悲剧论痕》《英国诗选及法国现代诗十二篇》《布莱希特戏剧印象记》等一批重要著作。2000年1月，获得了首届"中国诗人奖——终生成就奖"。

戴望舒(1905—1950)，原名戴梦鸥。浙江杭县人，现代诗人。他是20世纪30年代"现代派"代表诗人之一。因《雨巷》的发表，获得了"雨巷诗人"的美称。他的诗歌主要受中国古典诗歌和法国象征主义诗人影响，前期诗作基调轻盈流利，重象征的运用、意象美的创造，追求诗意的朦胧、含蓄。这一时期的代表作品有《雨巷》《寻梦者》《单恋者》等。抗战开始后，诗人的生活、情绪以及作品的艺术风格转向积极明朗，表现了民族和个人的坚贞气节。代表作有《狱中题壁》《寒风中闻声》《偶成》《无题》《我用残损的手掌》《在天晴了的时候》《烦忧》等，这些作品后来收入《灾难的岁月》。戴望舒是"现代派"新诗的举旗人，无论在理论上还是在创作实践上，都对中国新诗的发展产生了重大的影响。

第三章　外国诗歌名篇鉴赏

西风颂[1]

[英]珀西·比希·雪莱

一

哦，狂暴的西风，秋之生命的呼吸！
你无形，但枯死的落叶被你横扫，
有如鬼魅碰到了巫师，纷纷逃避：

黄的，黑的，灰的，红得像患肺痨，
呵，重染疫疬的一群：西风呵，是你
以车驾把有翼的种子催送到

黑暗的冬床上，它们就躺在那里，
像是墓中的死穴，冰冷，深藏，低贱，
直等到春天，你碧空的姊妹吹起

她的喇叭，在沉睡的大地上响遍，
（唤出嫩芽，像羊群一样，觅食空中）
将色和香充满了山峰和平原。

不羁的精灵呵，你无处不远行；
破坏者兼保护者：听吧，你且聆听！

二

没入你的急流，当高空一片混乱，
流云像大地的枯叶一样被撕扯
脱离天空和海洋的纠缠的枝干。

成为雨和电的使者：它们飘落
在你的磅礴之气的蔚蓝的波面，

有如狂女的飘扬的头发在闪烁，

从天穹的最遥远而模糊的边沿
直抵九霄的中天，到处都在摇曳
欲来雷雨的卷发，对濒死的一年

你唱出了葬歌，而这密集的黑夜
将成为它广大墓陵的一座圆顶，
里面正有你的万钧之力的凝结；

那是你的浑然之气，从它会迸涌
黑色的雨、冰雹和火焰：哦，你听！

三

是你，你将蓝色的地中海唤醒，
而它曾经昏睡了一整个夏天，
被澄澈水流的回旋催眠入梦，

就在巴亚海湾的一个浮石岛边，
它梦见了古老的宫殿和楼阁
在水天辉映的波影里抖颤，

而且都生满青苔，开满花朵，
那芬芳真迷人欲醉！呵，为了给你
让一条路，大西洋的汹涌的浪波

把自己向两边劈开，而深在渊底
那海洋中的花草和泥污的森林
虽然枝叶扶疏，却没有精力；

听到你的声音，它们已吓得发青：
一边战栗，一边自动萎缩：哦，你听！

四

唉，假如我是一片枯叶被你浮起，
假如我是能和你飞跑的云雾，
是一个波浪，和你的威力同喘息，

假如我分有你的脉搏,仅仅不如
你那么自由,哦,无法约束的生命!
假如我能像在少年时,凌风而舞

便成了你的伴侣,悠游太空
(因为呵,那时候,要想追你上云霄,
似乎并非梦幻),我就不致像如今

这样焦躁地要和你争相祈祷。
哦,举起我吧,当我是水波、树叶、浮云!
我跌在生活的荆棘上,我流血了!

这被岁月的重轭所制服的生命
原是和你一样的:骄傲、轻捷而不驯。

五

把我当作你的竖琴吧,有如树林:
尽管我的叶落了,那有什么关系!
你巨大的合奏所振起的音乐

将染有树林和我的深邃的秋意:
虽忧伤而甜蜜。呵,但愿你给予我
狂暴的精神!奋勇者呵,让我们合一!

请把我枯死的思想向世界吹落,
让它像枯叶一样促成新的生命!
哦,请听从这一篇符咒似的诗歌,

就把我的话语,像是灰烬和火星
从还未熄灭的炉火向人间播散!
让预言的喇叭通过我的嘴唇

把昏睡的大地唤醒吧!西风呵,
如果冬天来了,春天还会远吗?

注释

[1] 选自《雪莱抒情诗选》，人民文学出版社1958年版。

 思考与练习

一、谈谈你对"如果冬天来了，春天还会远吗？"的哲理含意的理解。

二、这首诗是如何将自然山水的描写与政治抒情相结合的？

三、请把江枫翻译的《西风颂》与这首查良铮翻译的《西风颂》加以比较阅读。

 知识延展

珀西·比希·雪莱（1792—1822），是19世纪初英国著名的浪漫主义诗人。出生于一个贵族家庭。18岁进入牛津大学学习，深受卢梭、潘恩等民主主义思想的影响，同情和支持民族民主革命。重要作品有长诗《麦布女王》《伊斯兰起义》《解放了的普罗米修斯》，政治抒情诗《自由颂》《西风颂》《致云雀》等。

疯狂的石榴树[1]

[希腊]奥德修斯·埃里蒂斯

在这些刷白的庭园中，当南风
悄悄拂过有拱顶的走廊，告诉我，是那疯狂的石榴树
在阳光中跳跃，在风的嬉戏和絮语中
撒落她果实累累的欢笑？告诉我，
当大清早在高空带着胜利的战果展示她的五光十色，
是那疯狂的石榴树带着新生的枝叶在蹦跳？

当赤身裸体的姑娘们在草地上醒来，
用雪白的手采摘青青的三叶草，
在梦的边缘上游荡，告诉我，是那疯狂的石榴树，
出其不意地把亮光照到她们新编的篮子上，
使她们的名字在鸟儿的歌声中回响，告诉我，
是那疯了的石榴树与多云的天空在较量？

当白昼用七色彩羽令人羡妒地打扮起来，

用上千支炫目的三棱镜围住不朽的太阳，
告诉我，是那疯了的石榴树
抓住了一匹受百鞭之笞而狂奔的马的尾鬃，
它不悲哀，不诉苦；告诉我，是那疯狂的石榴树
高声叫嚷着正在绽露的新生的希望？

告诉我，是那疯了的石榴树老远地欢迎我们，
抛掷着煤火一样的多叶的手帕，
当大海就要为涨了上千次，退向冷僻海岸的潮水
投放成千只船舶，告诉我，
是那疯狂的石榴树
使高悬于透明空中的帆缆吱吱地响？

高高悬挂的绿色葡萄串，洋洋得意地发着光，
狂欢着，充满下坠的危险，告诉我，
是那疯狂的石榴树在世界的中央用光亮粉碎了
魔鬼的险恶的气候，它用白昼的橘黄色的衣领到处伸展，
那衣领绣满了黎明的歌声，告诉我，
是那疯狂的石榴树迅速地把白昼的绸衫揭开了？

在四月初春的裙子和八月中旬的蝉声中，
告诉我，那个欢跳的她，狂怒的她，诱人的她，
那驱逐一切恶意的黑色的、邪恶的阴影的人儿，
把晕头转向的鸟倾泻于太阳胸脯上的人儿，
告诉我，在万物怀里，在我们最深沉的梦乡里，
展开翅膀的她，就是那疯狂的石榴树吗[1]？

注释

[1] 选自《诺贝尔文学奖获得者诗选》。

思考与练习

一、埃利蒂斯曾说："诗即站在理性主义弃械的地方，继续朝禁地向前推进；证明是它最不为磨损所挫败，它尽职地捍卫使生命成为一件看得见的作品的永久据点。"请指出从本诗哪里可以读出作者所说的非理性的疯狂，并加以分析。

二、请找出本文中比较特殊的语句并分析。

📖 **知识延展**

奥德修斯·埃里蒂斯（1911—），希腊现代诗人。主要作品有诗集《方向》（1939）、《第一个太阳》（1943）、《英雄挽歌》（1946）、《理所当然》（1959）等。1979年获诺贝尔文学奖。

全诗的构成是基建在两个希腊文化的原型之上的。这两个基本原型就是日神和酒神。日神阿波罗是光明的象征，它支配着人们内在的梦幻世界，是智慧之光源；而酒神狄奥尼索斯则是生命之流的象征，它使人进入一种沉醉迷狂的状态，代表奔放不羁的原始生命冲动。在《疯狂的石榴树》中，日神的睿智与酒神狂醉的生命感性冲动本真地融为一体，结晶为一个意象——疯狂的石榴树。奥德修斯·埃里蒂斯的一句诗，有助于我们解开石榴树这个意象的谜底："由于你的反映，太阳在石榴中结晶了，并且感觉良好。"在石榴的结晶中凝结着太阳的形而上学本源。通过石榴，形而上学的本源又与疯狂的生命冲动血肉般地融合在一起，从而构成了一个绚烂光华、生机勃勃的世界。人类在这一世界中栖居、升华或飞升，进入一个超凡入圣的境界。太阳或日神是奥德修斯·埃里蒂斯诗中反复出现的一个原型，他因此享有"饮日诗人"的美称。他认为太阳之神是美之神，具有形而上学的启示和象征意义。

吉檀迦利（节选）[1]

［印度］拉宾德拉纳特·泰戈尔

1

你已经使我永生，这样做是你的欢乐。这脆薄的杯儿，你不断地把它倒空，又不断地以新生命来充满。

这小小的苇笛，你携带着它逾山越谷，从笛管里吹出永新的音乐。

在你双手的不朽地抚摩下，我的小小的心，消融在无边快乐之中，发出不可言说的词调。

你的无穷的赐予只倾入我小小的手里。时代过去了，你还在倾注，而我的手里还有余量待充满。

54

我不向你求什么；我不向你耳中陈述我的名字。当你离开的时候我静默地站着。我独立在树影横斜的井旁，女人们已顶着褐色的瓦罐盛满了水回家了。她们叫我说："和我们一块儿来吧，都快到了中午了。"但我仍在慵倦地留恋，沉入恍惚的默想之中。

你走来时我没有听到你的足音。你含愁的眼望着我；你低语的时候声音是倦乏的——"呵，我是一个干渴的旅客。"我从幻梦中惊起，把我罐里的水倒在你掬着的手掌里。树叶在头上萧萧地响着，杜鹃在幽暗处歌唱，曲径传来胶树的花香。

当你问到我的名字的时候，我羞得悄立无言。真的，我替你作了什么，值得你的忆念？但是我幸能给你饮水止渴的这段回忆，将温馨地贴抱在我的心上。天已不早，鸟儿唱着倦歌，楝树叶子在头上沙沙作响，我坐着反复地想了又想。

88

破庙里的神啊！维纳琴的弦断了，再也唱不出对你的颂赞。晚钟也不再为朝拜你的人们报时。你周遭的空气静止不动、默然无声。

流浪的春风来到你这荒凉的居所，带来了繁花的消息——这些花朵将不再因为朝拜你而奉献给你。

那旧日里崇拜你的人一直在四处徘徊，他渴望得到你的恩宠，而你至今仍然在拒绝。日暮时分，当光与影与阴暗的尘气混在一起时，他怀着一颗渴望的心，疲惫不堪地回到这破庙。

破庙里的神灵啊，许多节白为你而默默到来，许多本该朝拜的夜晚就这样消逝了，连灯都没有点亮！

手艺巧妙的大师们营造了许多新的神像，但时间一到，这些神像就被扔进那神圣的忘川。

只有这破庙里的神灵依然留存在那永远存在的忽视里，无人朝拜。

 注释

[1] 选自《吉檀迦利》，冰心译。

 思考与练习

一、分析《吉檀迦利》的主要思想内容。
二、体会《吉檀迦利》所体现出的拉宾德拉纳特·泰戈尔人道主义思想的独特性。

 知识延展

拉宾德拉纳特·泰戈尔（1861—1941），印度近代伟大的诗人、艺术家和社会活动家，一生多产，成就卓著，出版了五十多部诗集。他的诗歌用孟加拉语和英语创作，吸收了民间文学和古典文学的优秀传统，语言清丽、格调清新、意境隽永、富于哲理。他早期的诗作具有浪漫主义色彩，热情而富于幻想，后期创作现实主义成分增多，并有浓郁的宗教气息和爱国主义情感。他的诗歌在印度文学史中占有重要地位。主要作品包括《吉檀迦利》《新月集》《新生集》等。

拉宾德拉纳特·泰戈尔的英文诗集《吉檀迦利》获得了诺贝尔文学奖，最能代表作者的创作成就。"吉檀迦利"是孟加拉的音译，原意是奉献，诗人的诗歌是献给神的。诗中表达了作者炽热的爱国情怀，对祖国自由独立的憧憬，阐述了诗人的宗教思想和人生哲学，倾诉了诗人的喜怒哀乐，描绘了他向往的理想王国。诗人采用多种艺术手法，以丰富的想象力，营构了众多神奇的意境，给人以无穷的美的享受。该诗在思想内容和艺术特色上具有显著的个人风格和浪漫色彩。

我愿是一条急流[1]

[匈牙利]裴多菲·山陀尔

我愿是一条急流，
是山间的小河，
穿过崎岖的道路，
从山岩中间滚过……
只要我的爱人
是一条小鱼，
在我的浪花中间，
愉快地游来游去。

我愿是一座荒林，
坐落在河流两岸；
我高声呼叫着，
同暴风雨作战……
只要我的爱人
是一只小鸟，
停在枝头上啼叫，
在我的怀里做巢。

我愿是城堡的废墟，
耸立在高山之巅，
即使被轻易毁灭，
我也并不懊丧……
只要我的爱人
是一根常春藤，
绿色枝条恰似臂膀，
沿着我的前额上升。

我愿是一所小草棚，
在幽谷中隐藏，
饱受风雨的打击，
屋顶留下了创伤……

只要我的爱人
是我胸中的烈火，
在我的炉膛里，
愉快而缓慢地闪烁。

我愿是一块云朵，
是一面破碎的大旗，
在旷野的上空，
疲倦地飘来飘去……
只要我的爱人
是黄昏的太阳，
照射我苍白的脸，
射出红色的光焰。

注释

[1] 选自《裴多菲文集》，上海译文出版社1996年版。

思考与练习

一、找出诗歌中你欣赏的词句，并说出理由。
二、谈谈你读完此诗的感受。

知识延展

裴多菲·山陀尔（1823—1849），匈牙利著名诗人。出生于一个贫困的屠夫家庭。曾做过演员，当过兵。1844年从故乡来到首都布达佩斯，担任报社助理编辑。1846年创办文艺刊物《生活场景》。1848年参加民主革命的起义，为匈牙利从奥地利的统治下得到解放而英勇奋战，次年7月在同俄奥联军的战斗中献出了自己的生命。裴多菲善于以诗歌来抨击封建专制，歌颂为争取自由而斗争的匈牙利人民，反映他们对幸福生活与爱情的努力追求，其创作突破了贵族文学的陈套，在匈牙利文学史上占有重要地位。至今还有许多他的诗作流传于匈牙利民间。主要作品有叙事长诗《农村的大锤》《亚诺什勇士》《使徒》，政治抒情诗《反对国王》《为了人民》《民族之歌》，散文集《旅行札记》，剧作《老虎与土狼》，长篇小说《绞吏之绳》等。

教资考试拓展训练

一、精选真题（2019年上半年）

1.《诗经·大东》："跂彼织女，终日七襄。虽则七襄，不成服章；睆彼牵牛，不认服箱。"这段描述的传统节日是（　　）。

A.七夕节　　　　　B.火把节　　　　　C.情人节　　　　　D.端午节

2.电视剧《西游记》，唐僧师徒四人去西天取经，是属于哪种宗教的经?（　　　）

A.基督教　　　　　　B.道教　　　　　　　C.伊斯兰教　　　　　　D.佛教

3.下列历史故事，与秦始皇有关的是（　　　）。

A.图穷匕见　　　　　B.指鹿为马　　　　　C.望梅止渴　　　　　　D.三顾茅庐

4.陶渊明的"不为五斗米折腰"，体现了情感中的（　　　）。

A.理智感　　　　　　B.道德感　　　　　　C.美感　　　　　　　　D.审美感

5.我国对长寿有很多雅称，其中"米寿"是指（　　　）。

A.七十七岁　　　　　B.八十八岁　　　　　C.九十九岁　　　　　　D.一百岁

二、《综合素质》之"文化常识"知识点整理

1.古代神话之"最"

（1）中国神话中最早记载的叙述事件是"开天辟地"神话；

（2）中国记载神话最早的著作——《诗经》

（3）中国最早的神话小说集——东晋干宝辑录的《搜神记》

（4）中国最早研究神话的专著——现代注明文学家茅盾所著《中国神话研究ABC》

2.文学史上的"第一"

《楚辞》是我国第一部浪漫主义诗歌总集。

《史记》是第一部由个人独立完成的具有完整体系的著作。

《金瓶梅》中国文学史上第一部由文人独立创作的长篇小说。

老子第一个提出"道"作为哲学的最高范畴。

孔子编撰了我国第一部编年体史书《春秋》。

3.文学史上的"四大"

四书：《论语》《孟子》《大学》《中庸》

元杂剧中的四大悲剧：《窦娥冤》《梧桐雨》《赵氏孤儿》《汉宫秋》

元杂剧中的四大喜剧：《西厢记》《墙头马上》《拜月亭》《倩女离魂》

元曲四大家：关汉卿，马致远，郑光祖，白朴

临川四梦：《牡丹亭》《紫钗记》《邯郸记》《南柯记》

初唐四杰：王勃，杨炯，卢照邻，骆宾王

四大奇书：《三国演义》《水浒传》《西游记》《金瓶梅》

四大名著：《三国演义》《水浒传》《西游记》《红楼梦》

清初四大谴责小说：吴沃尧《二十年目睹之怪现状》，李宝嘉《官场现形记》，曾朴《孽海花》，刘鹗《老残游记》

三、精选范文

阅读下面材料，根据要求写作文。

《相声百年经典》一书中，作者记述了著名相声大师侯宝林先生的一段往事。在排演相声《关公战秦琼》时，他特地去请教了京剧表演艺术家这样一个细节问题：关公那个代表性的亮相姿势，究竟是左手捋髯、右手背在身后，还是右手捋髯、左手背在身后？对大师的这种做法，人们无不称叹，你又有何感受？

请选择一个角度构思作文，自主确定立意，确定文体，拟定标题，不少于800字。

【传统文化版块】诗歌的体裁与题材

一、诗歌的体裁

诗歌的体裁指的是诗歌作品的表现形式,其艺术结构在历史上具有某种稳定的形式。诗歌具体分为古代诗歌和新诗两类,古代诗歌又可分为近体诗和古体诗(古风),近体诗又可分为格律诗(律诗、绝句)、词、曲;新诗包括自由诗(五四运动以来产生的白话诗)、散文诗(以散文形式表现抒情诗内容)、民歌(民间流传,集体创作的诗)。

1.古体诗

古体诗就是古代的自由诗,形式自由,篇幅不限,每句字数不定(指杂言),不讲对仗,押韵自由等。

它常常有四言古诗(最早出现于《诗经》)、五言古诗(成熟于汉,如《古诗十九首》)、七言古诗(成熟于唐代,如《长恨歌》)、乐府诗(标题有的加上"歌""行""引""曲""吟""弄"等名称,如《琵琶行》)等。

古体诗的发展轨迹为《诗经》→楚辞→汉乐府→魏晋南北朝民歌→建安诗歌→陶渊明等文人写的五言诗→唐代的古风、新乐府。

【例】

古诗十九首·孟冬寒气至

孟冬寒气至,北风何惨栗。

愁多知夜长,仰观众星列。

三五明月满,四五蟾兔缺。

客从远方来,遗我一书札。

上言长相思,下言久离别。

置书怀袖中,三岁字不灭。

一心抱区区,惧君不识察。

注释

[1]三五:农历十五日。

[2]四五:农历二十日。

[3]三岁:三年。

[4]灭:消失。

[5]区区:指相爱之情。

2.近体诗

近体诗大致分为律诗、排律和绝句三种。

律诗的意思就是依照一定的格律来写成的诗。

主要具有以下四个特点：

(1)每首限定八句,每句五或七字,五律共四十字,七律共五十六字。

(2)律诗要求全首通押一韵,第二、四、六、八句押韵,首句可押韵可不押韵。

(3)每句的平仄都有规定。

(4)每两句成一联,计四联,第一联为首联,第二联为颔联,第三联为颈联,第四联为尾联。每首的二、三两联(即颔联、颈联)的上下句必须是对偶句。

绝句又称为截句,字数比律诗少一半,在形式上等于半首律诗,格律要求同律诗的第(2)、(3)条。

【例】

登金陵凤凰台

[唐]李白

凤凰台上凤凰游,凤去台空江自流。

吴宫花草埋幽径,晋代衣冠成古丘。

三山半落青天外,一水中分白鹭洲。

总为浮云能蔽日,长安不见使人愁。

3.词

词是诗歌的一种。萌芽于南朝,形成于唐代,发展到宋代进入鼎盛时期。最初是为乐曲填写歌词,因此称为曲子词。古代是"由乐以定词,非选词以配乐",所以词的形式要适应乐曲的需要。到后来,词逐渐脱离了音乐,成为一种独立和文学样式。词的别称有诗余、长短句、曲子、曲子词、乐府等。按字数的多少,可将词分为长调(91字以上)、中调(59~90字)和小令(58字以内)。

词的一段叫一阕或一片。阕是一曲终了的意思。

关于词牌:

最初的词,在配乐歌唱时都有乐谱,这种乐谱就叫作词调。每种乐谱都有一个名称,这种名称就叫作词牌。后来词逐渐脱离了音乐,词牌就不再代表曲调名。词的标题和词牌是有严格区别的,词的标题是词的内容的体现,词牌则规定了词的格式。词必须有词牌,如《水调歌头》《念奴娇·赤壁怀古》,但不一定有标题。

【例】

蝶恋花·春景

[宋]苏轼

花褪残红青杏小。燕子飞时,绿水人家绕。枝上柳绵吹又少,天涯何处无芳草!

墙里秋千墙外道。墙外行人,墙里佳人笑。笑渐不闻声渐悄,多情却被无情恼。

4.曲

散曲是宋元时代兴起的，由词蜕化出来的一种和乐演奏的歌曲。

散曲的体式和词相近，但比词自由，可以在字数定格外加衬字；较多使用口语。

散曲包括小令和套数（套曲）两种形式。

小令只含一支曲子，如《越调·天净沙·秋思》只有"天净沙"一曲。

套数是把同一宫调的若干支不同曲牌的曲子连缀在一起，少则几首，多则十几首，甚至几十首。套数的名称以第一曲及所属宫调命名。

关于宫调和曲牌：

宫调是音乐术语，表示声音的高低等，如《长亭送别》中的《正宫》就是一种宫调。

曲牌和词牌一样，是曲的音乐谱式。不同的曲牌在字数、平仄、押韵上往往不同，如《长亭送别》中的《滚绣球》《叨叨令》《快活三》《四边静》《朝天子》《满庭芳》《五煞》等都是曲牌。

每一个曲牌，在韵上必须属于一种宫调；一种宫调下有的有若干个曲牌。

【例】

古调蟾宫·元宵

[明]王磐

听元宵，往岁喧哗，歌也千家，舞也千家。听元宵，今岁嗟呀，愁也千家，怨也千家！哪里有闹红尘香车宝马？只不过送黄昏古木寒鸦。诗也消乏，酒也消乏，冷落了春风，憔悴了梅花。

二、诗歌的题材

诗歌的题材指的是诗歌作品中具体描写的生活事件和生活现象，即作者表达主题、塑造形象所运用的材料。如送别诗、边塞诗、哲理诗、咏物言志诗、怀古诗、咏史诗和咏怀诗等。

1.送别诗

送别诗抒写离情别恨。或用以劝勉，或用以表达深情厚谊，或用以抒发别离之愁。

【例】

送杜少府之任蜀州

[唐]王勃

城阙辅三秦，风烟望五津。

与君离别意，同是宦游人。

海内存知己，天涯若比邻。

无为在歧路，儿女共沾巾。

2.边塞诗

边塞诗描写边塞风光，反映边疆将士生活。代表诗人有高适、岑参、王昌龄、王之涣等。

【例】

凉州词

[唐]王之涣

黄河远上白云间，一片孤城万仞山。
羌笛何须怨杨柳，春风不度玉门关。

3.哲理诗

哲理诗通过对具体事物的描述、议论，来寄寓或阐发某种哲理。苏轼、朱熹等的哲理诗为多。

【例】

题西林壁

[宋]苏轼

横看成岭侧成峰，远近高低各不同。
不识庐山真面目，只缘身在此山中。

4.咏物言志诗

咏物言志诗通过对具体事物的描述、议论，来表达思想感情。多用托物言志、象征、比拟等手法。

【例】

墨梅

[元]王冕

我家洗砚池头树，朵朵花开淡墨痕。
不要人夸颜色好，只留清气满乾坤。

5.怀古诗

怀古诗通过对古迹的凭吊产生联想、想象，引发感慨，抒发情怀和抱负。多用借古讽今、咏古抒怀等手法。

【例】

蜀相

[唐]杜甫

丞相祠堂何处寻，锦官城外柏森森。
映阶碧草自春色，隔叶黄鹂空好音。
三顾频烦天下计，两朝开济老臣心。
出师未捷身先死，长使英雄泪满襟。

6.咏史诗

咏史诗借吟咏、评论历史故事、历史人物，来抒发情怀、讽刺时事。多用借古讽今、咏古抒怀等手法。

【例】

贾生

[唐]李商隐

宣室求贤访逐臣，贾生才调更无伦。

可怜夜半虚前席，不问苍生问鬼神。

7.咏怀诗

咏怀诗借吟咏个人抱负，来反映、讽刺社会现实。

【例】

书愤

[宋]陆游

早岁那知世事艰，中原北望气如山。

楼船夜雪瓜洲渡，铁马秋风大散关。

塞上长城空自许，镜中衰鬓已先斑。

出师一表真名世，千载谁堪伯仲间。

8.羁旅诗

羁旅诗又称为记行诗、行旅诗。或描述个人游历途中的见闻和感受，或表现思亲怀乡之情。

【例】

旅夜书怀

[唐]杜甫

细草微风岸，危樯独夜舟。

星垂平野阔，月涌大江流。

名岂文章著，官应老病休。

飘飘何所似，天地一沙鸥。

9.讽刺诗

讽刺诗又称为讽喻诗、政治讽刺诗，以嘲讽、劝喻的手法揭露社会黑暗、世态炎凉，表达正直人士的呼声。

【例】

题临安邸

[宋]林升

山外青山楼外楼，西湖歌舞几时休？

暖风熏得游人醉，直把杭州作汴州。

10.山水田园诗

山水田园诗借描绘祖国大好河山或乡村的平静生活来表达自己的人生态度、生活理想。代表诗人又谢灵运、陶渊明、王维和孟浩然等。

【例】

望庐山瀑布

[唐]李白

日照香炉生紫烟，遥看瀑布挂前川。
飞流直下三千尺，疑是银河落九天。

过故人庄

[唐]孟浩然

故人具鸡黍，邀我至田家。
绿树村边合，青山郭外斜。
开轩面场圃，把酒话桑麻。
待到重阳日，还来就菊花。

散文篇

第一章　散文概述

第一节　散文的含义、特点与种类

一、散文的含义

散文有广义、狭义之分。在中国，广义的散文是相对骈文、韵文而言的，凡是不押韵，不讲骈俪的文章，统称散文，它包括了文学性比较强的作品，也涵括了实用性的文章。狭义的散文，指的是与诗歌、小说、戏剧、影视文学并列的一种文学样式，它排除了纯实用性的文章，专指那些带有文学性的散体文章。

在中国，狭义散文的概念是近代形成的。当时，随着外国文学作品和文学理论的翻译介绍，随着我国文学创作的进一步发展，人们把那些实用性的、学术性的、论理性的文章从散文中划分出去，也就形成了狭义的文学散文的概念。此后，随着散文中一些具体的样式，如杂文、报告文学、传记、回忆录等逐步成熟，人们对文学散文又有了更为狭义的理解；有人甚至认为，只有那些抒情性、艺术性很强的短文，才称得上散文。我们这里讲的散文，是相对诗歌、小说、戏剧、影视文学而言的，具有一定文学性的短篇散体文章，将杂文、传记、回忆录、报告文学也包括在内。

二、散文的特点

1. 题材广泛，尤其以写细小、片断、零散的事物见长

散文取材广泛而不拘一格，大至国内外政治、经济、文化、军事等大事，小至个人的喜怒哀乐之情与细枝末节之事，都是散文写作的材料。

散文题材广泛到无处不有，无时不有，尤其以写细小、片断、零散的事物见长。散文取材贴近日常生活，大凡诗歌、小说、戏剧不便于不宜于表现的生活内容，例如，朱自清的散文《背影》里，通过描写父亲的体态、装扮以及买橘子时的一系列动作，不加多余修饰，白描生活日常的点滴，来传达父亲对儿子的深厚而质朴的爱意。可见，生活中的一颦一笑、一言一行都可以进入散文的笔触，化为细腻缱绻的情意，达到触动人心的艺术效果。生活中的

一段经历、一丝感触、一星冥想、一次奇遇、一次邂逅、一点纠葛、一场梦幻,自然界的一丛草木、一块山石、一朵鲜花、一片雪花、一场风暴、一只飞鸟、一颗流星……无一不是散文写作的材料。

散文之所以在诗歌、小说、戏剧之外有着不可取代的作用,就在于它能撷拾生活中的零星小事、松散片断,别具一种意味。

散文最真切、最可言说的,便是日常生活的常态和变异,并从它的常态和变异中看到时代的折光和社会的影像。如果将生活比作大海,那么散文更多时候写的便是大海的一个浪花,一条水草,一个贝壳,甚至于一滴水。它取的是零星、碎散的题材,从零星、碎散处去折射时代的风貌,体味生活的滋味,于细微之处见精神,给人以美的享受和智慧的启迪。

2. 散文尚真忌伪,写真人、真事、真景、真物、真情

散文尚真忌伪,排斥虚构,所写多为真人、真事、真景、真物、真情。

散文擅长的,就是以真诚的心,抒写自己生活中的所见所闻所感。散文之所以在诗歌、小说、戏剧之外有其存在价值,就在于它能提供其他文学样式所不可代替的真实生活层面,给人启迪与滋养。它记人记事,大多真有其人其事,它记游写景状物,必须切时切境,不能作假。抒情散文有时也借虚拟的景物来抒情,但其情一定真实,绝无矫饰。散文内容的真实性,是散文产生特殊魅力的一个重要因素。这种"写实性",使它充盈着一种真实的感染力,否则,就会失去它应有的魅力。

3. 浸透着作者的个性与情感

散文贵"写实",但这种真实性,又不同于新闻的真实性,作者执笔行文,总是浸透着自己的个性与情感。散文中时时有一个"自我"在,它抒发的是"自我"的真情,映照的是"真我"的风采,显示的是"我"眼中的世界和人生。但散文的"自我""真我",不是画地为牢、私欲泛滥的"自我",而是披着时代风尘走入生活深处的"自我""真我"。这样的"自我""真我",应有着美好的人格修养,能体悟和肩负起历史所赋予的责任感和使命感,能成为伴随读者前行的人生伴侣和诤友。散文是真情真性自由自在的生息和无拘无束的抒发。散文不论叙写何种客观事物,必有"真我"的情思一以贯之;尽管在表现上有深浅、强弱、隐显的差别,却绝无枯竭干涩的时候。试看那些古今传诵的名篇,如诸葛亮的《出师表》、李密的《陈情表》、韩愈的《进学解》、柳宗元的《永州八记》、范仲淹的《岳阳楼记》、欧阳修的《醉翁亭记》、王安石的《答司马谏议书》、苏轼的《前赤壁赋》、鲁迅的《秋夜》、朱自清的《背影》、老舍的《想北平》、巴金的《爱尔克的灯光》等,它们感人的内核,无一不是真情饱满、顾盼有神,突出地显示了"自我"的人格,"我"眼中的世界或人生。有人说散文是"情种"的艺术,可谓一语破的,说到了散文艺术特质的要义上。由于散文写真,它一般取第一人称"我"的角度叙写内容、抒发感情,而且这个"我"就是作者自己,作者个人品第的高下直接影响散文品第的高下。

4. 写法自由,不拘一格

在各种文学体裁中,散文是最为自由的一种文体,它不像小说创作必须有中心人物,情节结构,也不像诗歌创作那样要求高度的精练含蓄和严密的节奏韵律。它随物赋形,以意取法,体式灵活多变、不拘一格,体无定型,型无定式,最少形式约束。它的题材无所不包,

只要有所见有所感,都可以借方寸之感思,抒一时之情怀;它的写法相当自由,可以有具体描写,也可以有抽象议论,可以直抒胸臆,也可以借景抒情、托物言志,其形式的采用完全是由文而定,因人而异,有着充分的自由。

20世纪60年代,我国有人用"形散神不散"来概括散文写作上的特点,得到了广泛的赞同,并在相当长的一段时间内被人们视为散文的普遍规律性命题,以至于几乎所有谈散文特征的专著、教材或论文,都言必称"形散神不散"。多年之后,人们觉得这种概括还有些狭隘,又提出了"形敛神聚""形散神也散"等命题,以强调散文随物赋形、以意驭法、不拘一格的文体特征。

由于散文写作自由,没有任何绳规尺矩的痕迹,它呈现为一派天然自然之美。人们在构思中,往往追求这种神韵。取材时,多取零散的片断、细节,不太注重完整的过程;即或遇到比较完整的材料,也有意加以切割,不让它显得过于严整;作者围绕主旨选材时,有时甚至也有意地作一些旁逸,让它的枝枝丫丫向四周生长开去。作者构思之后,行文用笔,大多通过情感意绪,将种种材料组织起来;有时也用到其他线索,但一定要将情感渗透其中,没有情感的渗透流走,散文既"散"不起来,也没有散文的神韵。

5. 语言精美自然,别具韵味

散文有散文的笔调和语言。散文的笔调与语言既是散文重要的文体标志,也是构成散文特殊魅力的一个重要因素。

散文的语言,和诗歌比较起来,多了几分"清淡与自然";和小说比较起来,多了几分"浓密和雕饰"。好的散文,它的句式总是灵活的,参差变化的,没有一味铺陈的呆板句式,也没有"因为所以""由此可见"之类的理性推导,它总是随着自己情感、意绪流走,显得灵动而富于活力。

散文的语言纯净自然,极富作者情韵和个性,具有独特美感。作为文学第一要素的语言,对散文来说更具极为重要的意义。在小说、戏剧的情节发展过程中,偶尔出现一二冗句,以至平板的段落、章节,不足为奇;就是那些经典名著,要挑出一些语言上的毛病,也不太费力。散文却容不得不称其意、不得其体的冗词繁句,即或偶尔一二处,也立见其瑕疵,破坏了整体的散文之美。小说、戏剧好比一座大山,山上某一隅有一点毛病无损于大山的壮观,而散文就好像大山上的草木沙石,一点小小的毛病,就足以影响它的外观。

散文也像诗歌创作那样讲究字句的推敲,有时几个字词一用,神韵立见,韵味无穷;它的语言风格往往是读者品评散文的一个重要内容,但无论何种风格,无论怎样苦心地推敲,都必须纯净自然,出于天籁。

散文的语言重情思而忌滞实,它不是纯客观地再现,而是主观的抒发,重印象式的描述。我国现代散文家徐蔚南在《侄偬·序》中曾指出:"小品文最重要的一点是印象的抒写""呆板板地说明对象的文章,是死的,不论你写得怎样美丽漂亮,至多不过像纸扎的花;至于跳荡地写出那印象来的文字,是活的……如果写得好,那真是又芬芳,又妍美,像自然的山野里的蔷薇花一样。"

散文作为一种负载人生体验况味的文体,由于个人性格、气质、修养和审美趣味的不同,散文语言又呈纷繁不一的感情色调,有的峭利冷峻,有的冲淡平和,有的典雅瑰丽,有的朴实清秀,有的雄浑刚劲,有的潇洒俊逸,有的空灵温婉,有的娟秀纤巧,有的充满乡野之气,有的洋溢都市风情,或庄或谐,不一而足。

散文还具有娓娓而诉的谈话风,它是作者与读者一种推心置腹的交谈,是作者发自内心的一种极平易、极自然的倾诉。散文的语言,不像小说那样受制于笔下的人物,也不像诗歌那样受制于节奏、韵律,它很自由,作者可以用自己的姿态、声音、风格说话。读散文,常常会感到,作者好像或是在同知己倾诉,或是在自言自语……他说得很真切,很痴情,好像除了他急于倾诉的东西,一切都忘怀了,读起来既觉得亲切、自然,又别具一种滋味。

散文的语言,具有双重的功能:一方面,它传达作者所要传达的内容;另一方面,它要与读者进行精神上的交流,传达出作者的人格和精神面貌。散文作者执笔行文时,无论记人写事、写景状物、说理抒情,总是从自己的感受出发,写的总是自己“眼中”的事,有时侧重他人,也时常不忘述说自己,把自己要写的事物、要讲的道理写真、写活,写出滋味和情韵。散文作为负载人生体验况味的一种文体,它的字里行间涌现出来的是属于作者个人的情韵情趣。读一篇小说,小说的文字主要把读者引向人物、故事;读一篇诗歌,诗歌的语言主要把读者引向作者抒发的情感,其间虽然也能领略到作者的个性、气质,但这些不是主要的,大多数情况下是深藏不露的;读一篇散文,感觉就不一样了,作家的气质、个性、才情、修养常常扑面而来,跃跃涌现。作者执笔行文,不但告诉读者一些事情,叙说一些道理,而且,捎带着文字,伴随着语气语调,作者的人格、精神也呈现在读者的面前。

三、散文的种类

现代散文主要包括以下五类。

1. 抒情散文

抒情散文是侧重于作者主观情感抒发的散文。它往往以作家情感为结构线索,把所反映的生活内容联结成一个艺术整体。依据作者抒情的方式,又有直抒胸臆、即事抒情、借景抒情(又作即景抒情)、托物言志等多种形式。

直抒胸臆的散文,往往将内心强烈的感情依附于事物的简要描述,把内心情感不加掩饰地倾泻出来。它重“情”不重“事”,叙事完全是为了抒情。因而,它的叙事总是零星的、片断的、抒情性的、夹叙夹议的。失去依托的感情倾吐,最易变成无病呻吟的干号、飘浮不定的宣泄。因此,善于直抒胸臆的作者,总是将感情具象化,以生动感人的物象或意象以及形象鲜明、极富画面感的语言,使感情变得可触可摸,可亲可近,使读者与所抒之情自然而然地产生同振、共鸣。

即事抒情的散文,不像直抒胸臆那样直露,抒情主要依托于叙事,叙事完全为了抒情。其抒情可显可隐,其叙事可整可散,文章的审美价值主要体现在作者感情的抒发上,如朱自清的《背影》,巴金的《爱尔克的灯光》,苏叶的《车辚辚马萧萧》。

借景抒情和托物言志的散文,是抒情散文里的赫赫大族,它们都以景物或事物作抒情言志的载体,所写的客观事物,也都染上了作者的感情色彩,艺术形象具有象征性、比拟性,诗情画意,艺术韵味十足,语言也很美,所以常常被称为“美文”。但仔细分析起来,它们又各异其趣:借景抒情的散文,重在抒发一种感情,以情动人,使读者从情绪感染中悟出一点情致，其思想教化功能较弱；托物言志的散文，重在寄托一种心志，这心志，可以是志向、怀抱、理想、信念，等等，思想教化的功能较重（当然，这种教化功能，都浸透了作者的感情）。借景抒情文里的"景"，一般是自然景致，有物皆着我之色的"有我之景"，有情潜其中、不露痕迹的"有我之景"，但不论何种形态，也不论作者赋予景物怎样的情韵、情致或情思，景物仍然是那个景物，决不会被人联想到别的什么东西上去；托物言志里的"物"，通常是某一单一物体，从表层意义看，咏此物必此物，一切属性、特征均为此物所固有，但从深层意蕴看，此物又并非此物，而与某一相似的社会相即人情世态深刻相通，使读者从物的此一端看到暗藏其中的彼一端更广大深沉的世界。比较一下周敦颐的《爱莲说》和朱自清的《荷塘月色》，就不难明了同一景物在两种不同的抒情散文里的不同的旨趣。

借景抒情的散文，它所描绘的客观事物，染上了作者的感情色彩，相对于记述风物的游记散文，前者重在主观抒发，后者重在生动再现；前者不一定从游踪中取材，后者常带有自己的游踪。在借景抒情散文里，情景有多种契合关系，一是乐景乐情，二是哀景哀情，三是乐景哀情，四是哀景乐情。前两种较为多见，在这种顺向的对位契合中，景与情互为映照，相向交感，形成一股合力冲击读者心扉，令人面对哀景细味作者哀情，面对乐景同享作者乐情；在后两种关系里，情与景是一种逆向的错位契合，因错位而生冲突，因冲突而形成一种艺术张力，扣人心弦。这种矛盾的统一，错位中的对位，比顺向的契合，其感情更显得曲折、幽深、复杂，也更适合表现特殊境遇下的复杂心态，令人倍增其哀乐。

托物言志散文又可称为象征散文，它常用的手法是比兴，用今天的话说，就是象征。象征就是"用小事物来暗示大事物"（浜田正秀语），在物与志之间搭起沟通的桥梁，使读者眼观所托之物，心向欲言未言之志，由具体的个别景物，领悟到它所暗示的远远大于它本身的普遍性意义。象征像一根魔杖，可给世间万事万物以至于人的自身都赋予一种象征意蕴。人们习惯用的象征物，是自然界的山石江海、草木虫鱼、飞禽走兽、奇花异果等，单一而生动，据此而成的象征散文，其象征意蕴也易于被人挖掘和接受。"五四"新文化运动以来，由于受西方象征主义文学的影响，象征散文的象征物也扩大到整个人类社会以及梦幻、错觉等精神世界，有些象征散文营造出一种混沌迷离的象征世界，显得特别的幽深，像茅盾的《沙滩上的脚迹》《叩门》等，即这一类象征散文的名篇。

2. 记叙散文

凡侧重于记叙客观事物的散文，称记叙散文。这类散文以叙述、描写为主要表达方式，有较强的客观纪实性。细分，又有记人、记事、记游、记物之分。

记人散文往往以零星的生活片断和细节来表现人物的思想风貌。可记一人，也可记多人；可记人的一生大略，也可记人的一二片断；可记全人，也可记人的某一侧影、某一性格、某一特长。它主要摘取人生历程的片断、细节，经过巧妙的艺术构思，以细节、片断观照人的一生或某一侧面，不虚构，也不以事件冲突构成故事情节来刻画人物。这类散文，往往注重点染和勾勒，讲究用少量的笔墨刻画出人物的神采，表现出人物的性格特征。如鲁迅的《范爱农》，用精练传神的白描，刻画范爱农的外貌、言谈、举止，表现人物性格，使一位朴实、平凡、正直、耿介、孤独而又软弱无力，渴望革命，追求进步，不愿与旧势力同流合污却最终被吞噬的知识分子形象跃然纸上。

记事为主的散文，主要通过事件来表达题旨。它记的事件可大可小，不一定是新闻题材，也不一定叙述事件的全过程，但一定是真实的。它不以冲突贯穿始终，不求构成情节模式，往往截取生活中的最有意味的片断，以寄托作者的情意，如丰子恺的《梦痕》，叙写童年琐事：从家人围坐做米粉包子到自己吵闹着又吃又玩，到印米粉菩萨而跌伤额角；从玩蜈蚣、耍大蛇、结辫子的"恶戏"，到做蚕豆水龙、豆梗笛，以及烛油浇塑、芋薯印版等"玩意儿"。作者借助于生动活泼的描写和机智幽默的笔调，随意点染平常琐事，字里行间充满了童年生活的天真烂漫的意趣，耐咀嚼，耐品味。

记游散文往往通过描叙山川景色、名胜古迹、异域风情、祖国新貌和介绍有关历史、地理、民俗、建设成就等方面的情况，或通过描述日常生活中某一物事来抒发自己的思想感情，它的题材有一定的新闻性，但不从新闻的角度着眼，往往从审美的角度来处理材料，因而有别于概貌通讯。一篇地道的游记，往往有四个明显的标志。首先，有游踪的明确交代与贯通；其次，注重对山川景物作移步换形或多种角度的描写；再次，所描写的景物并非纯自然的"照相"，渗入作者的感情、折射作者的心境与审美眼光，或者成为抒发观感的依托与凭借；其四，许多游记写景状物，往往还融入了有关历史文化背景和传闻典故等。只有山川景物而无游踪的，一般称为山水记、亭台记或风物记。

记游和记风物散文，写景真实细腻，写景状物是作者的大半功夫。但作者在景物的取舍及景物特征的刻画描写上，并非是纯客观的，而重在传达出景物的丰姿韵味，借景物抒写情怀。如柳宗元的山水游记散文，特别是《永州八记》，描写的大都是奇异美丽却遭人忽视、为世所弃的自然山水：怪特、独立、不与培塿为类的西山；突怒偃蹇、负土而出的奇石；竹树环合、寂寥无人、凄神寒骨、悄怆幽邃的小石潭。作者选取这些深奥幽美的小景物，经过一丝不苟的精心刻画，展现出高于自然原型的艺术之美，"漱涤万物，牢笼百态"，借以安顿自己悲哀苦闷的灵魂，并从中获得些许凄美的愉悦。含蓄蕴藉，意味深长。

记叙散文除有较强的客观纪实性和审美价值，有的还具有文献价值。如鲁迅的《藤野先生》，张中行的《红楼点滴》，许广平的《最后的一天》，余秋雨的《风雨天一阁》等。

3. 议论散文

凡侧重于以形象的议论表现作者思想情趣的散文，称议论散文。议论散文是散文中赫赫一族，如中国古代先秦、唐宋散文以及"五四"至20世纪30年代的散文，占比重很大的就是议论散文。蒙田、培根、兰姆的散文，占很大比重的也是议论散文。只是因中学语文课本中所收这类散文较少，许多人谈散文仅侧重于抒情散文，对它的重视反而不够。

议论散文或重在人生的感想、哲理，给人的是一种思想的启迪（如毕淑敏的《爱的回音壁》）；或重在知识（如秦牧的《艺海拾贝》），给人以智慧的愉悦；除了美学价值，它的文化意味非常浓，尤其是在历史转折的重要时期，这类散文具有文化启蒙意义。

议论散文一般以事理为线索，但论理并不像纯粹的议论文那样拴在严格的逻辑联系上，如秦牧的议论散文《象和蚁的童话》，文中所述之理是"力量小而拼全力工作的人在某一点上甚至比力量大而并没有发挥尽致的人还要伟大"，这在艺术实践中尤其如此，文章以理为线索，将自己的思想层层展开，先说了"象和蚁的童话"，接着又征引安东·契诃夫的话，然后引申出文章之理，再把它应用到艺术实践中，阐明艺术繁荣应是大家的共同参与。

显然，文中使用的这些材料，靠"事理"这条线索把它们贯穿起来。

议论散文不像议论文那样讲究严密的无懈可击的逻辑推理，也不像杂文那样重在政治干预，讲究幽默讽刺，往往以一种夹叙夹议的方式，具体真切地叙事言理，并伴随着生动形象的勾勒，灌注着真挚流动的感情，将叙事、描摹、说理、抒情熔于一炉，作者谈天说地，说古道今，联类生发，远近取譬，总是呈现出一种理趣之美。理趣是议论散文最突出的特色。理趣首先必须有理，其次必须有"趣"。理因宣导观念、信仰、认识而显出；但这种宣导须借助一定的形象，或谈天说地，或道古论今，或联类生发，或远近取譬。总之，文章里必须有令人可触可摸的具体生动的客观实体；在借助形象宣导的过程中，又必然打开感情的闸门，对所议形象注入饱满的情愫，或爱或憎，或迷茫或明朗，或隐或显，无论何种情况，形象宣导到哪里，感情就要冲激浸润到哪里。只有这样，才能产生有艺术生命力的理趣；如果只有思绪的宣导，没有形象，没有感情，就可能滑入严肃抽象的议论文一途，失去议论散文的理趣之美。

4. 小品与随笔

"五四"时期所讲的"小品文"，是狭义散文的代称，现在讲的"小品"，指的是那些篇幅非常短小而又富有抒情意味的小散文。"小品"的特点主要体现在一个"小"字上，其选材立意，并非什么"重头武器""重大工程"，但心知其小也不小看它，认认真真地写，认认真真地构思，小巧中更显出自己的性灵，言谈中更注重自己的学识与体验，其语言含蓄隽永，情感美跃然纸上，颇具文化气息和文化品位。小品表现的往往是一种宁静淡泊的文化心态，给读者的是"一点清凉""一点宁静"，一种富有文化气息的健康的"滋润"和"休息"。小品典雅隽永，小巧中见出真性灵，如朱自清的《月朦胧，鸟朦胧，帘卷海棠红》就是这样的作品。

"随笔"在很长一段时期也用来指狭义的散文，只是随着散文创作的发展逐渐演变为散文的一种样式。依字释义，随笔至少有随时笔录和随意运笔两重含义。

随笔的特点主要体现在一个"随"字上，它没有正襟危坐、一本正经的作文架势，其文思常常如"风吹林响，泉激石鸣"，即兴而生，不求自得；其行文如汩汩山泉，顺势而下，意到笔随；其题材可大可小，其篇幅可长可短，完全发乎自然。但随笔看似随意，实则费心，它往往从书本和生活中随处得题，信手拈来，借题生发。它的视野比较开阔，谈天说地中传达出深刻独到的人生体验，左右逢源中表现出渊博的知识，它的思路不拘泥于一点静止不动，而是如行云流水般通达酣畅。

"小品""随笔"并非全属文学。像科学小品、历史小品、时事小品、讽刺小品、思想随笔、教育随笔、科学随笔、文艺随笔、美学随笔等，并非都能归属于文学名下。作为文学文体的小品、随笔，也并非全属议论一类，只是议论一类显得更活跃一些。

小品、随笔虽然在创作中逐渐形成了自己的特点，但和我们讲的记叙散文、议论散文、抒情散文并非截然不同，它们还是有着很多的共同之处。收入当代小品系列丛书和随笔系列丛书的作家，几乎异口同声地说，他们写作时，是持比较宽泛的散文观的，并没有去考虑小品、随笔与散文有什么区别。这说明，小品、随笔与散文的写作，在本质上并没有什么不同。比起比较正规的文艺散文，小品、随笔只不过显得更随意一点，或小巧雅致一点。

5. 杂文

在相当长一段时间里,杂文一直是议论性散文中的一支劲旅,后来才从议论散文中逐步独立发展的一种具有鲜明特色的文种,它既有政论的性质,又有文艺的特点,是"诗"和"政论"的结合。

杂文是文学样式中反映生活最直接、最敏锐、最富战斗性的一种样式,它具有政治干预意识,敏锐及时地直面人生。它"论时事不留面子,砭痼弊常取类型",对现实生活干预重在批判,目的在于匡正时弊,激浊扬清。它对敌人,是"匕首",是"投枪";对人民内部矛盾,是"手术刀",是"银针",惩前毖后,治病救人。二者都锋利而具有否定性。

杂文的说理,短小灵巧,形象犀利。杂文一般都短小,通常是几百字、一千字解决问题。不是板着面孔长篇大论,而是手法灵活,形式多样。或是说古论今,或是就事论理,或是假托比喻,或是借题发挥,或是辑录评判,或是故意游离而随手一击,或是言在此而意在彼,出奇制胜。杂文的论理异常犀利,无论隐晦、曲折,都一针见血,不掩其批判的锋芒;杂文论理要借助形象来阐发深刻的思想,表露强烈的爱憎。

杂文在写作中还形成了寓庄于谐的风格,它往往运用讽刺和幽默,三言两语,就使批判对象原形毕露,让读者哄笑不已,形成一种既谈笑风生而又威风凛凛的美学风格。我国现代杂文是在鲁迅手里成熟起来的,由于杂文所论的多属时事,它也具有新闻性。在新闻专业中,许多人就把杂文看作新闻评论一种。

第二节　中外散文发展史略

一、中国散文的发展

1. 中国古代散文的雏形,可追溯到甲骨文,在先秦形成第一个高峰

中国第一部散文集,是《尚书》。中国古代散文的第一个高峰,是先秦时期的历史散文和诸子散文。先秦史家之文,有典美博奥、委婉含蓄的《左传》;文采飞扬、亦文亦史的《战国策》;平实畅达、风格不一的《国语》。先秦诸子之文,有言简意赅、含蓄隽永的《论语》;至精至密、气盛辞壮的《孟子》;博大精深、严谨淳厚的《荀子》;"五千精妙"、韵散结合的《老子》;"汪洋辟阖、仪态万方"的《庄子》;讲究逻辑、质而不文的《墨子》;集法家之大成的《韩非子》;"瑰玮宏博"的杂家《吕氏春秋》。它们共同构成了先秦时期恢宏博大、气度峥嵘的文化景观。这个时期的散文,无论诸子散文还是历史散文,各有各的思想,各有各的特点,但同样都是思想深邃,个性张扬。它们凝聚着人类最初的梦想和智慧,蕴藏着民族文化的"遗传基因"和"原型"。它们铺建了民族文化坚实的基石,也是喂养民族文化生命的"母乳"。无论从哪个角度看,它们都是中国最优秀的散文。

2. 进入秦汉，主要是两汉，较之先秦散文又有了新的发展

这个时代产生了雄视百代的史传文学，煌煌大观的政论散文，以及可以与"唐诗""宋词""元曲""明清章回"相提并论的"汉赋"。

史传文学，有司马迁的《史记》和班固的《汉书》。《史记》被誉为"史家之绝唱，无韵之离骚"，它不仅给史书的编撰提供了独创的体例，为文学创作提供了优秀的方法，为以后的文学创作提供了丰富的素材，更重要的是，它为我们提供了一种文化精神："究天人之际，通古今之变，成一家之言。"

班固的《汉书》，体大思精，典雅富赡，它虽然不及《史记》的批判精神，但对我国两千年来散文的发展产生过相当大的影响。

李斯的《谏逐客书》，写于秦始皇统一中国之前，它既保留了纵横家之余风，又开秦汉政论文之先河。

西汉前期的政论散文，以贾谊和晁错为代表。贾谊的文章，洋溢着对国家前途的忧患意识，表现出作为政治家的气魄和历史家的睿智，同时充满热情，富于文采，他以《过秦论》《论积贮疏》最为著名，被鲁迅称为"西汉鸿文"。晁错的代表作是《论贵粟疏》。他的政论文，比贾谊的文章更为严谨，切合实际，文采和情感则稍逊。西汉时期桓宽的《盐铁论》，也是一部出色的议论文，它从现实问题出发，针砭时弊，颇中要害。东汉后期，又出现了王充的《论衡》，它是学术性散文的代表。

汉代文学的主流和正宗，是赋。赋是汉代盛极一时的文学样式，它讲究铺叙、辞藻和主客问答的形式，是介于诗与散文之间的一种体裁。西汉前期，赋的主要形式是以抒情为主的骚体赋，贾谊是代表作家，他的《鹏鸟赋》《吊屈原赋》，可以说是楚辞体与汉赋之间的一种过渡，其文句如果除去"兮"字，基本上用的是四言句，赋的内容，以回答的形式展开，已开汉赋问答体的先河。

枚乘的《七发》，则标志着汉代新体赋正式形成，在多方面奠定了汉赋的基本特征：其一，《七发》在一个虚构框架中以问答体的方式展开，其后大赋多采用这种形式；其二，已脱离楚辞抒情的特征，转化为铺陈写物为中心的散文化文体；其三，出现了"劝百讽一"的现象。

武帝时期，是汉赋极盛期。司马相如的《子虚赋》《上林赋》，代表汉代典型的逞辞大赋已经完备。汉代典型的逞辞大赋，最突出的特点是极度的铺陈扬厉，通过大量的连词、排比、对偶，层层渲染，增加了文章的词采。西汉后期，著名的辞赋家是扬雄。他的《甘泉赋》《羽猎赋》，歌颂汉朝的声威和皇帝的功德，又处处模拟司马相如，使辞赋走上了模拟因袭的道路。

东汉时期，还出现了一种以京都为题材的赋，如班固《两都赋》和张衡《二京赋》。其主要特点是以都市为描绘中心，比西汉辞赋，更为广泛地反映人类生活的场景、山水、草木、珍宝、城市、宫殿、街衢、商业、服饰、人物等，内容无所不包，无所不容，气魄宏伟，景象壮丽。

东汉中后期，赋发生了重大转变，抒情小赋开始兴起。从内容上说，抒情小赋主要抒发自我的情感和生活理想，或热情，或冷峻，或忧伤，比散体大赋通过虚拟人物表现自己的情

感和理想更直率。在表现形式上，首先是篇幅长短的不同。所谓"大"与"小"，主要是就篇幅而言。其次，抒情小赋，在形式上不讲究纵横铺排，在语言上不刻意追求奇崛俏丽，重自然华美。这一时期的代表作家和代表作品，有张衡的《归田赋》、赵壹的《刺世疾邪赋》和蔡邕的《述行赋》。

3. 魏晋南北朝，是我国散文史上一个发展变化的时期

这一时期，人们对文学的价值逐渐重视，文学的观念也逐渐明确，他们将朴素的实用文叫作"笔"，将辞藻华美，抒发感情的文章叫作"文"。这种分法，虽并不科学，但大体上还是可以看出当时人们对文学的看法。这一时期，散文的题材扩大了，过去很少被人们注意的山水景色，成了一时竞相描写的新内容，而文章中抒情的成分，也明显增加。与此同时，汉赋旧有的形式（如对话体），也不再被作者们普遍采用，更多的是发展那种抒情的直接描写的方式，而且是以短赋为主。与此同时，在汉代就开始发展起来的骈偶的句法，逐渐形成骈体文，在六朝的文坛上占有重要的地位。

魏代散文在汉代散文的基础上，渐向清新通脱的方面发展，首开其端绪的是曹操。刘师培说："魏武治国，颇杂刑名，文体因之，渐趋清峻。"鲁迅也说，曹操是一个改造文章的祖师（《魏晋风度及文章与药及酒之关系》）。我们读他的《让县自明本志令》，自叙怀抱，那种进退两难的情势，坦率披露，毫不顾忌掩饰，于诚恳中寓悲凉慷慨之意，确实呈现了一种新鲜气息。曹丕的《与吴质书》，曹植的《与杨德祖书》，或倾诉友情，或品评文章，或叙述怀抱，语言很婉转，感情很真挚，鲜明地呈现出这一时期的抒情特色。

魏晋之交，嵇康、阮籍，愤世嫉俗，佯狂避世，嵇康《与山巨源绝交书》，汪洋恣肆，对当时的黑暗现实进行了猛烈的抨击，文章有纵横家的气魄。阮籍的《大人先生传》，揭露礼法之士的丑恶面目，尖锐深刻。

东晋初年王羲之的散文，呈疏爽自然、不事修饰而情味隽永的特色。这种文风，是晋代士大夫崇尚清谈、爱好自然、流连山水那种生活和思想的反映，较之魏代的文风更显出清新通脱的特色，他的《兰亭集序》，俯仰古今，枨触万端，清而实丽，已开后来陶潜文风之端。

东晋末年的陶渊明，比王羲之更朴实而接近生活，他的《归去来兮辞》《桃花源记》《五柳先生传》《与子俨等疏》等，都是这一时期的名作。在这些作品中，作者用清新朴素的语言，曲折自如地表达了他的思想和人生态度，不掩饰，不做作，"不汲汲于富贵，不戚戚于贫贱"。

这一时期北朝的散文，也有三部值得重视。郦道元的《水经注》，内容丰富，它记述了河道的源流和历史古迹、人物故事以及风俗习惯，偶尔也叙述些神话传说。特别是风景描写。作者用精美的文字，描写了各种不同的雄奇秀媚的山川，文笔十分清丽秀逸。杨衒之的《洛阳伽蓝记》，描写了北魏时期洛阳的许多寺庙，联系当时许多史事文物以及园林风景、人物活动和社会面貌，对当时的统治阶级进行了尖锐的揭露。它所描写的许多壮丽宏大的寺宇，也反映了劳动人民卓越的建筑艺术才能。这部书，可以说是一部描写社会现实生活的著作，于朴实浑厚的文笔中，寓有冷峻辛辣的讽刺意味。颜之推的《颜氏家训》，他将一生的经验和他对当时社会的种种不满，用朴素的文笔写出，语言亲切平易，真实动人。

汉末逐渐发展起来的骈体文，至六朝而盛极一时。

骈体文讲究堆砌辞藻典故，内容空虚，带有形式主义倾向，但其中也不乏一些优秀的作品。如鲍照的《登大雷岸与妹书》，描写山川景色，文笔秀丽清峻。清人许梿说它"烟云变灭，尽态极妍，即使李思训数月之功，亦恐画所难到。句句锤炼无渣滓，真是精绝"。孔稚珪的《北山移文》，用生动犀利的文笔，揭露批判那种欺世盗名的伪隐士的丑态，淋漓尽致。其他如陶弘景的《答谢中书》、吴均的《与宋元思书》《与顾章书》，也都是骈体文中写景的妙品，而丘迟《与陈伯之书》中的"暮春三月，江南草长，杂花生树，群莺乱飞"，更是传诵的名句。

魏晋六朝的赋，突出地增加了抒情的成分。王粲的《登楼赋》、曹植的《洛神赋》以及后来向子期的《思旧赋》、陶渊明的《闲情赋》等，都是一时名作；梁代江淹的《恨》《别》二赋与庾信的《哀江南赋》，成就尤为突出。

4. 唐宋两代，是中国古代散文发展最为重要的时期

这前后六百年，产生了许多具有重大影响的伟大的散文作家，其中韩愈、柳宗元、欧阳修、苏轼、王安石、曾巩、苏洵、苏辙，被后人合称"唐宋八大家"，从而构成了我国文学史上第一个跨代并称的文学现象。以"八大家"为代表的唐宋散文，不仅奠定了我国古代散文的基本体制和格局，同时也成为民族文化辉煌灿烂的重要构成部分，为后世学子的"不祧之宗"。

唐代散文的创作，是与批判六朝以下所盛行的骈俪之风紧密联系在一起的。

骈文滥觞于汉魏，形成于两晋，发展至南北朝而登峰造极，以致取代散行单句的古文，独霸文坛，除叙事和议论领域给散体文保留了一点地盘，其他领域几乎都用骈文。

应该说，古代散文发展至骈文，反映了作家对文章语言形式本身的重视；它的出现，也为散文艺术积累提供了宝贵的经验。但从本质上看，骈文又是一种以形式限定内容的文体，当它发展到极端，片面追求辞藻骈俪，内容空洞，形式呆板，就严重影响到散文的发展。

初唐近百年文坛，基本以骈文为主流，所谓"江左齐梁，其弊弥甚，贵贱贤愚，唯务吟咏。遂复遗理存异，寻虚逐微，竟一韵之奇，争一字之巧。连篇累牍，不出月露之形；积案盈箱，唯是风云之状"，成了这一时期的真实写照。但也有一些有识之士，开始自觉或不自觉地摆脱这种影响。如"初唐四杰"，他们虽然写有许多骈文，但在一些作品中已努力接近社会现实生活，并在形式上做出一些尝试。如王勃的《滕王阁序》，虽措辞绮丽，属对工整，平仄协调，多用四六之句，同时又在向散文靠拢，文章自然流畅，一气呵成，于疏快俊朗中，新境迭出。在此类文章中，已难看到六朝华靡之习的影响，更多的是一种清新刚健的时代气息。又如陈子昂，他提倡风雅兴寄，虽主要针对诗歌创作而言，但未尝不是有感于"文章道弊五百年"的现实。

进入盛唐和中唐前期，文体和文风的革新更趋活跃：理论上，先后有萧颖士、李华、元结、独孤及、梁肃、柳冕等提出，要以三代文章之传统，改革当时之文风；创作上，也不断有新的探索，如陆贽的奏议，一改骈体文堆砌华藻、滥用典故的陋习，写得流畅自然，对后来韩愈的古文运动产生了积极影响；王维的《山中与裴秀才迪》、李白的《春夜宴从弟桃李园序》，骈散兼行，自然流畅，为传世佳作；李华的《吊古战场文》，虽以四言为主，但文章中已出现散文句法，对以后欧阳修、苏轼的文赋创作，产生了影响。但这些努力，从整体上还不足以动摇奢靡淫丽的骈体之风。

真正全面提出古文运动理论并有力推动古文运动蓬勃开展的，是中唐的韩愈和柳宗元。他们以恢复儒家道统为旗帜，以"文以明道"为号召，提倡恢复先秦两汉散行单句的古文传统，对唐代散文革新产生了巨大作用。随着古文运动的开展，中唐文风为之一变，内容虚假、形式靡华的骈俪之风，大为减弱，取而代之的是情感真实、语言出新、文气流畅的散体"古文"；散体古文也逐渐占据文坛，取代了骈文。所以，韩愈被后人誉为"文起八代之衰，道济天下之溺"。

"韩柳"倡导的古文运动，虽以复古为旗号，但非简单复古，而是借复古之名，行革新之实：他们在内容上提倡明道抒愤（不平则鸣），在形式上提倡学古创新（词必己出）；虽反对骈文，力主恢复秦汉散行单句的古文传统，但又不是对骈文采取全盘否定，而是"取其精而汰其粗，化其腐而出其奇"（刘开《孟涂文集》）；"文起八代之衰，实集八代之成"（刘熙载《艺概》）。

韩愈对散文的贡献，首先在于他恢复了先秦两汉的古文传统，加强了散文的表现力，扩大了散文的应用范围，开辟了散文创作的新天地。在他之前，许多文种，如辞赋、赠序、杂感、奏议、表状、碑志、书启、哀祭、记传等，都要用骈文来写。到了韩愈手里，一律采用散文化的句式来写。他运用散体语句，自由地表达自己的思想感情，描述事物，从而使散文从骈俪整一的句式下解放出来，成为在日常生活中具有多样化社会功能的语文工具，奠定了散体文的历史地位。

韩愈之文，包罗万象、雄奇恣肆、浩大奔放，具有充沛的感情力量和逻辑力量。

韩愈之文，形式自由，构思巧妙，艺术手法，丰腴多姿，无论说理、叙事、抒情，都能各极其妙。如他的说理文《原毁》《师说》《答李翊书》，气势纵横，说理透辟，读起来有如滔滔不绝的长江大河；而他的《张中丞传后叙》，将叙事、议论、抒情和生动的人物描写穿插点染，融为一体，读来痛快淋漓；他的《送李愿归盘谷序》《送董邵南序》，则别有一种盘旋曲折、一唱三叹之美，前者揭露批判争名逐利之徒，入木三分，后者委婉地表达挽留之意，有欲擒故纵之妙；而他的《祭十二郎文》，于琐屑叙事中写呜咽梗塞之情，文笔浩荡流转，情感凄切沉痛，被誉为哀祭文中的绝调。

韩愈是古代优秀的语言大师，他力倡三代两汉之文，又大量吸收和提炼了当代口语，避免了先秦散文"佶屈聱牙"的局限；他大力批判六朝骈文，又适当吸收骈文整齐句法以增强文章的气势；他强调师法古文，又强调"唯陈言之务去"，从而形成了他独特的极富情感性、形式美和表现力的文学语言。读他的《进学解》，一篇不到七百五十字的文章，就出现了"业精于勤荒于嬉，行成于思毁于随""爬罗剔抉，刮垢磨光""贪多务得，细大不捐""补苴罅漏，张皇幽眇""回狂澜于既倒""沈浸浓郁，含英咀华""佶屈聱牙""跋前踬后，动辄得咎""俱收并蓄"以及"提要钩玄""旁搜远绍""闳中肆外"等极富创造性的文字，实令人叹为观止。他所创造的那些明白如话的短语，以散驭骈、奇偶相生的句群，一气贯注、铺排而下的长句，不仅对古代散文艺术有着深远的影响，至今仍保持着鲜活的生命力。

柳宗元的散文，则于韩文的奔放雄肆之外另创清峻峭刻的风格特点。他更注重对现实社会的透视。其山水游记，独创一格，在冷峭的文笔中体现了作者的人格追求，将魏晋六朝模山范水的记游散文，提升到了一个全新高度，成为后世山水游记的典范。他的寓言散文，以其数量之多，质量之高而饮誉文坛，把自先秦诸子开创的寓言创作推入到一个新的阶段；他的《段太尉逸事状》，不仅表现了他描写人物的高超技巧，同时又显示出他向黑暗势力斗争的勇敢精神；他的《愚溪诗序》，忽而写景，忽而抒情，忽而议论，转换变化，情文相生，不仅显示了他圆熟灵脱的卓越技巧，同时也表现出他卓立不群的人格魅力；他的杂文，更是以见解深刻，立意新颖，表现手法多样而饮誉文坛，"江岭间为进士者，不远数千里皆随宗元师法；凡经其门，必为名士。著述之盛，名动于时"。

唐古文运动成绩突出却后继乏人，韩柳之后，虽有李翱、皇甫湜、沈亚之、孙樵等继续倡导古文，但成就不高。至晚唐，古文渐趋衰落，骈偶之风重新抬头，惟皮日休、罗隐、陆龟蒙等人为代表的小品文，被鲁迅誉为"一塌糊涂的泥塘里的光彩和锋芒"。此外，由于受古文运动的影响，晚唐还产生了散文化的赋，如杜牧的《阿房宫赋》，作者以清新灵动之笔，一洗汉赋堆砌、板重之病，首开文赋之风。

宋代散文的发展则是承唐古文运动而来。经晚唐五代的社会动乱，古文运动影响削弱，骈体文风重新占据文坛。因此，恢复韩柳古文传统，成为文坛追求的目标。

以庆历（1041—1048）前后为界，宋代散文的发展大致可分为两个不同的阶段：前一阶段，文坛承袭晚唐五代余风，以骈文为主，其间虽有柳开、穆修、石介、尹洙等，推崇韩柳古文，以求改革文风，但因积重难返，未能从整体上扭转时风。后一阶段，经欧阳修为领袖的北宋诗文革新，古文渐居优势，特别是从宋仁宗庆历以后到宋哲宗，是宋文发展的鼎盛期，其间名家辈出，"唐宋八大家"中的六大家，均崛起于这一时期。

欧阳修是宋代第一位散文大师，他为宋代散文揭开了崭新的一页。作为宋代古文运动的领袖，他继韩柳之后再一次举起古文运动的大旗，以古文变革晚唐五代至宋初以来卑弱靡丽的文风，从实践和理论两个方面为一代宋文树立了光辉典范。

欧阳修接过韩愈主张，提出"重道以充文"，认为"事信言文""道胜则文不难而自至"，并把"道"与社会"百事"联系起来；同时他又反对"以道代文"，要求"文从字顺""简而有法"。他一生写过五百多篇文章，政论、史论、记事、抒情、笔记等，各体兼备。他提倡平实朴素的文风，反对险怪奇涩之文，并在自己的散文创作中身体力行，形成了一种富于情韵、平易畅达的文风，于雄肆古奥的韩文和峻切简古的柳文外开辟出新的艺术境界。他的散文，无论叙事抒情写景状物还是说理，都具有一种动人的情致。如他的《朋党论》《与高司谏书》，前者娓娓道来，务以理胜，后者嬉笑怒骂，皆成妙文；他的《丰乐亭记》《醉翁亭记》，前者于风景描写之中突然插入五代干戈，低回感慨，风神卓杰，后者文笔跳脱，情致宜人；他的《五代史伶官传序》，吊古伤今，一唱三叹，就史论事，感慨遥深；他的《秋声赋》，以朴素清新之笔，一洗六朝骈赋的铅华和汉代大赋的铺张。在他的理论倡导和创作实践的感召下，宋初重道轻文的偏见和六朝淫丽奢靡的文风得以矫正，一种平易畅达的文风得以确立。

欧阳修之后,有苏洵、王安石、曾巩、苏轼、苏辙等一批古文大家崛起,除苏洵外,他们都是欧阳修的后辈,都受到欧的提携奖掖。他们的创作,除体现宋文平易畅达的共同风格,同时又各具面目。

苏轼是继欧阳修之后最优秀的散文家。他各体兼备,行文如行云流水,随心所欲,姿态横生。较之韩文的浩瀚雄奇,柳文的峻峭隽永,欧文的豁达平易,苏轼以汪洋恣肆见长。前人曾称:"韩如海,柳如泉,欧如澜,苏如潮"(李涂《文章精义》)。

苏轼以奔放的才情,广泛吸收《孟子》《庄子》《战国策》以及贾谊、陆贽、韩愈、欧阳修之长,其文当散则散,当骈则骈,随物赋形,变化无穷。

王安石之文,则以议论见长。其文观点鲜明,辩锋犀利,字字着力,简而能赅,体现了一个进步政治家的风格。他师法孟子、韩愈,兼取韩非之峭厉,荀子之严谨,扬雄之简古,形成了他特有的峭刻幽远、雄健简洁,于宋文中独树一帜。

曾巩也以议论见长。其立论平正,文辞淳雅,法度谨严,笔力沉着,论述如层层剥笋,愈出愈精,其传世佳作,往往能于从容舒展中现摇曳之姿。

苏洵以政论为工,他受《战国策》影响颇深,其文简劲质朴,纵横恣肆。他惯于像纵横家一样,通过客观形势的分析,来评论历史上的成败得失,提出某些应对策略。

苏辙的散文,则于疏荡醋畅、汪洋淡泊之中,时见秀杰之气。

欧阳修之后,苏轼继主文坛,在他的引导下,又有黄庭坚、秦观、陈师道、张耒、晁补之、李廌等脱颖而出,使古文运动获得了空前的发展。

南宋的散文,则与时代联系非常密切。生在国运危亡之际,很少有人着意去写文艺性散文,爱国成了许多作者表现的共同主题。岳飞、胡铨、陆游、辛弃疾、陈亮、文天祥等,都有名篇传世。此外还要提及的是,由于两宋理学盛行,理学家在重道轻文观念的指导下,写了许多谈性说理的简古散文,其代表作家有周敦颐、程颢、朱熹等。

唐宋两代散文,先后紧密关联。唐代散文以古文运动为标志,在散文史上有廓清道路,开辟方向之功;而宋代散文,继承了唐代的优良传统,把散文创作推向了一个新的阶段。

5. 元代散文落寞,明代散文流派众多,风格多样

元代以戏剧创作盛极一时而散文方面却显得十分冷寂,钟嗣成的《录鬼簿》,以冷峭之笔作刺世之文,是小品中的佳作。明代开国之初,刘基、宋濂是当时散文的主要作家。刘基擅长运用寓言形式,文笔洗练明畅,风格遒劲。宋濂的散文,笔墨简洁,行文富于变化。之后社会稍见安定,经济渐趋繁荣,然文字狱屡兴,文坛开始流行一种专事歌功颂德、粉饰现实的"台阁体"。起而反之的有"前后七子"。他们倡导"文必秦汉、诗必盛唐"的"拟古主义",对扫除华而不实的"台阁体"文风起过积极的作用,但由于其主张否认了文学的时代特点,产生的流弊也显而易见。以王慎中、唐顺之、茅坤、归有光为主的唐宋派,抨击"七子"们在皮毛上模仿秦汉,主张学习唐宋散文名家的精神,重视作品的思想内容,文字力求朴素洁净。其中以归有光的成就为大。他善于用疏淡的笔墨,描写亲友之间在日常生活中的琐事,言近旨远,感情诚挚,著作有《震川先生集》。其中《项脊轩志》《先妣事略》《寒花葬志》,最能表现他的风格。

以袁宗道、袁宏道、袁中道兄弟为代表的"公安派"，反对贵古贱今，反对模拟古人。其中袁宏道的成就最大。他在创作上提出"独抒性灵，不拘格套"，著有《袁中郎全集》。

几乎与"公安派"同时的，还有以钟惺和谭元春为代表的"竟陵派"。他们提倡用奇僻字句，追求"别趣奇理"，认为"物有孤而为奇"。《浣花溪记》是钟惺的代表作。

晚明小品，除三袁，徐渭、李流芳、钟惺、谭元春、王思任、祁彪佳，都是一时好手，其中成就较高的，是明末的张岱。

6. 清代文学创作较之前代有所衰落

清代的成就突出表现在小说方面，戏曲也有佳作，诗、词、散文，因受拟古主义的影响，略逊一筹。由于文禁相当厉害，清代诗文创作，较之历代都有所衰落，真正反映社会现实的有价值、有意义的作品不多。清初爱国作家中，著名的有顾炎武、黄宗羲等。他们大都亲身经历过巨大的世变，因而在作品中常常反映了那个时代的民族斗争，充分表现了不忘故国的思想感情。"国家兴亡，匹夫有责"是顾炎武留给后世的名言，他所著的《日知录》（32卷），以"明道""救世"为宗旨，对后代很有影响。

清中叶最著名的一个散文流派是"桐城派"，主要作家有方苞、刘大櫆、姚鼐。他们都是安徽桐城人，因此得名。"桐城派"的基本理论是：写文章应"原本六经，扶植道教""文道合一"。他们的志向是："学行继程朱之后，文章在韩欧之间。"他们的创作原则和评文标准是"古文义法"，即"言有物""言有序"。方苞著有《望溪文集》，其《集外文》中的《狱中杂记》，记述了狱中见闻，揭露了当时官吏的贪赃枉法。姚鼐著有《惜抱轩全集》，他一生写了不少游记，以《登泰山记》最为有名。

7. 中国近代时期，散文在内容和形式等方面都有了新的时代特色

从鸦片战争开始，到"五四"运动爆发，是中国的近代史时期。这一时期，资本主义列强相继入侵，中国一步步沦为半封建半殖民地的社会，帝国主义和中华民族的矛盾、封建主义和人民大众的矛盾日益激化，因此，反封建的革命运动，成为这一时期文学创作的主题。杰出的思想家和文学家龚自珍，是鸦片战争时期首开风气的代表人物。龚自珍，浙江仁和（今杭州）人，出身官僚家庭，38岁中进士，担任过内阁中书、礼部主事等官职，著有《龚自珍全集》。他的诗现存六百多首，不少篇章着眼现实，抒发感慨，交织着愤世伤时和忧国忧民的思想，表现出对美好未来的朦胧向往，真正别具一格地打破了清代诗坛模山范水的沉寂局面。他的散文和诗一样，无论写什么题材，总是带着批判的眼光，从政治的高度看问题，具有深刻的思想内涵，且笔力遒劲，气势磅礴。较著名的有《病梅馆记》《己亥六月重过扬州记》《说居庸关》《说张家口》等。

中法中日战争失败后，以康有为为代表的资产阶级改良主义思想兴盛起来，文学上出现了梁启超为代表的"新文体"散文。梁启超，广东新会人，改良派主要领导人之一，戊戌变法失败后流亡日本，从事文艺创作和文史研究，著有《饮冰室合集》。梁启超的新体散文，对一切传统古文都是一次猛烈的冲击，为晚清的文体解放和"五四"的白话文运动开辟了道路。改良派的散文作家，还有康有为、严复、谭嗣同、夏曾佑、蒋智由、唐才常、丘逢甲、林纾等。康有为的散文，直抒己见，畅所欲言，无视传统古文的程式，实开梁启超"新文体"的先路。严复与林纾，分别以翻译西方资产阶级学术著作和文学著作闻名。

8. 1917年初发生的文学革命,标志着古典散文的结束,现代散文的起始

作为文学体裁之一的现代散文,也应运而生,并获得迅速的发展。

现代散文最早出现的品种,是"随感录"式的杂文,它是"五四"思想革命和文学革命的产物。1918年4月,《新青年》开辟了"随感录"专栏,专登短小的时评或杂感,与长篇论文配合作战。接着,李大钊、陈独秀主持的《每周评论》,邵力子主持的《民国日报》副刊《觉悟》等,也相继开辟了"随感录"专栏,其他一些进步报刊则设立了诸如"杂感""评坛""乱谈"等类似的栏目。于是,在五四运动前后,这一类短文的写作便形成了相当的声势。这些"随感录"式的文章,大都形式灵活、短小精悍、个性突出、富有情调,对文化痼疾、社会时弊以及保守文人的奇谈怪论,作了有力的揭露和抨击。

在当时的杂文作者中,最有影响的是《新青年》"随感录"作者群,其中主要有鲁迅、陈独秀、李大钊、刘半农、钱玄同等,鲁迅的杂文写作,即开始于这一时期。但在当时,并没有明确的文体意识,先驱者们只是为了战斗需要采取了这种文体。

有意识地将散文作为一种文学体裁来创作,是从1919年开始的。1919年8月,李大钊在当时一个通俗刊物《新生活》上发表了《五峰游记》。同年8月至9月,鲁迅在《国民公报》"新文艺"栏里又发表了一组《自言自语》,其中作品,有的类似于后来收入《野草》集中的散文诗,有的类似于后来收入《朝花夕拾》集中的回忆性散文,可以说是现代"美文"较早的尝试。不过,这些"美文"创作在当时并没引起人们的注意,最早引起反响的"美文"作品是冰心的《笑》。1921年6月8日,周作人在《晨报》第七版发表了一篇题为《美文》的文章,号召"治新文学"的人在诗与小说之外也致力于"美文"的创作,这篇文章可以说是现代散文进入自觉时期的一种理论体现。

散文形式自由灵活,中外又有大量散文作品以作借鉴,因而进入自觉创作阶段后,便得到了迅速的发展,在较短的时间内就产生了像鲁迅、周作人、朱自清、冰心、郁达夫、郭沫若、瞿秋白、叶绍钧、徐志摩、俞平伯、钟敬文、梁遇春、丰子恺、林语堂、许地山、王统照、郑振铎等众多的散文作家。

鲁迅称得上是现代散文的巨匠。早在1919年8月和9月间,他就开始尝试以散文体式表现诗意题材,在此期间写下的《自言自语》《古城》等篇章,意境深远而优美,是现代散文诗最早出现的精品。他写于20世纪20年代的《野草》和《朝花夕拾》,更是现代散文的经典。鲁迅的名字,又是与杂文联系在一起的。他一生,特别是在他后期思想最成熟的年月里,倾注大量心血于杂文,写了六七百篇杂文,收集在《热风》《坟》《华盖集》等十六本杂文集里。正是杂文这种"无体的自由体式",使鲁迅天马行空的思想艺术得到淋漓尽致的发挥。他的杂文,不同于一般的思想评论,批判的锋芒,始终对准了人的心理与灵魂。他的杂文所显示的"不克厥敌,战则不止"的不屈不挠的批判精神,始终为一切关心与思考中国社会、历史、思想、文化、人生、人性……问题的人(特别是青年人)所喜爱。鲁迅的杂文,任何时候,都是中国现实中活生生的"存在",对正在进行和发展中的中国思想、文化以巨大影响。

周作人作为一个在现代文学史上有着巨大影响的散文家,最早从西方引入"美文"的概念,提倡"记述的"、"艺术的"、叙事抒情散文,"给新文学开辟了一块新的土地"。周作

人在现代文学史上的影响之一，是他于抗争的小品文之外又分出闲适、青涩、充满趣味性、知识性的一脉散文来。他常将口语、文言和欧化语杂糅调和，产生一种涩味与简单味，很耐人咀嚼。他的闲话体散文，有些类似明人小品，又带有外国随笔那种坦诚自然的笔调，有时还有日本俳句的笔墨情味。"他的作风，可用龙井茶来打比，看去全无颜色，喝到口里，一股清香，令人回味无穷。"他写于20世纪20年代的《北京的茶食》《故乡的野菜》《苦雨》《喝茶》《乌篷船》等，都是现代散文的名篇。

俞平伯的散文，则构成一种朦胧、空灵的意境，透露出玄妙的哲理与感伤，《陶然亭的雪》《清河坊》《西湖的六月十八夜》等，是其代表作。

钟敬文有着与周作人相仿的平远清隽的美学追求，以及将当前景物与往事回忆、读书心得相融汇合的写法。他善于写咏物小品（如《荔枝》《茶》《黄叶小谈》），也写了许多情思清朗的游记（如《钱塘江的夜潮》《太湖游记》）。

废名，亦即冯文炳，他的作品几乎专写农村乡镇宁静生活里的人事，注重意境的传达，清新素朴，抒情气息浓郁。后来，他将古典诗歌的象征手法与西方现代派技巧引入，追求朦胧的散文意境，但语言修饰愈发生涩古怪。

在"五四"美文创作中，持缜密、漂亮风格的，比冲淡一派人数为众，这几乎囊括了文学研究会和创造社这两大文学社团的主要作家。

冰心散文的影响，不在周作人之下。她善于以行云流水般的文字，说心中要说的话，诉心中要诉的情，文章蕴含着温柔，微带着忧愁，显示出清丽的风致。她的散文既保留了某些文言文的典雅、凝练，又适当地"欧化"，使句子更灵活、婉转、流动，有自然跳荡的韵律感。

朱自清是极少数能运用白话写出脍炙人口的名篇，以至于可与古典散文名著媲美的散文家。他既不满意陶醉于抒写琐屑小事的"言志派"，也不满意后来的所谓幽默派，写作态度严肃不苟，始终执着地表现人生。他擅长写漂亮精致的抒情散文，无论朴素动人的《背影》，还是明净淡雅的《荷塘月色》，从中都能感受到他的诚挚和正直。

丰子恺善于以某种源自佛理的眼光观察生活，于俗相中发现事理，将琐细的事物叙说得娓娓动听，落笔平易朴实，透露出光明的心地，文章萧疏淡远，带着哲理深味，又兼有轻淡的悲悯之色。

梁遇春的作品，深受英国Essay的影响，耽于思索。他喜欢用絮语笔调，随意而坦诚地谈吐，随笔中不乏睿智的思辨，时有对人生哲理的探求和洞明的见解，语言机智而有文采，但缺乏如炬的目光。他那懒散的绅士风度，不愿受任何拘束的个性，以及享尽人生的主张，使他喜好标新立异。他的散文，反映出"五四"散文品格多姿多彩的一面。

文学研究会其他重要散文作家，还有许地山、叶圣陶、郑振铎和茅盾。许地山的散文集《空山灵雨》，别有情调，似散文诗，入宗教气，既有对现实的不满，也有对人生哲理的探求。叶圣陶、郑振铎和茅盾的散文，有着充实的"人生派"内容。"五卅"惨案期间，这三位文学研究会的中坚作家都发出了愤怒的呼喊。叶圣陶的《五月卅一日急雨中》，一反他平时的纯朴、严谨，爆发出炽热的反帝激愤，全文具有急雨般的节奏和悲愤慷慨之情。郑振铎的《街血洗去后》《六月一日》都是"五卅"后不久写出的，沉痛之情，以质朴的语言出之。他的

《山中杂记》，真率、俊逸，只是视野不够阔大。茅盾的《五月三十日的下午》《暴风雨》，也是"五卅"时产生影响的作品；他旅日时期写的一组散文（《叩门》《雾》《卖豆腐的哨子》等），反映了他处于革命转换时期的思索和探寻，但作为一个成熟的散文家，则是在抗战之后。

早期共产党人瞿秋白的《饿乡纪程》《赤都心史》，是中国报告文学的先声。

除此之外，文学研究会的散文作家，还有擅写散文诗的王统照、以感伤的书信体散文赢得读者的庐隐，以及属于乡土文学派的鲁彦、蹇先艾等。

创造社在"五四"时代是狂飙突进的浪漫派，这一派作家的散文与其小说和诗歌有着共同的基色，特别是郁达夫，他以率真、坦诚、热情呼号的自剖式文字，无所隐饰地暴露赤裸裸的自己，称得上是个独树一帜的散文家。他的散文恣肆放达，才情动人，那酣畅的神韵，得益于古典文学的深厚修养。

郭沫若本质上是一个抒情诗人，其作品无一不具诗情。他虽如郁达夫一样习惯于主观情愫的倾泻，但更多地带上了社会和政治色彩。

作为一个散文流派，"语丝"派的主要成就，在于短小犀利的杂感，但除杂感之外，也有不少抒情小品的佳作，如孙伏园的《伏园游记》、孙福熙的《山野掇拾》等。其中特别需提及的是林语堂，他是仅次于鲁迅、周作人的《语丝》的撰稿人，又是最热心提倡幽默小品的散文家之一。在"语丝"时期，他介绍过许多西方幽默理论，主张以幽默的艺术去揭示生活矛盾，针砭社会文明病。他的散文集《剪拂集》，多以嘲讽之笔进行社会批评与文明批评，讥刺的盔甲中，每每包裹着幽默，他散文创作的更大影响，是在20世纪30年代。

20世纪20年代中期的"现代评论"派，多为留学欧美归来的自由主义知识分子，政治倾向与鲁迅和部分"语丝"派成员对立，这自然影响到散文创作的思想取向。"现代评论"派最重要的散文作家有徐志摩、陈西滢、吴稚晖等。徐志摩是新月派的"诗圣"，天生一个情感型的人，易冲动，爱自由，加上深受西洋文学的影响，很自然便成就了他那自由而华丽的散文文体。他的散文多属冥想型的小品，即使记述事物，也常抓住刹那的灵感，让感情之流自由地奔放。读他的文字，如春华大地，万卉竞放，又如清泉汩汩，一泻千里。

1928年，朱自清在《论现代中国的小品文》一文中曾这样描绘当时散文发展的状况："有种种的样式，种种的流派，表现着，批评着，解释着人生的各面。迁流曼延，日新月异：有中国名士风，有外国绅士风，有隐士，有叛徒，在思想上是如此。或描写，或讽刺，或委曲，或缜密，或劲健，或绮丽，或洗练，或流动，或含蓄，在表现上是如此。"在该文中，朱自清还引述《孽海花》作者曾朴对新文学头十年成就的评估：第一是小品文字，第二是短篇小说，第三是诗。然后指出："这个观察大致不错。"20世纪30年代，鲁迅也曾评价，"五四"时期，"散文小品的成功，几乎在小说戏曲和诗歌之上"。

9. 1927年后，散文政治化色彩浓重

1927年，国共两党的合作破裂，大革命失败之后，全社会变得空前政治化，阶级对抗的气氛紧迫，各种文学思潮竞相带上浓重的政治与党派的色彩，散文创作也受影响：无论强调贴近现实政治还是主张远离政治，其实都是政治化所导致的结果。因此，20世纪30年代的散文创作，通常以政治倾向来划分，有属于左翼作家的散文；以周作人、林语堂为代表的自由主义作家的散文;以及政治态度比较超越的京派及其他作家的散文。

左翼作家处于被国民党当局实施的文化围剿的压迫中,更看重散文的现实批判性与论战效果,作为匕首与投枪的杂文,自然成为他们首选的文体,其中影响较大的,有瞿秋白、茅盾、唐搜、徐懋庸、聂绀弩。

瞿秋白的散文创作始于"五四"时期,20世纪30年代前期则主要写杂文。他的杂文多是社会批评和文艺杂感,用阶级分析观点批判政敌的倒行逆施,批判各种腐败的文艺现象,具有尖锐的政论色彩。《民族的灵魂》《流氓尼德》《财神的神通》《美国的真正悲剧》,都产生过较大反响。他的《〈鲁迅杂感选集〉序言》是一篇较早运用马克思主义阶级分析观点研究鲁迅的经典文献。

唐搜和徐懋庸是师法鲁迅的青年杂文家。唐搜有《乡音》等叙事、抒情散文及《落帆集》中的散文诗,但使其成名的是杂文。他的杂文,简明而有文采,是政论与艺术散文笔调的结合。他往往借现实与历史的一点因由生发开来加以剖析。他这时主要的杂文集有《推背集》《海天集》。徐懋庸的杂文,也是针砭旧事物。他能较有深度地触及时事,摘取生活片断与中外掌故加以述说,别具一格。他的《打杂集》曾由鲁迅作序,鲁迅说他的杂文贴切、泼辣,能移人情,是有益的。

其他杂文作家,还有巴人、柯灵、聂绀弩、曹聚仁等,但其主要成就均在抗战之后。

左翼作家在小品散文方面,同样也取得了成就。茅盾进入20世纪30年代以后,采用与《子夜》一致的视角和笔法,力图在精短的小品篇幅中全景式地反映广阔的社会生活,思想性和时代性都极为鲜明,代表作有《白杨礼赞》《风景谈》等。以小说闻名的艾芜,同样善写散文。他的《漂泊杂记》《山中牧歌》,与小说集《南行记》一样,多描写西南边陲的浪漫风情,但更加朴素清新。叶紫的《古渡头》《夜雨漂流的回忆》,则以善于刻画人物、烘托气氛著称。

在20世纪30年代的女性散文作家中,萧红是极有才华的一位。这位以小说《生死场》著名的作者,在散文中写自己经历的漂泊生活,写童年的回忆,写与旧生活的决裂及逆境中的乐观奋发,写得明丽、亲切、哀婉,毫无雕琢,其魅力主要来自天籁之美。

接近"左联"的吴组缃,以小说成名,写散文大都从人物着眼,刻画环境,笔法冷静、精致。曾一度加入"左联"的郁达夫,在20世纪30年代后成为出色的山水游记作家。他大量的游记,清新秀美、才情纵横,极富神韵,不过有时受伤感情绪的驱使,不够洗练。代表作有《屐痕处处》《达夫游记》。

巴金是"左联"外思想激进的小说家,他的散文,充溢着时代色彩,燃烧着爱与恨,在追求光明的同时,又带一点忧郁。语言朴素酣畅,不过常因直面剖白自己,而少余韵。

20世纪30年代前期,文坛风行的幽默小品与闲适小品是现代散文发展史上引人注目的现象,而推动这一风气的,是后来被称为"幽默大师"的林语堂。

1932年9月,林语堂创办了《论语》半月刊,1932年和1934年,又先后创办了《人间世》与《宇宙风》,都以发表小品文为主,提倡幽默、闲适和独抒性灵的创作。几种刊物都很畅销,并一度吸引众多作家写稿。经常为《论语》撰稿的,有林语堂、周作人、俞平伯、老舍、郁达夫、丰子恺、简又文、老向、陶亢德、邵洵美等。鲁迅、茅盾也曾在该刊发表文章。在

《论语》《人间世》的影响下，还出现过《逸经》《谈风》《西风》以及《文饭小品》《天地人》等同类性质的一批杂志，一时间幽默之风盛行文坛。经周作人、林语堂的提倡，明末公安、竟陵派所谓"独抒性灵"的小品尺牍，也纷纷标点出版，成为人们竞相模仿的范文。

20世纪30年代为林语堂散文创作的高峰期，从1932年《论语》创刊到1936年去美国，他发表各种文章近300篇。他"两脚踏东西文化，一心评宇宙文章""宇宙之大，苍蝇之微"，几乎无所不谈。他多数小品文，都追求幽默的情味。他国学和西学底子都很厚实，熟悉中西文化，惯于用中西比较的眼光看问题。他的小品文，常常从某一具体事物谈开去，引发出对传统文化与外来文明比较冲突的许多联想，将传统文化转型以及国民性改造的思考贯穿其中。他的小品文，文化含量比较高，读来饶有趣味。

林语堂和周作人是现代散文闲话风一派的宗师。林语堂的小品尽管有意超离现实，其幽默有时带洋味，又缺乏当时主流文学所具有的那种对现实的批判力度，但其融会了东西方的智慧，从学养文化方面另辟一途，所以在当时和后来都有相当影响。

20世纪30年代形成于北方的京派，成就也不小。其中何其芳、李广田、吴伯箫、师陀、沈从文、萧乾，都是卓有建树的作家。

何其芳曾宣布："我愿意以微薄的努力来证明每篇散文应该是一种独立的创作，不是一段未完篇的小说，也不是一首短诗的散文。"他不满"五四"以来散文的状况，认为除了说理、讽刺的作品，抒情多半流于身边琐事的叙述和个人遭遇的感伤的告白，散文创作的形式感不强。他给自己提出的任务是"为抒情的散文发现一个新的园地"。他的《画梦录》，因其对现代艺术散文体裁的独特制作，1936年被授予《大公报》文艺奖金；其中的《梦后》《岩》《黄昏》《雨前》等，都是精致的美文。

李广田有过类似何其芳的思想和文学历程，但两人风格迥异。在他的书里，没有什么戏剧的气氛，却使人意味到淳朴的人生。他的文章没有什么雕琢的辞藻，却有着素朴的诗的静美。他写于抗战前的《画廊集》《银狐集》《雀蓑集》等，追求朴野无奇的境界，"使人在平庸的事物里，找到美和真实"。

与李广田风格相近的，还有吴伯箫。吴的散文亦多乡土味，生活内容充实，文字沉着，笔力壮阔。他写散文，讲究炼句，句式长短偶奇，错落有致，形成特有的节律韵调，《山屋》《马》《羽书》，是其代表作。

京派代表作家沈从文，其散文创作和他的小说一样，有着独特的成就。他以乡村中国的眼光表现普通人的命运和质朴的生命形式，较多地继承了中国古代游记与笔记的传统，能简练流畅地写景叙事，穿插着对往昔的追忆，平和之中自有其动人处。《湘行散记》记录了他故乡湘西特异的山水景致和风土人情，其中名篇有《箱子岩》《桃园与沅州》等。

与京派一样，在抒情小品创作上有突出建树的，还有缪崇群、丽尼、陆蠡等人。

缪崇群（1907—1945）从1928年开始发表作品，此后十余年间出版了《唏露集》《寄健康人》《废墟集》《夏虫集》《石屏随笔》和《眷眷草》等6部集子，走的是平实的路子，多写自己所体验过的凡人琐事，特别是那些对亡母、情人和师友的追怀之作，在婉曲的叙述中咀嚼着人生真味，情感纤细而又真切动人；他写景即物一类小品，文笔婉约精细，吸收了日本小品文的抒情艺术，在20世纪30年代散文家中别具一格。

丽尼（1909—1968）是专心写散文的作家，十分注重文字之美，喜用象征与暗示的手法，以传达奇妙的感觉和意识。作品讲求节奏和韵律，无论是独语式、对话式还是诗剧式，都富于音乐感。他的第一个散文诗集《黄昏之献》，多写青春梦幻消逝之后的空虚与怅惘，在他的文字中，可感受到那种忧郁而美丽的黄昏气氛。在那里，交织着黑暗与光明，失意与企望。稍后出的《鹰之歌》（1936年），开始淡化"黄昏情绪"，在不断自我解剖时也观照周围人生，但大部分笔墨仍用于展示自我心理历程。丽尼的作品尽管没有鲁迅《野草》的深邃博大，也不同于何其芳《画梦录》的典丽，但在探索和展现灵魂世界以及讲求文体之美方面，与《野草》《画梦录》有异曲同工之妙。

陆蠡（1908—1942）在20世纪30年代前期写有《海星》和《竹刀》，其中不少是以青春回忆为题材的散文诗，感情厚实，文字浓重，景物描写有若油画，细腻真切。

夏丏尊（1885—1946），写作上属功力一派，散文集只有一本《平屋杂记》，多写身边琐事，素淡的文笔中常溢出遐想与情思，著名作品有《白马湖之冬》《钢铁假山》《猫》等。

10. 抗战及抗战以后，散文创作依然呈现繁荣的景象

史称现代文学第三个十年，其散文创作尽管受战争影响，却依然呈现繁荣的景象。抗战初期，尤其是1938年前后，报告文学几乎抢占了整个文坛；当战争转入相持阶段以后，以揭露抵制社会弊端为主要内容的杂文唱了主角；在抗战中后期及抗战胜利以后，散文创作更呈现多姿多彩的风致。

20世纪40年代的杂文创作，始终受惠于鲁迅的传统。国统区在艰苦环境下坚持鲁迅杂文传统的，有围绕着文学杂志《野草》形成的以聂绀弩、秦似、夏衍等为代表的杂文作家群。

聂绀弩（1903—1986）是重要杂文作者之一，成名于20世纪30年代。他大量创作杂文是在抗战之后，结集有《历史的奥秘》《蛇与塔》《早醒记》《血书》等。抨击腐朽事物与黑暗现实，批判旧的伦理道德，力求改变中国人的精神面貌，是其基本主题。他学习鲁迅笔法，寓庄于谐，蕴怒于嘲，于平易质朴中见深沉。

秦似（1917—1986）也是鲁迅的后学。他的杂文，以广博的生活与历史知识做基础，厚积薄发，舒缓有致，文化气息较浓。其文如拉家常，说闲话，却又诙谐精到、充满智慧。主要杂文集有《感觉的音响》《时恋集》《在岗位上》。

曾与鲁迅有密切交往的冯雪峰，其杂文广泛涉及社会政治症结，文笔曲折、深透，且亲切。他善于绵密地说理，语言浑厚，思想锋利，有《乡风与市》《风》《有进无退》《跨的日子》等。

在上海"孤岛"，杂文创作影响最大的是唐弢，他是最能学得鲁迅风致的作者之一，杂文结集有《劳薪集》《识小录》《长短书》等。

随着抗日战争的爆发，在全国范围内兴起报告文学和杂文创作热潮时，北方与上海"孤岛"等地，小品散文还在继续发展。富于才情的萧红，在她优美的散文中，写自己逆境中的心情，加上抗战中的社会见闻。尤其值得一提的是她的《回忆鲁迅先生》一文，在众多的纪念鲁迅的文字中脱颖而出，为世人传颂。巴金的散文，在抗战后变得更加严谨坚实。李广田到大后方后，社会感明显加强了，《灌木集》所表现的乡土意识、传统风致，融于一种

纯朴的意境中，透露着诗的静美，而且文笔清醇，耐人咀嚼。和李广田一样，耽爱"平凡的原野"的，是诗人冯至，他在这一时期的散文，只有一本《山水》，其中所写并非名胜，而是战时在西南艰苦的生活中所看到的"一棵树的姿态，一株草的生长，一只鸟的飞翔"。他以山水为题材的散文，大都贯注有对生命意义的思索。他对人与自然息息相关的描写，处处流动着诗的韵味。原本从事批评的梁实秋，1939年后陆续发表了《雅舍小品》。他的作品不以抒情见长，而重议论，有意回避热点题材，不为时尚左右，多以生活中常见的事物为题，诸如男人、女人、理发、穿戴、吃饭、下棋等，但谈论中博雅的知见和幽默的遣趣，将人生体味艺术化了，别有一种阅读的魔力。其中《雅舍》一篇，写战乱时期作者隐居重庆郊外的住所，虽过于简陋，"风来则洞若凉亭，雨来则渗如滴漏"，但住久了，总觉"雅舍"是有个性的，"有个性就可爱"。通篇写陋室的"个性"，连鼠蚁袭扰，滴漏麻烦，在审美玩味的笔触下，都转为可忆可叹的生活体验，透露出知足自娱的豁达俊逸的心境。虽不大适从于时代大潮流，但其行文优雅怡裕，舒徐自如，虽有绅士和名士气，却让人读来感到亲切，可引发品尝人生诸多况味，获得生活真趣与愉悦。另一以遣趣为主的散文家是钱钟书，其《写在人生边上》，议论人生百态，措辞析理都入微透骨，文字汪洋恣肆，到处充满机智的幽默，不过有时过于尖刻，不如梁实秋敦厚平和。还有学者型散文家王了一（王力），写了一本《龙虫并雕斋琐语》，批评时政及社会习俗。作者有很深的中外文化上的修养，语言学家驾驭语言，朴雅的风格自备一格。

抗战之后，沈从文的主要散文集有《湘西》，比起《湘行散记》，艺术上更精熟。一方面写尽湘西的风土人情，一方面比以前更鲜明地表现下层人民的实际生活状况。作者笔下没有雄浑壮丽的文字，只有细密流动的叙述，《常德的船》《辰溪的煤》等，是受人称道的佳篇。

小说家张爱玲，她的艺术个性在散文中也得到了发挥。她这一时期的散文，多在《流言》一集中。其中《公寓生活记趣》，写城市生活种种凡庸琐事，《更衣记》写清代以来服饰时尚的流变，都着意写有特征的细节，语气略带调侃，不时融入作者的体验与感觉，给人印象很深。

11. 当代散文创作，大体上以1966年为界

1949年—1966年，散文创作呈现一派繁荣景象，其基本主题是歌颂新中国、新社会、新时代、新气象。其中特别值得注意的：一是大规模群众写作的开展；二是大批传记、文艺通讯的涌现；三是杂文创作方面的收获；四是抒情散文全面丰收。

50年代前期，出版有大量的报告文学和文艺通讯合集，如《朝鲜通讯报告选》（三辑）、《经济建设通讯报告选》（两集）、《祖国在前进》《肃奸反特通讯报告选》《技术革新通讯报告选集》《解放军通讯报告选集》《志愿军一日》（四卷）、《志愿军英雄传》（三集）、《建设十三陵水库的人们》（五卷）等。50年代中后期，到60年代初期，又有《红旗飘飘》《星火燎原》为代表的革命回忆录和传记文学。这些作品集，大规模地、有组织地反映各个历史时期的革命斗争业绩，内中作品，以"工农兵业余作者"占压倒优势，题材均来自其身边生活与见闻，时代感强，主题单纯而一致，内容切实，感情充沛，风格朴素、清新、自然，基调开朗、昂扬、明快。

因50年代前期传记文学的铺垫，一部分"文化人"，也参与到传记文学的写作中来，其中也涌现出一大批佳作。如《我的一家》（陶承）、《跟随毛主席长征》（陈昌奉）、《方志敏战斗的一生》（缪敏）、《悲壮的历程》（程世才）、《王若飞在狱中》（杨植霖）、《艰难的岁月》（杨尚奎）、《在大革命的洪流中》（朱道南）、《在最黑暗的年月里战斗》（陈农菲）、《在烈火中永生》（罗广斌）等。这些作品的共同特点是，怀抱坚定的信仰，充满崇高的理想，以真挚的感情和质朴的文笔，写出自己或他人可歌可泣的战斗生涯和革命业绩。

纪实性散文的实绩还表现在文艺通讯和报告文学领域，像魏巍的《谁是最可爱的人》，王磊、房树民的《为了六十一个阶级兄弟》，陈广生、崔家骏的《毛主席的好战士——雷锋》，郭小川的《无产阶级战士的高尚风格》，魏钢焰的《红桃是怎么开的》，孙谦的《大寨英雄谱》，黄宗英的《小丫扛大旗》，穆青的《县委书记的好榜样——焦裕禄》，都是脍炙人口的作品。

除了歌颂性题材，一些以揭露和批判为主的特写和杂文也是这一时期的创作的作品。1956年，因毛泽东提出"百花齐放、百家争鸣"方针并大力号召实行，出现了刘宾雁与"歌颂"相违背的"艺术特写"。60年代，又出现了邓拓的《燕山夜话》，以及他与吴晗、廖沫沙合著的《三家村札记》。

除了传记、回忆录、文艺性通讯、报告文学等少量的批判性文字，构成这一时期散文景观的，更多的是抒情散文。活跃的作家，有巴金、冰心、老舍、叶圣陶、丰子恺、李广田、许钦文、方令孺、周立波、孙犁、吴伯箫、曹靖华、翦伯赞、季羡林、李健吾、叶君健、冯牧、严阵、杜宣、袁鹰、方纪、靳以、碧野、林遐、陶铸、魏巍、魏钢焰、李若冰、徐迟、何为、白桦、峻青、西谛、陈残云、姚雪垠、李霁野、闻捷、阮章竞、邹荻帆、侯金镜、杜鹏程、周而复、玛拉沁夫、于敏、杨朔、秦牧、刘白羽、菡子、郭风、柯蓝等，堪称极一时之盛。

杨朔、秦牧、刘白羽曾被称为这一时期的"散文三大家"。

12. 从1976年开始，当代散文进入了一个大繁荣、大兴旺、大发展、大变化的时期

这一时期，记叙散文最突出的成就主要表现在报告文学上。党的十一届三中全会以后，报告文学像压抑不住的岩浆喷薄而出，它们及时地反映时代的脉搏，热情地歌颂四化建设中的英雄人物，严肃地揭露和抨击不利于四化建设的消极因素，及时地回答和提出人们普遍关心的问题，给人以警醒，给人以振奋和力量。

新时期以来的报告文学，大致经历了三个阶段。1977年至1980年，是第一个阶段，它以崭新的面目出现在读者面前，其基调是拨乱反正、呼唤改革。这几年的报告文学，热情歌颂与林彪、江青反革命集团进行斗争的英雄人物：杨匡满、郭宝臣的《命运》，对丙辰清明前后发生的伟大抗争作了全面的描写，显示了千百万人民的英雄气概；张书绅的《正气歌》，祖慰、节流的《线》，王晨、张天来的《划破夜幕的陨星》，分别描写了张志新、李郑生、遇罗克等为真理不恤殒身的大智大勇；翟禹钟等的《彭大将军回故乡》，追思了老一辈无产阶级革命家的高风亮节，将林彪、"四人帮"陷害忠良的鬼蜮罪行暴露于世。

以徐迟为代表的反映知识分子生活的报告文学，更是这一阶段的奇葩。徐迟的《哥德巴赫猜想》《地质之光》《生命之树常绿》《在湍流的涡旋中》，黄宗英的《大雁情》《固氮蓝藻》，理由的《高山与平原》《痴情》《她有多少孩子》，柯岩的《奇异的书简》《美的追

求》，陈祖芬的《祖国高于一切》，黄钢的《亚洲大陆的新崛起》，李玲修的《笼鹰志》等，他们以知识分子的真实思想、工作和生活面貌为描写对象，表现了他们热爱祖国、热爱社会主义科学事业，不畏艰难困苦，不计生死荣辱，以攀登科学高峰，实现四个现代化而奋勇进取的崇高品德和精神境界。

随着拨乱反正而来的，是对于改革的呼唤：程树榛的《精盛图治》，张锲的《热流》，是最早呼唤企业改革和农村改革的作品；理由的《中年颂》，柯岩的《船长》，赞扬了一种为社会主义建设自觉劳动的主人公精神；韩少华的《勇士：历史的新时期需要你》，歌颂了青年服务员与不正之风勇敢斗争的精神。还有一些作品，则把视线投向了社会上的一些丑恶现象，不仅揭露和抨击了某些丑恶现象，还追溯和剖析了这些现象赖以形成的社会历史根源。从1981年到1984年，可看作报告文学的第二阶段。这个阶段的基调是，改革开放，锐意进取。报告文学开始吸取多种学科的思想养料，采用多种表现手法，展示出它丰富多彩的风姿。理由的《希望在人间》《南方大厦》，李延国的《废墟上站起来的年轻人》，周嘉俊的《南通虎》，蒋巍的《在大时代的弯弓上》，把深深的敬意献给了改革中的英雄。陈祖芬的《共产党人》，袁厚春的《省委第一书记》，乔迈的《"三门李"轶闻》，昭示着共产党人是如何自觉地承担重任，成为改革中的中坚。黄宗英的《桔》《小木屋》，孟晓云的《胡杨泪》，刘真的《一片叶子》，向义光、张飙仙的《她心中有个明亮的世界》，描述了那些普通的脑力劳动者和体力劳动者是如何与改革的脉搏息息相通的。韩少华的《继母》、肖复兴的《海河边的一间小屋》、李玲修的《足球教练的婚姻》，写的虽然是儿女情、家务事，弘扬的却是民族传统的美德。李延国的《在这片国土上》，何启治、刘茵的《播种鲁迅之火》，鲁光的《中国姑娘》，蒋巍、贾宏图的《大洋的此岸和彼岸》，开始突破一人一事的格局，把目光投向群体，开启了全方位、广角度报道的先河。

这阶段的报告文学，不仅更加纯熟地运用小说、散文、诗歌、电影的表现技法，而且采用"意识流""蒙太奇"等手法，使人物描写走向多层次、多侧面，并将社会评论、哲学思辨引入作品，增加了作品思想内容的张力。

1985年至1988年，是新时期报告文学的第三个阶段。这阶段以写"社会问题"为主的报告文学大批涌现，这类报告文学，几乎包容了作为国家主人翁对社会生活作全面观察和思考的全部内容。作品披露了改革征途上的种种艰难，揭露了社会生活中存在的种种危害改革事业的不良现象。麦天枢的《西部在移民》、李延国的《走出神农架》、胡平和张胜友的《世界大串连》，展示出广阔社会背景下有关农民、农业和人才等问题；沙青的《北京失去平衡》、徐刚的《伐木者，醒来》，涉及生态平衡和环境污染问题；涵逸的《中国的"小皇帝"》、孟晓云的《多思的年华》，涉及独生子女和青少年教育的问题；霍达的《万家忧乐》、谢德辉的《钱，疯狂的困兽》、陈祖芬的《一九八七：生存的空间》，涉及市场、金钱、住房等问题；赵瑜的《太行山断裂》等，涉及民主法制的问题；霍达的《国殇》、赵瑜的《强国梦》、尹卫星的《中国体育界》，涉及知识分子待遇、体育人才培养、体育事业发展的战略等问题；钱钢的《唐山大地震》《海葬》等，通过反思历史，给人们提供了某种实施改革的历史参照系数。这类作品，多采用全景式的描述方式，较多地运用理性思维进行评判，既包含较为深广的社会文化内容，又概括了较为丰富的社会生活事象。

除了社会问题报告文学引起强烈的"轰动效应"外，这一阶段以写人物为主或以写事件为主的报告文学，也取得了很大成功。如，陈祖芬在1984年到1986年两年时间内写的系列报告《挑战与机会》11篇，作者从经济理论这个窗口，观照改革中的人和事，"打开眼花缭乱的生活迷宫，洞察历史变革和人们心灵变化的来龙去脉，描绘改革浪潮奔腾前进的动人情景"，无论是单篇还是整体，都不亚于优秀的"社会问题报告文学"。其他如李延国的《中国农民大趋势》、李存葆和王光明的《大王魂》、周钢的《西天一柱》、柯岩的《女人的魅力》、罗达成的《一个成功者和他的影子》，都是奏响社会主旋律的优秀之作。

这阶段的报告文学，艺术思维向理性突进；观照生活向宏观突进；篇幅向长篇突进；规模向史诗突进。报告文学中理性成分的增加不但未削弱报告文学的艺术魅力，反而使它能鸟瞰般地总览广袤的地域、久远的历史，气势磅礴地反映出具有深远历史意义的改革开放。

1988年，全国108家文学期刊共同发起了规模巨大的"中国潮"报告文学征文，一年内发表近千篇作品，经评选获奖的有100篇。这次征文的作品，"合起来形成一个行动壮丽的时代大画卷，从不同角度反映了我国时代大潮的某些重大方面，记录了当代中国人民观念更新、精神蜕变、性格形成的艰难历程"（张光年：《报告文学的节日》）。1988年以后，报告文学虽然失却了前些年惊雷震天的现象，但它依旧使人感到它强劲的生命力。

从1977年至1988年，中国作家协会举办了四次全国优秀报告文学作品评选，再加上1988年"中国潮"报告文学征文评奖，几乎囊括了这一时期有代表性的优秀作品，显示了报告文学非凡的业绩。

13. 中国散文新时期

在新时期到来之初，抒情性散文曾有过短暂的"挽悼散文热"，旋即转入了"回忆性散文"的写作；接下来，是重在抒写人性、张扬个性、表现心性的"个性散文"，再后来，随着社会生活的进一步复杂化和新的以"高科技、高知识、高文化"为显著特征的现代生活的逼近与到来，又出现了一直延续至今的"文化（或知性）散文"热；它与注重生活、情感、智慧探寻的大量的"日常散文"一道，稳步发展，加上前述"个性散文"，三者共同构成90年代抒情性散文的奇丽景观。于是，到20世纪末叶，在大陆，由大众、作家、学者一道构筑了一座宏伟无比的"散文金字塔"：塔基是"大众散文"，注意日常生活的品味与咀嚼；塔腰是"作家散文"，注重艺术的创新与追求；塔顶是"学者散文"，注意文化的发掘与传播。这种景象，是前一历史时期中所根本不可能产生甚至无法想象的一种文学的现实，这类散文的创作，更是名家辈出，著名的有巴金、孙犁、杨绛、黄裳、王蒙、宗璞、张洁、王英琦、唐敏、史铁生、贾平凹、周涛、张承志、韩少功、张中行、余秋雨等。但这一时期的议论性散文，尤其是其历史上的主体形态——杂文，从整体声势和水平上看，还不能说可以与抒情性散文媲美。

二、外国散文的发展

在西方，散文是相对诗歌、戏剧而言的，凡不讲格律，行文如说话的散体文章，不论艺术的，还是非艺术的，统称散文。《大英百科全书》（1980年第18版）对散文的解说是："散文是一个无限广阔、多样的文学领域，是不能以任何单一的内容、技巧或风格概括其特征的。它的定义只能规定得很松弛，以它不是诗歌、小说、戏剧来表示。非小说性散文起源于对事实的质朴的陈述，例如古代的编年史，公文式非私人信件的插入段落等。

在西方，由于戏剧、诗歌的发达，在很长时间内，散文被冷落，直到16世纪，个性主义传向欧洲，人的个性在写作中日益显得重要，作家为了更少伪装，更多地自我袒露和内省，经常采取书信、日记等自由形式，非小说性散文才逐步发展起来。

总的来说，西方散文的外延非常广，凡采用文学笔法，不论谈论的是历史、现实、政治、经济、文化、哲学、爱情、艺术，还是人生、社会、战争、和平、宗教、教育，都是散文。它涵括了议论、评谈、对话、游记、演讲、札记、序跋、书简、日记、叙事、抒情、随笔等多种形式，举凡诗歌、小说、戏剧之外，都是散文的蓝天与绿地。从古代到近代，希罗多德的《希波战争史》、色诺芬的《居鲁士的教育》、柏拉图的《对话录》、亚里士多德的《诗学》、西塞罗的《演说》、贺拉斯的《书信》、普鲁塔克的《比较列传》、奥里厄利斯的《沉思集》、奥古斯丁的《忏悔录》、马可·波罗的《游记》、达·芬奇的《笔记》、马基雅弗利的《君主论》、莫尔的《乌托邦》、蒙田的《随笔集》、培根的《论说文集》、德克的《愚人初级读物》、笛卡尔的《灵魂之情愫》、富勒的《神境与俗境》、依夫林的《日记》、帕斯卡的《思想录》、斯威夫特的《无稽之谈》、布封的《自然史》等，都是西方散文史上的经典散文作品。这也就是为什么罗素会以《西方哲学史》、丘吉尔能凭《第二次世界大战回忆录》而问鼎诺贝尔文学奖的原因之一。

西方散文的另一个历史特点是它注重理性，长于分析。西方散文发展的历史，是与思想史的发展同步的。在西方，不存在为写散文而存在的散文家。一批思想文化巨人将他们的思考和对话写成文章，便产生了这种融理论分析与鲜活情感于一炉的散文。不论是苏格拉底、柏拉图、亚里士多德，还是20世纪的罗素、萨特、加缪，莫不如是。

西方散文还有一个特点，就是他们关注时代，探索人生，回应社会问题，风云际会，多从大处着眼、小处落墨，一书一文，皆有大智大情。拉罗什富科的《箴言集》，是"人类状况的镜子"和"人类心灵的肖像"；帕斯卡的《思想录》，是对人的精神形式与精神归属的探寻；孟德斯鸠的《波斯人信札》，是对当时法国社会世风日下、道德沦丧的尖锐讽刺；约翰逊的《闲暇者》，是对名誉、友谊、爱情的空幻与18世纪弊端严肃的言说；蒙田的《为雷蒙，德·塞明德辩》、弥尔顿的《论出版自由》，则是直接投入历史论争的檄文。20世纪，面对大战，环境污染、能源危机，人口爆炸、核战威胁等全球性问题，斯坦贝克的《战地随笔》、罗素的《人类面临的危险》，询问人类做错了什么，这样做我们是否还能有未来。感受20世纪人类的精神迷茫，人性困惑，托马斯·曼丽的《我们的人生信念》、萨特的《七十自述》，探究的是人性何是，人生何为等根本性问题。在散文天地里，抒写个人情怀，咏叹人生悲欢，只是一片小小的景观。

西方散文又一个传统，是具有鲜明的文学个性。写散文不一定是文学家，帕斯的散文集《孤独的迷宫》，备受诺贝尔文学委员会青睐，但那是社会学散文；加缪最著名的散文《西西弗斯神话》，则是一篇哲学随笔。但优秀的散文，总是具有鲜明的文学个性。历览西方著名的散文作品，你总会被蕴藉于理性之中的文学情感、文学造诣所感染，你总能体会到那些说理散文鲜明的文学个性。达·芬奇的《笔记》，"把一切都化为思想与华章，展露着无法满足的求知欲和非凡的使不同事物形成统一整体的想象力”；斯威夫特的《无稽之谈》，议论风生，理趣盎然，处处表明作者具有超凡的讽喻才能；蒙田《随笔》，在宁静的外表下，流贯着的是一种文化相对主义，他总是提出问题让你思索；培根的《论说文集》，遣词考究，句式利落，归纳严谨，显示出他特有的典雅与自信；拉罗什富科的《箴言集》，充满着智慧的幽默与辛辣的忧郁；帕斯卡的《思想录》，则弥漫着神秘和至诚；而卢梭的《忏悔录》，使人折服的真实的激情，具有逾越时空的力量。它们所显示出来的文学个性，不在精巧的构思和字字珠玑的文学语言，而在水银泻地般的弥漫性。

1. 法国散文的发展

16世纪，法国人文主义思想家蒙田（1533—1592）创立了一种“Essay体”，后传入英国，为培根（1561—1626）所发展，称作“家常闲话式的散文”“絮语散文”，即“随笔”。此后，西方的文学辞典多认为随笔是一种精雕细琢、微妙深奥的炉边谈话，它将严肃的道德观点、格言警句以及仲裁性言论用圆熟的方式表述出来；随笔不像长篇大论或伦理文章那样严峻、一本正经，读起来轻松而又不干瘪，恬淡而不琐碎。再后，随着社会的发展，随笔跳出书斋衍生出一种记游、状物、感悟人生的抒情小品，被称为“个人小品”“正式的小品文”或“非小说性散文”，其特点在于以轻松愉快的口吻讨论日常琐事，表现自我对于社会人生的感悟，在这基础上，才逐渐形成狭义散文的观念。

如果与中国散文比，法国散文明显不如中国散文多。在中国散文中，像《滕王阁序》《桃花源记》《赤壁赋》《岳阳楼记》《秋声赋》《陋室铭》那样，布局极为凝练完美，字字有如珠玑，读来朗朗上口，且为世代广为传诵的妙文，实在不少，而在法国，有自己独立的艺术生命、能在历史的长河中传诵不衰的单篇经典，却为数不多。成书成册的散文名著，构成了法国散文史系的框架与支柱，其数量之多当居世界前列。它们不仅在艺术上有着欣赏玩味之美趣，而且在思想、文化上有着厚重的分量与开创意义，并产生了世界性的深远影响。

法国散文的开端，是在16世纪。从这时开始，涌现出了相当一批甚有实绩的散文作家，如加尔文的《基督教建制》一书，以及他近两千次的布道演讲，其庄重的文笔、简洁有力的风格、引人入胜的论说，为法国散文开了一个好头。多比涅的《写给孩子们的自传》，则提供了法国最早一部饶有兴味的散文回忆录。在散文家中，还有一个霞光万道的人物与一部气象万千的散文大作，那就是蒙田和他的《随笔》。《随笔》属人文主义思潮的结晶，代表了一个时代的心声与智慧，充满了自由个性的情趣，它以广博充实的内容与明澈清新的风格在文学史上保持着散文经典巨作的至高地位。

17世纪是法国散文继续大放光彩的时代，致力于写散文并获得出色成就的作家，大有人在，传世之作也不止一二。帕斯卡的《思想录》，就其片断散论的形式而言，与中国古代子书有些相似，但就其规模之大，思辨之精，则有过之而无不及。它思绪畅达，文笔明净，即便到了20世纪，仍是人们汲取哲理灵性的源泉。拉布吕耶尔的《品性论》，是一部深刻隽永的奇书，它对社会各阶层的人“成体系”的描述评析，构成了一个时代众生相的百科全书式的画册，既带有时代研究总结的性质，又达到了很大的人性深度，其启迪认识价值，不言而喻。拉罗什富科的《箴言集》，是由一条条精辟隽永的格言组成集锦，五百多条目，机智犀利、出色独到的思想，俯拾即是。塞维涅夫人的《书简集》，清丽自然，既有当时生活的写照与见闻，又不乏作者的实感与性灵。波须埃的《诔词集》，是文学史上一本独特的书，集中了他庄严肃穆、深切感人的追悼文。他这类文章，将追忆缅怀、说论评判、感情抒发、哲理阐释熔于一炉，富于灵感与诗意。圣西蒙公爵的《回忆录》，史料丰富，见闻广博，观察敏锐，描述生动传神，文笔充满情趣，是兼具史学、文学双重价值的名著，备受19世纪浪漫主义作家的推崇。

18世纪，是法国散文极度辉煌的时期，真正称得上世界文化伟人的大散文家接二连三地涌现，他们在历史社会巨变的前夜，以自己超常的心智与雄浑的笔力，写出一部又一部散文巨著，为新时代的来到，启迪世人的思想，人类近代精神文明的大厦，就是靠这些巨著作为主要基石建立起来的。

孟德斯鸠的《波斯人信札》，是最先宣告启蒙思潮的散文杰作，其尖锐的社会内容、深刻的思想含义与优雅随意的信札文笔，完美地统一在一起，是人类散文艺术的一大景观。伏尔泰，这个对法国专制主义社会起了摧枯拉朽作用的大思想家、大散文家，最善于在自己的散文中对旧时代制度进行嬉笑怒骂。他的《哲学通讯》，是带来新思潮、起过启蒙作用的散文力作；他的《路易十四时代》，在生动有趣的个性化描绘中贯彻了近代历史学的科学方法，对后世历史学影响极大，至今仍是史学著作的楷模、历史散文的经典。到了狄德罗手里，散文更是派上了大用场，成为他建造启蒙思想宏伟大厦《百科全书》的有力工具，他以此完成了"改变人们普遍思想方式"的伟业。与此同时，他还是近代第一位将严整的艺术理论体系、深刻独到的艺术见解与生动的艺术化文笔结合在一体的大批评家，他一系列精彩纷呈的批评论著，在欧美批评史上享有巨大的声誉。卢梭更是写出了一系列散文经典的伟人，他的《民约论》《论人类不平等的起源》，奠定了近代民主政治的思想理论基础，是划时代的巨作。他的自传《忏悔录》与《漫步遐想录》，是世界文学史上最为杰出、影响最大的文学散文经典名著。它以清新而富有感情色彩的文笔所传达出来的个性解放的精神，自我袒露的勇气，返朴归真的向往与愤世嫉俗的力量，对19世纪文学有着巨大影响。

18世纪另一位大散文家布封，则以其卷帙浩繁的《自然史》而闻名，这部作品，以生动的文笔，对整个自然界从天文气象、地质地理到树木花草、飞禽走兽，作了生动的说明与描述，既是一部唯物主义的科学巨著，又是一部有文学价值、规模罕见的散文大作。

到了19世纪，虽然法国小说创作空前昌盛，但在散文领域成绩斐然的作家和有分量的散文力作，仍然不少。夏布多里盎是以辞藻丰富华美而著称的一位大散文家，他的《基督教真谛》一书，特具文采，充满灵性，不仅唤起了整个一代人宗教信仰的复兴，而且是19世纪浪漫主义文学的第一部名著，其影响十分巨大。斯丹达的《罗马、那不勒斯、佛罗伦萨》，着重于社会、政治与历史方面的描写，是对一个国家一个时代有深度的写照与评析。他的《罗西尼的一生》，是一部很有特色的音乐家传记；《论爱情》则是一部有心理深度而趣味盎然的专著。雨果仅游记写作就有好几部，其中以《莱茵河》一书文学价值最高。它是莱茵河流域自然风光、历史社会、人文习俗的全面的展示，而且显露出欧洲一体化的远大目光。他的《莎士比亚论》是一本独特的批评论著，其充沛的激情与火一般的语言，具有文学散文强烈的感染力。他卷帙浩繁的《见闻录》，是他漫长一生在政治社会、文学艺术、联谊交往等各方面的经历、活动、目睹耳闻的形象记录，充满了生动的历史插景、栩栩如生的人物和有趣的轶事，兼有文学与史料的双重价值。福楼拜多卷本书信集，论文说理，言之有物，加之通信者不少均为一代名流，在文学昌盛的年代，既为他赢得了散文家的地位，同时还具文史方面的价值。都德以他作为小说家的出色的散文化倾向，在世界文学中享有独特的声誉，他的《磨坊文札》，是小说化散文与散文化小说的典范之作。左拉的《我的憎恨》《真理在前进》，是左拉作为文学家兼社会斗士这种身份特点的具体体现，它们在法国社会斗争中发挥了非常重要的作用。19世纪的历史散文也名著迭出。米舍莱的《法国史》，因其史笔有想象的补充，描述生动，有"想象学派"之称。丹纳的《艺术哲学》，则是一部史论结合的艺术史巨著，以其自成一家的理论体系、充满形象的历史描述与鲜明灿烂的文采著称。勒南的《耶稣传》，不论就内容还是就文笔而言都是一部经典名著。

20世纪，虽然也是小说昌盛的世纪，但散文领域依然大放光彩，具有世界影响的作家作品亦为数不少。罗曼·罗兰的《贝多芬传》《米开朗琪罗传》，充满了感情色彩的散文写作达到很高的成就，其中宣扬的英雄主义与主体奋进精神，曾在整个青年中刮起了一股向往之风。纪德的《地上的粮食》，堪称这个世纪的散文经典，它流出的个性自由的清泉，滋润了一代又一代的心灵。他的《刚果日记》，是世界"左倾"散文中难得一见的成功之作。莫洛亚的《拜伦传》《巴尔扎克传》《雨果传》等传记巨著，其渊博的历史知识、深厚的学术功力、生动的性格描绘、意趣雅美的文笔，在世界传记散文领域中，至今仍无人能出其右。圣爱克苏贝里的《人的大地》等小说化散文，将人类从事航空开拓事业的丰富感受写到了美的极致。萨特的理论散文与政论有十多卷，在思想文化、社会政治领域均产生了世界性的巨大影响。他的自传《文字生涯》是《忏悔录》式的不朽力作，其严酷的自我剖析表现了作者非凡的人格力量；他的《圣徒日内》《福楼拜》《波德莱尔》三部鸿篇巨制，以其巨大的心理深度与深刻的哲理思辨而被认为是作家评传中的奇书。西蒙娜·德·波伏瓦的《第二性》，是当代女权主义的经典巨著，在全世界影响极大；她那富有文采的多卷本回忆录，是一代知识分子生活历程与西方文化界状态详尽忠实的记录，具有很高的文献价值。与萨特关系密切的加缪，是20世纪一位举足轻重的哲人，他的名著《西西弗神话》，对人的生存状态有极为深刻而形象的描述与阐释，对世界的影响怎么估计也不会过分。马尔罗的《反回忆录》，既有丰富的意义重大的历史社会内容，写法上又别具一格，被认为是新潮派回忆录的典范之作。

2. 英国散文的发展

在英国，一直到16世纪末尚无值得称道的散文。虽然在培根之前，已有黎里繁丽工整的《尤弗伊斯》，纳什的明白流畅的《不幸的旅人》，胡克绵密雅洁的《论教会政策的法则》，但他们始终无法摆脱古罗马西塞罗和塞内加的影响。英国文人习惯于用拉丁文写作，他们认为那才是他们学识与水平的标志。在这种错误观念的支配下，绝大多数英国作家还不能纯熟自如地运用英语母语写出精确流畅优雅的散文。

16世纪末，由于时代的需要，英国作家开始在本民族的语言——英语的基础上，汲取古希腊、古罗马的散文，希伯来的哲学和文学经典——《圣经》以及蒙田随笔的营养，创造属于本民族的散文。这中间，成就最大影响最大的是培根的《随笔》（又译作《论说文集》）。1597年，他学习法国蒙田，将随笔的形式移植到英国，写了他自己的10篇随笔，至1625年，增加至58篇，重新出版。他的随笔，充满了格言警句，闪耀着社会人生哲理的诗意光辉，形式凝练、雅洁、坚实、隽永，几乎字字珠玑，有着相当的概括力和穿透力。培根凭他的《论说文集》，成了公认的英国散文的奠基人、有世界影响的散文大师。从此，随笔这一散文样式也成了英语散文中作家最喜欢运用、读者最喜欢阅读的一个品种。

紧随培根，英国涌现出一大批卓有成就的散文家。其中有，《发现集》的作者本·琼生，擅长写"人物记"的散文家戴克、奥佛伯里，写《医生的宗教》《瓮葬》的随笔作家托马斯，勃朗，写《忧郁的分析》的随笔作家伯尔顿，写《垂钓大全》的随笔作家沃尔顿，《随笔集》的作者考利，杂文集《论诗》《论古与今之学》《论园艺》的作者坦普尔，还有写作政论性小册子的大诗人弥尔顿，剧作家和文论家德莱顿，哲学家霍布斯和洛克。

这一时期的英国散文，在样式和风格上多姿多彩，除了培根移植成功的随笔，还有"人物记"、布道文、政论小册子、书信体、日记体和对话体散文、哲学散文、文论散文等，几乎无体不备。仅以随笔而论，培根的哲理随笔同蒙田随笔仅仅是形式上的相似，而沃尔顿的《垂钓大全》、考利的《随笔集》、坦普尔的《杂谈集》，就与蒙田那富于自我情趣、闲适幽默的随笔形神毕肖了。在风格上，多数散文家追求朴实、平易、亲切、优雅，但也有像勃朗、戴克坚持的热情华美、富于韵律感的巴洛克散文（即"诗散文"）。但不论是朴实平易，还是热情华美，每一位散文家都有自己的风格。

1688年的"光荣革命"之后，英国资本主义进入和平发展的历史时期，在文艺上，也仿效法国，出现了一个以新古典主义为标志的新局面。18世纪的英国，在诗歌和戏剧创作上虽然没有出现像威廉·莎士比亚、弥尔顿那样第一流的大师，但小说和散文创作上却大有建树。

18世纪的英国，是一个典型的"散文时代"，促成散文繁荣发展的原因很多，其中新闻事业的发达，报刊文学的兴起，以及有关文学社团、流派的出现，是重要原因。18世纪文坛上的重要人物，如笛福、斯威夫特、艾迪生、斯梯尔、菲尔丁、约翰逊、哥尔斯密斯等，无不与这家或那家报刊有着密切关系。英国的W. E. 威廉斯在《英国散文选》的序中说："18世纪的报刊造就了18世纪的散文。"

报刊文学中最活跃的人物是笛福。他是个精力异常充沛、有多种才能的人，先是商人、编辑、记者、政治评论家。60岁后因创作小说《鲁滨孙漂流记》而成为著名的现实主义小说家。他长期从事报刊工作，写过长短各异的文章500多篇。他的散文，富于民主精神，贴近社会现实，贴近人民口语，观察敏锐，注意细节描写，有丰富想象力。斯威夫特也是活跃的人物之一，他的《书的战争》《桶的故事》《育婴刍议》和《布商书信》，是英国讽刺文学的顶峰。他写给埃丝特·约翰逊小姐的情书《致斯苔拉小札》，是情深意浓的美文、英国书翰文学中的珍品。他散文中炽热的义愤和道德感、超拔的想象力，后人难以企及。

谈到英国18世纪上半叶的报刊散文，不能不提到斯梯尔主编的《闲话报》和艾迪生主编的《旁观者报》。《闲话报》为斯梯尔创办，宗旨是"提出真理、纯洁、荣誉，与美德为人生主要之特色""为人生"的社会启蒙教育目的十分明显。斯梯尔曾说："万千世界，乃我主题。"《旁观者报》为艾迪生和斯梯尔共同创办，与《闲话报》的宗旨一脉相承。《闲话报》

和《旁观者报》实际上是当时英国散文中的一个社团、一个流派,其特点是坚持"为人生"的社会启蒙教育,两报所有的议论、抒情、记叙、描写、随笔,都极富个人情趣,内容涉及时事、社会新闻、人们的娱乐时尚、社会风习、道德伦理、个人修养、科学发明、文艺鉴赏等社会文明的诸多方面,目的就是一个,即提高社会特别是中产阶级的文明程度。这个散文社团和流派,对英国散文发展的主要贡献,一是把培根开创的随笔散文发展成为一种形式上轻松活泼,内容上无所不包,手法上集议论、抒情、记叙、描写于一体,并富有作者个性的文学体裁,使之深受读者喜爱;二是《旁观者报》关于罗杰爵士的极富个性化的特写,承传发展了17世纪"人物记"的传统。

此期间,温润秀雅、幽默风趣的艾迪生,被认为是上继培根下启兰姆的一代随笔散文大师。

18世纪下半叶,约翰逊博士是公认的文坛盟主。他人格伟岸,文气汪洋,议论风发,如海如潮,英国文人罕有其匹。他以"闲散人"为笔名发表的近似于杂文的议论随笔,无意中继承和发展了弥尔顿政论文的雄伟风格;他的《英国诗人传》,是文学传记与文学批评完美结合的典范之作;他的《〈莎士比亚戏剧集〉序言》,也是这方面的名篇。他对英国传记文学和文论的发展,做出了重要贡献。

哥尔斯密斯的散文代表作《世界公民》,学习法国孟德斯鸠的《波斯人信札》,假托一个在英国旅游、观光、考察的中国哲学家给国内友人通信,对当时英国许多弊端进行巧妙批评。作者以异国人的眼光看英国,造成一种陌生感,使散文显得很有趣。

鲍斯威尔的传记散文《约翰逊传》,是英文中最完美的传记,他采取全新的表达方式,不靠传记作者的叙述,而靠传主本人谈话、书信、笔记来表达一切,作者只提供必要说明,而让传主一直谈下去,人生、文学、哲理、宗教等无所不谈,以表现他的学识、趣味、正直、善良以及偏见、怪癖。他以约翰逊博士为中心,记录了当时的社会、人物与史实,于是在这本传记里,人们看到了对一个真人的最真实丰满的生动写照,也通过他,看到18世纪下半叶文人社会的真实面貌。鲍斯威尔的《约翰逊传》,标志着传记文学的现代化。

吉朋的鸿篇巨制《罗马盛衰史》,更是英国散文的千古绝唱,它对英国历史散文的重大贡献,更是无须多说。

19世纪是英国散文发展的鼎盛期,18世纪最后10年至19世纪的前30年,在英国文学中有一个对新古典主义挑战和反叛的浪漫主义文学。浪漫派散文家兰姆和赫兹里特等人,把英国的随笔散文推向了极致。但对于19世纪的英国散文来说,这只是一个开始。接踵而来的,是更丰富的散文内容和更多的散文样式,更丰饶的散文作品。

兰姆是英国最著名的随笔作家,他的53篇随笔,收在《伊利亚随笔》一、二集里。他以自我经历和伦敦平常人事为素材,从中发掘日常生活的情趣和诗意,写法亲切随意,写实与幻想结合,悲喜剧因素融和,幽默风趣之中,渗透着人生的苦涩和辛酸,被称为"含泪的笑"。他的行文古雅俏皮,曲折深致,风格奇特多变,篇篇耐人寻味,他将蒙田亲切随意、极富个人情趣和个性色彩的随笔,发展到了极致。

赫兹里特也是重要随笔大家,其创作成就与兰姆在伯仲之间,但风格迥异。他的随笔,有气势、有激情、有想象、有色彩,行文好用典故却又自然得体,句法工整却又自然大方。他是大批评家,他的文论散文也极有风格,斐然可观。

浪漫诗人布莱克的《地狱箴言》,是精粹的教文诗。珀西·比希·雪莱的艺术评论和哲理散文,则是典型的诗人散文,有着诗的激情、诗的博喻、诗的意象、诗的语体和诗的旋律,是瑰丽的美文也是不分行不押韵的诗。

英国杰出的批判现实主义作家狄更斯和萨克雷,不仅是大小说家,也是大散文家。狄更斯的《包兹小品》《美国札记》,萨克雷的《势利小人集》,表现了他们作为批判现实主义作家的讽刺批判精神。

19世纪,英国历史散文也有所发展,特别是议论散文,有了重大发展。

19世纪中叶,是英国和欧洲空前动荡时期,这个时期争论也特别多,有各种意见发表于期刊和以单本著作出版,英国散文把说理和论辩的作用提到了第一位,促成了议论散文的前所未有的繁荣,其中长篇演讲体散文,政论家的散文,美学家的散文,文论家的散文,自然科学家的散文,都蔚然可观。

卡莱尔的《法国大革命》,是19世纪英国历史散文代表作之一。作为历史,该书舛误甚多,态度也颇偏激,但文学价值极高。他以充满激情的生动笔调描绘法国大革命中若干精彩场面与人物,在文采上要超过吉朋的《罗马盛衰史》。麦考莱的《英国史》,也是一部历史散文名著。麦考莱自述他写这部历史,是要"给真实的历史的叙述以小说一般的诱惑力""要写出一点东西能代替少女桌上的时髦小说"。具体说,就是:"使过去的如在现今,使遥远的如在近前,使我们与伟人为伍,或居高俯瞰一次伟大战役的战争,把常以为是寓言中的拟人化的人物变成血肉之躯,唤起我们祖先以其特有的语言、仪态、服装出现在我们面前,引我们到他们家去,在他们餐桌边坐下来,检视他们的旧式的衣箱,解释他们笨重家具的使用法,这些原是属于历史家的,而被历史小说家夺去了。"他以文雅闲适的笔调,无数有趣的细节,来烘托历史的大局面和表现历史人物,有很高的艺术性。

英国维多利亚女王时代(1837—1901),是大英帝国国力鼎盛时代,也是英国社会贫富悬殊,劳资矛盾和其他社会矛盾尖锐的时代。关心英国人民命运和国家前途的英国作家,没有在众多矛盾面前闭上眼睛保持沉默,他们慷慨陈词,就救治社会问题发表自己的独立见解。卡莱尔的《英雄和英雄崇拜》、罗斯金的《芝麻和百合》等长篇讲演体的议论散文,也就应运而生。他们的博识和才情,使演讲成为极漂亮的议论散文。

19世纪最著名的美学批评家罗斯金,他论绘画和建筑的美学批评不仅见解精湛,而且行文有如作画谱曲。他用丰富的色彩描绘风云山水、街景、建筑,不仅描绘出一幅幅美景,而且讲究文章节奏,追求音乐效果,被人称为"美的使者"。

政论家密尔的《论自由》,文字明白晓畅,见解精辟独到,论证层层推进,用浅近比喻说明深刻道理,可读性和吸引力极强,它不仅是英国资本主义思想的重要著作,也是19世纪英国议论散文代表作之一。

达尔文和赫胥黎关于进化论的科学论著,在现代科学史和思想史上的重大意义不言而喻。达尔文和赫胥黎并不认为自己是散文家,也不认为自己写那些论著时,是在写散文。但不少英国人写的《英国文学史》,都把他们列为英国19世纪的散文家。

20世纪的英国散文,除保持传统优点,又有新的演变和拓展。

随着现代生活节奏的加快，兰姆式的语带双关、绕来绕去、欲说还休、必须经过细细揣摩品味方能领会其幽默隽永的过于优雅的随笔，已没人写了。20世纪较著名的随笔作家，如卢卜斯、林德、切斯透顿、贝洛克、比尔博姆、普里斯特、奥威尔、奥·赫胥黎等人，绝大多数是记者和编辑，多才多艺的学者和作家，他们不可能像兰姆那样精雕细刻了，写得又多又快。他们的随笔，数量和质量之间就出现了不平衡，但其中也不乏佳作。

20世纪英国最值得重视的散文大家，当首推意识流小说的开山祖师弗吉妮亚·伍尔夫。她的散文清新秀逸，富于灵气，有特殊的女性散文魅力。她的文学评论，有着独特的视角和风采。她擅于从作家的书信、日记，作家的爱情婚姻等家庭生活切入，以透视作家深层心理的某一侧面。她以清新秀逸、富于灵气的文笔，无限深情写出她对所评作家的全新发现和独特感受，其间又摇曳着袅袅的情思、蕴涵着深深的韵味。

20世纪，英国有4位诺贝尔文学奖获得者——萧伯纳、高尔斯华绥、罗素和丘吉尔。他们都是卓有成就的散文大家。戏剧大师萧伯纳，他早年的音乐评论和戏剧评论，以及他为50多部剧本写的序跋，他的演讲、书信，甚而是字数不多的明信片，都被文学史家认为是机智雄辩、尖锐泼辣、汪洋恣肆、极富个体风格的上等散文。小说大师高尔斯华绥的散文，以善于描写自然风光、社会风情和人物命运著称，属典型的小说家散文。一代哲人、数理逻辑大师罗素，他的散文以阅历深广、思路开阔、格调豪迈、文笔雅健闻名。丘吉尔是举世闻名的政治家、军事家、历史家和语言学家，也是有影响的散文大家。他的演讲，以机智雄辩、简洁隽永而与美国总统林肯齐名。他关于一战和二战的历史回忆录，是20世纪英国历史散文成就的最高标志。他在50年代发起文风改革，批评华而不实文风，倡导平易准确的纯正英文，对英国散文发展影响深远。

3. 美国散文的发展

美国文学界迄今为止尚无一个精确而权威的散文定义。美国最权威的词典《韦氏新国际词典》对"散文"的释义是："散文是一篇分析、解释或评论性的文学作品，通常较正式论文为短，也不如正式论文系统和正规。作者往往从一个局部，根据自己的观点来讨论某一主题。"这反映了美国公众对散文的理解。在美国人看来，散文，似乎是一种朴实无华而又无关宏旨的体裁，短小精悍，无韵，或记录个人的经历，或表述主观的看法，这是它突出的特征。

美国是个年轻的国家，其文学是从散文起步的。英国学者马库斯·坎利夫在《美国的文学·序》中指出："无论如何，在创作方面是这样的，小说、诗歌和戏剧在美国长时期没有得到发展。一般讲起来，批评、历史和辩论文章，美国人写起来比较容易。"独立战争期间，启蒙主义者本杰明·富兰克林、托马斯·潘恩和托马斯·杰弗逊的散文，帕特里克·亨利的演说，兼有思想家深刻的洞察力和革命家鲜明的战斗性，表现了一个独立自主的新民族的革命风格，开创了美国散文文学的优秀传统。他们的作品是美国早期文学的代表。

本杰明·富兰克林是美国独立革命的领导人和启蒙运动的文化巨匠之一，康德曾称赞他是"第二个普罗米修斯"。歌德认为他身上体现了"远见卓识和思想解放的非凡的结合"。美国学者则誉他为"美国的圣人""美国革命之父"。富兰克林同时也是18世纪最优秀的幽默大师之一，美国第一位具有世界声誉的散文作家。由于早年在散文写作上如镂金石的刻苦磨炼，他形成了简洁生动、明朗晓畅、清新活泼、幽默亲切、引人入胜的散文风格。富兰克林著述甚多，大部分是讽刺时事、探索真理、促进社会进步和民族觉醒的作品。他的代表作《自传》开美国传记文学之先河，被认为"对千百万人都有教育意义"，是"自我教育的光辉范例"，对美国民众的人生观、道德观、事业观产生了深远的影响。

独立战争期间充满反抗与妥协之间的尖锐斗争，迫使启蒙主义者采用政论、演说等简便而又犀利的散文形式投入战斗，这便形成了"美国政治散文的伟大时期"。帕特里克·亨利、托马斯·潘恩，以及以起草《独立宣言》而出名的托马斯·杰弗逊，与富兰克林一样，也是这一时期叱咤风云的散文名家。

帕特里克·亨利是北美新民族战斗精神的最早宣传者之一，他那气壮山河的演说《不自由，毋宁死》，字字铿锵，句句打动人心，鼓舞了革命军民的士气，推动独立革命一步步向高潮发展。托马斯·潘恩是美国三大启蒙思想家之一，他的《常识》是一本鼓吹美国独立的散文集，曾"促使成千上万的人变成了独立的拥护者"；他的《北美的危机》，是他在戎马倥偬之际写成，由16篇论说文组成的散文集，在独立战争最艰苦的年代里，点燃了人们心头希望的篝火。《常识》和《北美的危机》，为潘恩赢得了崇高的荣誉，他被称作"美国革命之笔"，历史学家认为，他在宣传方面的贡献，"可以与富兰克林在外交上和华盛顿在军事上对美国革命的贡献相媲美"。《常识》和《北美的危机》不仅是美国独立战争中最重要的文献，而且被奉为美国文学史上散文的经典作品。

托马斯·杰弗逊是美国民权和自由观念的创始人，他主持起草的《独立宣言》集中反映了北美民族资产阶级和广大革命人民的意志和愿望，是"美国国魂的呼声"。马克思称《独立宣言》是人类"第一个人权宣言""最先推动了十八世纪的欧洲革命""开创了资产阶级取胜的新纪元"。杰弗逊是英语文体大师，他的《独立宣言》语言朴素精练，庄严有力，结构谨严，层次分明，逻辑严密，无懈可击，是美国政论文体的典范。

经启蒙时代的过渡和欧洲浪漫主义文学的影响，独立之后的美国文学经历一个时期的酝酿，在19世纪上半叶全面繁荣起来，形成了波澜壮阔的浪漫主义文学运动。虽然浪漫主义的主流突出地表现在诗歌和小说方面，但同时也推动了散文的创作，出现了一大批优秀的散文大家。如欧文、爱默生和亨利·戴维·梭罗，他们用浪漫主义的手法描绘自己的理想，倡导发扬个性，崇尚美丽的大自然，创造了一种从内容到形式都更能表现资产阶级上升时期的民族精神的文学。

华盛顿·欧文是美国前期浪漫主义文学的代表作家，也是英国人公认的第一个有资格与英国名家平起平坐的美国文豪，人称"美国文学之父"。1820年欧文出版了他的散文集《见闻札记》。欧文在散文中以旅英时目睹的英国景色和风俗习惯为背景，向读者展示了一幅幅色彩斑斓的图画。他在自己18世纪式的诙谐及美国式的活泼里，加入了当时流行的英国浪漫主义散文的怀旧之情，全书充满令人陶醉的友好情谊，使他声震大洋两岸。

欧文作为散文大师，"他行文从容不迫，抑扬有致；笔触轻盈而趣味盎然。他洞察风土人情，他以丰富的幽默感欣赏人性的怪诞，他以各种不同的角度观察世界，他从不把自己或社会看得太严重，他的文章在拘泥形式和不拘形式之间，维持着巧妙的平衡，虽然严格讲来，这不能算什么新发明，却也是他独创一帜的作风"。欧文以自己雅洁流畅、简练缜密、纯粹优雅的语言风格，使"欧文式"的散文在整个19世纪都保持着英语散文的典范地位。英国学者马库斯·坎利夫认为："他发展出来的文体比英国的范本还要流畅还要高雅。"欧文浪漫主义文风的树立，使美国文学"很顺当地从18世纪进入19世纪"。

19世纪30年代以后，美国东北部新英格兰的波士顿地区成为美国文化中心，以爱默生为首的一批接受了欧洲新思想的青年，发展了超验主义哲学思想。他们冲破传统神学思想的束缚，以崇尚个人和个人的无限能力来反对宗教宿命思想，以崇尚直觉和想象来反对当时盛行的唯理论。由他们反叛所活跃起来的思想，促成了美国后期浪漫主义文学的繁荣。

美国文坛巨人爱默生是19世纪超验主义运动的旗手、著名的思想家，是可以与法国著名散文家蒙田和英国著名散文家培根媲美的大散文家。他的散文创作，具有强烈的个性特点和独特的艺术风格。他从不追求典雅华丽的辞藻。他的散文语句精练，有时简洁有力犹如格言。他常以形象来陈说哲理，气势宏伟，说服力强。这些，被概括为"爱默生式"风格，在美国散文发展史上备受推崇。他的《论自然》《美国的学者》《神学院的讲话》，是他文学生涯中的三大里程碑。《论自然》是爱默生阐述超验主义观点的第一篇重要作品，它几乎包含了作者所有重要思想的胚芽；《美国的学者》是爱默生最优秀的散文，也是19世纪美国影响最广泛最深远的著作，人们称它是"我们思想上的独立宣言"；他的《神学院的讲话》，以对人的赞美代替了对神的膜拜，为美国思想界吹来了一阵清新的春风。他的散文不仅在美国本土传诵一时，成为美国自由传统的一个组成部分，而且是世界性的文化遗产。英国作家阿诺德说，在19世纪，没有任何散文比爱默生的影响更大。

亨利·戴维·梭罗是美国超验主义文学运动的另一代表作家，也是美国19世纪中期著名的散文家和思想家，以散文集《瓦尔登湖》和名篇《论公民的不服从》著称于世。亨利·戴维·梭罗的散文，平易、明晰、朴实，笔调生动多变。他时而平铺直叙，时而诗意盎然，时而激情洋溢，字里行间，妙趣横生，甚至那些最深奥的题目，也能用朴实的语言娓娓述就。亨利·戴维·梭罗还常常用隽永含蓄的妙语格言，表达他对人生及所读书籍的朴素认识和心得。有专家认为，亨利·戴维·梭罗的《瓦尔登湖》是现代美国散文的最早样本，除文体多变，与20世纪欧内斯特·米勒尔·海明威或亨利·米勒的散文没有什么差异。

美国散文自19世纪60年代以后，由盛而衰，专门从事散文创作的作家寥寥无几，倒是著名小说家马克·吐温创作了不少独具风格的幽默随笔和见闻杂记。他以深沉的幽默，辛辣的讽刺和简练生动的民族语言，创造了一种符合美国民族精神的散文文体，开辟了美国民族文学的新时代。

进入20世纪，种类繁多的报纸杂志，开设了各式各样散文专栏，内容常常涉及国家大事，生活琐闻，政治、道德、哲学、历史、文化、体育、自然山水、风俗人情……几乎无所不谈。这个时期的有名的散文家，几乎全是专栏作家。门肯、瑟伯、E. B. 怀特和鲍德温，是其中最杰出的散文家，他们的佳作，代表了20世纪美国散文的高峰。

亨利·路易斯·门肯是美国著名的自由主义批评家，他以犀利的笔锋，辛辣地嘲讽了第一次世界大战以后美国的时弊，笔锋所至，几乎触及资产阶级社会奉若神明的一切价值观念，因此，他成了思想叛逆的宣传者，备受20年代青年知识分子的拥护和欢迎。特别是他以临床式的精确度，诊断现代社会通病的杂文集《偏见集》，在年轻一代中取得了经典的地位。

詹姆斯·瑟伯以漫画和小品文闻名于世,很多评论家都认为他是继马克·吐温之后美国最杰出的幽默作家。瑟伯描写的重点是现代美国中产阶级市民,主人公常常是胆小懦弱之人。他通过不同的角度,以表现在一个几乎毫无情理与意义可言的世界中,面临心理混乱和岌岌可危处境的现代人的困境。

E. B. 怀特是公认的当代美国的散文大师。怀特的作品包括散文、随笔、速写、诗集和书信,著名的有《我的罗盘的方位》《角落上的第二棵树》《这就是纽约》等。怀特和瑟伯一样,都写短小精悍而又机智幽默的随笔散文,美国评论家认为,怀特的散文,是充满了观察力的诗,充满了敏锐、柔雅、但有时尖刻的道德见识和哲学,极具诱人的魅力。

詹姆斯·鲍德温是美国当代著名黑人作家。他被认为是20世纪杰出的散文家,作品包括政论、文艺评论、回忆录、随笔、旅游札记和报告文学等多种形式。他的散文,泼辣犀利,简明朴素,燃烧着火一样的热情。西方评论家指出,"鲍德温的散文充满无人能模仿的激情,这种激情不是产生于像观点和哲学之类较为表面的东西,而是出自作者的内心,无法与作者本人的思想感情分割开来"。其代表作有《下一次将是烈火》。

第三节 散文的欣赏

散文是一种侧重于表现作者内心感情与思想体验的文学样式,鉴赏散文,首先是把握作者丰富多彩的情感世界,接受作者对生活的洞察力和感情的个性化熏陶,以得到思想的启迪和陶冶性情的美感享受。然而,感情的抒发,是离不开具体的人、事、景、物的,"非物无以见我,观物之时自有我在"。散文的这种艺术本质,决定了阅读、鉴赏它的思路:要缘"人""事""景""物"而探寻作品感情、思想和意蕴,逐步进入哲理思考和审美判断的精神境界,并细心体会作者表达上的特点。其具体方法有如下方面。

一、注意不同种类散文的特点

散文或以记叙为重点,或以抒情为中心,或以议论为侧重,不同种类的散文在鉴赏时也就有了一些特殊性。以记叙为主的散文,重在记人叙事,鉴赏时就要从分析人物、事件入手,发掘隐含在其中的意趣。同时,一篇作品往往不是记叙一件事、一个人物,材料也有主次详略之分,因此还需将全文连贯起来,理清人物之间、人物与事件之间的关系,弄清作者的意图。比如,鲁迅《藤野先生》一文,以人而言,写了"我",清国留学生,受军国主义毒害的日本青年,藤野先生;以事而言,写了"我"离东京去仙台,在仙台的学习生活以及最后离开仙台。那么,作者为什么写这些人和事呢?为什么要把"我"和清国留学生、日本青年和藤野先生进行对比描写呢?原来这是作者在探寻救国道路的一段思想经历,他把"我"和清国留学生进行对比,目的在于突出"我"的忧国忧民思想,谴责清国留学生的不务正业；他把日本青年和藤野先生对待"我"的不同态度进行对比，意在揭露日本青年受军国主义毒害之深，歌颂藤野先生没有民族偏见的正直的精神。"事"的叙述突出了"人"的精神，"人"的精神决定了对"事"的不同态度。可见，只要抓准作品中人和事的内在联系，就能把握作品的意蕴和作者的创作意图。

以抒情为主的散文，重在写景状物，抒发情感。鉴赏这类散文，要抓准作品的画面、物象以及作者情感的潜流，探索作者隐藏在其间的象征意蕴。如日本作家德富芦花（1868—1927）的《芦花》一文，描绘了东京近郊洲崎到中川之间的"芦花之雪"的生动画面："堤外东西两三里，茫茫一片，几乎全是芦花之洲""在满潮的时候，一望无垠的芦花在水上映出倒影"，无边无际，只有芦花在风中簌簌作响，作者通过对蓝天、白花、水光、天色的描写，展示的是大自然中如雪一样洁白的纯净之美。台湾作家李乐薇的《我的空中楼阁》着力描写了"空中楼阁"式的山居小屋，他通过对这一物象的位置、环境、风姿等的细腻刻画，使小屋在烟雾迷蒙中如痴如醉，"像鸟一样，蝶一样，憩于枝头，轻灵而自由"。那么，作者为什么如此倾情地描绘这"空中楼阁"呢？原来作者是想借此间接表达对浑浊的、纸醉金迷的社会生活的愤懑，以及对独立于世的安静的自然生活的追求，从而营造一种深沉的蕴蓄美。

以议论为主的散文，重在说理，表达作者的感情和见解。鉴赏这类散文，要理清说理的层次，探明作者的主张，从而探寻作者深藏的意旨。如老舍《散文重要》一文，首先从"在我们生活里一天也离不开散文"来说明其用途；接着从散文与讲话的关系上，阐述"散文比较容易写"；再以自己的写作经验为例阐明"不要怕散文"，最后针对生活中的现象提出"别轻视散文"，点明见解"散文很重要"，认为散文写好了，便有了写评论、报告、信札、小说、话剧等顺手的工具，"作诗也不会吃亏"。可以看出，理清了作者的思路，就可以比较容易地掌握作品的意旨。

二、牵住线索，沿波讨源

就鉴赏而言，散文是不易为读者把握的文体之一。散文尽情尽性，无拘无束，行之于所当行，止之于所当止。清末文学评论家刘熙载在《艺概·文概》中将这一特点喻之为"飞"，他说："文之神妙，莫过于能飞。庄子之言鹏曰'怒而飞'，今观其文，无端而来，无端而去，殆得'飞'之机者。"散文就是这"无端而来，无端而去"的"飞"的艺术。

鉴赏散文，首先必须窥见文章从何"飞"来，又如何"飞"去，如果把作者行文的线索牵住了，无论其文怎样"出没隐见，变化无方"，我们都能循干理枝，因枝振叶，牵一线而明全篇。

一般说来，散文有一明一暗两条线索：暗的，潜在的，是作者的抒情线索；明的，外显的，是作者叙述、描写、议论的线索。外在的叙事线索又是服从于内在的抒情线索的，如欧阳修的《醉翁亭记》，是以"乐"字为行文线索，文章由山水之乐、四时之乐、游宴之乐，一直写到"与民同乐"，内在线索则是悲中求乐、乐极生悲的情感变化；朱自清的《荷塘月色》，外在的线索是作者漫步月下荷塘，内在的线索是作者想求得内心的平静而终究无法企及。欣赏时，我们如果能由外及里，由外在线索而及内在线索，也就能因枝振叶，沿波讨源，把握作品的意趣与情感。

分析散文线索并非难事,只要划出文章的层次,理清各层次的联系也就能找出行文的线索;找出行文线索之后细心体会作者的感情变化也就能理出作者的抒情线索。比较复杂一点的有以下三种情况。

(1)作者纯用抒情线索,如朱自清的《亡妇》,表面看来不过是一些互不关联的生活琐事:衣食住行、生老病故、喂养孩儿、夫妻龃龉等,乍一看,显得一片散乱,但凡此种种均被一条至诚醇厚的怀亲颂妻的情感线索粘在一起,杂而不乱,散中见整,给人以和谐之美,浑一之美。

(2)作者运用行文线索时,主次交织。如游记,如果单用一条游踪的纵线,文章就很可能像记流水账一样,写得散漫,平淡无奇,这时,作者往往在游踪之外再加一条横线来勾连。这种线索在叙事散文中也可以碰到,如曹靖华的《小米的回忆》,纵线索是以时间次第来展开回忆,横线索即是以"小米"(物)来贯通的。与单线索相比,纵横交贯式线索更能体现出作者构思的缜密,具有变化之美,映衬之美,读来觉得双龙飞动,前后左右,灵光闪烁,腾挪跌宕,擒纵自如。

(3)散文线索明暗掩映,若断若续。有时,作者就好比是一个循循善诱的导游,引领游人不知不觉地陶醉其中;有时,有断有续,表面零零散散,骨子里却是一个活生生的机体,这就给鉴赏者造成了一定的理解难度。不过,大千世界,纷纭万象,万事万物之间都存在着林林总总、千丝万缕的联系。这些联系看似复杂,但只要认真寻绎,细心体察,总可以找出一些线索来。

三、由作者展示的生活图景把握作品的意蕴

散文命笔含情,情由境生,意在境中,情境并美。由情而及作品深沉的意蕴,也是欣赏散文一个重要的方面。读者通过线索抓住作者的情思和意绪之后,还要善于通过作者展示的内心生活图景去把握作品丰富的思想内涵。

散文重在主观感情的抒发。要写出真情实感,作者就必须诚恳地展示内心生活图景(这种内心生活图景既包括作者的内心世界,也包括作者对外在世界万事万物的感受)。没有坦率的内心剖析,没有赤诚的真情实感,就没有散文丰厚的精神存在。在散文中,作者的思想感情与内心生活图景是不可分割的。散文在抒发真情实感、展示内心世界的同时,无不折射着宇宙万物,带着作者深沉的思考。如,读鲁迅的《野草》,使我们感受到的主要是作家的意识、思维活动和心理状态构成的丰富多彩的心灵世界,透过一幕幕心灵图景,我们不难把握作家丰富复杂的思考内涵。读刘白羽的《日出》,透过作者对日出景象的丰富复杂的心灵图景的感应,便能从作者能动地组合成的光明战胜黑暗、新生战胜腐朽的系列画廊中,把握到作家以"日出"象征社会主义祖国灿烂前程的深沉思考的哲理情思。所以,阅读和鉴赏散文,还要善于通过作者所展示的内心生活图景,抓住作品丰富复杂的思想内涵。

四、透过形式,品尝意味

"意""味"不仅指作品的思想内容,同时也指作品形式带给我们的独特而深刻的美

感。散文写人注重神采,叙事重在寄意,写景意在抒情,议论重在理趣,在舒卷自如中,有着精美的构思,优美的语言,深得含蓄蕴藉、空灵飞动之妙。鉴赏散文时,不仅要注重思想内容,而且还要品味作品的构思、语言。

散文流转自如,断续无痕,在看似松散、零散、随意的行文中,往往寓含着作者艺术的匠心,特别是一些抒情散文,作者往往把它当诗来写。欣赏时,我们应注意作者取材的范围,研究作者在同类题材上所具的特色以及所达到的深度和广度,研究作者是怎样将一些平凡、细小的日常事物上升到一种艺术境界的。

散文表达思想感情,靠的是语言本身的光泽,散文语言无论是像江海浩荡似的雄浑开阔,还是像潺潺流水似的温柔委婉,都具有流畅、单纯和洁净的美质,具有易于引起广大读者共鸣的感情的力量。这种蕴藏着思想感情的文情并美的文字,通常被认为是散文美的一个重要方面。读散文,不宜浏览,还要细品。

另外,散文作为一种负载人生况味的文体,由于作者的性格、气质、审美趣味的不同,其语言也会呈现出不同的感情色调,负载并传达着作者的精神、人格。因此,我们在欣赏散文时,由"文"及"人",由"人"及"文"也是一种基本思路,通过对"人"和"文"的双重切入,来把握散文的意蕴。

 思考与练习

一、名词解释

1.散文

2.抒情散文

3.记叙散文

4.小品

5.随笔

二、简答题

1.散文的特点有哪些?

2.散文的种类有哪些?

【思政元素版块二】大学篇

【导语】

2017年12月,习近平在全国高校思想政治工作会议上发表重要讲话。他强调,高校思想政治工作关系高校培养什么样的人、如何培养人及为谁培养人这个根本问题。大学是人生的关键阶段,大学生是国家和社会未来的栋梁。作为大学生,要珍惜这一阶段的学习生涯,因为这可能是你未来进入社会,走入职场之前最后一次系统性地接受教育的机会。在大学就读期间,要努力做到以下三点:

一、打好扎实的专业课理论基础，形成专业理论知识体系

未来进入职场，多数毕业生会从事与大学所学专业相关的职业，所以在大学学习期间，要做好详细、周密的学习计划，尤其重视专业课的学习，打好理论基础，对本专业知识形成系统、全面的认识。这些专业知识未来会在实践工作中起到理论导向作用。很多大学生经历了紧张辛劳的高考阶段后，就彻底松了学习这个弦，进入大学后在学业上逐渐懈怠，这样的做法是不可取的。

二、做好职业生涯规划，提升大学生的职业素养和实践水平

大学生就业难、就业压力大，是近几年的热门话题。造成这种局面的一个重要原因是许多大学毕业生没有做职业生涯规划，不清楚自己的职业方向和目标，在进入社会职场时就难免会出现各种定位不准确，无法很快找到适合自己的职业。这就需要大学生做好职业生涯规划。

职业生涯规划指的是客观认知自己的个性、能力、兴趣和价值观，形成健全的职业观，在分析个人和职场环境因素的基础上，深入了解各类职业的需求、发展趋势及取得成功的关键因素，进而明确自己的职业发展目标，制定职业规划并努力践行以实现目标。大学生在校期间一定要做好自己的职业生涯，问自己三个问题："我要干什么？"（主观的个人情况）"我要去哪里？"（客观的岗位特点）"我能干什么？"（社会大环境下个人与岗位的匹配情况）做完职业生涯规划后还要严格按照规划来学习和实践，在这个过程中增长自己的理论水平和职业能力，如果发现问题还需要及时修正规划。积极参与社会实践锻炼是大学生了解社会和深化自我认识的重要途径，对大学生的职业能力提升有重要意义。通过具体的实践，大学生既能积累经验，缩短走向社会的适应期，又能客观准确地认识自我和社会，了解自己的知识能力与社会要求的差距，及时调整和补充，合理规划自己未来的职业发展，提升自身职业能力和人才竞争力，为将来自身的就业及职业发展打下良好的基础。

三、树立科学发展观，发展自己的健康良好的心态

除了提升自己的专业理论水平和实践能力，还应该不断完善自己的人格，树立科学发展观，发展自己的健康良好的心态。

《礼记·学记》："独学而无友，则孤陋而寡闻。"大学是人才聚集的宝地，大学生要充分利用学校里的人才资源，从各种渠道吸收知识和方法。比如遇到好的老师，大学生可以主动请教他们专业方面的问题，把他人的直接经验化为自己的间接经验，学到很多书本以外的知识和方法。大学生还要广交学习和生活上的良友，从他人身上发现优点，学习借鉴，与他人交流心得看法，学会从不同角度思考问题和看待事物。尤其是学历和年级高于自己的学长，更应该多与之交流，获得学业、就业等方面的最新信息。通过与良师益友的交流，除了可以学到知识、经验，更重要的是可以交流思想观念，使大学生的眼界更广、思路更活、应变能力更强，可以培养大学生积极健康的就业心态，帮助大学生从容面对学业和就业等方面的压力。

正如习近平总书记所指出的，激励学生自觉把个人的理想追求融入国家和民族的事业

中,勇做走在时代前列的奋进者、开拓者;正确认识远大抱负和脚踏实地,珍惜韶华、脚踏实地,把远大抱负落实到实际行动中,让勤奋学习成为青春飞扬的动力,让增长本领成为青春搏击的能量。这样才能让学生成为德才兼备、全面发展的人才。

【代表作品赏析】

墨池记

[宋]曾巩

临川之城东,有地隐然而高,以临于溪,曰新城。新城之上,有池洼然而方以长,曰王羲之之墨池者。苟伯子《临川记》云也。羲之尝慕张芝,临池学书,池水尽黑,此为其故迹,岂信然邪?

方羲之之不可强以仕,而尝极东方,出沧海,以娱其意于山水之间。岂其徜徉肆恣,而又尝自休于此邪?羲之之书晚乃善,则其所能,盖亦以精力自致者,非天成也。然后世未有能及者,岂其学不如彼邪?则学固岂可以少哉!况欲深造道德者邪?

墨池之上,今为州学舍。教授王君盛恐其不章也,书"晋王右军墨池"之六字于楹间以揭之,又告于巩曰:"愿有记。"推王君之心,岂爱人之善,虽一能不以废,而因以及乎其迹邪?其亦欲推其事,以勉其学者邪?夫人之有一能,而使后人尚之如此,况仁人庄士之遗风余思,被于来世者何如哉!

庆历八年九月十二日,曾巩记。

这一篇散文讲述了书圣王羲之勤练书法,终成一代大师的故事。王羲之出身于晋代屈指可数的豪门大士族,就是"旧时王谢堂前燕"中的"王"家。家世的尊贵显赫并没有使他养成骄奢之气而不思进取;相反,他出于对书法艺术的热爱和兴趣,从小苦练书法功底。文中提到他仰慕"草圣"张芝,以他为目标,苦练书法,传说他洗笔的水池,就是文中提到的临川城东的墨池,被染成了黑色。曾巩认为,王羲之的书法,到晚年才达到最好状态,说明王羲之的书法成就不是源于他天赋异禀,而是后天凭借坚持不懈的精神、勤加练习的毅力换来的。因此,没有能够赶上他的人,也许是在学习上下的功夫不如他多。通过这篇散文,我们应该懂得,勤奋不懈的学习态度是十分重要的,要实现心中的理想和目标,光靠空喊口号和三分钟热血是不行的,必须有恒心、意志,只有长期坚持在某一专业领域学习、钻研,才能精于此道,才有可能取得突出的成绩。大学生要充分利用大学就读期间的时间和资源,在学业上精进,提高自身专业理论水平,为以后社会实践奠定坚实的基础。

【拓展练习】

组织学生展开讨论:

1.通过《墨池记》的学习,你得到了哪些对自己有帮助的启发?

2.引导学生为了实现学业进步,制定自身的大学生涯规划,安排科学合理的学习计划。

3.引导学生讨论交流如何在生活中主动进行自我管理和自我约束,提高学习的自律性和自觉性。

第二章　中国散文名篇鉴赏

《论语》《大学》《孟子》《中庸》节选

孔子等

《论　语》[1]

子曰[2]：学而不思则罔[3]，思而不学则殆[4]。（《论语·为政》）

子曰：由，诲女知之乎[5]！知之为知之，不知为不知，是知也。（《论语·为政》）

子曰：富与贵，是人之所欲也，不以其道得之[6]，不处也[7]。贫与贱，是人之所恶也[8]，不以其道得之，不去也[9]。君子去仁[10]，恶乎成名？君子无终食之间违仁，造次必于是，颠沛必于是。（《论语·里仁》）

子曰：三人行，必有我师焉。择其善者而从之[11]，其不善者而改之。（《论语·述而》）

子在川上曰[12]：逝者如斯夫[13]！不舍昼夜[14]。（《论语·子罕》）

子曰：岁寒，然后知松柏之后凋也[15]。（《论语·子罕》）

子曰：其身正[16]，不令而行[17]；其身不正，虽令不从[18]。（《论语·子路》）

子曰：志士仁人，无求生以害仁[19]，有杀身以成仁[20]。（《论语·卫灵公》）

注释

[1]《论语》：儒家学说经典，主要记载孔子及其弟子的言行，由孔子的弟子及再传弟子记录编纂而成。孔子（前551—前479），名丘，字仲尼，鲁国陬邑（今山东曲阜）人，春秋时期著名的思想家、教育家，儒家学派的创始人。

[2] 子：先秦时对有学问、有道德的人的尊称。这里指孔子，《论语》各则语录均如此。

[3] 罔（wǎng）：迷惘无所得。

[4] 殆（dài）：通"怠"，困顿。

[5] 由：孔子弟子，姓仲，字子路。女：通"汝"。

[6] 道：方法，途径。

[7] 处：接受。

[8] 恶（wù）：厌恶，不喜欢。

[9] 去：摈弃，摆脱。

[10] 仁：爱。

[11] 善者：优秀、正确、善良、美好之处。

[12] 川上：河岸上。

[13] 逝者：流逝的东西，在此指时间。斯：这，此指流水。

[14] 舍：停止。

[15] 凋：凋零、残落。

[16] 正：行为端正。

[17] 不令而行：没有命令也有人去实行。

[18] 虽令不从：即使三令五申，人们也不听从。

[19] 害仁：损害仁义。

[20] 成仁：成全仁义。

《大　学》[1]

古之欲明明德于天下者[2]，先治其国；欲治其国者，先齐其家[3]；欲齐其家者，先修其身；欲修其身者，先正其心；欲正其心者，先诚其意；欲诚其意者，先致其知[4]。致知在格物[5]。物格而后知至，知至而后意诚，意诚而后心正，心正而后身修，身修而后家齐，家齐而后国治，国治而后天下平。自天子以至于庶人，壹是皆以修身为本。其本乱而末治者否矣[6]，其所厚者薄，而其所薄者厚[7]，未之有也。

注释

[1]《大学》：儒家经典之一，录存于西汉成书的《小戴礼记》。大学：大人之学，指人的道德修养，与偏重训诂文字音义的"小学"相对而言。小学原指中国传统语文学，主要通过解读先秦典籍来进行学术研究，具体包括文字学、音韵学和训诂学等。

[2] 明：彰明，发扬。明德：美德。

[3] 齐：整治。

[4] 致其知：使认识达到极点，即认识明确。致，通"至"，达到顶点。

[5] 格物：推究事物的道理。

[6] 否：表示否定。

[7] 所厚者薄：对应看重的反而轻视。所薄者厚：对应看轻的反而重视。

《孟　子》[1]

庖有肥肉[2]，厩有肥马[3]，民有饥色，野有饿莩[4]，此率兽而食人也。兽相食，且人恶之；为民父母，行政，不免于率兽而食人，恶在其为民父母也[5]。（《孟子·梁惠王上》）

老吾老[6]，以及人之老；幼吾幼[7]，以及人之幼：天下可运于掌。（《孟子·梁惠王上》）

齐宣王见孟子于雪宫。王曰："贤者亦有此乐乎？"孟子对曰："有。人不得，则非其上矣[8]。不得而非其上者，非也[9]；为民上而不与民同乐者，亦非也。乐民之乐者，民亦乐其乐；忧民之忧者，民亦忧其忧。乐以天下，忧以天下，然而不王者，未之有也。"（《孟子·梁惠王下》）

天时不如地利[10]，地利不如人和[11]。三里之城，七里之郭[12]，环而攻之而不胜。夫环而攻之，必有得天时者矣；然而不胜者，是天时不如地利也。城非不高也，池非不深也，兵革非不坚利也，米粟非不多也；委而去之[13]，是地利不如人和也。故曰：域民不以封疆之界[14]，固国不以山溪之险[15]，威天下不以兵革之利[16]。得道者多助，失道者寡助。寡助之至，亲戚畔之[17]。多助之至，天下顺之。以天下之所顺，攻亲戚之所畔，故君子有不战，战必胜矣。（《孟子·公孙丑下》）

景春曰[18]："公孙衍、张仪岂不诚大丈夫哉[19]？一怒而诸侯惧，安居而天下熄[20]。"孟子曰："是焉得为大丈夫乎？……居天下之广居，立天下之正位，行天下之大道。得志与民由之[21]，不得志独行其道。富贵不能淫，贫贱不能移，威武不能屈，此之谓大丈夫。"（《孟子·滕文公下》）

舜，发于畎亩之中[22]；傅说，举于版筑之间[23]；胶鬲，举于鱼盐之中[24]；管夷吾，举于士[25]；孙叔敖，举于海[26]；百里奚，举于市[27]。故天将降大任于斯人也，必先苦其心志，劳其筋骨，饿其体肤，空乏其身，行拂乱其所为，所以动心忍性，曾益其所不能[28]。人恒过，然后能改[29]。困于心，衡于虑，而后作[30]。征于色，发于声，而后喻[31]。入则无法家拂士[32]，出则无敌国外患者[33]，国恒亡。然后知生于忧患，而死于安乐也。（《孟子·告子下》）

民为贵，社稷次之[34]，君为轻。是故得乎丘民而为天子[35]，得乎天子为诸侯，得乎诸侯为大夫[36]。诸侯危社稷，则变置[37]。（《孟子·尽心下》）

📖 注释

[1]《孟子》：儒家学说经典，主要记载孟子的言行，由孟子和他的弟子万章、公孙丑等编撰而成。孟子（约前372—前289），名轲，字子舆，战国时邹（令山东邹县）人，继承并发展了孔子的思想学说，是孔子之后先秦儒家的主要代表人物。

[2] 庖：厨房。

[3] 厩（jiù）：马厩。

[4] 饿莩（piǎo）：饿死的人。莩：通"殍"。

[5] 恶（wù）在：何在，哪里在。

[6] 老吾老：恭敬地奉养自己的长辈。

[7] 幼吾幼：慈爱地养育自己的子女。

[8] 非其上：责怪（非议）君王。

[9] 非：不对。

[10] 天时：有利的时机。地利：有利的地理环境。

[11] 人和：人的团结，人心归向，军队的凝聚力和战斗力。

[12] 城：内城。郭：外城。

[13] 委：放弃，弃守。去：逃跑。

[14] 域民：限制人口外流。封疆之界：边境的界限。

[15] 固国：巩固国防。山溪之险：险要的地理环境。

[16] 威天下：建立权威的统治。兵革之利：武力的强大。兵革：武器装备。

[17] 畔：通"叛"。

[18] 景春：孟轲同时代人名，纵横家。

[19] 公孙衍、张仪：均为人名，战国时魏国人，后入秦，当时著名的纵横家。

[20] 熄：同"息"，安宁。

[21] 与民由之：偕同百姓循大道前进。之，代"道"。

[22] 舜：虞舜。发：发迹，被起用。畎（quǎn）亩：田野。传说舜最初在历山耕田，后为唐尧任用为相，后又继承了唐尧的帝位。

[23] 傅说（yuè）：殷王武丁时人。举：被选拔。版筑：筑城的劳役。传说傅说被殷王从筑城的劳役者中选拔出来任宰相。

[24] 胶鬲（gé）：周文王时人。鱼盐：贩卖鱼盐者。传说胶鬲在贩卖鱼盐时，被周文王推荐给殷纣王，胶鬲后来又辅助周武王。

[25] 管夷吾：管仲，春秋时齐人。管仲在作为囚犯被押解回齐国后，被齐桓公任用为相。士：狱官。

[26] 孙叔敖：春秋时楚人。海：海滨。史载孙叔敖曾隐居在海滨，后被楚庄王起用为令尹（宰相）。

[27] 百里奚：春秋时虞人。市：交易，市场。史载百里奚在晋灭虞后以奴仆身份入秦，又，出走宛地，被秦穆公用五张羊皮赎回并任用其为大夫（宰相）。

[28] 曾益：增加。曾：通"增"。

[29] 恒过：经常有过失（错误）。

[30] 衡：权衡。作：有所作为，奋发。

[31] 征：表现。喻：理解，了解。

[32] 入：在（国家）内部。法家拂（bì）士：守法度的世臣和能匡正过失的贤臣。

[33] 出：在（国家）外部。

[34] 社稷：社为土神，稷为谷神，社稷指代国家。

[35] 得乎丘民：获得民众的信任。

[36] 大夫：这里指诸侯的臣属。

[37] 变置：置换，废旧立新。

《中 庸》[1]

或生而知之[2]，或学而知之[3]，或困而知之[4]，及其知之一也[5]；或安而行之[6]，或利而行之[7]，或勉强而行之[8]，及其成功一也。子曰[9]："好学近乎知，力行近乎仁，知耻近乎勇。知斯三者[10]，则知所以修身；知所以修身，则知所以治人；知所以治人，则知所以治天下国家矣。"（《中庸·第二十章》）

博学之，审问之，慎思之，明辨之，笃行之[11]。有弗学，学之弗能弗措也[12]；有弗问，问之弗知弗措也；有弗思，思之弗得弗措也；有弗辨，辨之弗明弗措也；有弗行，行之弗笃弗措也。人一能之己百之，人十能之己千之[13]。果能此道矣[14]，虽愚必明[15]，虽柔必强[16]。（《中庸·第二十章》）

 注释

[1]《中庸》：儒家经典，录存于西汉成书的《小戴礼记》，相传为战国时孔伋（字子思，孔子之孙）所作。宋代时，程颐、朱熹等把《中庸》与《论语》《大学》《孟子》并列为"四书"。

[2] 或生而知之：有的人天资聪颖，能自然地从日常生活中获取经验和知识。

[3] 学而知之：通过学习获取知识。

[4] 困而知之：通过解决困惑、问题获得知识。

[5] 及其知之一也：尽管（上述三者的）途径不一样，但获取知识的效果是相同的。

[6] 或安而行之：有的人安然从容地去实行它。

[7] 利而行之：出于对自己有利而行道。

[8] 勉强而行之：条件或力量不够，仍勉为其难，发愤用功而去行道。

[9] 子曰：孔子说。据朱熹《四书集注》的说法，此二字为衍文。

[10] 斯：此，这。

[11] "博学之"五句：这是讲如何达到"诚"的五层功夫。审：详审，详细。慎：谨慎，勤勉。笃：笃实。

[12] 有弗学，学之弗能弗措也：要么不学，学了就一定要学会，否则就不停止。有：表假设意味。措：停止，放弃。

[13] "人一能之"两句：别人用一倍功夫的，自己就用百倍功夫；别人用十倍功夫的，自己就用千倍功夫。

[14] 果能此道矣：真的能具有这种精神。果：真。

[15] 虽愚必明：即使再愚昧的人也必定能达到聪明的境地。虽：即使。

[16] 虽柔必强：即使再软弱的人也必定能进至坚强的境地。

 思考与练习

一、为加线字注音并解释。

1. 学而不思则罔（　　）

2. 思而不学则殆（　　）

3. 诲女知之乎（　　）

4. 贫与贱，是人之所恶也（　　）

二、解释以下句子。

1. 古之欲明明德于天下者

2. 欲治其国者，先齐其家

3. 欲诚其意者，先致其知

4. 致知在格物

5. 壹是皆以修身为本

6. 老吾老，以及人之老

7. 乐民之乐者，民亦乐其乐

8. 苦其心志，劳其筋骨

三、孟子"老吾老，以及人之老；幼吾幼，以及人之幼"的主张，对我们今天构建和谐社会有何现实意义？

四、简述"加强自我修养"对我们成就事业的重要性。

五、简述"博学、审问、慎思、明辨、笃行"的含义。

知识延展

朱熹（1130—1200），字元晦，号晦庵，徽州婺源（今属江西）人，是我国历史上一位伟大的思想家、哲学家、教育家，是宋代理学的集大成者。他继承了北宋程颢、程颐的理学，完成了客观唯心主义思想体系——理学。他认为理是世界的本质，认为"理在先，气在后"，提出"存天理，灭人欲"的主张。他学识渊博，对经学、史学、文学、乐律乃至自然科学都有研究。他一生刚正不阿，无意仕途，平生致力于著书立说、创办书院、讲学传道，是我国继孔孟之后的一代儒学宗师。他创办了"白鹿洞书院"，并提出了教养、求学、修身、处事、接物之道，即"父子有亲、君臣有义、夫妇有别、长幼有序、朋友有信"的"五教之目""博学之，审问之，慎思之，明辨之，笃行之"的"为学之序""言忠信，行笃敬，惩忿窒欲，迁善改过"的"修身之要""政权其义不谋其利，明其道不计其功"的"处事之要""己所不欲，勿施于人，行有不得，反求诸己"的"接物之要"。他著的《四书集注》被元、明、清三代定为开科取士的必读之书，他的哲学观点影响我国封建社会长达600年之久，迄今仍对中国传统文化的发展起到巨大的作用。

谏逐客书[1]

[秦] 李斯

臣闻吏议逐客，窃以为过矣[2]。昔穆公求士[3]，西取由余于戎[4]，东得百里奚于宛[5]，迎蹇叔于宋[6]，来丕豹、公孙支于晋[7]。此五子者，不产于秦，而穆公用之，并国二十，遂霸西戎。孝公用商鞅之法[8]，移风易俗，民以殷盛，国以富强[9]，百姓乐用，诸侯亲服；获楚、魏之师[10]，举地千里，至今治强。惠王用张仪之计[11]，拔三川之地[12]，西并巴、蜀[13]，北收上郡[14]，南取汉中[15]，包九夷[16]，制鄢、郢[17]，东据成皋之险[18]，割膏腴之壤[19]，遂散六国之众[20]，使之西面事秦，功施到今。昭王得范雎[21]，废穰侯[22]，逐华阳[23]，强公室，杜私门[24]，蚕食诸侯，使秦成帝业。此四君者，皆以客之功。由此观之，客何负于秦哉？向使四君却客而不内[25]，疏士而不用，是使国无富利之实，而秦无强大之名也。

今陛下致昆山之玉[26]，有随、和之宝[27]，垂明月之珠，服太阿之剑[28]，乘纤离之马[29]，建翠凤之旗[30]，树灵鼍之鼓[31]。此数宝者，秦不生一焉，而陛下说之[32]，何也？必秦国之所生然后可，则是夜光之璧不饰朝廷；犀象之器不为玩好；郑、卫之女不充后宫；而骏良駃騠不实外厩；江南金锡不为用[33]，西蜀丹青不为采。所以饰后宫、充下陈[34]、娱心意、说耳目者，必出于秦然后可，则是宛珠之簪、傅玑之珥、阿缟之衣、锦绣之饰不进于前[35]；而随俗雅化、佳冶窈窕赵女不立于侧也[36]。夫击瓮叩缶、弹筝搏髀，而歌呼呜呜、快耳目者，真秦之声也[37]；郑卫桑间、《韶》《虞》《武》《象》者[38]，异国之乐也。今弃击瓮叩缶而就郑卫，退弹筝而取《韶》《虞》，若是者何也？快意当前，适观而已矣。今取人则不然，不问可否，不论曲直，非秦者去，为客者逐。然，则是所重者在乎色、乐、珠玉，而所轻者在乎民人也。此非所以跨海内、制诸侯之术也。

臣闻地广者粟多，国大者人众，兵强则士勇。是以太山不让土壤，故能成其大；河海不择细流，故能就其深；王者不却众庶，故能明其德[39]。是以地无四方，民无异国，四时充美，鬼神降福，此五帝、三王之所以无敌也。今乃弃黔首以资敌国[40]，却宾客以业诸侯[41]，使天下之士退而不敢西向，裹足不入秦：此所谓藉寇兵而赍盗粮者也[42]。

夫物不产于秦，可宝者多；士不产于秦，而愿忠者众。今逐客以资敌国，损民以益仇，内自虚而外树怨于诸侯，求国无危，不可得也。

注释

[1] 选自《史记·李斯列传》。公元前237年，秦王嬴政受"水工事件"的刺激（韩国派水工郑国来秦，名义上帮助秦国搞水利建设，真实目的是为了耗费秦国国力，以此阻秦攻韩），在

宗室大臣的怂恿下，下令逐客，即把由六国前来为秦效力的各类人才赶走。当时李斯为客卿，亦在被逐之列。在这种情况下，李斯写了此文对秦王嬴政作劝谏。

[2] 窃：私下，谦辞。过：错误，不要。

[3] 穆公：即秦穆公，前659—前621在位，"春秋五霸"之一。

[4] 由余：晋国人，以亡命入西戎地区，奉戎王命出使秦国，后被秦穆公设计收买，继而为秦定计伐戎成功。

[5] 百里奚：虞国人，虞被晋灭之后，他以战俘身份作为晋献公女儿的陪嫁奴仆入秦，后出走宛地，因有才能，为秦穆公用五张羊皮赎出，并拜其为相。宛（yuān）：今河南南阳。

[6] 蹇叔：本是岐（今陕西岐山）人，居于宋国，由于百里奚的推荐，秦穆公以厚币接他入秦任上大夫。

[7] 来：招来。丕豹、公孙支：分别为晋国人或长住晋国人，他们入秦国后，分别任大将和大夫。

[8] 孝公：秦孝公，前361—前338在位。秦国历史上著名国君。商鞅之法：秦孝公听从商鞅的建议实行变法，使秦国力大盛。商鞅：姓公孙，名鞅，卫国人。

[9] 殷盛：富裕。

[10] 获楚、魏之师：指商鞅于前340年率秦军大破魏军，继而又战胜楚军。

[11] 惠王：秦惠文王，前337—前311在位。张仪：魏国人，西入秦，被惠王任为相。张仪之计：张仪提出的用"连横"（劝说他国与秦联合）去瓦解东方六国"合纵"（联合抗秦）的谋略。

[12] 三川：此指韩国内伊、洛、黄三河流经之地，秦攻取此地后，设三川郡（今河南西部）。但从史实看，秦攻取三川在惠王和张仪死后。

[13] 巴、蜀：战国时期的两个小国，分别在今四川省的东部和西部。前316年，秦灭蜀。

[14] 上郡：魏地，在今陕北一带，前328年，魏国以上郡十五县献秦求和。

[15] 汉中：楚地，在今陕南汉水流域，前312年，秦大破楚军而占取。

[16] 九夷：楚国中的各少数民族地区。

[17] 鄢（yān）、郢（yǐng）：均为楚地，郢是楚国都。本句泛指前280至前277年间秦国攻取大片楚地之事。

[18] 成皋：又名虎牢，军事要地。

[19] 膏腴（yú）：肥沃。

[20] 六国之众：六国（韩、魏、赵、齐、燕、楚）的联合抗秦的策略。

[21] 昭王：秦昭襄王，前306—前251在位。范雎（jū）：魏国人，入秦后被昭王拜为相。

[22] 穰（ráng）侯：名魏冉，秦昭王之母宣太后的异父弟弟，因受封穰地，故有此称。

[23] 华阳：名芈戎，封号华阳君，系昭王之母宣太后的同母弟弟。

[24] 杜私门：杜绝、堵塞贵戚的利益。

[25] 向使：假如，假使。却：拒绝，拒弃。内：通"纳"，接受，接纳。

[26] 昆山之玉：昆仑山北麓（今新疆和田地区）所产的良玉。

[27] 随、和之宝：随侯之珠和和氏之璧。随：国名，在今湖北随县，随侯获得的大明珠被视为宝贝。和：春秋时楚人卞和琢成的玉璧，亦为稀世珍宝。

[28] 太阿（ē）：宝剑名，相传由春秋时著名工匠干将和欧冶子精心合铸。

[29] 纤离：古代骏马名。

[30] 翠凤之旗：用珍禽羽毛装饰的旗帜。

[31] 灵鼍（tuó）之鼓：用灵鼍之皮蒙成的鼓。灵鼍：即扬子鳄。

[32] 说：通"悦"。

[33] 金锡：泛指各种金属矿产。

[34] 下陈：陈放财物、站列宫女的地方。

[35] 宛珠之簪、傅玑之珥、阿缟之衣、锦绣之饰：泛指后宫嫔妃和宫女的各种名贵衣饰。

[36] 随俗雅化、佳冶窈窕赵女：指装扮时髦，妖艳妩媚、楚楚动人的美女（嫔妃）。赵女：赵国多美女，故有此说。

[37] 击瓮（wèng）叩缶（fǒu）：敲打瓦罐瓦盆。瓮、缶都是瓦器，秦人作为乐器敲打。搏髀（bì）：拍击大腿。真秦之声：真正的秦地音乐。

[38] 郑卫桑间：指郑、卫两国的民乐民歌。《韶》《虞》：虞舜时的乐曲名。《武》《象》：周武王时的舞曲名。

[39] 明其德：显示出政治气魄和威望。

[40] 黔首：老百姓。资：帮助。

[41] 业：辅助、壮大，使之成霸业。

[42] 藉寇兵而赍（jī）盗粮：借武器给敌人，送粮食给盗贼。

📖 思考与练习

一、本文针对"非秦者去，为客者逐"的错误主张，以事实为根据，用对比的方法，论证了重用客卿之利、逐客之弊，谈谈课文是怎样紧扣中心展开议论的。

二、翻译下列句子，并归纳"所""所以"的用法。

1. 所以饰后宫、充下陈、娱心意、说耳目者

2. 此五帝三王之所以无敌也

3. 此非所以跨海内、制诸侯之术也

4. 所重者在乎色、乐、珠玉，而所轻者在乎民人也

5. 必出于秦然后可

三、回答下列问题。

1. 李斯《谏逐客书》中的"客"指_____。

2. 李斯《谏逐客书》的中心论点是_____。

3. 李斯《谏逐客书》在提出中心论点后，引用秦国历史上的大量史料以证明纳客之利，

从论证的角度看,这是用了_____法。

4. "此非跨海内、制诸侯之术也"是李斯_____时说的。

四、李斯为什么能说服秦王收回成命?他的成功经验对我们写作议论文有何借鉴意义?

📖 知识延展

李斯(?—前208),楚上蔡(今河南上蔡西南)人,战国末期入秦,被秦王嬴政任为客卿,后因《谏逐客书》被秦王采纳,做了廷尉(掌握、治理刑法的官职)。李斯重新受到秦王的重用后,以其卓越的政治才能和远见,顺应历史发展的趋势,佐助秦王制定了吞并六国、实现统一的策略和部署,结果仅仅用了十年的时间,就先后灭了六国,建立了我国历史上第一个中央集权制的封建国家,第一次完成了统一大业。秦朝建立以后,李斯升任丞相,他继续辅佐秦始皇,在巩固秦朝政权,维护国家统一,促进经济和文化的发展等方面屡建奇功。他建议秦始皇废除了造成诸侯分裂割据、长期混战的分封制,实行郡县制;针对由于诸侯各国语言、文字的差异,对经济、文化发展极端不利的状况,及时地向秦始皇提出了统一文字的建议,并亲自主持这一工作,他以秦国文字为基础,废除异体字,简化字形,整理部首,形成了笔画比较简单、形体较为规范,而且便于书写的小篆,并将小篆作为标准文字,他还亲自用小篆书写了一部《仓颉篇》,作为范本推行全国。小篆的出现是汉字发展史上的一大进步,鲁迅先生说,李斯在我国文学史上是有"殊勋"的。秦始皇死后,李斯追随赵高,而后为赵高所忌而被杀。李斯工于书法,相传泰山、琅琊山等秦代石刻皆出自李斯之手。李斯以"小篆"为标准整理文字,对中国的文字统一有一定的贡献,传世书迹有《泰山刻石》《琅玡台刻石》等。

兰亭集序[1]

[东晋] 王羲之

永和九年[2],岁在癸丑,暮春之初,会于会稽山阴之兰亭[3],修禊事也[4]。群贤毕至[5],少长咸集[6]。此地有崇山峻岭,茂林修竹,又有清流激湍,映带左右,引以为流觞曲水[7],列坐其次,虽无丝竹管弦之盛,一觞一咏,亦足以畅叙幽情。是日也,天朗气清,惠风和畅。仰观宇宙之大,俯察品类之盛,所以游目骋怀,足以极视听之娱,信可乐也。

夫人之相与,俯仰一世[8]。或取诸怀抱,晤言一室之内[9];或因寄所托,放浪形骸之外[10]。虽趣舍万殊[11],静躁不同,当其欣于所遇,暂得于己,快然自足,曾不知老之将至[12]。及其所之既倦,情随事迁,感慨系之矣!向之所欣,俯仰之间,已为陈迹,犹不能不以之兴怀。况修短随化,终期于尽!古人云:"死生亦大矣!"[13]岂不痛哉!

每览昔人兴感之由,若合一契[14],未尝不临文嗟悼,不能喻之于怀。固知一死生为虚诞[15],齐彭殇为妄作[16],后之视今,亦犹今之视昔,悲夫!故列叙时人,录其所述,虽世殊事异,所以兴怀,其致一也。后之览者,亦将有感于斯文。

注释

[1] 《兰亭集序》又名《兰亭宴集序》《兰亭序》《临河序》《禊序》和《禊贴》。东晋穆帝永和九年(公元353年)三月三日,王羲之与谢安、孙绰等四十一位军政高官,在山阴(今浙江绍兴)兰亭"修禊",会上各人作诗,王羲之为他们的诗写的序文手稿。《兰亭序》中记叙兰亭周围山水之美和聚会的欢乐之情,抒发作者对于生死无常的感慨。

[2] 永和:晋穆帝年号,公元345—356年。

[3] 会(kuài)稽:郡名,包括今浙江西部、江苏东南部一带地方。山阴:今浙江绍兴。

[4] 修禊(xì):古代习俗,于阴历三月上旬的巳日(魏以后定为三月三日),人们群聚于水滨嬉戏洗濯,以祛除不祥和求福。实际上这是古人的一种游春活动。

[5] 群贤:指谢安等三十二位与会的名流。

[6] 少长:指王凝之等九位与会的本家子弟。

[7] 流觞曲水:用漆制的酒杯盛酒,放入弯曲的水道中任其漂流,杯停在某人面前,某人就引杯饮酒。这是古人一种劝酒取乐的方式。

[8] 俯仰一世:很快地过了一生。俯仰,低首抬头之间,形容时间短暂。

[9] 晤言:面对面谈话。《晋书·王羲之传》《全晋文》均作"悟言",指心领神会的妙悟之言。亦通。

[10] 放浪形骸之外:行为放纵不羁,形体不受世俗礼法所拘束。

[11] 趣舍:通"取舍"。

[12] 老之将至:语出《论语·述而》:"其为人也,发愤忘食,乐以忘忧,不知老之将至云尔。"

[13] 死生亦大矣:语出《庄子·德充符》。

[14] 契:符契,古代的一种信物。在符契上刻上字,剖而为二,各执一半,作为凭证。

[15] 一死生:把死和生看作一回事。语出《庄子·德充符》:"以死生为一条。"又《庄子·大宗师》:"孰知生死存亡之一体者,吾与之为友矣。"

[16] 齐彭殇:把高寿的彭祖和短命的殇子等量齐观。彭,彭祖,相传为颛顼帝的玄孙,活了八百多岁。殇,指短命夭折的人。《庄子·齐物论》:"莫寿于殇子,而彭祖为夭。"

思考与练习

一、辨析下列多义词的意思。

修
- 此地有崇山峻岭,茂林修竹
- 况修短随化,终期于尽
- 乃重修岳阳楼,增其旧制
- 内立法度,务耕织,修守战之具

期
- 况短随化,终期于尽
- 期年之后,虽欲言,无可进者

君与家君期日中，日中不至，则是无信

致 ┤
 ├ 所以兴怀，其致一也
 ├ 假舆马者，非利足也，而致千里
 └ 不爱珍器重宝肥饶之地，以致天下之士

次 ┤
 ├ 引以为流觞曲水，列坐其次
 ├ 太上不辱先，其次不辱身
 └ 陈胜、吴广皆次当行

二、背诵全文并找出文中的成语。

三、结合课文说说"序"的写法。

知识延展

王羲之（321—379，一说303—361），字逸少，祖籍琅琊临沂（今山东临沂），后迁会稽山阴，是我国古代最杰出的书法家。他出身于士族名门，是东晋政治家王导的儿子。青年时期即有美誉，朝廷召他为侍中、吏部尚书，都辞谢不就。后任右军将军，会稽内史，世称"王右军"。其书法艺术无与伦比，故有"书圣"之称。书法刻本以《乐毅论》《兰亭序》《十七帖》为著。其子王献之也是书法名家，父子齐名，世称"二王""二圣"。

王羲之在诗文写作上也有很高的成就。东晋文坛盛行骈文，王羲之是少数仍沿用散文写作，或以散驭骈的作家之一。他的作品文风清新，不仅辞藻美，而且感情丰富。

雅 舍[1]

梁实秋

到四川来，觉得此地人建造房屋最是经济。火烧过的砖，常常用来做柱子，孤零零的砌起四根砖柱，上面盖上一个木头架子，看上去瘦骨嶙嶙，单薄得可怜；但是顶上铺了瓦，四面编了竹篦墙，墙上敷了泥灰，远远地看过去，没有人能说不像是座房子。我现在住的"雅舍"正是这样一座典型的房子。不消说，这房子有砖柱，有竹篦墙，一切特点都应有尽有。

讲到住房，我的经验不算少，什么"上支下摘""前廊后厦""一楼一底""三上三下""亭子间""茅草棚""琼楼玉宇"和"摩天大厦"，各式各样[2]，我都尝试过。我不论住在哪里，只要住得稍久，对那房子便发生感情，非不得已我还舍不得搬。这"雅舍"，我初来时仅求其能蔽风雨，并不敢存奢望，现在住了两个多月，我的好感油然而生。虽然我已渐渐感觉它是并不能蔽风雨，因为有窗而无玻璃，风来则洞若凉亭，有瓦而空隙不少，雨来则渗如滴漏。纵然不能蔽风雨，"雅舍"还是自有它的个性。有个性就可爱。

"雅舍"的位置在半山腰，下距马路约有七八十层的土阶。前面是阡陌螺旋的稻田。再远望过去是几抹葱翠的远山，旁边有高粱地，有竹林，有水池，有粪坑，后面是荒僻的榛莽未除的土山坡。若说地点荒凉，则月明之夕，或风雨之日，亦常有客到，大抵好友不嫌路远，路远乃见情谊。客来则先爬几十级的土阶，进得屋来仍须上坡，因为屋内地板乃依山势而铺，一面高，一面低，坡度甚大，客来无不惊叹，我则久而安之，每日由书房走到饭厅是上坡，饭后鼓腹而出是下坡，亦不觉有大不便处。

"雅舍"共是六间，我居其二。篾墙不固，门窗不严，故我与邻人彼此均可互通声息。邻人轰饮作乐，呻吟诗章，喁喁细语，以及鼾声，喷嚏声，吮汤声，撕纸声，脱皮鞋声，均随时由门窗户壁的隙处荡漾而来，破我岑寂。入夜则鼠子瞰灯，才一合眼，鼠子便自由行动，或搬核桃在地板上顺坡而下，或吸灯油而推翻烛台，或攀缘而上帐顶，或在门框棹脚上磨牙，使得人不得安枕。但是对于鼠子，我很惭愧地承认，我"没有法子"。"没有法子"一语是被外国人常常引用着的，以为这话最足代表中国人的懒惰隐忍的态度。其实我的对付鼠子并不懒惰。窗上糊纸，纸一戳就破；门户关紧，而相鼠有牙，一阵咬便是一个洞洞。试问还有什么法子？洋鬼子住到"雅舍"里，不也是"没有法子"？比鼠子更骚扰的是蚊子。"雅舍"的蚊虱之盛，是我前所未见的。"聚蚊成雷"，真有其事！每当黄昏时候，满屋里磕头碰脑的全是蚊子，又黑又大，骨骼都像是硬的。在别处蚊子早已肃清的时候，在"雅舍"则格外猖獗，来客偶不留心，则两腿伤处累累隆起如玉蜀黍，但是我乃安之。冬天一到，蚊子自然绝迹，明年夏天——谁知道我还是住在"雅舍"！

"雅舍"最宜月夜——地势较高，得月较先。看山头吐月，红盘乍涌，一霎间，清光四射，天空皎洁，四野无声，微闻犬吠，坐客无不悄然！舍前有两株梨树，等到月升中天，清光从树间筛洒而下，地上阴影斑斓，此时尤为幽绝。直到兴阑人散，归房就寝，月光仍然逼进窗来，助我凄凉。细雨蒙蒙之际，"雅舍"亦复有趣。推窗展望，俨然米氏章法 [3]，若云若雾，一片弥漫。但若大雨滂沱，我就又惶悚不安了，屋顶湿印到处都有，起初如碗大，俄而扩大如盆，继则滴水乃不绝，终乃屋顶灰泥突然崩裂，如奇葩初绽，素然一声而泥水下注，此刻满室狼藉，抢救无及。此种经验，已数见不鲜。

"雅舍"之陈设，只当得简朴二字，但洒扫拂拭，不使有纤尘。我非显要，故名公巨卿之照片不得入我室；我非牙医，故无博士文凭张挂壁间；我不业理发，故丝织西湖十景以及电影明星之照片亦均不能张我四壁。我有一几一椅一榻，酣睡写读，均已有着，我亦不复他求。但是陈设虽简，我却喜欢翻新布置。西人常常讥笑妇人喜欢变更桌椅位置，以为这是妇人天性喜变之一征。诬否且不论，我是喜欢改变的。中国旧式家庭，陈设千篇一律，正厅上是一条案，前面一张八仙桌，一旁一把靠椅，两旁是两把靠椅夹一只茶几。我以为陈设宜求疏落参差之致，最忌排偶。"雅舍"所有，毫无新奇，但一物一事之安排布置具不从俗。人入我室，即知此是我室。笠翁《闲情偶寄》之所论 [4]，正合我意。

"雅舍"非我所有，我仅是房客之一。但思"天地者万物之逆旅" [5]，人生本来如寄，我住"雅舍"一日，"雅舍"即一日为我所有。即使此一日亦不能算是我有，至少此一日"雅舍"所能给予之苦辣酸甜我实躬受亲尝。刘克庄词："客里似家家似寄。" [6]我此时此刻卜居"雅舍""雅舍"即似我家。其实似家似寄，我亦分辨不清。

长日无俚，写作自遣，随想随写，不拘篇章，冠以"雅舍小品"四字，以示写作所在，且志因缘。

注释

[1] 选自《梁实秋散文》，中国广播电视出版社1989年版。

[2] "上支下摘"至"三上三下"句：均为南方民用建筑用语。"上支下摘"，指屋窗白天用棍支开，晚上摘下关合。"前廊后厦"，指厦屋前檐伸出，以木柱支撑，形成走廊。"一楼一底"，指上层楼屋住人，下层底楼堆放杂物或另作他用。"三上三下"，指房屋布局。即楼上主屋、堂屋和厢房，楼下厨房、卫生间和储物间。

[3] 米氏章法：指米芾书法。米芾（1051—1107），字元章，丹徒（今江苏镇江）人，著名书画家。其书法与苏轼、黄庭坚、蔡襄并称北宋四大家。

[4] 笠翁：名李渔（1611—1679），字笠鸿，号笠翁，浙江兰溪人。清代著名戏曲理论家、作家，著有传奇《比目鱼》《风筝误》等10种。《闲情偶寄》是他的一部关于戏曲、建筑、园艺等各方面知识的杂著作品。

[5] 天地者万物之逆旅：语出李白《春夜宴从弟桃花园序》："夫天地者，万物之逆旅也；光阴者，百代之过客也。而浮生若梦，为欢几何？"逆旅：旅舍。

[6] 刘克庄：字潜夫（1187—1269），号后村居士，莆田（今属福建）人，南宋著名词人。"客舍似家家似寄"：语出《玉楼春·戏林推》："年年跃马长安市，客舍似家家似寄。青钱换酒日无何，红烛呼卢宵不寐。易挑锦妇机中字，难得玉人心下事。男儿西北有神州，莫滴水西桥畔泪。"

思考与练习

一、文章是如何来写"雅舍"之雅的？
二、谈谈你对作者所讲的"人生如寄"思想的理解。
三、课外阅读《雅舍小品》。

知识延展

梁实秋（1903—1987），浙江杭县（今属余杭）人。著名学者、散文家、文学批评家、翻译家。自20世纪20年代后期起，与鲁迅进行了长达八年的文学论战。1938年抗战期间，移居重庆北碚，筑"雅舍"，从事文学写作与编辑工作。1949年到台湾，1987年在台北病逝。一生著述甚丰，代表作有《雅舍小品》（4集）、《莎士比亚全集》（译著）和《英国文学史》等。

邵公谏厉王弭谤[1]

《国语》

厉王虐[2]，国人谤王[3]。邵公告曰："民不堪命矣！"[4] 王怒，得卫巫[5]，使监谤者。以告，则杀之。国人莫敢言，道路以目[6]。

王喜，告邵公曰："吾能弭谤矣[7]，乃不敢言。"邵公曰："是障之也[8]。防民之口，甚于防川[9]。川壅而溃[10]，伤人必多，民亦如之。是故为川者决之使导[11]，为民者宣之使言[12]。故天子听政，使公卿至于列士献诗[13]，瞽献曲[14]，史献书[15]，师箴[16]，瞍赋[17]，矇诵[18]，百工谏[19]，庶人传语[20]，近臣尽规[21]，亲戚补察[22]，瞽、史教诲，耆、艾修之[23]，而后王斟酌焉[24]，是以事行而不悖[25]。民之有口，犹土之有山川也，财用于是乎出；犹其有原隰衍沃也[26]，衣食于是乎生。口之宣言也，善败于是乎兴。行善而备败[27]，其所以阜财用衣食者也[28]。夫民虑之于心而宣之于口，成而行之，胡可壅也？若壅其口，其与能几何[29]？"

王不听，于是国人莫敢出言。三年，乃流王于彘[30]。

注释

[1] 选自《国语》。

[2] 厉王：周厉王，名胡，夷王之子。公元前878年即位，后被放逐。虐：暴虐。

[3] 谤：议论。

[4] 邵公：邵穆公，名虎，周之卿士。堪：忍受。命：指厉王暴虐的政令。

[5] 卫巫：卫国的巫者。

[6] 莫敢言：没人敢说话。道路以目：人们在路上相遇，只能以眼睛示意。

[7] 弭（mǐ）谤：制止人们的议论。

[8] 是障之也：这是堵住人们的口啊。障：防水堤，这里用作动词。

[9] 甚于防川：比堵塞河流更严重。

[10] 川壅而溃：河流堵塞，河水泛滥。

[11] 为川者：治水的人。决：疏通河道。导：疏导。

[12] 宣之使言：开导人民，使他们说话。

[13] 列士献诗：士这个阶层的人进献讽喻的诗。

[14] 瞽献曲：盲人乐师进献反映民情的乐曲。

[15] 史献书：史官进献历史典籍。

[16] 师箴：乐师向王进献规劝的言辞。

[17] 瞍赋：盲人有节奏地朗读烈士进献的诗。

[18] 矇诵：盲人没有节奏地诵读。

[19] 百工：百官。

[20] 庶人传语：庶人，平民。平民没有机会见到国王，因此他们只能把对政事的意见间接地传达给国王知道。

[21] 近臣：王左右之臣。尽规：尽规劝之责。

[22] 亲戚：指与国王同宗的大臣。补察：弥补王之过错，监督王之行为。

[23] 瞽、史教诲：乐师、史官用歌曲、传说对王进行教诲。耆、艾修之：耆、艾：老年人。这里主要指国家元老。修：将瞽、史的教诲加以修饰整理。

[24] 而后王斟酌焉：而后由国王斟酌取舍，付之实行。

[25] 悖：违背。

[26] 原：宽阔平坦的土地。隰(xí)：低洼潮湿的地方。衍：低下平坦的土地。

[27] 行善而备败：实行好的，防备坏的。

[28] 阜：增多。

[29] 其与能几何：赞成他的人能有多少呢？

[30] 乃流王于彘(zhì)：于是，将厉王放逐到彘。彘：晋地。

 思考与练习

一、归纳下列多义词的义项。

与 {
失其所与，不知
若壅其口，其与能几何
秦伯说，与郑人盟
}

以 {
或以为死，或以为亡
以告，则杀之
是以事行而不悖
}

犹 {
民之有口，犹土之有山川也
臣之壮也，犹不如人
犹得备晨炊
}

流 {
但闻黄河流水鸣溅溅
三年，乃流王于彘
三教九流
}

二、邵公是从哪些方面向厉王进谏的？将本文与《邹忌讽齐王纳谏》比较，邵公与邹忌同样有出众的口才，为什么邵公进谏会失败，邹忌进谏会成功？

三、讨论纳谏除弊在当时的积极作用和在今天的借鉴意义。

四、试以本文为例，简述《国语》记言的特点。

五、试将全文翻译为白话。

 知识延展

《国语》是我国第一部分国记事的史书，也是历史散文的汇编。全书以国为单位叙述史实，从西周穆王二年(前990年)起到周定王十六年(前453年)止，叙述了前后五百三十八年间周、鲁、齐、晋、郑、楚、吴、越等八国的重要史实。所记各国史实，大都通过一些历史人物的言论、对话或相互驳难来表现，所以叫作《国语》。作者相传为左丘明，但不可靠。汉唐以来，人们多以《国语》和《左传》并称，并把《国语》叫"外传"，把《左传》叫"内传"。其实，《国语》所记史实，范围超出了春秋时代，内外的分法并不恰当。就内容来说，《国语》重在记言，《左传》重在记事；就体裁来说，《国语》是国别体，《左传》是编年体。就文章而言，《国语》写得比较朴素、简括，它的文学价值虽然不及《左传》，但有时也有相当优秀的叙述。

丰乐亭记[1]

[北宋] 欧阳修

修既治滁之明年,夏,始饮滁水而甘[2]。问诸滁人,得于州南百步之近。其上则丰山,耸然而特立,下则幽谷,窈然而深藏,中有清泉,滃然而仰出[3]。俯仰左右,顾而乐之[4]。于是疏泉凿石,辟地以为亭,而与滁人往游其间。

滁于五代干戈之际,用武之地也[5]。昔太祖皇帝尝以周师破李景兵十五万于清流山下,生擒其将皇甫辉、姚凤于滁东门之外,遂以平滁[6]。修尝考其山川,按其图记,升高以望清流之关,欲求辉、凤就擒之所,而故老皆无在也,盖天下之平久矣[7]。自唐失其政,海内分裂,豪杰并起而争,所在为敌国者,何可胜数!及宋受天命,圣人出而四海一。向之凭恃险阻,铲削消磨,百年之间,漠然徒见山高而水清。欲问其事,而遗老尽矣[8]。

今滁介江淮之间,舟车商贾,四方宾客之所不至。民生不见外事,而安于畎亩衣食,以乐生送死。而孰知上之功德,休养生息,涵煦于百年之深也?[9]修之来此,乐其地僻而事简,又爱其俗之安闲,既得斯泉于山谷之间,乃日与滁人仰而望山,俯而听泉。掇幽芳而荫乔木,风霜冰雪,刻露清秀,四时之景无不可爱[10]。又幸其民乐其岁物之丰成,而喜与予游也。因为本其山川,道其风俗之美,使民知所以安其丰年之乐者,幸生无事之时也。夫宣上恩德,以与民共乐,刺史之事也[11]。遂书以名其亭焉。

庆历丙戌六月,右正言、知制诰、知滁州军州事欧阳修记。[12]

注释

[1] 选自《欧阳文忠公文集》。

[2] 既:已。治滁:治理、管理滁州,指担任滁州知州。滁:州名,今安徽滁县。甘:甜美。

[3] 耸然:高高矗立的样子。特立:独立。特:独。窈然:幽深的样子。滃然:水势盛大的样子。仰出:由地面向上涌出。

[4] 俯仰:低头看,抬头看。

[5] 五代:指唐代以后,北宋以前的后梁、后唐、后晋、后汉、后周五个短暂的朝代。干戈:兵器名,这里战争。

[6] "昔太祖皇帝"三句:周显德三年(956年)春,赵匡胤(时为后周殿前都虞侯,领严州刺史)从周世宗征淮南。南唐将领皇甫辉、姚凤率兵十五万守清流关。周世宗命赵匡胤突阵而入,皇甫辉等逃入滁城,欲断桥自守。赵麾兵涉水,活捉皇甫辉、姚凤,攻克滁州。太祖皇帝,即宋太祖赵匡胤。周师,指周世宗柴荣的部队。李景,五代南唐中主,原名璟,避周庙讳改景。清流山,位于滁州西南二十五里,上有清流关。清流关:重要关隘,宋太祖大破南唐兵

的地方，宋时在此设清流县。

[7] 按：依照。图记：指地理志。故老：年老而有声望的人。

[8] "所在"句：指唐以后割据政权林立的情形。所在：处处。圣人：指宋太祖赵匡胤。"向之"句：指从前依恃险地割据一方的人。向：从前。划：铲除。消磨：消除或消灭。漠然：茫然，不可见的样子。遗老：指经历世变的老人。

[9] 畎亩：田地。畎：田间小沟。乐生送死：养生送死，指过太平日子。《孟子·离娄》："养生者不足以当大事，惟送死可以当大事。"养生：养活生者。送死：葬送死者。休养生息：保养民力，增殖人口。涵煦：滋润化育。这里颂扬宋王朝功德无量，养育万物。

[10] "掇幽芳"四句：掇：拾取，采取。幽芳，散发出幽香的花草。"掇幽芳"写欣赏春景。"荫乔木"写夏日留连山中的情形。刻露：刻削而出。"风霜冰雪，刻露清秀"写秋冬草枯叶落，山势峰岩毕露的样子。谓山中林枯石露如同刻削而成。四时：四季。

[11] 刺史：唐称一州的最高行政长官为刺史，宋代则称为知州。

[12] 右正言：谏官名。唐有左、右拾遗，宋改为左、右正言。右正言属中书省，从七品。知制诰：官名，唐始有此职，宋沿袭下来，掌起草诏令。原为中书舍人之职，以后常以他官代行其职，则称某官知制诰。知滁州军州事：即滁州知州。

思考与练习

一、作者为什么要将亭命名为"丰乐亭"？

二、《丰乐亭记》和《醉翁亭记》题趣相近而写法各异，试对这两篇亭记作对比分析。

三、联系中学已学过的作品，简述欧文低回感叹、委婉曲折的特点。

四、请将本文翻译为现代白话文。

知识延展

欧阳修（1007—1072），北宋诗文革新运动的领袖，"唐宋八大家"之一。字永叔，号醉翁，晚年又号六一居士。江西庐陵（今江西吉安）人。早年丧父，家境贫寒，母亲郑氏以芦荻代笔，泥沙代纸，教他读书写字。宋仁宗天圣八年进士。欧阳修为人刚直，敢于诤谏，且注意擢用贤才，提拔后进。在政治上，他属于当时以范仲淹为首的政治改良派，因支持范仲淹的"庆历革新"，遭到守旧派的排挤和打击，屡遭贬谪；但后来却和司马光一起反对王安石的新法，表现出他对政治改革的不彻底性。卒谥文忠。

欧阳修的突出贡献主要表现在文学方面。他继承和发展了韩愈的古文理论，反对北宋初年的浮华文风，提倡平易自然文风，主张文章应"明道""致用""事信""言文"。在他的领导和奖掖之下，三苏、王安石和曾巩等此起彼应，形成了我国古文创作的又一全盛时期。

欧阳修在散文、诗词等各方面都取得了很高成就，而以文章负一代盛名。他的散文，具有纡徐畅达，明白易晓的独特风格，开北宋一代文风。他的诗亦如其文，一洗宋初绮靡、晦涩之习，多平易朗畅。他的词，则更富于情韵。其杰出成就，使他成为宋代文坛的一代宗师。有《欧阳文忠公集》、《六一词》、《新五代史》和《新唐书》（与宋祁合作撰写）。

原　过[1]

[北宋] 王安石

天有过乎? 有之, 陵历斗蚀是也[2]。地有过乎? 有之, 崩弛竭塞是也[3]。天地举有过, 卒不累覆且载者何? 善复常也[4]。人介乎天地之间, 则固不能无过, 卒不害圣且贤者何? 亦善复常也。故太甲思庸, 孔子曰勿惮改过, 扬雄贵迁善, 皆是术也[5]。

予之朋有过而能悔, 悔而能改, 人则曰:"是向之从事云尔, 今从事与向之从事弗类, 非其性也, 饰表以疑世也。"夫岂知言哉? [6]

天播五行于万灵, 人固备而有之。有而不思则失, 思而不行则废[7]。一日咎前之非, 沛然思而行之, 是失而复得, 废而复举也[8]。顾日非其性, 是率天下而戕性也[9]。且如人有财, 见篡于盗, 已而得之, 曰:"非夫人之财, 向篡于盗矣。"[10]可欤? 不可也。财之在己, 固不若性之为已有也。财失复得, 曰非其财, 且不可, 性失复得, 曰非其性, 可乎?

📖 注释

[1] 选自《四部全书》影明本《临川先生文集》卷七十三。原过: 古代专门推究事理根源的文章, 题目多冠以"原"字, 如韩愈的《原道》《原毁》等。原: 推求, 推究; 过: 过失, 过错。原过: 即论过失。

[2] 陵历斗蚀: 统指一切星体的运动变化。《汉书·天文志》:"及五星所行……陵历斗食。"颜师古注引韦昭曰:"经之为历, 突掩为陵, 星相击为斗""亏毁日食"。食: 通蚀。

[3] 崩弛: 山脉崩溃毁损。竭塞: 河流干涸不通。

[4] 举: 全。卒: 最终。累: 妨碍。覆: 覆盖, 古人以为天覆盖着大地。载: 承载。善: 容易, 易于。复常: 恢复正常。

[5] 太甲思庸:《尚书·太甲序》:"太甲既立, 不明, 伊尹放诸桐。三年, 复归于亳, 思庸。"太甲, 商汤王长孙, 即位后暴虐, 不遵汤法, 被大臣伊尹放逐于桐。三年后太甲悔过, 伊尹又接他回亳都复位。思庸: 思常道, 不再反常, 这里有悔过自责的意思。孔子曰勿惮改过:《论语·学而》:"过则勿惮改"。扬雄: 西汉文学家、哲学家、语言学家, 以《长杨赋》《羽猎赋》等见称于世, 有《法言》《太玄》《方言》等著作。贵迁善: 以变善为贵。《法言·修身》认为:"人之性也善恶混, 修其善则为善人, 修其恶则为恶人", 同书《学行篇》又说:"君子贵迁善。"术: 方法, 谋略, 这里指道理。

[6] 是向之从事云尔: 此人以前的作为如此。弗类: 不相似。性: 本性。饰表以疑世: 装饰一下表面来迷惑世人。知言: 有见识的话。

[7] 天播五行于万灵: 上天把五行传播给人类。五行: 仁、义、礼、智、信。万灵: 万物之灵, 谓人类。有而不思则失: 有了(五行这些准则)却不去加以思考, 那么, (这些准则)就会失去。思而不行则废: 思考了却不去付诸实践, 那么(五行)就会被废置。

[8] 一日咎前之非：一旦痛恨以前的错误。咎：憎恨。沛然：形容水势湍急，引申以状行动迅速。举：兴起，实行。

[9] 顾：反而。率：带领。天下：指天下人。戕：残害，伤害。

[10] 夫：那个，指示代词。篡：夺取。

思考与练习

一、本文虽短，却抑扬吞吐，曲尽其妙，试分析文章这一特点。

二、本文是怎样运用比喻和事实进行论证的？请联系作品作具体说明。

三、你在中学读过王安石哪些作品，试联系这些作品，对其创作作个整体评价。

四、背诵全文。

知识延展

王安石（1021—1086），北宋著名政治家、思想家、文学家，"唐宋八大家"之一。字介甫，晚号半山，临川（今江西抚州）人。幼年好学，仁宗庆历二年（1042年）进士，做过十多年地方官。仁宗嘉祐三年（1058年），他写了《上仁宗皇帝言事书》，提出系统的变法主张。神宗熙宁二年（1069年），任参知政事（副宰相），次年升宰相，依靠神宗，实行新法。但由于新法触犯了大官僚大地主的利益，执行中亦存在不少问题，遭到守旧派等的激烈反对。在变法与反变法的斗争中，他先后两次出任宰相，两次被迫辞职，晚年退居江宁。曾封荆国公，世称王荆公。王安石在文学上为宋一大家，诗、词、散文等方面都有独特的成就。他主张作文要"有补于世""以适用为本"，反对无病呻吟，刻意雕琢。他一生写了不少反映人民疾苦和社会问题的作品。诗、词，散文都有不少名篇。他的散文，以见识高超、议论犀利、逻辑严谨、笔力雄健而著称。他的诗，长于说理，精于修辞，风格遒劲有力。他的词，能一洗五代旧习。有《临川先生文集》。

文与可画筼筜谷偃竹记[1]

[北宋] 苏轼

竹之始生，一寸之萌耳[2]，而节叶具焉。自蜩蝮蛇蚹以至于剑拔十寻者[3]，生而有之也。今画者乃节节而为之，叶叶而累之，岂复有竹乎[4]？故画竹，必先得成竹于胸中，执笔熟视，乃见其所欲画者，急起从之，振笔直遂[5]，以追其所见，如兔起鹘落，少纵则逝矣[6]。与可之教予如此。予不能然也，而心识其所以然。夫既心识其所以然而不能然者，内外不一，心手不相应，不学之过也。故凡有见于中而操之不熟者，平居自视了然，而临事忽焉丧之[7]，岂独竹乎？

子由为《墨竹赋》[8]，以遗与可曰："庖丁，解牛者也，而养生者取之；轮扁，斲轮者也，而读书者与之[9]。今夫夫子之托于斯竹也,而予以为有道者,则非邪?"[10]子由未尝画也,故得其意而已。若予者,岂独得其意,并得其法。

与可画竹,初不自贵重。四方之人,持缣素而请者,足相蹑于其门[11]。与可厌之,投诸地而骂曰:"吾将以为袜材。"士大夫传之,以为口实[12]。及与可自洋州还,而余为徐州[13]。与可以书遗余曰:"近语士大夫:'吾墨竹一派,近在彭城,可往求之。'袜材当萃于子矣。"[14]书尾复写一诗,其略云:"拟将一段鹅溪绢,扫取寒梢万尺长。"[15]予谓与可:"竹长万尺,当用绢二百五十匹绢,知公倦于笔砚,愿得此绢而已。与可无以答,则曰:"吾言妄矣,世岂有万尺竹哉?"余因而实之[16],答其诗曰:"世间亦有千寻竹,月落庭空影许长。[17]"与可笑曰:"苏子辩则辩矣,然二百五十匹绢,吾将买田而归老焉。"因以所画筼筜谷偃竹遗予,曰:"此竹数尺耳,而有万尺之势。"筼筜谷在洋州,与可尝令予作洋州三十咏,《筼筜谷》其一也。予诗云:"汉川修竹贱如蓬,斤斧何曾赦箨龙。料得清贫馋太守,渭滨千亩在胸中。[18]"与可是日与其妻游谷中,烧笋晚食,发函得诗,失笑喷饭满案。

元丰二年正月二十日,与可没于陈州。是岁七月七日,予在湖州曝书画,见此竹,废卷而哭失声[19]。昔曹孟德《祭桥公文》,有"车过""腹痛"之语,而予亦载与可畴昔戏笑之言者,以见与可于予亲厚无间如此也[20]。

注释

[1] 选自《苏轼文集》。文与可(1018—1079):名同,字与可,四川梓潼人。北宋著名画家,擅长画竹,他与苏轼是表兄弟,曾任洋州(今陕西洋县)知州。著有《丹渊集》。筼筜(yúndāng)谷:地名,在陕西洋州西北,谷中多产竿粗节长的竹子,叫筼筜竹,故名。偃竹:仰斜的竹子。

[2] 萌:萌芽,这里指初生的竹笋。

[3] "自蜩蝮(tiáo fù)"句:这句是以蝉壳、蛇鳞形容竹子初生时的形状。蜩蝮:蝉壳。蛇蚶(hān):蛇腹下的横鳞。剑拔:剑从鞘中拔出。这里用来形容修长的竹子,如剑出鞘,挺拔有力。寻:古代八尺为一寻。

[4] 累:加,积。岂复有竹乎:怎么还会有(完整而有生气的)竹子呢?

[5] 振笔直遂:动笔作画,一气呵成。直:径直。遂:完成。

[6] 兔起鹘(hú)落:兔子跃起奔跑,鹘鸟从空中俯冲而下搏击追赶。这句形容挥笔迅速。鹘:一种猛禽,又名隼。少纵则逝:稍一放松,时机就消失了。少:稍微。

[7] 忽焉丧之:忽然不见了,忘记了。丧:丧失。

[8] 子由:即苏辙,字子由,苏轼的弟弟。

[9] "庖丁"三句:语出《庄子·养生主》,意思是:庖丁是宰割牛的,而讲求养生之道的人可以从中悟出养生的道理。庖丁:掌厨的人叫"庖",名丁。这里指宰牛的人。取:取法。"轮扁"三句:轮扁是斫轮的,(他所讲的道理)读书的人也赞成。语出《庄子·天道》。轮扁:斫轮的工匠,名扁。斫(zhuó):砍,削。

[10] "今夫夫子"二句:现从您在所画的竹上托寓的意蕴来看,我认为您是深知物理的人,难道不是吗?夫子:指文与可。托:寄托。

[11] 缣素：古人用来作画的白绢。足相蹑：脚互相踩碰，形容来向文与可求画的人很多。

[12] 口实：话柄。

[13] 余为徐州：我任徐州知州。苏轼于熙宁十年（1077年）至元丰二年（1079年）任徐州知州。

[14] "吾墨竹"二句：我们画墨竹这一流派的人，（已传到）近在徐州的苏轼了。彭城：即今江苏徐州。文与可是湖州墨竹派的宗师，故有此言。"袜材"句：做袜子的材料（指画绢）将要聚集到您那里去了。萃（cuì）：聚集。

[15] 鹅溪：地名，在四川盐亭西北，以产绢著名。唐时用其绢作贡品，宋人绘画以它为上品。扫：指用笔作画。寒梢：指竹。竹耐寒，故名。

[16] 实：证实。

[17] 影许长：影子有这么长。许：这样。

[18] 汉川：汉水。修竹：长竹。蓬：蓬草。斤：斧头。箨（tuò）龙：竹笋的别名。渭滨千亩句：这句话字面的意思是苏轼戏言文与可吃了渭水岸边的千亩竹林，实指其胸中装着丰富的竹子形象。渭滨：渭川之滨。渭水河边以产竹闻名。千亩：千亩竹林。《史记·货殖列传》有赞语称"渭川千亩竹"。

[19] 曝（pù）：晒。废卷：放下画卷。

[20] "昔曹孟德"二句：据《三国志·魏书·武帝纪》裴松之的注文记载，曹操年轻时，桥玄很赏识他。桥玄死后，曹操路过故乡谯郡，用太牢的隆重仪式祭祀桥玄，并作《祀故太尉桥玄文》，文中写道："又承从容约誓之言：'殂逝之后，路有经由，不以斗酒只鸡相沃酹，车过三步，腹痛勿怪。'虽临时戏笑之言，非至亲之笃好，胡肯为此言乎？"这里援引此典故，借曹操与桥玄之间亲密的关系，表白自己和文与可亲密无间的关系。

思考与练习

一、你在中学读过苏轼哪些作品？试联系这些作品，对苏轼的创作做个整体评价。

二、作者在这篇文章中主要阐发了哪两方面的艺术创作思想？

三、作者记叙了文与可哪些轶事？从而表现了他怎样的个性？

四、本文是怎样以"画竹"为线索贯串全篇的？

五、请将本文翻译为现代白话文。

知识延展

苏轼（1037—1101），北宋继欧阳修之后的文坛领袖，"唐宋八大家"之一。他的诗、文、词，都代表了宋代文学的最高水平。字子瞻，号东坡居士，眉山（今四川省）人。嘉祐二年（1057年）与弟苏辙同登进士第，后考才识兼茂明于体用科中第三等，授大理评事，签书凤翔府判官。累官杭州通判，知密、徐、湖三州。神宗元丰三年（1080年）御史台兴"乌台诗案"，苏轼（45岁）以"谤讪朝廷"罪贬为黄州团练副使。元祐初，哲宗年幼，高太后主政，起用反对熙宁变法的旧官，苏轼受到太后特别的器重，累官中书舍人、翰林学士、礼部尚书。但苏轼又不赞成司马光尽废新法，因政见不合，主动请求出知杭州、颍州等地。高太后去世，哲宗亲政，改元绍圣，罢"元祐党人"，苏轼于绍圣元年（1094年）四月以"讥斥先朝"罪贬知英州，尚未到达贬所，八月又贬惠州，绍圣四年四月再贬儋州。在儋三年，徽宗即位，遇赦北归。建中靖国元年（1101年）七月二十八日卒于常州。徽宗朝立"元祐党人碑"（罪人碑），苏轼碑上有名。高宗朝才得正名，赠太师，谥文忠。

苏轼思想比较复杂，主儒术而不迂腐，参佛老而不沉溺。性格坦率真诚，随缘自适。博擅众艺，著述繁富。他的散文，明白畅达，如行云流水，汪洋恣肆，而又意趣横生，与欧阳修并称"欧苏"，与父苏洵、弟苏辙合称"三苏"。他的诗与黄庭坚并称"苏黄"，将宋代"以文为诗"的风尚推向极致。他的词"一洗绮罗香泽之态，摆脱绸缪宛转之度"（胡寅《题酒边词》），在宋即被认为脱去香艳窠臼，"指出向上一路"（王灼《碧鸡漫志》），在词的发展史上，具有重大意义，被视为豪放词派的代表，与辛弃疾并称"苏辛"。他的书法也好，后人谈宋代书法，有"苏黄米蔡"之称，苏轼居首。他还是北宋文人画（水墨写意画）的代表画家。此外，他还是一位儒、道、释兼收并蓄、融会贯通的思想家，一位通达古今的学者，一位兼通药理、美食等多种生活经验的全才，林语堂《苏东坡传·序》云："一提到苏东坡，中国人总是亲切而温暖地会心一笑。"今存《东坡全集》一百十五卷、《东坡乐府》三卷。

秋水（节选）[1]

［战国］庄子

秋水时至[2]，百川灌河[3]。泾流之大[4]，两涘渚崖之间[5]，不辩牛马[6]。于是焉河伯欣然自喜[7]，以天下之美为尽在己[8]。顺流而东行，至于北海，东面而视，不见水端[9]。于是焉河伯始旋其面目[10]，望洋向若而叹曰[11]："野语有之曰[12]，'闻道百，以为莫己若者[13]。'我之谓也[14]。且夫我尝闻少仲尼之闻而轻伯夷之义者[15]，始吾弗信。今我睹子之难穷也[16]，吾非至于子之门；则殆矣[17]，吾长见笑于大方之家[18]。"

北海若曰："井蛙不可以语于海者[19]，拘于虚也[20]；夏虫不可以语于冰者，笃于时也[21]；曲士不可以语于道者[22]，束于教也[23]。今尔出于崖涘[24]，观于大海，乃知尔丑[25]，尔将可与语大理矣[26]。天下之水，莫大于海：万川归之，不知何时止而不盈[27]；尾闾泄之[28]，不知何时已而不虚[29]；春秋不变，水旱不知。此其过江河之流[30]，不可为量数。而吾未尝以此自多者[31]，自以比形于天地而受气于阴阳[32]，吾在于天地之间，犹小石小木之在大山也。方存乎见少[33]，又奚以自多[34]！计四海之在天地之间也，不似罍空之在大泽乎[35]？计中国之在海内[36]，不似稊米之在大仓乎[37]？号物之数谓之万[38]，人处一焉；人卒九州[39]，谷食之所生[40]，舟车之所通[41]，人处一焉。此其比万物也[42]，不似豪末之在于马体乎[43]？五帝之所连[44]，三王之所争[45]，仁人之所忧[46]，任士之所劳[47]，尽此矣！伯夷辞之以为名[48]，仲尼语之以为博[49]。此其自多也[50]，不似尔向之自多于水乎[51]？"

注释

[1] 节选自《庄子》的《秋水》篇（属"外篇"部分）。原文由七部分组成，这里节选的是第一部分。

[2] 时：按季节。

[3] 灌：注入。河：黄河。

[4] 泾（jīng）流：水流。

[5] 两涘：岸的两边。涘（sì）：水边，河岸。渚（zhǔ）崖：河渚岸边。渚：水中小岛。

[6] 辩：通"辨"，辨别，识别。

[7] 河伯：黄河水神。

[8] 尽在己：全都集中在自己这里。

[9] 端：边，尽头。

[10] 旋：转，转变。

[11] 望洋：联绵词，仰视的样子。若：海若，海神。

[12] 野语：俗语。

[13] 莫己若："莫若己"的倒装。

[14] 我之谓：也是倒装，即"谓我"。

[15] 伯夷：商孤竹君之子，与弟叔齐争让王位，被认为节义高尚之士。

[16] 子：你，本指海神若，这里借指整个北海。难穷：难以穷尽。

[17] 殆：危险。

[18] 大方之家：明白大道理的人。

[19] 于：介词，用以引出对象。

[20] 虚：通"墟"，狭小的居处。

[21] 笃：固，拘限。时：为四时，四季。

[22] 曲士：乡曲之士，指见识浅陋之人。

[23] 束于教：受所受教育情况的束缚。束：束缚，限制。

[24] 尔：你。

[25] 乃：才。丑：鄙陋。

[26] 大理：大道理。

[27] 盈：满。

[28] 尾闾：神话中排泄海水的地方。泄：排泄。

[29] 已：停止。虚：空虚。

[30] "此其"句：大海的容水量超过了长江、黄河的水流。其：他，指大海。过：超过。

[31] 自多：自我夸耀。多：赞美，自负。

[32] "自以"句：我自以为列身于天地间，禀受了阴阳之气。比：并列。形：身形。

[33] 方存乎见少：正存有自己见识很少的想法。方：正。

[34] 奚以：何以，怎么。

[35] 罍空：蚁穴，小孔穴。

[36] 中国：指中原地区。

[37] 稊（tí）米：一种稗草的籽粒。

[38] 号：称。

[39] 卒：尽。

[40] 生：生长。

[41] 通：通过，到达。

[42] 其：人。

[43] 豪末：毫毛的末梢。豪：通"毫"。

[44] 连：连续。继承之意。

[45] 所争：所争夺的。

[46] 仁人：推崇仁的人。

[47] 任士：有能力的人。劳：劳心劳力。

[48] "伯夷"句：伯夷以辞让君位而获得美名。

[49] "仲尼"句：孔子以谈古论今而显示知识渊博。

[50] 其：指伯夷、孔子。

[51] 向：以前，从前。

思考与练习

一、熟读课文，用原文回答下列问题。

1. 河伯在什么情况下欣然自喜？

2. 河伯见了北海为何"始旋其面目，望洋向若而叹"？

3. 河伯为什么认为自己"长见笑于大方之家"？

二、给下列句式附上例句，并译成现代汉语。

1. 非……则……

2. 见……于……

三、辨别加点词的古今异义。

1. 至于北海

2. 百川灌河

3. 于是焉河伯始旋其面目

4. 吾长见笑于大方之家

四、这则寓言故事给我们哪些启示？

知识延展

庄子，名周，约生于公元前369年，卒于前286年，与梁惠王、齐宣王同时。庄周为蒙（今河南商丘东北）人，战国时期著名思想家、哲学家、文学家，是道家学派的代表人物之一，老子哲学思想的继承者和发展者，先秦庄子学派的创始人。他的学说涵盖了当时社会生活的方方面面，但根本精神还是归依于老子的哲学。庄子主张精神上的逍遥自在、宇宙中"天人合一"、护养生命要顺从自然法则。他重视内在德行的修养，认为宇宙与人的关系是物我两忘的。后世将他与老子并称为"老庄"，他们的哲学被称为"老庄哲学"。

庄子生活在战国中期，当时正是秦、齐、楚、韩、魏、赵、燕七雄争霸天下的时代，弱肉强食，兼并战争此起彼伏，社会动荡不安，人民处在水深火热之中。他反对非正义的兼并战争，反对统治阶级对人民的剥削和压迫，对黑暗社会极为不满，宁愿辞官归隐，过着清贫的生活，也不愿与统治阶级同流合污。

《庄子》是我国先秦时期重要的哲学和文学著作，在中国文学史、哲学史以及美学诸方面都占有极其重要的地位。《庄子》33篇，《内篇》7篇，《外篇》15篇，《杂篇》11篇。战国时代，各种不同学派纷纷登台表演，形成了"百家争鸣"的空前活跃的局面。老庄的道家学派，与儒家是相对立的，表现出了对儒家思想的尖锐批判。研究者多认为《内篇》为庄子所作，《外篇》《杂篇》为庄子后学所追记。

纪念傅雷[1]

施蛰存

一九六六年九月三日，这是傅雷和夫人朱梅馥离开这个世界的日子，今年今天，正是二十周年纪念。这二十年过得好快，我还没有时间写一篇文章纪念他们。俗话说："秀才人情纸半张。"我连这半张纸也没有献在老朋友灵前，人情之薄，可想而知。不过，真要纪念傅雷夫妇，半张纸毕竟不够，而洋洋大文却也写不出，于是拖延到今天。

现在，我书架上有十五卷的《傅雷译文集》和两个版本的《傅雷家书》，都是傅敏寄赠的[2]，还有两本旧版的《高老头》和《欧也妮·葛朗台》[3]，是傅雷送给我的，有他的亲笔题字。我的照相册中有一张我的照片，是一九七九年四月十六日在傅雷追悼会上，在赵超构送的花圈底下[4]，沈仲章给我照的，衣襟上还有一朵黄花。这几年来，我就是默对这些东西，悼念傅雷。

一九三九年，我在昆明[5]。在江小鹣的新居中[6]，遇到滕固和傅雷[7]。这是我和傅雷定交的开始。可是我和他见面聊天的机会，只有两次，不知怎么一回事，他和滕固吵翻了，一怒之下，回上海去了。这是我第一次领略到傅雷的"怒"。后来知道他的别号就叫"怒庵"，也就不以为奇。从此，和他谈话时，不能不提高警惕。

一九四三年，我从福建回沪省亲[8]，在上海住了五个月，曾和周煦良一同到吕班路（今重庆南路）巴黎新村去看过傅雷[9]，知道他息影孤岛[10]，专心于翻译罗曼·罗兰[11]。这一次认识了朱梅馥。也看见客堂里有一架钢琴，他的儿子傅聪坐在高凳上练琴[12]。

我和傅雷的友谊，只能说开始于解放以后。那时他已迁居江苏路安定坊，住的是宋春舫家的屋子[13]。我住在邻近，转一个弯就到他家。五十年代初，他在译巴尔扎克，我在译伐佐夫、显克微支和尼克索[14]。这样，我们就成为翻译外国文学的同道，因此，在这几年中，我常去他家里聊天，有时也借用他的各种辞典查几个字。

可是，我不敢同他谈翻译技术，因为我们两人的翻译方法不很相同。一则因为他译的是法文著作，从原文译，我译的都是英文转译本，使用的译法根本不同。二则我主张翻译只要达意，我从英文本译，只能做到达英译本的意。英译本对原文本负责，我对英译本负责。傅雷则主张非但要达意，还要求传神。他屡次举过一个例。他说：威廉·莎士比亚的《哈姆莱特》第一场有一句"静得连一个老鼠的声音都没有[15]"。但纪德的法文译本[16]，这一句却是"静得连一只猫的声音都没有"。他说："这不是译错，这是达意，这也就是传神。"我说，依照你的观念，中文译本就应该译作"鸦雀无声"。他说"对"。我说："不行，因为威廉·莎士比亚时代的英国话中不用猫或鸦雀来形容静。"

傅雷有一本《国语大辞典》，书中有许多北方的成语。傅雷译到法文成语或俗话的时候，常常向这本辞典中去找合适的中国成语俗话。有时我去看他，他也会举出一句法文成语，问我有没有相当的中国成语。他这个办法，我也不以为然。我主张照原文原意译，宁可加个注，说明这个成语的意义相当于中国的某一句成语。当然，他也不以为然。

一九五八年，我们都成为第五类分子[17]，不便来往，彼此就不相闻问。不过，有一段时候，朱梅馥和我老伴都被居委会动员出去办托儿所，她们俩倒是每天在一起，我因此便间接知道一些傅雷的情况。

一九六一年，大家都蒙恩摘除了"帽子"，可以有较多的行动自由，于是我又常去看他。他还在译书，而我已不干这一行了，那几年，我在热衷于碑版文物，到他那里去，就谈字画古董。他给我看许多黄宾虹的画[18]，极其赞赏，而我却又有不同意见。我以为黄宾虹晚年的画越来越像个"墨猪"了[19]。这句话又使他"怒"起来，他批评我不懂中国画里的水墨笔法。

一九六六年八月下旬，我已经在里弄里被"示众"过了[20]。想到傅雷，不知他这一次如何"怒法"，就在一个傍晚，踱到他门口去看看。只见他家门口贴满了大字报，门窗紧闭，真是"鸦雀无声"。我就踱了回家。大约在九月十日左右，才知道他们两夫妇已撒手西归，这是怒庵的最后一"怒"。

我知道傅雷的性情刚直，如一团干柴烈火，他因不堪凌辱，一怒而死，这是可以理解的，我和他虽然几乎处处不同，但我还是尊敬他。在那一年，朋友中像傅雷那样的毅然决然不自惜其生命的，还有好几个，我也都一律尊敬。不过，朱梅馥的能同归于尽，这却是我想象不到的，伉俪之情[21]，深到如此，恐怕是傅雷的感应。

傅雷逝世，其实我还没有了解傅雷。直到他的家书集出版，我才能更深一步的了解傅雷。他的家教如此之严，望子成龙的心情如此之热烈。他要把他的儿子塑造成符合于他的理想的人物。这种家庭教育是相当危险的，没有几个人能成功，然而傅雷成功了。

傅雷的性格，最突出的是他的刚直。在青年时候，他的刚直还近于狂妄。所以孔子说："好刚不好学，其蔽也狂[22]。"傅雷从昆明回来以后，在艺术的涵养，知识学问的累积之后，他才成为具有浩然之气的儒家之刚者[23]，这种刚直的品德，在任何社会中，都是难得见到的，连孔子也说过："吾未见刚者[24]。"

傅雷之死，完成了他的崇高品德，今天我也不必说"愿你安息吧"，只愿他的刚劲，永远弥漫于知识分子中间。

注释

[1] 选自《沙上的足迹》，辽宁教育出版社1995年版。傅雷（1908—1966），字怒安，号怒庵，上海市南汇区人。早年留学法国，专攻艺术，并游览了欧洲各国。回国后致力于法国文学艺术的翻译、介绍，"文革"中遭迫害而死。译著有罗曼·罗兰《约翰·克利斯朵夫》、巴尔扎克《高老头》《欧也妮·葛朗台》、丹纳《艺术哲学》等30多部。

[2]傅敏：傅雷的次子。《傅雷家书》是他所编。

[3]《高老头》和《欧也妮·葛朗台》：法国作家巴尔扎克的著名长篇小说，由傅雷译成中文。

[4]赵超构：笔名林放，我国著名杂文家，新中国成立后担任上海《新民晚报》社社长多年。

[5]我在昆明：1937年9月，施蛰存应云南大学校长熊庆来聘请，曾到该校中文系任教。

[6]江小鹣（jiān）：中国现代画家，20世纪30年代曾任上海新华艺术学校雕塑系主任。

[7]滕固：中国现代小说家，文学研究会成员。

[8]我从福建回沪省亲：1940年3月施蛰存到福建，在厦门大学中文系任教。

[9]周煦良：翻译家，生前任上海华东师范大学外文系主任，曾译过英国作家毛姆的《刀锋》等。

[10]孤岛：指第二次世界大战中太平洋战争爆发前的上海租界。

[11]罗曼·罗兰：法国现代作家、社会活动家，著有长篇小说《约翰·克利斯朵夫》等。

[12]傅聪：旅英钢琴家，傅雷的长子。

[13]宋春舫：中国现代戏剧家，著有喜剧《五里雾中》等。

[14]伐佐夫：保加利亚近代作家，其代表作长篇小说《轭下》由施蛰存译成中文。显克微支：波兰近代作家，施蛰存与人合译过《显克微支短篇小说集》。尼克索：丹麦近代作家，施蛰存译过他的长篇小说《征服者贝莱》，与人合译《尼克索短篇小说》。

[15]《哈姆莱特》：英国剧作家威廉·莎士比亚的著名悲剧。

[16]纪德：法国近代作家，第二次世界大战时沦为亲法西斯分子。

[17]第五类分子：在"以阶级斗争为纲"的时代，把"地主、富农、反革命分子、坏分子、右派分子"五类人列为无产阶级专政的对象。第五类分子即指右派分子。施蛰存在1957年反右运动中被错划为右派。

[18]黄宾虹：中国现代画家，曾在多家美术院校任教。

[19]墨猪：比喻书画的点划痴肥而无骨力。

[20]示众：指"文革"初期的当众批斗与羞辱。

[21]伉俪（kàng lì）：夫妻。

[22]"好刚"二句：出自《论语·阳货》。

[23]浩然之气：见《孟子·公孙丑上》，指一种至大至刚、充塞天地的正气。

[24]吾未见刚者：出自《论语·公冶长》。

📖 **思考与练习**

一、结合课文内容分析傅雷的性格特点。

二、课外阅读《傅雷家书》,感受傅雷既严又慈的父亲形象。

三、傅雷是一代翻译巨匠,成就卓著,作者为何不在文章中写他的功绩而是选取一些细小的片段来写?

📖 **知识延展**

施蛰存(1905—2003),浙江杭州人,现代著名作家、翻译家。他的创作生涯可以追溯到20世纪初,早在1929年施蛰存因在国内第一次用心理分析创作出小说《鸠摩罗什》《将军的头》而一鸣惊人,成为中国现代派小说的奠基人之一。

20世纪30年代他担任《现代》月刊主编,主编《中国文学珍本丛书》70余种,更蜚声海内,为保存和普及中国古代文学典籍做出了贡献。他主编的《中国比较文学》《近代文学大系·翻译文学集》《外国独幕剧选》《百花洲文库》等多种丛书都具有广泛的影响。在学术研究领域,著有《唐诗百话》《词学名词释义》《花间新集》《读词丛札》。校勘整理了《陈子龙诗集》。此外,他将毕生心血收藏的历代碑帖700余种,汇编成一套《历代碑刻墨影》,人们说他一人开了四扇窗户,身兼作家、翻译家、教育家和古典文学理论家,故称其为"百科全书式"的专家。

听听那冷雨[1]

余光中

惊蛰一过,春寒加剧。先是料料峭峭,继而雨季开始,时而淋淋漓漓,时而淅淅沥沥,天潮潮地湿湿,即使在梦里,也似乎有把伞撑着。而就凭一把伞,躲过一阵潇潇的冷雨,也躲不过整个雨季。连思想也都是潮润润的。每天回家,曲折穿过金门街到厦门街迷宫式的长巷短巷,雨里风里,走入霏霏令人更想入非非。想这样子的台北凄凄切切完全是黑白片的味道,想整个中国整部中国的历史无非是一张黑白片子,片头到片尾,一直是这样下着雨。这种感觉,不知道是不是从安东尼奥尼那里来的。不过那一块土地是久违了,二十五年,四分之一的世纪,即使有雨,也隔着千山万山,千伞万伞。二十五年,一切都断了,只有气候,只有气象报告还牵连在一起,大寒流从那块土地上弥天卷来,这种酷冷吾与古大陆分担。不能扑进她怀里,被她的裙边扫一扫也算是安慰孺慕之情吧。

这样想时,严寒里竟有一点温暖的感觉了。这样想时,他希望这些狭长的巷子永远延伸下去,他的思路也可以延伸下去,不是金门街到厦门街,而是金门到厦门。他是厦门人,至少是广义的厦门人,二十年来,不住在厦门,住在厦门街,算是嘲弄吧,也算是安慰。不过说到广义,他同样也是广义的江南人,常州人,南京人,川娃儿,五陵少年。杏花春雨江南,那是他的少年时代了。再过半个月就是清明。安东尼奥尼的镜头摇过去，摇过去又摇过来。残山剩水犹如是，皇天后土犹如是。纭纭黔首、纷纷黎民从北到南犹如是。那里面是中国吗？那里面当然还是中国，永远是中国。只是杏花春雨已不再，牧童遥指已不再，剑门细雨渭城轻尘也都已不再。然则他日思夜梦的那片土地，究竟在哪里呢？

在报纸的头条标题里吗？还是香港的谣言里？还是傅聪的黑键白键马思聪的跳弓拨弦？还是安东尼奥尼的镜底勒马洲的望中？还是呢，故宫博物院的壁头和玻璃柜内，京戏的锣鼓声中太白和东坡的韵里？

杏花，春雨，江南。六个方块字，或许那片土就在那里面。而无论赤县也好神州也好中国也好，变来变去，只要仓颉的灵感不灭，美丽的中文不老，那形象，那磁石一般的向心力当必然长在。因为一个方块字是一个天地。太初有字，于是汉族的心灵，他祖先的回忆和希望便有了寄托。譬如凭空写一个"雨"字，点点滴滴，滂滂沱沱，淅淅沥沥，一切云情雨意，就宛然其中了。视觉上的这种美感，岂是什么rain也好pluie也好所能满足？翻开一部《辞源》或《辞海》，金木水火土，各成世界，而一入"雨"部，古神州的天颜千变万化，便悉在望中，美丽的霜雪云霞，骇人的雷电霹雹，展露的无非是神的好脾气与坏脾气，气象台百读不厌门外汉百思不解的百科全书。

听听，那冷雨。看看，那冷雨。嗅嗅闻闻，那冷雨。舔舔吧，那冷雨。雨在他的伞上，这城市百万人的伞上雨衣上屋上天线上，雨下在基隆港，在防波堤海峡的船上，清明这季雨。雨是女性，应该最富于感性。雨气空濛而迷幻，细细嗅嗅，清清爽爽新新，有一点点薄荷的香味。浓的时候，竟发出草和树沐发后特有的淡淡土腥气，也许那竟是蚯蚓的蜗牛的腥气吧，毕竟是惊蛰了啊。也许地上的地下的生命，也许古中国层层叠叠的记忆皆蠢蠢而蠕，也许是植物的潜意识和梦境，那腥气。

第三次去美国，在高高的丹佛他山居住了两年。美国的西部，多山多沙漠，千里干旱，天，蓝似安格罗撒克逊人的眼睛，地，红如印第安人的肌肤，云，却是罕见的白鸟，落基山簇簇耀目的雪峰上，很少飘云牵雾。一来高，二来干，三来森林线以上，杉柏也止步，中国诗词里"荡胸生层云"或是"商略黄昏雨"的意趣，是落基山上难睹的景象。落基山岭之胜，在石，在雪。那些奇岩怪石，相叠互倚，砌一场惊心动魄的雕塑展览，给太阳和千里的风看。那雪，白得虚虚幻幻，冷得清清醒醒，那股皑皑不绝一仰难尽的气势，压得人呼吸困难，心寒眸酸。不过要领略"白云回望合，青霭入看无"的境界，仍须来中国。台湾湿度很高，最饶云气氤氲雨意迷离的情调。两度夜宿溪头，树香沁鼻，宵寒袭肘，枕着润碧湿翠苍苍交叠的山影和万籁都歇的俱寂，仙人一样睡去。山中一夜饱雨，次晨醒来，在旭日未升的原始幽静中，冲着隔夜的寒气，踏着满地的断柯折枝和仍在流泻的细股雨水，一径探入森林的秘密，曲曲弯弯，步上山去。溪头的山，树密雾浓，翁郁的水汽从谷底冉冉升起，时稠时稀，蒸腾多姿，幻化无定，只能从雾破云开的空处，窥见乍现即隐的一峰半堑，要纵览全貌，几乎是不可能的。至少上山两次，只能在白茫茫里和溪头诸峰玩捉迷藏的游戏。回到台北，世人问起，除了笑而不答心自闲，故作神秘之外，实际的印象，也无非山在虚无之间罢了。云缭烟绕，山隐水迢的中国风景，由来予人宋画的韵味。那天下也许是赵家的天下，那山水却是米家的山水。而究竟，是米氏父子下笔像中国的山水，还是中国的山水上纸像宋画，恐怕是谁也说不清楚了吧?

雨不但可嗅,可亲,更可以听。听听那冷雨。听雨,只要不是石破天惊的台风暴雨,在听觉上总是一种美感。大陆上的秋天,无论是疏雨滴梧桐,或是骤雨打荷叶,听去总有一点凄凉,凄清,凄楚,于今在岛上回味,则在凄楚之外,再笼上一层凄迷了,饶你多少豪情侠气,怕也经不起三番五次的风吹雨打。一打少年听雨,红烛昏沉。二打中年听雨,客舟中江阔云低。三打白头听雨的僧庐下。这便是亡宋之痛,一颗敏感心灵的一生:楼上,江上,庙里,用冷冷的雨珠子串成。十年前,他曾在一场摧心折骨的鬼雨中迷失了自己。雨,该是一滴湿漓漓的灵魂,窗外在喊谁。

雨打在树上和瓦上,韵律都清脆可听。尤其是铿铿敲在屋瓦上,那古老的音乐,属于中国。王禹偁在黄冈,破如椽的大竹为屋瓦。据说住在竹楼上面,急雨声如瀑布,密雪声比碎玉,而无论鼓琴,咏诗,下棋,投壶,共鸣的效果都特别好。这样岂不像住在竹筒里面,任何细脆的声响,怕都会加倍夸大,反而令人耳朵过敏吧。

雨天的屋瓦,浮漾湿湿的流光,灰而温柔,迎光则微明,背光则幽黯,对于视觉,是一种低沉的安慰。至于雨敲在鳞鳞千瓣的瓦上,由远而近,轻轻重重轻轻,夹着一股股的细流沿瓦槽与屋檐潺潺泻下,各种敲击音与滑音密织成网,谁的千指百指在按摩耳轮。"下雨了",温柔的灰美人来了,她冰冰的纤手在屋顶拂弄着无数的黑键啊灰键,把响午一下子奏成了黄昏。

在古老的大陆上,千屋万户是如此。二十多年前,初来这岛上,日式的瓦屋亦是如此。先是天黯了下来,城市像罩在一块巨幅的毛玻璃里,阴影在户内延长复加深。然后凉凉的水意弥漫在空间,风自每一个角落里旋起,感觉得到,每一个屋顶上呼吸沉重都覆着灰云。雨来了,最轻的敲打乐敲打这城市。苍茫的屋顶,远远近近,一张张敲过去,古老的琴,那细细密密的节奏,单调里自有一种柔婉与亲切,滴滴点点滴滴,似幻似真,若孩时在摇篮里,一曲耳熟的童谣摇摇欲睡,母亲吟哦鼻音与喉音。或是在江南的泽国水乡,一大筐绿油油的桑叶被啃于千百头蚕,细细琐琐屑屑,口器与口器咀咀嚼嚼。雨来了,雨来的时候瓦这么说,一片瓦说,千亿片瓦说,说轻轻地奏吧沉沉地弹,徐徐地叩吧挞挞地打,间间歇歇敲一个雨季,即兴演奏从惊蛰到清明,在零落的坟上冷冷奏挽歌,一片瓦吟千亿片瓦吟。

在旧式的古屋里听雨,听四月,霏霏不绝的黄梅雨,朝夕不断,旬月绵延,湿黏黏的苔藓从石阶下一直侵到舌底,心底。到七月,听台风台雨在古屋顶上一夜盲奏,千层海底的热浪沸沸被狂风挟挟,掀翻整个太平洋只为向他的矮屋檐重重压下,整个海在他的蜗壳上哗哗泻过。不然便是雷雨夜,白烟一般的纱帐里听羯鼓一通又一通,滔天的暴雨滂滂沛沛扑来,强劲的电琵琶忐忐忑忑忐忐忑忑,弹动屋瓦的惊悸腾腾欲掀起。不然便是斜斜的西北雨斜斜刷在窗玻璃上,鞭在墙上打在阔大的芭蕉叶上,一阵寒潮泻过,秋意便弥漫旧式的庭院了。

在旧式的古屋里听雨,春雨绵绵听到秋雨潇潇,从少年听到中年,听听那冷雨。雨是一种单调而耐听的音乐是室内乐是室外乐,户内听听,户外听听,冷冷,那音乐。雨是一种回忆的音乐,听听那冷雨,回忆江南的雨下得满地是江湖下在桥上和船上,也下在四川在秧田和蛙塘,一下肥了嘉陵江下湿布谷咕咕的啼声,雨是潮潮润润的音乐下在渴望的唇上,舔舔那冷雨。

因为雨是最最原始的敲打乐从记忆的彼端敲起。瓦是最最低沉的乐器灰蒙蒙的温柔覆盖着听雨的人,瓦是音乐的雨伞撑起。但不久公寓的时代来临,台北你怎么一下子长高了,瓦的音乐竟成了绝响。千片万片的瓦翩翩,美丽的灰蝴蝶纷纷飞走,飞入历史的记忆。现在雨下下来下在水泥的屋顶和墙上,没有音韵的雨季。树也砍光了,那月桂,那枫树,柳树和擎天的巨椰,雨来的时候不再有丛叶嘈嘈切切,闪动湿湿的绿光迎接。鸟声减了啾啾,蛙声沉了咯咯,秋天的虫吟也减了唧唧。七十年代的台北不需要这些,一个乐队接一个乐队便遣散尽了。要听鸡叫,只有去诗经的韵里找。现在只剩下一张黑白片,黑白的默片。

正如马车的时代去后,三轮车的时代也去了。曾经在雨夜,三轮车的油布篷挂起,送她回家的途中,篷里的世界小得多可爱,而且躲在警察的辖区以外,雨衣的口袋越大越好,盛得下他的一只手里握一只纤纤的手。台湾的雨季这么长,该有人发明一种宽宽的双人雨衣,一人分穿一只袖子,此外的部分就不必分得太苛。而无论工业如何发达,一时似乎还废不了雨伞。只要雨不倾盆,风不横吹,撑一把伞在雨中仍不失古典的韵味。任雨点敲在黑布伞或是透明的塑胶伞上,将骨柄一旋,雨珠向四方喷溅,伞缘便旋成了一圈飞檐。跟女友共一把雨伞,该是一种美丽的合作吧。最好是初恋,有点兴奋,更有点不好意思,若即若离之间,雨不妨下大一点。真正初恋,恐怕是兴奋得不需要伞的,手牵手在雨中狂奔而去,把年轻的长发和肌肤交给漫天的淋淋漓漓,然后向对方的唇上颊上尝凉凉甜甜的雨水。不过那要非常年轻且激情,同时,也只能发生在法国的新潮片里吧。

大多数的雨伞想不会为约会张开。上班下班,上学放学,菜市来回的途中。现实的伞,灰色的星期三。握着雨伞。他听那冷雨打在伞上。索性更冷一些就好了,他想。索性把湿湿的灰雨冻成干干爽爽的白雨,六角形的结晶体在无风的空中回回旋旋地降下来。等须眉和肩头白尽时,伸手一拂就落了。二十五年,没有受故乡白雨的祝福,或许发上下一点白霜是一种变相的自我补偿吧。一位英雄,经得起多少次雨季?他的额头是水成岩削成还是火成岩?他的心底究竟有多厚的苔藓?厦门街的雨巷走了二十年与记忆等长,一座无瓦的公寓在巷底等他,一盏灯在楼上的雨窗子里,等他回去,向晚餐后的沉思冥想去整理青苔深深的记忆。

前尘隔海。古屋不再。听听那冷雨。

注释

[1] 选自《余光中选集(第二卷)》,安徽教育出版社1999年版。

思考与练习

一、从课文中找出有关描写听雨的时间、地点的句子,并分析本文的写作线索。

二、结合余光中的《乡愁》一文,分析这篇散文所表达的思想感情。

知识延展

余光中,当代台湾诗人与散文家,祖籍福建永春,1928年出生于南京,1948年进入厦门大学外文系时开始发表新诗,1949年离开厦门去香港,1950年到达台湾入台大外文系,1959

年获美国爱荷华大学艺术硕士学位。他先后任教于台湾东吴大学、师范大学、台湾大学、政治大学。余光中一生从事诗歌、散文、评论的创作及翻译，并称此为自己写作的"四度空间"。几十年来，作者经历了离别家园的痛苦，浪迹天涯的辛酸，在精神上却始终与祖国血脉相连。他的作品，无论散文、诗歌，都充满浓浓的去国怀乡之感、强烈的思乡思亲之情。代表诗集有《舟子的悲歌》《白玉苦瓜》，散文集有《左手的缪思》等各十余部，另外还有评论集《掌上雨》。

桨声灯影里的秦淮河[1]

朱自清

　　一九二三年八月的一晚，我和平伯同游秦淮河；平伯是初泛，我是重来了。我们雇了一只"七板子"，在夕阳已去，皎月方来的时候，便下了船。于是桨声汩汩，我们开始领略那晃荡着蔷薇色的历史的秦淮河的滋味了。

　　秦淮河里的船，比北京万牲园，颐和园的船好，比西湖的船好，比扬州瘦西湖的船也好。这几处的船不是觉着笨，就是觉着简陋、局促；都不能引起乘客们的情韵，如秦淮河的船一样。秦淮河的船约略可分为两种：一是大船；一是小船，就是所谓"七板子"。大船舱口阔大，可容二三十人。里面陈设着字画和光洁的红木家具，桌上一律嵌着冰凉的大理石面。窗格雕镂颇细，使人起柔腻之感。窗格里映着红色、蓝色的玻璃；玻璃上有精致的花纹，也颇悦人目。"七板子"规模虽不及大船，但那淡蓝色的栏杆，空敞的舱，也足系人情思。而最出色处却在它的舱前。舱前是甲板上的一部。上面有弧形的顶，两边用疏疏的栏杆支着。里面通常放着两张藤的躺椅。躺下，可以谈天，可以望远，可以顾盼两岸的河房。大船上也有这个，但在小船上更觉清隽罢了。舱前的顶下，一律悬着灯彩；灯的多少，明暗，彩苏的精粗，艳晦，是不一的。但好歹总还你一个灯彩。这灯彩实在是最能勾人的东西。夜幕垂垂地下来时，大小船上都点起灯火。从两重玻璃里映出那辐射着的黄黄的散光，反晕出一片朦胧的烟霭；透过这烟霭，在黯黯的水波里，又逗起缕缕的明漪。在这薄霭和微漪里，听着那悠然的间歇的桨声，谁能不被引入他的美梦去呢？只愁梦太多了，这些大小船儿如何载得起呀？我们这时模模糊糊地谈着明末的秦淮河的艳迹，如《桃花扇》及《板桥杂记》里所载的。我们真神往了。我们仿佛亲见那时华灯映水，画舫凌波的光景。于是我们的船便成了历史的重载了。我们终于恍然秦淮河的船所以雅丽过于他处，而又有奇异的吸引力的，实在是许多历史的影像使然了。

　　秦淮河的水是碧阴阴的；看起来厚而不腻，或者是六朝金粉所凝么？我们初上船的时候，天色还未断黑，那漾漾的柔波是这样的恬静，委婉，使我们一面有水阔天空之想，一面又憧憬着纸醉金迷之境了。等到灯火明时，阴阴的变为沉沉了：黯淡的水光，像梦一般；那偶然闪烁着的光芒，就是梦的眼睛了。我们坐在舱前，因了那隆起的顶棚，仿佛总是昂着首向前走着似的；于是飘飘然如御风而行的我们，看着那些自在的湾泊着的船，船里走马灯般的人物，便像是下界一般，迢迢的远了，又像在雾里看花，尽朦朦胧胧的。这时我们已过了利涉桥，望见东关头了。沿路听见断续的歌声：有从沿河的妓楼飘来的，有从河上船里度来的。我们明知那些歌声，只是些因袭的言词，从生涩的歌喉里机械的发出来的；但它们经了夏夜的微风的吹漾和水波的摇拂，袅娜着到我们耳边的时候，已经不单是她们的歌声，而混着微风和河水的密语了。于是我们不得不被牵惹着，震撼着，相与浮沉于这歌声里了。从东关头转湾，不久就到大中桥。大中桥共有三个桥拱，都很阔大，俨然是三座门儿；使我们觉得我们的船和船里的我们，在桥下过去时，真是太无颜色了。桥砖是深褐色，表明它的历史的长久；但都完好无缺，令人太息于古昔工程的坚美。桥上两旁都是木壁的房子，中间应该有街路？这些房子都破旧了，多年烟熏的迹，遮没了当年的美丽。我想象秦淮河的极盛时，在这样宏阔的桥上，特地盖了房子，必然是髹漆得富富丽丽的；晚间必然是灯火通明的。现在却只剩下一片黑沉沉！但是桥上造着房子，毕竟使我们多少可以想见往日的繁华；这也慰情聊胜无了。过了大中桥，便到了灯月交辉，笙歌彻夜的秦淮河；这才是秦淮河的真面目哩。

大中桥外，顿然空阔，和桥内两岸排着密密的人家的大异了。一眼望去，疏疏的林，淡淡的月，衬着蔚蓝的天，颇像荒江野渡光景；那边呢，郁丛丛的，阴森森的，又似乎藏着无边的黑暗：令人几乎不信那是繁华的秦淮河了。但是河中眩晕着的灯光，纵横着的画舫，悠扬着的笛韵，夹着那吱吱的胡琴声，终于使我们认识绿如茵陈酒的秦淮水了。此地天裸露着的多些，故觉夜来的独迟些；从清清的水影里，我们感到的只是薄薄的夜——这正是秦淮河的夜。大中桥外，本来还有一座复成桥，是船夫口中的我们的游踪尽处，或也是秦淮河繁华的尽处了。我的脚曾踏过复成桥的脊，在十三四岁的时候。但是两次游秦淮河，却都不曾见着复成桥的面；明知总在前途的，却常觉得有些虚无缥缈似的。我想，不见倒也好。这时正是盛夏。我们下船后，借着新生的晚凉和河上的微风，暑气已渐渐消散；到了此地，豁然开朗，身子顿然轻了——习习的清风荏苒在面上，手上，衣上，这便又感到了一缕新凉了。南京的日光，大概没有杭州猛烈；西湖的夏夜老是热蓬蓬的，水像沸着一般，秦淮河的水却尽是这样冷冷地绿着。任你人影的憧憧，歌声的扰扰，总像隔着一层薄薄的绿纱面幂似的；它尽是这样静静的，冷冷的绿着。我们出了大中桥，走不上半里路，船夫便将船划到一旁，停了桨由它宕着。他以为那里正是繁华的极点，再过去就是荒凉了；所以让我们多多赏鉴一会儿。他自己却静静的蹲着。他是看惯这光景的了，大约只是一个无可无不可。这无可无不可，无论是升的沉的，总之，都比我们高了。

那时河里闹热极了；船大半泊着，小半在水上穿梭似的来往。停泊着的都在近市的那一边，我们的船自然也夹在其中。因为这边略略的挤，便觉得那边十分的疏了。在每一只船从那边过去时，我们能画出它的轻轻的影和曲曲的波，在我们的心上；这显着是空，且显着是静。那时处处都是歌声和凄厉的胡琴声，圆润的喉咙，确乎是很少的。但那生涩的，尖脆的调子能使人有少年的，粗率不拘的感觉，也正可快我们的意。况且多少隔开些儿听着，因为想象与渴慕的作美，总觉更有滋味；而竞发的喧嚣，抑扬的不齐，远近的杂沓，和乐器的嘈嘈切切，合成另一意味的谐音，也使我们无所适从，如随着大风而走。这实在因为我们的心枯涩久了，变为脆弱；故偶然润泽一下，便疯狂似的不能自主。但秦淮河确也腻人。即如船里的人面，无论是和我们一堆儿泊着的，无论是从我们眼前过去的，总是模模糊糊的，甚至渺渺茫茫的；任你张圆了眼睛，揩净了眦垢，也是枉然。这真够人想呢。在我们停泊的地方，灯光原是纷然的；不过这些灯光都是黄而有晕的。黄已经不能明了，再加上了晕，便更不成了。灯愈多，晕就愈甚；在繁星般的黄的交错里，秦淮河仿佛笼上了一团光雾。光芒与雾气腾腾的晕着，什么都只剩了轮廓；所以人面的详细的曲线，便消失于我们的眼底了。但灯光究竟夺不了那边的月色；灯光是浑的，月色是清的，在混沌的灯光里，渗入了一派清辉，却真是奇迹！那晚月儿已瘦削了两三分。她晚妆才罢，盈盈地上了柳梢头。天是蓝得可爱，仿佛一汪水似的；月儿便更出落得精神了。岸上原有三株两株的垂杨树，淡淡的影子，在水里摇曳着。它们那柔细的枝条浴着月光，就像一支支美人的臂膊，交互的缠着，挽着；又像是月儿披着的发。而月儿偶然也从它们的交叉处偷偷窥看我们，大有小姑娘怕羞的样子。岸上另有几株不知名的老树，光光的立着；在月光里照起来，却又俨然是精神矍铄的老人。远处——快到天际线了，才有一两片白云，亮得现出异彩，像美丽的贝壳一般。白云下便是黑黑的一带轮廓；是一条随意画的不规则的曲线。这一段光景，和河中的风味大异了。但灯与月竟能并存着，交融着，使月成了缠绵的月，灯射着渺渺的灵辉；这正是天之所以厚秦淮河，也正是天之所以厚我们了。

　　这时却遇着了难解的纠纷。秦淮河上原有一种歌妓，是以歌为业的。从前都在茶舫上，唱些大曲之类。每日午后一时起；什么时候止，却忘记了。晚上照样也有一回，也在黄晕的灯光里。我从前过南京时，曾随着朋友去听过两次。因为茶舫里的人脸太多了，觉得不大适意，终于听不出所以然。前年听说歌妓被取缔了，不知怎的，颇涉想了几次——却想不出什么。这次到南京，先到茶舫上去看看，觉得颇是寂寥，令我无端的怅怅了。不料她们却仍在秦淮河里挣扎着，不料她们竟会纠缠到我们，我于是很张皇了。她们也乘着"七板子"，她们总是坐在舱前的。舱前点着石油汽灯，光亮炫人眼目：坐在下面的，自然是纤毫毕见了——引诱客人们的力量，也便在此了。舱里躲着乐工等人，映着汽灯的余晖蠕动着；他们是永远不被注意的。每船的歌妓大约都是二人；天色一黑，她们的船就在大中桥外往来不息的兜生意。无论行着的船，泊着的船，都要来兜揽的。这都是我后来推想出来的。那晚不知怎样，忽然轮着我们的船了。我们的船好好的停着，一只歌舫划向我们来的；渐渐和我们的船并着了。铄铄的灯光逼得我们皱起了眉头；我们的风尘色全给它托出来了，这使我跼蹐不安了。那时一个伙计跨过船来，拿着摊开的歌折，就近塞向我的手里，说，"点几出吧"！他跨过来的时候，我们船上似乎有许多眼光跟着。同时相近的别的船上也似乎有许多眼睛炯炯地向我们船上看着。我真窘了！我也装出大方的样子，向歌妓们瞥了一眼，但究竟是不成的！我勉强将那歌折翻了一翻，却不曾看清了几个字；便赶紧递还那伙计，一面不好意思地说，"不要，我们……不要。"他便塞给平伯。平伯掉转头去，摇手说，"不要！"那人还腻着不走。平伯又回过脸来，摇着头道，"不要！"于是那人重到我处。我窘着再拒绝了他。他这才有所不屑似的走了。我的心立刻放下，如释了重负一般。我们就开始自白了。

　　我说我受了道德律的压迫，拒绝了她们；心里似乎很抱歉的。这所谓抱歉，一面对于她们，一面对于我自己，她们于我们虽然没有很奢的希望；但总有些希望的。我们拒绝了她们，无论理由如何充足，却使她们的希望受了伤；这总有几分不作美了。这是我觉得很怅惘的。至于我自己，更有一种不足之感。我这时被四面的歌声诱惑了，降服了；但是远远的，远远的歌声总仿佛隔着重衣搔痒似的，越搔越搔不着痒处。我于是憧憬着贴耳的妙音了。在歌舫划来时，我的憧憬，变为盼望；我固执地盼望着，有如饥渴。虽然从浅薄的经验里，也能够推知，那贴耳的歌声，将剥去了一切的美妙；但一个平常的人像我的，谁愿凭了理性之力去丑化未来呢？我宁愿自己骗着了。不过我的社会感性是很敏锐的；我的思力能拆穿道德律的西洋镜，而我的感情却终于被它压服着，我于是有所顾忌了，尤其是在众目昭彰的时候。道德律的力，本来是民众赋予的；在民众的面前，自然更显出它的威严了。我这时一面盼望，一面却感到了两重的禁制：其一，在通俗的意义上，接近妓者总算一种不正当的行为；其二，妓是一种不健全的职业，我们对于她们，应有哀矜勿喜之心，不应赏玩地去听她们的歌。在众目睽睽之下，这两种思想在我心里最为旺盛。她们暂时压倒了我的听歌的盼望，这便成就了我的灰色的拒绝。那时的心实在异常状态中，觉得颇是昏乱。歌舫去了，暂时宁静之后，我的思绪又如潮涌。两个相反的意思在我心头往复：卖歌和卖淫不同，听歌和狎妓不同，又干道德甚事？——但是，但是，她们既被逼的以歌为业，她们的歌必无艺术味的；况她们的身世，我们究竟该同情的。所以拒绝倒也是正办。但这些意思终于不曾撇开我的听歌的盼望。它力量异常坚强；它总想将别的思绪踏在脚下。从这重重的争斗里，我感到了浓厚的不足之感。这不足之感使我的心盘旋不安，起坐都不安宁了。唉！我承认我是一个自私的人！平伯呢，却与我不同。他引周启明先生的诗，"因为我有妻子，所以我爱一切的女人，因为我有子女，所以我爱一切的孩子。"

他的意思可以见了。他因为推及的同情，爱着那些歌妓，并且尊重着她们，所以拒绝了她们。在这种情形下，他自然以为听歌是对于她们的一种侮辱。但他也是想听歌的，虽然不和我一样，所以在他的心中，当然也有一番小小的争斗；争斗的结果，是同情胜了。至于道德律，在他是没有什么的；因为他很有蔑视一切的倾向，民众的力量在他是不大觉着的。这时他的心意的活动比较简单，又比较松弱，故事后还怡然自若；我却不能了。这里平伯又比我高了。

在我们谈话中间，又来了两只歌舫。伙计照前一样的请我们点戏，我们照前一样地拒绝了。我受了三次窘，心里的不安更甚了。清艳的夜景也为之减色。船夫大约因为要赶第二趟生意，催着我们回去；我们无可无不可地答应了。我们渐渐和那些晕黄的灯光远了，只有些月色冷清清的随着我们的归舟。我们的船竟没个伴儿，秦淮河的夜正长哩！到大中桥近处，才遇着一只来船。这是一只载妓的板船，黑漆漆的没有一点光。船头上坐着一个妓女；暗里看出，白地小花的衫子，黑的下衣。她手里拉着胡琴，口里唱着青衫的调子。她唱得响亮而圆转；当她的船箭一般驶过去时，余音还袅袅地在我们耳际，使我们倾听而向往。想不到在弩末的游踪里，还能领略到这样的清歌！这时船过大中桥了，森森的水影，如黑暗张着巨口，要将我们的船吞了下去，我们回顾那渺渺的黄光，不胜依恋之情；我们感到了寂寞了！这一段地方夜色甚浓，又有两头的灯火招邀着；桥外的灯火不用说了，过了桥另有东关头疏疏的灯火。我们忽然仰头看见依人的素月，不觉深悔归来之早了！走过东关头，有一两只大船湾泊着，又有几只船向我们来着。嚣嚣的一阵歌声人语，仿佛笑我们无伴的孤舟哩。东关头转湾，河上的夜色更浓了；临水的妓楼上，时时从帘缝里射出一线一线的灯光；仿佛黑暗从酣睡里眨了一眨眼。我们默然地对着，静听那汩——汩的桨声，几乎要入睡了；朦胧里却温寻着适才的繁华的余味。我那不安的心在静里愈显活跃了！这时我们都有了不足之感，而我的更其浓厚。我们却只不愿回去，于是只能由懊悔而怅惘了。船里便满载着怅惘了。直到利涉桥下，微微嘈杂的人声，才使我豁然一惊；那光景却又不同。，右岸的河房里，都大开了窗户，里面亮着晃晃的电灯，电灯的光射到水上，蜿蜒曲折，闪闪不息，正如跳舞着的仙女的臂膊。我们的船已在她的臂膊里了；如睡在摇篮里一样，倦了的我们便又入梦了。那电灯下的人物，只觉像蚂蚁一般，更不去萦念。这是最后的梦；可惜是最短的梦！黑暗重复落在我们面前，我们看见傍岸的空船上一星两星的，枯燥无力又摇摇不定的灯光。我们的梦醒了，我们知道就要上岸了；我们心里充满了幻灭的情思。

 注释

[1] 选自《中国现代文学作品选》，华东师范大学出版社1999年版。

 思考与练习

一、结合课文分析朱自清写景散文的语言特点。

二、将本文与作者写于1927年秋的《荷塘月色》进行比较，看看二者表达思想感情的方法是否一致、表达的思想感情有哪些相同之处。

知识延展

朱自清（1898—1948），原名自华，字佩弦，号秋实，后改名自清，现代著名散文作家。原籍浙江绍兴，生于江苏东海，后随祖父、父亲定居扬州。他是"五四"爱国运动的参加者，受"五四"浪潮的影响走上文学道路。1922年和俞平伯等人创办《诗》月刊，是新诗诞生时期最早的诗刊。他是早期文学研究会会员。1923年发表长诗《毁灭》，与此同时还写了《桨声灯影里的秦淮河》等优美散文。1925年8月到清华大学任教，开始研究中国古典文学，这一时期的创作以散文为主。代表作品《背影》《荷塘月色》都是脍炙人口的名篇。1931年留学美国，漫游欧洲，回国后写成《欧游杂记》。1932年9月任清华大学中文系主任。1937年抗日战争爆发，随校南迁至昆明，任西南联大教授，讲授《宋诗》《文辞研究》等课程。这一时期曾写过散文《语义影》。1946年由昆明返回北京，任清华大学中文系主任，1948年患病辞世。

泰山日出[1]

徐志摩

振铎[1]来信要我在《小说月报》的拉宾德拉纳特·泰戈尔号上说几句话。我也曾答应了，但这一时游济南游泰山游孔陵，太乐了，一时竟拉不拢心思来做整篇的文字，一直挨到现在期限快到，只得勉强坐下来，把我想得到的话不整齐地写出。

我们在泰山顶上看出太阳。在航过海的人，看太阳从地平线下爬上来，本不是奇事；而且我个人是曾饱饫过江海与印度洋无比的日彩的。但在高山顶上看日出，尤其在泰山顶上，我们无餍的好奇心，当然盼望一种特异的境界，与平原或海上不同的。果然，我们初起时，天还暗沉沉的，西方是一片的铁青，东方些微有些白意，宇宙只是——如用旧词形容——一体莽莽苍苍的。但这是我一面感觉劲烈的晓寒，一面睡眼不曾十分醒豁时约略的印象。等到留心回览时，我不由得大声地狂叫——因为眼前只是一个见所未见的境界。原来昨夜整夜暴风的工程，却砌成一座普遍的云海。除了日观峰与我们所在的玉皇顶以外，东西南北只是平铺着弥漫的云气，在朝旭未露前，宛似无量数厚毳长绒的绵羊，交颈接背地眠着，卷耳与弯角都依稀辨认得出。那时候在这茫茫的云海中，我独自站在雾霭溟蒙的小岛上，发生了奇异的幻想——

我躯体无限的长大，脚下的山峦比例我的身量，只是一块拳石；这巨人披着散发，长发在风里像一面墨色的大旗，飒飒地在飘荡。这巨人竖立在大地的顶尖上，仰面向着东方，平拓着一双长臂，在盼望，在迎接，在催促，在默默地叫唤：在崇拜，在祈祷，在流泪——在流久慕未见而将见悲喜交互的热泪……

这泪不是空流的，这默祷不是不生显应的。

巨人的手，指向着东方——

东方有的，在展露的，是什么？

东方有的是瑰丽荣华的色彩，东方有的是伟大普照的光明出现了，到了，在这里了……

玫瑰汁、葡萄浆、紫荆液、玛瑙精、霜枫叶——大量的染工，在层累的云底工作；无数蜿蜒的鱼龙，爬进了苍白色的云堆。

一方的异彩，揭去了满天的睡意，唤醒了四隅的明霞——

光明的神驹，在热奋地驰骋……

云海也活了；眠熟了兽形的涛澜，又回复了伟大的呼啸，昂头摇尾地向着我们朝露染青馒形的小岛冲洗，激起了四岸的水沫浪花，震荡着这生命的浮礁，似在报告光明与欢欣之临莅……

再看东方——海句力士已经扫荡了他的阻碍，雀屏似的金霞，从无垠的肩上产生，展开在大地的边沿。起……起……用力,用力。纯焰的圆颅,一探再探地跃出了地平,翻登了云背,临照在天空……

歌唱呀,赞美呀,这是东方之复活,这是光明的胜利……

散发祷祝的巨人,他的身彩横亘在无边的云海上,已经渐渐地消翳在普遍的欢欣里;

现在他雄浑的颂美的歌声,也已在霞采变幻中,普彻了四方八隅……

听呀,这普彻的欢声;看呀,这普照的光明!

这是我此时回忆泰山日出时的幻想,亦是我想望拉宾德拉纳特·泰戈尔来华的颂词。

 注释

[1] 原刊于1923年9月《小说月报》第十四卷第九号。振铎,即郑振铎(1898—1958),作家、编辑、文学活动家。他是文学研究会发起人之一,当时正主编《小说月报》。

 思考与练习

一、思考作者幻想中的巨人象征着什么。

二、巨人"在盼望,在迎接,在催促,在默默地叫唤"表达了什么意思?

 知识延展

徐志摩(1897—1931),现代诗人、散文家。名章塘,笔名南湖、云中鹤等,浙江海宁人。1915年毕业于杭州一中,先后就读于上海沪江大学、天津北洋大学和北京大学。1918年赴美国学习银行学。1921年赴英国留学,入伦敦剑桥大学当特别生,研究政治经济学。在剑桥两年深受西方教育的熏陶及欧美浪漫主义和唯美派诗人的影响。1921年开始创作新诗。诗集《志摩的诗》《翡冷翠的一夜》《猛虎集》《云游》,散文集《落叶》《巴黎的鳞爪》《自剖》《秋》,小说散文集《轮盘》,戏剧《卞昆冈》(与陆小曼合写),日记《爱眉小札》《志摩日记》,译著《曼殊斐尔小说集》等。他的作品已编为《徐志摩文集》出版。徐诗字句清新,韵律和谐,比喻新奇,想象丰富,意境优美,神思飘逸,富于变化,并追求艺术形式的整饬、华美,具有鲜明的艺术个性,为新月派的代表诗人。他的散文也自成一格,取得了不亚于诗歌的成就,其中《自剖》《想飞》《我所知道的康桥》《翡冷翠山居闲话》等都是传世的名篇。

第三章　外国散文名篇鉴赏

论悲伤[1]

[法]蒙田

我属于最不会悲伤的人了，尽管大家众口一词，都对这种感情格外青睐，我却既不喜欢也不推崇。人们常说这背后隐藏的是智慧、美德与良心——愚蠢恶劣的外衣。意大利人更恰当，对于恶意才用这个名词。因为这总是一种友善的、疯狂的，也总是怯懦卑鄙的品质，斯多葛人不让他们的贤哲表现出这种感情。

传说埃及国王普萨梅尼图斯被波斯国王冈比西击败俘虏以后，看到女儿成了囚犯，穿了奴婢的衣服，被人使唤去打水，走过面前，周围的朋友都流泪哀号，他自己默不作声，眼睛盯着地面。不一会儿又看到儿子被人拉走处死，他依然保持原来的姿势，但是窥见自己的一名男仆夹在俘虏队伍中，他捶打脑袋，痛苦异常。

我们的亲王最近遇到的事，与此相比，可以说大同小异。他在特朗特听到长兄的死讯，长兄是他全家的顶梁柱和荣光；不久又听到第一个兄弟的死讯，这个兄弟是家里的第二个寄托。他经受这两次打击都神色不变，才几天后又获悉一个手下人也死去了，这最后的一场打击摧垮了他的意志，使他难以自持，陷入极度悲痛与悔恨，有人据此说只是最后一次打击才触动了他。事实是他已经达到悲愤的极点，任何微小的刺激都会冲破他坚忍的防线。

我说也可以用同样的道理去解释我们的历史。这次说的是冈比西，他问普萨梅尼图斯，为什么对自己子女的痛苦表现淡漠，而对朋友的痛苦那么难以释怀，他回答说："对朋友的痛苦可以用眼泪纾解，对子女的痛苦是任何方式都不能表达我的感情的。"

说到这里，也可以以古代那位画家的作品为例。他创作伊菲革涅亚献祭一画，画面上的人，按照他们对那位美丽少女死亡的关心程度，表示出不同的哀悼。画家已用尽种种艺术技巧——画少女的父亲时，让其用手遮脸，仿佛什么样的姿态也无法表达他的悲痛、伤心。这就解释了诗人们为什么只能编造，说那位不幸的母亲尼俄柏首先失去七个儿子，然后又是七个女儿，伤心过度，最后变成了岩石。

> 她痛苦得成了石头。
>
> ——奥维德[2]

当意外事件已经超过我们的承受能力，让我们感到沉痛、麻木、心如死灰，只能用这句话来表达。

是的，痛苦到了极点，必然会搅动我们整个心灵，夺去它的一切活力，就像我们刚听到一个非常不幸的消息会魂飞魄散，瞠目结舌，动弹不得，只有痛哭流涕、大声呼喊以后，才会回过神来，静心敛气好好思考。

> 痛苦终于哭出了声音。
>
> ——维吉尔[3]

斐迪南一世国王在布达附近讨伐匈牙利已故国王约翰的遗孀时，德国统帅雷斯西亚克看到运来一具骑兵的尸体，由于大家曾见过他在战斗中异常英勇，也就跟着众人一起哀悼。但是他和其他人一样好奇，脱去死者的甲胄以后，发现这是他的儿子。在大家的哀号声中，只有他站着不出一声，不掉一滴眼泪，双目直视，愣愣地盯着尸体看，直至悲痛使他热血凝固，直挺挺倒在地上死去。

> 可以描述的火都不是猛烈的火。
>
> ——彼特拉克[4]

情人要表达一种不可忍受的热情时，是这样说的：

> 可怜啊！我的感官失去了功能。
>
> 见到你，累斯比，
>
> 语言与灵魂，
>
> 消逝无踪。
>
> 一团火苗烧遍四肢，
>
> 嗡嗡之声冲击耳膜，
>
> 眼睑盖上了
>
> 沉重的夜幕。
>
> ——卡图鲁斯[5]

这里岂不是在说感情处于最激烈动荡时，我们不善于唉声叹气，诉说衷肠。精神上疑虑重重，肉体也因相思而慵懒无力。

有时会出现意料不到的机能不足，不合时宜地袭击着有情人，由于极端热情，就在享受怀抱的时刻，突然如同跌入了冰水之中。一切让人体验与回味的热情，都只是平凡的热情。

> 小悲易表情，大悲无声音。
>
> ——塞涅卡[6]

不期而至的好事同样使我们吃惊：

> 一见到特洛伊军队簇拥着我过来，
>
> 她摸不着头脑，神思恍惚，
>
> 脸色苍白，目光怔怔地昏倒在地，
>
> 隔了好久才说出一句话。
>
> ——维吉尔

除了这位罗马妇女，意外地看到儿子从卡尼溃败中归来，惊喜而死以外，还有索福克勒斯和暴君狄奥尼修斯，他们也是乐极生悲，塔尔瓦听到罗马元老院要给他授勋时即刻死于科西嘉；我们这个世纪的利奥十世教皇，渴望攻下米兰，听到米兰城破之时，欣喜若狂，突发高烧，为此一命呜呼。人类的愚蠢还有一个更好的例证：据记载，辩证学大家狄奥多洛斯，由于在经院无法当众解答人家向他提出的论题，羞愧到了极点，竟猝死现场。

我很少陷入这类强烈的情感。天性鲁钝，天天用道理开导自己，也就变得更加木讷了。

 注释

[1]选自《蒙田随笔全集（第一卷）》，上海书店出版社2011年版。

[2]奥维德：古罗马诗人。公元1年发表《爱的艺术》，描写恋爱技巧，与奥古斯都推行的道德改革政策发生冲突。公元8年被流放到托弥，10年后忧郁而死。他是古罗马最具影响力的诗人之一。

[3]维吉尔（公元前70—公元前19年）：古罗马伟大的史诗诗人。幼年受良好教育，后因体弱多病，专心写作。田园抒情诗《牧歌》是他早期的重要作品；第二部重要作品是他在公元前29年发表的《农事诗》4卷；晚年著有史诗《埃涅阿斯纪》12卷，语言严谨，画面动人，情节严肃、哀婉，富有戏剧性，为后世著作之楷模。

[4]彼特拉克（Francesco Petrarca, 1304—1374）：意大利学者、诗人，文艺复兴时期第一个人文主义者，被誉为"文艺复兴之父"。他以十四行诗著称于世，为欧洲抒情诗的发展开辟了道路，后人尊他为"诗圣"。他与但丁、薄伽丘齐名，被称为文学史上"三颗巨星"。

[5]卡图鲁斯（公元前84—54 年）：出生于富裕的骑士家庭，有116首抒情诗流传下来，包括时评诗、爱情诗、赠友诗、悼亡诗以及各种内容的幽默小诗。

[6]塞涅卡（Lucius Annaeus Seneca, 约公元前4年—65年）：古罗马政治家，斯多葛派哲学家，悲剧作家，雄辩家。提比略时期进入官场，曾任帝国会计官和元老院元老，后任司法事务的执政官和尼禄皇帝的家庭教师与顾问。一生中，在古罗马帝国时代的克劳狄王朝的三位元首统治时期多次与死神擦肩而过。公元65年，其侄子——诗人卢坎刺杀尼禄未果，多疑的尼禄逼迫他承认参与刺杀，被赐以自尽。

 思考与练习

一、通过此文，探讨议论性散文的写作特色。

二、分析作者在此文中运用了什么方法来阐述自己的观点？

三、结合生活实际，说说本文的观点在我们的现实生活中有什么作用？

知识延展

蒙田(1533—1592),法国文艺复兴后期、16世纪人文主义思想家。主要作品有《蒙田随笔全集》《蒙田意大利之旅》《随笔集》《蒙田随笔》《蒙田随笔集》等。在16世纪的作家中,很少有人像蒙田这样受到现代人的崇敬和接受。他是启蒙运动以前法国的一位批评家,是一位人类感情的冷峻的观察家,也是对各民族文化特别是西方文化进行冷静研究的学者。

《蒙田随笔集》一书卷帙浩繁,用古法文写成,又引用了希腊、意大利等国的语言,以及大量拉丁语。日常生活、传统习俗、人生哲理等无所不谈,特别是旁征博引了许多古希腊罗马作家的论述。作者还在书中对自己做了大量的描写与剖析,使人读起来有娓娓而谈的亲切感,增加了作品的文学趣味。它是对16世纪各种思潮和知识经过分析的汇总,在法国散文史上占有重要地位,开创了随笔式作品的先河。

 教资考试拓展训练

一、精选真题(2019年上半年)

1.古人苏秦受辱而悬梁刺股,终成学业,恰好印证了"不愤启,不悱不发"的名言,这说明人的情绪的两极( )。

A.是对立而不可调和的 B.是具有社会性的

C.因一定条件而相互转化 D.是可以寻找到一个平衡点的

2.下列选项中,属于再造想象的是( )。

A.鲁迅先生创作的"阿Q"形象

B.各种神话、童话中的形象

C.建筑工人根据建筑蓝图想象出的建筑物的形象

D.人们看见天上的浮云,想象出的各种动物的形象

3.以下情景中会产生激情状态的是( )。

A.张生他乡遇故知,范进金榜题名时 B.日暮乡关何处是,烟波江上使人愁

C.别人笑我太疯癫,我笑他人看不穿 D.抽刀断水水更流,举杯浇愁愁更愁

4.孔子是教育平等的首倡者,相关论述为( )。

A.因材施教 B.有教无类

C.性相近,习相远 D.天下为公

5.我国东汉时期,杨震在担任荆州刺史时,县令王密夜晚送去黄金,杨震坚决拒绝。王密说:"现在是夜里,没人知道。"杨震正色:"天知,地知,你知,我知。怎么没人知道。"这个故事给广大教师的启示有( )。(多选题)

A.要加强自身修养 B.要提高自律能力

C.要严格要求自己 D.要努力做到慎独

二、《综合素质》之"作者作品"知识点整理

1.唐宋八大家：韩愈、柳宗元、欧阳修、苏洵、苏轼、苏辙、王安石、曾巩。

2.并称"韩柳"的是韩愈和柳宗元，他们是唐朝古文运动的倡导者。

3.一门父子三词客：苏洵（老苏）、苏轼（大苏）、苏辙（小苏）。

4.豪放派词人：苏轼、辛弃疾，并称"苏辛"。婉约派词人：李清照（女词人）。

5.李杜：李白、杜甫。小李杜：李商隐、杜牧。

6.屈原：我国最早的伟大诗人，他创造了"楚辞"这一新诗体，是我国浪漫主义诗歌的开创者和奠基人。

7.杜甫是唐代伟大的现实主义诗人，其诗广泛深刻地反映社会现实，被称为"诗史"，杜甫也因此被尊为"诗圣"，写下了著名的"三吏"：《潼关吏》、《石壕吏》、《新安吏》；"三别"：《新婚别》、《垂老别》、《无家别》。

8.南宋四大家：陆游、杨万里、范成大、尤袤

9.边塞诗人：高适、岑参、王昌龄

10.我国第一位田园诗人是东晋的陶渊明（陶潜），他"不为五斗米折腰"。

11.马致远的散曲代表作是《天净沙·秋思》，该作品被誉为"秋思之祖"。

12.元曲四大家：关汉卿、郑光祖、白朴、马致远。

13.曹雪芹"披阅十载，增删五次"创作了我国古典小说中最伟大的现实主义作品《红楼梦》（又称为《石头记》），它问世后就广为流传，深受人们喜爱，还出现了专门研究该书的一门学问——"红学"，"红学"现已成为世界文学研究中的重要课题。

14.《聊斋志异》是我国第一部优秀文言短篇小说集，作者是清代著名小说家蒲松龄。"聊斋"是他的书屋名，"志"是记述的意思，"异"指奇怪的传闻。

15.鲁迅是中国现代文学的奠基人，陈毅被称为"元帅诗人"。

三、精选范文

阅读下面材料，根据要求写作文。

东邻人家的岳母死了，殡葬的时候需要一篇祭文，这家人就托私塾的老师帮忙写一篇。塾师便从古本里规规矩矩地抄了一篇，没想到误抄了悼岳丈的祭文。葬礼正在进行的时候，识字的人发现这篇祭文完全弄错了。这一家人跑回私塾去责问老师。塾师解释说："古本上的祭文是刊定的，无论如何不会错，只怕是你家死错了人。"

要求：请用规范的现代汉语进行写作，不要脱离材料的内容或含义。题目自拟，立意自定，观点明确，分析具体，条理清晰，语言流畅，不少于800字。

【传统文化版块】传统节日及风俗

　　传统节日的形成过程，是一个民族或国家的历史文化长期积淀凝聚的过程。源于并体现了原始崇拜、迷信禁忌，神话传奇为节日增添了几分浪漫色彩；节日里还有宗教的冲击与影响；一些历史人物被赋予永恒的纪念渗入节日，使中国的传统节日有了深沉的历史感，成为宝贵的精神文化遗产。

一、春节

　　元旦到元宵佳节都属于春节范围。春节是中华民族最盛大的传统节日，是一年中最隆重的节日。正月初一，农历新年第一天，古代亦称"元旦""元日""元辰""元朔""端日"。辛亥革命后，公元历法在我国得到确定，就将公历一月一日定为元旦，亦将农历正月初一定为春节。

　　"年"的最初概念，是与作物生长的周期性和人类生产的劳动的周期性相关联的。历史上，古人常在这一天举行朝贺，进行各种娱乐活动，迎神祭祖，占卜气侯，祈求丰收。春节是我国最盛大、最热闹的一个古老传统节日，俗称"过年"。按照我国农历，正月初一是"岁之元，月之元，时之元"，是一年的开始。传统的庆祝活动则从除夕一直持续到正月十五元宵节。每到除夕，家家户户阖家欢聚，一起吃年夜饭，称"团年"。然后一起守岁，叙旧话新，互相祝贺鼓励。当新年来临时，爆竹烟花将节日的喜庆气氛推向高潮。我国北方地区在此时有吃饺子的习俗，取"更岁交子"之意。而南方有吃年糕的习惯，象征生活步步高。守岁达旦，喜贴春联，敲锣打鼓，张灯结彩，送旧迎新的活动热闹非凡。另外，各地还有互相登门拜年、舞狮子、耍龙灯、演社火、逛花市、赏灯会等习俗。

二、元宵节

　　中国人民的传统节日元宵节为农历正月十五，又称元夕、元夜，也叫上元节。上元本是道教的名称和节日，为道教三官（天官、地官、水官）中上元天官的出生日。传说天官主管赐福。后天官与表官禄的员外郎和表长寿的南极仙翁合称"福禄寿"。

　　元宵节起源很古，相传始于西汉，盛于唐、宋。中国元宵节的传统风俗有扎花灯、猜灯迷、耍花灯、食汤圆、踩高跷、跑旱船、耍狮子、舞龙灯、扭秧歌、打腰鼓等，突出元宵节"闹"的特点。

　　元宵又称为"汤圆""汤团"，寓意阖家团圆、吉祥如意，给亲戚朋友送元宵，以祝福新一年幸福安康、百事圆满。

　　张灯、放烟花是元宵节最主要的节俗活动。放烟花表达避凶趋吉的心愿，增添喜庆的气氛。

三、寒食·清明节

清明节的前一天称为寒食节。两节恰逢阳春三月，春光明媚，桃红柳绿。寒食节的设立是为了纪念春秋时代晋朝"士甘焚死不公侯"的介子推。清明节、寒食节期间，民间有禁火寒食、祭祖扫墓、踏青郊游等习俗。

寒食节与清明节相差一二日，但两者属不同系列。寒食为古代政制遗俗，清明为古代历法中二十四节气之一，公历四月四日至六日之间，又叫"踏青节"，始于周代，已有2500年历史。祭扫坟墓的习俗始于秦代以前，唐代开始，寒食节渐淡，清明扫墓渐兴。宋代规定从寒食到清明祭扫坟墓三天，明清扫墓活动得以延续至今。

清明扫墓是中国人慎终追远的活动，人们来到祖先的墓前打扫一番，以表他们尊敬之意。 清明节时，人们主要的活动是祭祀自己的祖先，祭拜历史上为人民立过功的先烈，追思他们的业绩；除此之外，还增加了到郊外踏青、郊游和野餐的内容，有了些游乐的成分。

四、端午节

农历五月初五，是我国传统节日——端午节，又称重五节、端阳节。端有初的意思，因此初五为端午。

端午节的起源有多种说法，一说是为了纪念春秋时期楚国人伍子胥；二说使祭祀龙的节日；三是为了纪念爱国诗人屈原，这是流传最广的说法。战国时代著名爱国诗人屈原，忠心救国却被奸臣污陷，于公元前278年农历五月初五投汨罗江含恨而死。人们为了纪念屈原，将这一天定为端午节。

民间端午节还有赛龙舟、吃粽子、挂艾枝、挂蒲剑、饮雄黄水、挂荷包等风俗。古人把五月看作变月，有许多禁忌。我国有的地区有挂艾叶、菖蒲的习俗；家人团聚时，要喝雄黄酒或把雄黄水涂在小孩额头和面颊上，以避毒虫和蚊蝇叮咬，驱散瘟疫毒气。

五、七夕节

农历七月初七，是中国的传统节日——七夕节，又称为"乞巧节"或"少女节"。传说农历七月初七是牛郎织女一年一度相会的时刻，也是妇女们向织女乞求高超灵巧的纺织技艺的时机。每当七夕，民间有祭拜织女的习俗，汉代有搭建彩楼的习惯，称为"彩楼""乞巧楼"或"穿针楼"。

七夕节活动丰富多彩，主要有浮针度巧和穿针乞巧。后少男加入，七夕节成为男女同乞，男乞文，女乞巧。

六、中秋节

农历八月十五是中国传统节日——中秋节。正值秋季的八月中旬，故名"中秋"。"十二度圆皆好看，其中圆极是中秋。"月圆象征团圆。因此，中秋节又称为"团圆节"。史书记载，周朝，古代帝王有春分祭日，夏至祭地，秋分祭月，冬至祭天的习俗。汉代开始赏月。自唐朝，人民开始每逢八月十五欢度中秋。宋代流入民间，成为群众性的传统节日。

中秋吃月饼（祭奉月神的供品之一）、祭月和赏月、家人喜团圆已成为主习俗。此外，各地还有赏桂、舞草龙、堆宝塔等有趣的习俗。

七、重阳节

每年九月初九日是重阳节。《易经》称阳爻为九，所以九是阳数，九九相重，古人以次日为吉日，故称"重阳"，又称"重九节"。

重阳节有登高、食糕、饮酒、赏菊、插茱萸等习俗。应节食品有重阳糕，以高粱、黏米所制。吃重阳糕、饮菊花酒，象征步步登高，百事皆高。为辟邪，还有插茱萸、佩茱萸囊的习惯，又称为"茱萸节"。20世纪80年代开始，重阳节又称为"敬老节"。

八、冬至

冬至是一年廿四个节气中，最重要的一个节气。冬至白天的时间最短，日影最长，所以冬至又称至日、长至、长日。古俗以鞋袜献给尊长庆贺冬至，表示足履最长之日影祝祷长寿。至今我国台湾还保存着冬至用九层糕祭祖的传统，以示不忘根本，祝福阖家团圆。北方地区冬至有宰羊、吃饺子的习俗，南方的传统食品有冬至米团、冬至长线面等。

九、腊八节

农历十二月初八是中国民间传统的"腊八节"，也是佛教的节日，又称"佛成道节"。

古书记载，在我国远古时代，十二月腊祭先祖百神，因此，十二月又称为腊月。腊祭，是年终岁末猎取禽兽，以祭祀祖先，祈福求寿，避灾迎祥。用各种丰收的果实，供奉帮助他们庄稼苗壮成长、五谷丰登的神祇，答谢自然界一年的风调雨顺。腊八节由汉代确定，宋代盛行。

我国人民有吃腊八粥的习俗。腊八粥传自印度佛教。最早的腊八粥只是在米粥中加入红小豆，后来演变得极为复杂考究，主料有白米、黄米、江米、小米、菱角米等数十种，添加核桃、杏仁、瓜子、花生、松仁、葡萄干、桂圆肉、百合、莲子等，通宵熬煮，香飘十里。

十、过小年

小年在腊月二十四（北方多在二十三）。主要风俗是祭灶神。灶神俗称灶王爷。传说中灶神是天帝派驻人间的全权监察代表，除职掌灶火外还要观察人间的所作所为，每年腊月二十四上告天帝。每年的这一天要祭祀灶神，贴灶马，就是贴灶神画像，这样灶神才能"上天言好事，回宫降吉祥"。

十一、除夕

腊月三十又称除夕。古人云："一夜连双岁，五更分二年。""守岁"是除夕的重头戏，又称为"熬年"。熬过年的人来年劳作有劲，不困不乏，可为长辈添寿。老人给孩子们分发压岁钱，以祈来年避凶趋吉。

小说篇

第一章 小说概述

第一节 小说的含义、特点与种类

一、小说的含义

"小说"一词，最早见于《庄子·外物》："饰小说以干县令，其于大达亦远矣。"这里所说的小说，是指琐碎的言谈、小的道理，与现时所说的小说相差甚远。文学中，小说通常指长篇小说、中篇、短篇小说和小小说（微型小说）的形式。英文"Novel"是指篇幅较长的小说（参见长篇小说），而"Fiction"是指虚构的故事作品（不限于文字）。中文的"小说"严格来说没有单一合适的英语单字可以对应，但是大多会将Novel译为小说。

小说是四大文学样式（散文、小说、诗歌、戏剧）之一，是以塑造人物形象为中心，通过完整故事情节的叙述和具体的环境描写反映社会生活的一种文学体裁，它是拥有完整布局、发展及主题的文学作品。

小说三要素是：人物、情节、环境。

三要素中，人物是小说的核心，情节是小说的骨架，环境是小说的依托，通过三要素塑造典型人物形象是反映社会生活的主要手段。人物形象的核心是人物的思想性格，人物描写的角度有正面描写和侧面描写，正面描写指的是外貌、语言、动作、神态、心理等描写；侧面描写则是以他人言行来反映、反衬主要人物等的描写。故事情节是指作品所描写的事件发展、演变的全过程，情节结构一般包括开端、发展、高潮、结局四部分，有的还包括序幕、尾声。环境描写是指对人物活动的环境和事情发生的背景所作的描写，环境描写分为自然环境和社会环境，自然环境描写是指对人物活动的时间、地点、季节、气候等的描写；社会环境描写是指对人物活动的具体背景、处所、氛围以及人际关系等的描写。

小说是拥有完整布局、发展及主题的文学作品。而对话是不是具有鲜明的个性，每个人物说的话是不是有独特的语言风格，是衡量小说水平的一个重要标准。

二、小说的特点

1. 丰富而细致的人物刻画

小说偏重于客观生活的描述。小说的特点之一，就是作家能对丰富而统一的人物作多方面的细致描写。

在文学作品中，唯独小说能够多角度、全方位地刻画人物。它可以凭借各种艺术手段，从各个角度对人物进行肖像描写、心理描写、对话描写、行为描写和环境描写。

如老舍的长篇小说《骆驼祥子》中对祥子的肖像描写："他没有什么模样，使他可爱的是脸上的精神。头不很大，圆眼，肉鼻子，两条眉很短很粗，头上永远剃得发亮。腮上没有多余的肉，脖子可是几乎与头一边儿粗；脸上永远红扑扑的，特别亮的是颧骨与右耳之间一块不小的疤——小时候在树下睡觉，被驴啃了一口。"抓住人物脸上五官、脖子和疤痕等几个突出特征来集中刻画，生动地描绘出祥子作为一名体力劳动者所特有的外貌特征，以及自身朴实憨厚的性格特点。

再如，法国作家司汤达的长篇小说《红与黑》中的这段心理描写："于连站在岩石上，双目仰视苍穹，八月的太阳燃烧着天空。岩石的下面的田野里，有无数的蝉子在歌唱……他看见在自己的脚底下展开了二十里遥远的田野，他还瞧见几只老鹰从他头顶上的绝壁间飞出，他望着它们在天空中静悄悄地画了无数的大圆圈。于连的眼睛机械地随着鸷鹰转动。这猛禽飞翔起来，那种有力的安闲谧静的活动，在于连心里留下深刻的印象。他羡慕这种力量，他羡慕这种孤独。"于连出身于小资产阶级，但野心勃勃，充满了在上流社会争取地位和权力的强烈欲望，这种野心和欲望通过他在田野眺望到老鹰盘旋高空的画面含蓄地展现出来。老鹰占据动物界食物链的顶层，在于连心中，象征着上流社会掌权者，强大有力，掌控权力和财富，通过鹰击长空的形象寄寓了于连对已取得成果的喜悦和对未来前途踌躇满志的愿景，是借景抒情的经典片段。

2. 完整而多变的情节铺叙

小说更具复杂性、更有连贯性，尤其长篇小说，往往头绪纷繁，线索众多，错综复杂。

近现代小说，情节不但完整，而且多变，突出表现在打破故事情节的顺序结构，摒弃作品叙述人完整描述故事的单一方法，而通过不同角度，运用各种技巧描写，体现情节的完整。甚或当代一些借鉴"意识流"手法创作的小说，表面上时空颠颠倒倒，过去、现在、未来，交杂无序，时代氛围、人物场所、具体环境，穿插叠映，但根据小说人物的意识流向和事件的因果关系，可以发现，情节在变化中仍然是完整一体的。

悬念是构思情节的核心。一篇小说吸引读者读下去的魔力就在于设置悬念，读者想要解开心里的疑问，找到答案，就会如痴如醉地顺着作者的描述沉浸在小说的虚拟世界中。如《三国演义》中刘备三顾茅庐，请诸葛亮出山辅佐，结果屡次把诸葛亮的亲友（崔州平、孟光威、石广元、诸葛均、黄承彦等）错认为诸葛亮本人，这一次又一次的误会，把悬念堆砌得越来越高，吊足了读者的胃口，为了想知道刘备最后是否能成功见到诸葛亮并请他出山，为了看到诸葛亮到底是什么样的世外高人，读者会手不释卷地一气读下去。在这种悬念的铺垫下，诸葛亮这个人物最后才"千呼万唤始出来"，在高光的映照下闪亮登场，来印证读者之前对他的种种想象是否与之吻合。可见，悬念是推动情节发展的原动力，也是塑造人物的有效手段。

3. 具体而独特的环境描写

小说通常通过典型环境的具体描写，展开情节，刻画人物。人物生活的具体环境可以显示人物的身份、情致和品格，小说常常通过展示人物的独特环境，表现人物的个性和精神面貌。

小说的这三个方面的基本特点，不是各自孤立，而是密切联系的。丰富而细致地刻画人物，必须借助与情节的充分展开，具体而独特的环境描写，则给人物活动、情节铺叙创造了特定的氛围。三者互为作用，构成了小说世界。因此欣赏小说也就应该根据小说的基本特点，去把握作品的思想内容和艺术特色。

如美国作家海明威的中篇小说《老人与海》中的一段对海面的环境描写："老人在黑暗中感觉到早晨在来临，他划着划着，听见飞鱼出水时的颤抖声，还有它们在黑暗中凌空飞翔时挺直的翅膀所发出的咝咝声。他非常喜爱飞鱼，拿它们当作他在海洋上的主要朋友。他替鸟儿伤心，尤其是那些柔弱的黑色小燕鸥，它们始终在飞翔，在找食，但几乎从没找到过，于是他想，鸟儿的生活过得比我们的还要艰难，除了那些猛禽和强有力的大鸟。既然海洋这样残暴，为什么像这些海燕那样的鸟儿生来就如此柔弱和纤巧？海洋是仁慈并十分美丽的。然而她能变得这样残暴，又是来得这样突然……"这段自然环境的描写与老渔夫桑提亚哥的心理活动自然地衔接在一起，展现了大自然令人敬畏的强大力量，从而更加凸显出圣地亚哥与自然抗争，不服输的搏击精神。

三、小说的种类

1. 按照篇幅长短来划分

（1）微型小说（数百至几千字）。比短篇更短的小说完全符合瞬息万变的现代社会中忙碌的人们的阅读习惯，几乎每天都可以看到人们为这类的小说赋予一个新名词和新定义。例如极短篇、精短小说、超短篇小说、微信息小说、一分钟小说、一袋烟小说、袖珍小说、焦点小说、瞳孔小说、拇指小说、迷你小说等，族繁不及备载，连专门的文学研究者也很难如数家珍分叙其定义，一般人更容易混淆，故总论之，一般认为小小说的篇幅应在两千字以下。因为题材常是生活经验的片段，因此可以是有头无尾、有尾无头、甚至无头无尾。高潮放在结尾，高潮一出马上完结，营造余音绕梁的意境。由于比短篇更短，字句也需要更加精练，题材能见微知著者为佳。一个意外的结局虽然能吸引眼球，但文章短还是要有伏笔呼应，甚至比起给予读者意外、应该更重视能否带给读者感动。

（2）短篇小说（几千至三万字）。一般认为，篇幅在几千到两万多字的小说会被划归短篇小说。在它的特色中有所谓三一律：一人一地一时，也就是减少角色、缩小舞台、短化故事中流动的时间。另外，虽然它们时常惜墨如金，但一般认为短篇小说仍应符合小说的原始定义，也就是对细节有足够的刻画，绝非长篇故事的节略或纲要。所有小说基础，其发展初期并无长短之分，随时代而区分。今短篇小说多要求文笔洗练，且受西洋三一定律一时一地一物观念影响，使其更生动翔实但也限制其发展。

（3）中篇小说（三万至六万字）。一般认为，篇幅在三万字至六万字之间的小说为中篇小说。也有少数十几万字也被算作中篇而不归于长篇，这取决于文章内容的丰富度。其容量大小、篇幅长短、人物多寡、情节繁简等均介于长篇小说和短篇小说之间，通常只是截取主人公一个时期或某一段生活的典型事件塑造形象。反映社会生活的某个方面，故事情节完整。线索比较单一，矛盾斗争不如长篇小说复杂，人物较少。所以，相比于长篇，中篇小说比较容易把握，也更容易成功。因为对于初涉创作领域的人而言，写作长篇易陷入多数的情节造成凌乱难收的困境，而写作短篇不是转折太少而单调、就是转折太多却显得拥挤，这时考虑将原本的构想修改中篇是一个广受推荐的建议。

（4）长篇小说（六万字或十万字以上）。一般认为，字数在六万或十万以上的为长篇小说，还可细分为小长篇（一般六万到十万字），中长篇（一般十几万到三五十万字），超长篇（一般超过百万字）。如果作者打算表现人生中常见的错综复杂关系，则必须使用这么大的篇幅。通常就算是笔调轻松的长篇小说，也会有一个内里的严肃主题，否则很容易陷入无组织或是零乱。初涉者在写作长篇时最需注意全局对主题的呼应、结构的严密性，以及避免重复矛盾或缺漏。

2. 根据内容题材来划分

（1）武侠小说。也有叫武打小说，以金庸为代表，可看做男性言情和励志小说。民国时期，尤其是五四以来，舶来文化的冲击，中国小说发展出现多元化，代表性人物有"鲁郭茅巴老曹"六大家，以及鸳鸯蝴蝶派；1930年李寿民开始在天津的《天风报》连载长篇武侠小说《蜀山剑侠传》，并以还珠楼主为笔名。自此东南亚刮起了一股武侠风，在金庸手中发展到了巅峰。

（2）恐怖小说。包含盗墓、鬼故事，灵异故事，通过情节或者语言以达到让读者恐慌的目的。

（3）言情小说。包括很多，如后宫文，穿越文，都市文，青春校园文等，以描述恋爱感情为主题。

（4）推理小说。推理小说是指在故事的描述过程中带有足够的线索让读者可以推理出结局，也可以不加推理由小说中的"侦探"来推导出结局的小说。推理小说与侦探小说区别并不显著，可归为一类。

（5）悬疑小说。悬疑和推理的区别在于，推理小说会描述足够的线索用以推断出结果，而悬疑小说则是遮掩各种关键线索，最后引导读者进入一个出乎意料的结局。一般认为，悬疑小说与推理小说均源自于犯罪小说在发展中的变化，而脱离产生的两种不同类型小说。广义上的悬疑小说包括恐怖小说（恐怖悬疑）、灵异小说（灵异悬疑）、探险小说（探险悬疑）等类型。

（6）历史小说。历史小说通常与军事小说不分家，严格说历史小说主要是以史实记录为蓝本，重新记述刻画历史人物和事件。网络上出现的历史小说大多是使用中国古代历史为背景的穿越类小说。

（7）其他小说。除了以上六种，小说还包含军事小说、科幻小说、网游小说、玄幻小说、校园小说等。

除了以上几种比较常见的分类外，还有其他的分类方法，比如，按创作理念，可分为现实主义小说、浪漫主义小说和现代主义小说；按小说人物活动的地点（职场），可分为乡村小说、都市小说、校园小说、官场小说和金融小说；按小说创作的年代，可分为古典小说、现代小说和当代小说等。

第二节　中外小说发展概述

一、中国小说的发展

作为严格的文体概念，小说经历了漫长的历史演变过程。鲁迅先生说："至于小说，我以为倒是起源于休息的。人在劳动时，既用歌吟以自娱，借它忘却劳苦了，则到休息时，亦必要寻找一种事情以消遣闲暇。这种事情，就是彼此谈论故事，而这谈论故事，正就是小说的起源"（《鲁迅全集》第九卷）。

作为一个词语，"小说"一词最早见于《庄子·外物》："饰小说以干县令，其于大达亦远矣。""干"是求的意思，"县"通"悬"，是高的意思，"令"是声誉。意为修饰琐屑的言辞以求取高誉，离开通晓大道的境界就太远了。可见这里的小说，是指那些无关大道宗旨，亦不可经世致用的"琐屑之言"，与今人所谓小说相去甚远。一般认为，庄子所讲的小说与后来的小说不同，然而庄子在这里将一些所谓夸张、虚构甚至荒诞的街谈巷语称为"小说"，也道出了后世小说的某些要素。汉代，小说作为一种明确的文体概念被提了出来，后来成为一种文体，擅长此体的人被称为"小说家"。

中国传统文学分为正宗的文学和邪宗的文学两部分，在很长时间内诗和文章（散文）被视为正宗，至于小说，则如鲁迅《且介亭杂文二集》中所说："小说和戏剧，中国向来是看作邪宗的。"因此，小说在相当长时间里受到排斥，被社会所瞧不起，这种极不合理的观念在客观上阻碍了小说的创作和发展。它的发展和成熟也晚于诗歌和散文。

小说的起源，可以溯源很早，古代神话传说可以说是我国古代小说的渊源，保存神话较多的典籍有《山海经》《穆天子传》《楚辞》《淮南子》等。在一些子书里也夹杂着不少寓言故事，这些故事有讽喻或明显教训意义，是文学体裁的一种，已富有小说的意味，如

《刻舟求剑》《守株待兔》《画蛇添足》等。

　　小说在出现之后的很长一段时间里并没有一个统一的归类,当时上层文人更注重能修德行、增见识、记实事的文章题材,小说始终处于一个被打压、被忽视的状态。

　　汉以后,零星出现和流传的小说被称为古小说。明代胡应麟在《少室山房笔丛》(卷28)中,将他所认为的古小说归纳为"志怪""传奇""杂录""丛谈""辩订""箴规"六类。鲁迅先生曾经花很大工夫辑录了《古小说钩沉》,收集古小说共三十六种。

　　到了唐代,思想意识形态开放活跃,文学观念也大为转变,逐渐摆脱了小说为邪宗的束缚,所以鲁迅在《中国小说史略》里说,至唐人"则始有意为小说"。文学史上将唐人小说称为唐传奇,其中有诗人元稹创作的《莺莺传》,影响极大,对后来小说的发展有极重要的意义。另一位著名小说家李公佐,他的讽世小说《南柯太守传》结构严谨、描摹生动。这些小说的出现标志着小说这一文体的成熟。

　　宋代迅速崛起的说话艺术使古代小说发生了一次巨大的转变,从而产生了白话小说,并且很快成为小说的主流。鲁迅在《中国小说史略》中说:"说话之事,虽在说话人各运匠心,随时生发,而仍有底本以作凭依,是为'话本'。"说话也就是说书,说书人要有个说书的底本,这就是小说话本。后来如李卓吾、冯梦龙等提倡通俗文艺,并且亲自从事整理与出版工作,不但使很多有可能散失的话本得以保留,而且在整理的过程中,经过他们的加工,这些话本在艺术上得到很大提高,为小说话本转变为话本小说走出了关键的一步。宋元时代"三言""二拍"就是话本小说的代表,在篇幅上都具有较大的规模,这为后来长篇小说的繁荣打下了基础。

　　元末明初至明代末年,《三国演义》《水浒传》《西游记》《金瓶梅》这四部长篇小说所形成的中国文学史上长篇小说的高峰,可以说是宋元时代说话与话本小说发展的必然结果。清代是中国小说创作极其繁盛的时期,《聊斋志异》《儒林外史》《红楼梦》与晚清的谴责小说,争奇斗艳,美不胜收。清代长篇小说首推《红楼梦》,这部以个人和家族历史为背景的鸿篇巨制,不仅以其艺术上的精致完美达到了中国古典小说的巅峰,而且以其深刻传神的人生画面打动着众多的读者。《儒林外史》所描摹刻画的普遍性社会景观,从根本上揭示了封建制度对人才的摧残,也说明了封建社会必然走向衰朽的原因。到了晚清,域外小说纷纷地被翻译而涌入古老的中国,康有为、梁启超等政治思想家都撰有小说专论,他们的"小说"已经是明确的文学概念,终于形成了现代的小说观念。

　　"五四"文学革命以后,小说创作获得了丰收。鲁迅的《狂人日记》提出了家族制度和封建礼教"吃人"这一重大问题。他的《阿Q正传》是现代文学史上最著名的小说作品。茅盾的《子夜》、巴金的《激流三部曲》、老舍的《骆驼祥子》、沈从文的《边城》等文学巨匠所创作的小说作品,成为当代中国小说史上的一个又一个丰碑。

二、外国小说的发展

　　西方小说,是在"文艺复兴"后快速的发展、成熟起来的。

中世纪的西方小说发展近乎停滞,14世纪末的"文艺复兴"推翻了教会对文学的控制后,15世纪末西方出现了提倡思想自由和个性解放,以描写现实生活和刻画各阶层的人物形象为内容的人文主义小说,这类小说是为配合当时欧洲反封建而产生的,同时它也定下了西方小说以记叙凡人凡事为主的基调。意大利薄伽丘的《十日谈》,西班牙塞万提斯的《堂吉诃德》等是这类小说的代表作品。随之出现是古典主义小说,其主张用典雅的民族规范语言去写作,这种小说在17世纪的法国发展得最完备。代表作为高乃依的《熙德》,古典主义小说的兴起使西方小说语言得到了一次大幅的提高。

18世纪开始流行以宣传科学知识,启蒙大众意识为目的的启蒙主义小说,其中比较著名的有德国歌德的《浮士德》,英国笛福的《鲁滨孙漂流记》,斯威夫特的《格列佛游记》等,这类小说的出现是为了给当时的资产阶级革命大造舆论。

19世纪,浪漫主义小说,现实主义小说和批判现实主义小说交替占据小说领域的主导地位。浪漫主义小说如法国雨果的《巴黎圣母院》、歌德的《少年维特的烦恼》等,富于想象、构思奇特、语言奔放、感情炽烈。现实主义小说则着力反映生活的本质,描绘典型人物和典型生活现象,英国的狄更斯、法国的都德为这类小说的代表作家。批判现实主义小说着力暴露封建制度的腐朽没落和资本主义社会的黑暗,深刻批判现实的罪恶,法国巴尔扎克和莫泊桑,英国的夏洛蒂·勃朗特,俄国的托尔斯泰、陀思妥耶夫斯基,美国的马克·吐温等一大批作家的作品都属于这一类。时至今日,这三类小说仍是西方文坛最主要的三类小说。

第三节　小说的欣赏

一、总体解读故事、理解人物

1. 重现故事

小说是一种叙事性文学体裁,小说的世界是由人物形象、情节事件和环境景物有机有序地组合而成的。作为借助语言塑造形象的文体,小说的这些系列形象是在欣赏者的脑海里通过想象间接生成的。所以,进行小说欣赏的第一个前提是欣赏者要具备一定的语言素养和语言能力,通过想象和联想再现小说作家所描述的形象。

中西小说发展的历史证明,小说"寓教于乐"的审美功能常常是通过可读性很强、艺术感染力较大的故事来实现的。具备了小说欣赏能力的读者在进入小说欣赏过程的第一环节,就是通过总体阅读小说的文字语言,迅速把握小说故事的基本轮廓和情节的基本类型。

2. 重现人物

小说的故事情节是通过人物的性格、言行和一件一件事情的有序组合而发生、发展的。

有什么样的人物性格和人物命运，小说就会发生什么样的事情和情节。小说欣赏者在了解了故事轮廓和故事类型的基础上就要进一步把握小说人物，理解小说人物的性格和命运。

在小说故事中显现的人物类型各种各样。有的小说作家经过了严格选择和提炼，在作品中集中、鲜明地表现人物性格的侧面特征，生动地展示人物突出的某一方面的个性。也有的作家在作品里表现出了人物形象矛盾的性格元素，向读者展示了一个复杂的性格系统，一般的中长篇小说塑造的小说人物常常就是这样的典型人物。无论是人物性格、特征还是人物的历史命运，小说作家往往要在其中寄寓着对生活的审美理解和审美评价，把主观上对人物的感悟以及想确立的作品主题通过栩栩如生的人物性格和曲折多变的人物命运含蓄地传达出去。因此，符合规律的小说欣赏是欣赏故事的同时欣赏小说人物形象。

比如，张爱玲所著小说《倾城之恋》里的主人公白流苏，这个人物性格复杂，作者通过把人物置于一个曲折的故事情节中，来全方位展现其形象特点。白流苏出身于没落的旧式封建家庭，经历了一次失败的婚姻，回到娘家后饱尝寄人篱下之苦，迫切希望通过下一场婚姻来改变现状，而突然出现在她生活中的范柳原成了她最大的希望。在这一场倾城倾国的恋爱之中，两人如同高手过招，使尽浑身解数，谋求各自的诉求，白流苏从一开始矜持、精明，端着小姐的架子，想以此得到范柳原的高看，得到妻子的身份；到后来随着周围处境的变化，不得不妥协退让，成了范柳原的情妇；再到日军占领香港，一片兵荒马乱之中意外抓住了范柳原的心，如愿成为范妻。在这一系列跌宕起伏的情节中，白流苏性格中的可爱与可笑、可怜处与可悲处、可鄙与可亲得到了充分的展现，可以说是情节的流动不息成全和造就了这个中国小说史上经典的乱世佳人形象。

二、体味细节、把握情节

1. 注重细节

总体欣赏小说后，还需要注意分析细节描写。当小说读者开始对小说作品进行第二轮阅读时，他的审美注意点可以先放在区分小说的情节上，对每一个情节进行细致品味和分析时，他的艺术感受力要着重放在每个情节单元的写人细节上。

那么如何分析小说中的写人细节呢？小说读者可以根据写人细节的动作内容和外在形态迅速了解该细节体现人物的"行为内容"。但小说读者欣赏细节绝不能停留在这肤浅的第一层面上。高质量的写人细节一般会在人物的"行为方式"上展示人物性格的特征。同样是做一件事情，不同性格的人会有不同的做法。小说读者要从这一个写人细节上看出人物不同的"行为方式"，并由此把握人物独特的性格特征。

比如，巴尔扎克的小说《守财奴》中描写葛朗台的话语："'喂，欧也妮，喂，太太，这是给你们的，'他一边说一边把钱掂着玩，'哎哎，太太，你开开心，快快好起来吧，你要什么有什么，欧也妮也是的。瞧，这一百金路易是给她的。你不会把这些再送人了吧，欧也妮，是不是？'"这里有一个"把钱掂着玩"的细节，是葛朗台悭吝心理的揭露，尽管葛朗台嘴上说要把钱给太太和女儿，但心里实际上是舍不得的。

2. 把握情节

小说情节的实质就是一系列展示人物性格的各种细节连贯有序的艺术组合。从小说创作的角度说,就是把一系列的细节连接起来构成一条有机的情节链。小说情节有客观的内容因素,也有主观的形式因素。客观是因为小说情节的各个细节的内容来源于现实生活;说它又具有主观的形式因素,是因为小说作家并不按照现实生活的原有形态来排列组合,他根据自己的创作意图和审美理想对小说情节重新组织。小说情节的艺术时空相对于生活本来的时空来说已做了新的重建与改造。小说情节与现实生活的这种既有联系又有区别的特点,深刻地影响了小说作家对情节的构造和小说读者对情节的欣赏。

那么如何对小说情节进行分析呢? 首先,看小说情节事件的典型性。小说情节要能概括日常生活的内容,这涉及人类生活的本质内容和人性深层的心理内容,以这种相关性与概括性来激发小说读者的审美联想。其次,看小说情节组合形式的机智性。要特别留意体味小说作家在组合小说事件和小说细节时有哪些机智的构思和技巧,有哪些巧妙的形态和策略。要形成对小说情节欣赏的敏感性和准确性,可以在欣赏小说情节现象的基础上,通过学习一些小说情节理论,在脑海里建立一些情节模型。小说情节因小说种类的不同而有各种各样的模型。故事小说、人物小说、心理小说都有自己特殊的叙述模型;言情小说、武侠小说、侦探小说也有自己富有个性的结构模型;微型小说、短篇小说、长篇小说有自己稳定的文体模型。

三、分析主题、掌握欣赏技巧

1. 分析主题

欣赏小说时,还要注意透过人物形象和描写人物形象的具体材料(细节、情节),领悟和体会作者在人物形象和故事情节中寄寓的主题,这是人物形象背后的艺术底蕴。小说作家组合细节和情节是有意的、机智的,他把那些细节有序地组合为情节链,将那些没有时空联系的事情连接在一起,完全受到他的创作意图和在作品中表达的主题的制约。小说作家这种有意的、机智的组合,使得细节与细节、事件与事件之间建立了一种因果关系。读者在把握有关因果关系的细节和事件时,便可以看出小说作家对生活事件的理解和认识。

小说的主题隐含在小说的因果情节和人物描写里,这种对生活事件和人物命运的理性认识和小说作家的主观思想意图有直接联系,作家的思想认识和创作时的主观意图深刻地影响着小说主题的形成。但是,小说的主题又不直接等同于作家的创作意图。这两者有着既相互联系又相互区别的复杂关系。当小说主题艺术地传达了作家的主观意图时,就使得这两者基本相同。当小说主题并没有艺术地或者说是完全传达作家的主观意图,就可以说是"小说主题小于主观意图"。如果小说作品因写活了人物,写透了事件,这些人物和事件便按照自己的生活逻辑发展,他们有了自己的艺术生命,显露一些连作家自己都没有意识到的内涵底蕴,那么可以说这是"小说主题大于主观意图"。

　　小说主题与作家的创作意图之间的既联系又区别的关系证明，小说主题包含着"形象客观"和"作家主观"两种方式；小说作家在表达主观意图时有参差不齐的艺术水平，这使得小说读者在欣赏小说主题时会出现种种复杂的情形。当小说读者的欣赏能力不强，而优秀的小说作品的主题比较丰富、多义时，小说读者只能理解其中一部分的小说主题，达不到高层次的欣赏境界，有时甚至出现不能正确理解小说主题，导致错误的解读。当小说读者的欣赏能力比较强，而优秀的小说作品的主题内涵比较丰富、多义时，可能会出现小说主题欣赏的超越和提升。小说读者不但领会了小说作家在小说人物形象和情节故事里寄寓的主观意图，而且还发现了小说作家没有意识到、小说形象获得了艺术生命时滋生的客观内涵，小说人物、情节包孕的主客观思想都被小说读者领会和把握。

　　比如，《红楼梦》这部小说的思想主题有很多层次，要读透小说，得先领会小说的主题思想。曹雪芹的自身经历与书中贾宝玉类似，都经历了大富大贵到卑微贫贱的大起大落，人生的磨难使作者的思想经历了从痛苦到参悟的过程，加上传统的释道思想的影响，所以在小说中把这种人生领悟化为看破功名利禄、情爱物欲的色空观念，体现在小说人物、情节的方方面面。如《好了歌》这首诗：

> 世人都晓神仙好，惟有功名忘不了！
>
> 古今将相在何方？荒冢一堆草没了。
>
> 世人都晓神仙好，只有金银忘不了！
>
> 终朝只恨聚无多，及到多时眼闭了。
>
> 世人都晓神仙好，只有娇妻忘不了！
>
> 君生日日说恩情，君死又随人去了。
>
> 世人都晓神仙好，只有儿孙忘不了！
>
> 痴心父母古来多，孝顺儿孙谁见了？

　　书中的前期人物甄士隐早年生活富足，晚年生活困窘。生活磨难激发了他的慧根，当他听到跛足道人所唱的《好了歌》后，大彻大悟。这首诗其实是作者借书中人物之口来刻画人类社会的人情冷暖，世事无常，有着浓厚的宗教色彩，可以说体现了曹雪芹尝尽人情冷暖后，对社会现实的尖锐批评和对尘世"三春之景"的勘破。浓缩了曹雪芹的人生领悟，亦有警示世人不要为功名利禄所迷惑，得放手时且放手的意味。类似《好了歌》里面的这种消极倾向的色空观念贯穿了全书，如宝玉的出家，如宝钗对戏词的解读，如黛玉的偈语，如惜春、妙玉等人的话语等。只有读懂了这个悲剧意味的主题思想，才能掌握解读小说的钥匙，真正走进作者的精神世界，真正理解书中人物的性格思想。

　　2. 掌握技巧

　　小说的艺术技巧指的是小说作家在塑造性格、构建情节模型和提炼叙述语言等方面的技法因反复熟练地使用而形成的一种技能。艺术技巧是为表达小说内容（人物、情节、环境）服务的。小说的艺术技巧涉及的内容相当广泛，在这里我们着重介绍塑造人物和设计情节的几个主要技巧。

（1）正面延宕与侧面衬托的写人技巧。在小说中，可以通过正面描写和侧面衬托两种方法来塑造人物。小说人物一旦在作品中露面，小说作家就要集中艺术力量去写活人物。但是小说的篇幅永远是有限的，而刻画小说人物性格的材料却是无限的。要在小说创作中艺术地解决这一对矛盾，小说作家的技巧就在于：首先他确定作品要表现的人物特征（个性、行为、语言、思想等），然后选择和提炼若干个材料（细节）去反复展示人物的这一特征。这些材料可以是时空不同但内涵相同的"同质异形"的细节。一个人物特征用两个以上同质异形的材料去反复表现，便构成了叙述延宕（或叫叙述重复）的艺术效果。有时作家要正面表现的人物不出场，小说的篇幅主要用于写与他有关联的次要人物或有关联的细节，写次要人物在主要人物的行为影响下产生的心灵震荡和命运转折。这就是侧写和虚写的技巧。

比如，毛宗岗在点评长篇章回小说《三国演义》中《群英会》时说："文有正衬，有反衬。写鲁肃老实，以衬孔明之乖巧，为反衬也。写周瑜乖巧，以衬孔明之加倍乖巧，是正衬也。譬喻写国色者，以丑女形之而美，不若以美女形之，而觉其更美；写虎将者，以懦夫形之而勇，不若以勇夫形之，而觉其更勇。读此可悟文章相衬之法。"这里就点明了侧面衬托的重要作用。红花需要绿叶配，诸葛亮虽然是《群英会》这一段故事中当仁不让的主角，但其他人物对主角的烘托作用不容忽视，只有描写了鲁肃的憨厚老实和周瑜的足智多谋后，才能从正、反两个方面都突显诸葛亮的聪明绝顶，智谋过人。

（2）多重突转与反跌对比的情节技巧。在小说情节发展过程中，小说作家为了实现小说情节的传奇性，总想让小说读者猜不到他下一个情节内容和故事的结局，因此有意制造小说的两个情节之间发生相反突变的模型。小说作家在使用这种情节模型和技法时，不仅让小说情节一次突转，而且让情节连续突转几次，使小说情节方向在突转180度后，又突转180度，有时甚至是突转几次。小说情节的多次突转，有利于揭示人物形象性格突变里包蕴的哲理。叙述对比本来也是小说设计情节模型的最常用到的技法，但不少小说作家却把它熟练地用成一种反跌对比的技巧。小说作家在小说中不是设置一重对比的情节，而是设置两重以上的对比，让人物与人物、事件与事件发生交织错落的变化。

张爱玲说过："我喜欢反高潮——艳异的空气的制造与突然的跌落，传奇里的人性呱呱啼叫起来。"这里提到的"反高潮"就是一种小说情节编制的技巧，能形成一种出人意料的艺术效果。如法国作家莫泊桑的短篇小说《项链》，讲述了小公务员的妻子玛蒂尔德因为要参加一次晚会，出于虚荣心作祟，向女友弗莱思节夫人借了一串钻石项链，想在晚会上出出风头。谁知她在回家途中不慎丢失了这条项链。她只得借钱买了同款项链还给朋友。在之后的十年中，她为了偿还债务，辛苦工作，生活得十分拮据，吃尽了苦头。结果却从女友那里得知所借的项链原是一串假钻石项链，极具反转的讽刺意味。

小说在情节的叙事方面充分展现了突转和反跌的技巧。小说以项链的借用—遗失—归还为线索展开情节的铺陈，玛蒂尔德向女友借项链时，她的女友没有说明项链本来是赝品，当玛蒂尔德归还时她也不打开看，这些必要的情节铺垫为结尾处点明项链是假的埋下伏笔。在漫长的十年时间中，玛蒂尔德一直不知道项链是假的，自己的十年辛苦其实是可以避免的，项链的真实价值与她的长期辛苦付出是不成正比的。小说直到结尾才点明真相，就是要让玛蒂尔德用十年辛酸为自己的虚荣心买单，得到教训。也只等到小说结尾，读者才和玛蒂尔德一样，吃惊于事情的真相，这一戏剧性结局使作品能够产生强烈的震撼人心的悲情艺术效果。

 思考与练习

一、名词解释

1.小说

2.推理小说

3.历史小说

4.现实主义小说

5.批判现实主义小说

二、简答题

1.小说的特点有哪些？

2.小说的欣赏技巧有哪些？

【思政元素版块三】理想篇

【导语】

本篇的理想主要指的是大学生对未来的职业理想和事业规划。大学是我们学习生涯的最后一站，不久的未来，大学生们各奔前程，投身于各自的职场，展开人生新的篇章。因此，在校就读期间，不但要学知识、学本领、学做人，更要建立起有远大目标、有事业心、有责任心、爱岗敬业的职业观。当前大学生就业难的一个重要原因是缺乏正确的职业观。很多初入职场的毕业生不能迅速适应身份的转换，缺乏吃苦耐劳精神、钻研精神和爱岗敬业精神。大学生要树立科学的职业观，提高自己的职业认知，培养爱岗敬业的专业修养，就要在社会主义核心价值观的引领下，努力做到以下几点。

1.实事求是的职业认知和爱岗敬业、甘于奉献的职业情感

社会主义核心价值观中提到了"爱岗敬业"的要求。我们不应该把工作仅仅看作一个挣钱谋生的手段，随随便便地选择和更换，而更应该"干一行，爱一行"，在工作中投射自己的热情、热爱和热血，把自己的全部身心投入工作中，在辛劳的工作中发现拼搏的乐趣、进取的成就感。只有具备强烈的职业情感才能将其化为强大的动力，带动我们在工作中不断克服困难，取得进步，创作业绩，实现自我价值。

2.精益求精、执着专注的"工匠精神"

李克强总理在2016年政府工作报告中提到了"工匠精神","鼓励企业开展个性化定制、柔性化生产，培育精益求精的工匠精神，增品种、提品质、创品牌"。我国目前面临着经济发展方式转型和产业结构升级的严峻挑战，要由原来的"制造业大国""世界工厂"转型为以创新为核心的制造强国，需要在各个行业中发扬工匠精神，即对待生产的工作态度专注负责、严谨细致，职业技能高超精湛、精雕细琢，追求产品品质的精致化和高标准。只有具备"工匠精神"，才能提升产品的质量与品质，才能提升企业的市场竞争力，才能推进整个社会经济的转型升级。因此，在校生的职业观中，应该加入这方面的内容，大学生应该明确进入职场后，每个人都需要迅速完成由学习者到实践者的身份转变，积极参与到本职工作的钻研中去，对岗位工作高度负责，通过不断实践提升职业技能和专业水平，做出自己的最大的贡献。

3.形成具有创新进取精神的职业理想

现代"工匠精神"的核心内容是创造力与创新思维，这也是当前社会发展的客观要求。只继承传统工艺是远远不能满足行业的现代化革新的需要的，所以要永远保持头脑的敏锐、思维的活力，在工作过程中，不贪图安逸守成，勇于做出新的挑战和新的尝试，这样才能在一次次的成功与失败后，取得新的进步和突破，推动本行业的一次次革新。在这一过程，个人也能体会到职业幸福感和实现理想的成就感。

总之，大学生在形成职业观的过程中，要以社会主义荣辱观提升自己的社会责任感，高扬社会主义理想风帆，领会"工匠精神"，坚守爱岗敬业的职业道德规范，为未来真正到岗工作做好思想和意志方面的准备。

【代表作品赏析】

马伶传

侯方域

马伶者，金陵梨园部也。金陵为明之留都，社稷百官皆在，而又当太平盛时，人易为乐。其士女之问桃叶渡、游雨花台者，趾相错也。梨园以技鸣者，无虑数十辈，而其最著者二：曰兴化部，曰华林部。

一日，新安贾合两部为大会，遍征金陵之贵客文人，与夫妖姬静女，莫不毕集。列兴化于东肆，华林于西肆，两肆皆奏《鸣凤》，所谓椒山先生者。迨半奏，引商刻羽，抗坠疾徐，并称善也。当两相国论河套，而西肆之为严嵩相国者曰李伶，东肆则马伶。坐客乃西顾而叹，或大呼命酒，或移座更近之，首不复东。未几更进，则东肆不复能终曲。询其故，盖马伶耻出李伶下，已易衣遁矣。马伶者，金陵之善歌者也。既去，而兴化部又不肯辄以易之，乃竟辍其技不奏，而华林部独著。

去后且三年而马伶归，遍告其故侣，请于新安贾曰："今日幸为开宴，招前日宾客，愿与华林部更奏《鸣凤》，奉一日欢。"既奏，已而论河套，马伶复为严嵩相国以出，李伶忽失声，匍匐前称弟子。兴化部是日遂凌出华林部远甚。其夜，华林部过马伶："子，天下之善技也，然无以易李伶。李伶之为严相国至矣，子又安从授之而掩其上哉？"马伶曰："固然，天下无以易李伶；李伶即又不肯授我。我闻今相国昆山顾秉谦者，严相国俦也。我走京师，求为其门卒三年，日侍昆山相国于朝房，察其举止，聆其语言，久乃得之。此吾之所为师也。"华林部相与罗拜而去。

马伶，名锦，字云将，其先西域人，当时犹称马回回云。

侯方域曰：异哉，马伶之自得师也。夫其以李伶为绝技，无所干求，乃走事昆山，见昆山犹之见分宜也；以分宜教分宜，安得不工哉？呜乎！耻其技之不若，而去数千里为卒三年，倘三年犹不得，即犹不归耳。其志如此，技之工又须问耶？

《马伶传》的作者是侯方域（1618—1655），他是明末清初"四公子"之一，字朝宗，号雪苑，河南商丘人。他曾参与对权奸魏忠贤、阮大铖之流的斗争，也对社会各阶层生活有过深入体察，他非常爱好戏曲，与很多剧作家和演员有过交往。马伶就是他认识的一位戏曲演员。侯方域根据自己的所见所闻，把马伶知耻而后勇、努力提升自己表演能力的故事写成了一部人物小传。笔法语言生动活泼，场面描写活灵活现。尤其给人以启示的是侯方域对马伶其人其事的总结评论。作者通过张扬马伶其人其事，总结出马伶最终取得演艺生涯进步和突破的关键原因是，他不怕辛苦，勇于拓展新的道路。当马伶发现自己演技不如李伶时，本来是想采用传统的拜师学艺的做法，拜李伶为师的，但李伶拒绝了他。因此他开始琢磨新的门路来提升演技，创造性地想出了给一个像严嵩的人做三年门卒的方法，这是一般人想不到或做不出的，正因为马伶一不怕辛苦，二不怕折辱，三心思灵活，此路不通就另辟蹊径，才能够取得常人难以企及的成就。

通过这篇传记的学习，我们也应该从马伶身上学习他对待职业的全情投入、钻研专注、不畏困难、勇于创新的精神，树立正确的职业观，以指导未来的工作实践，实现自己的职业理想和人生价值。

【拓展练习】

组织学生展开讨论：

1.通过《马伶传》的学习，你得到了哪些对自己有帮助的启发？

2.请学生自由发言，谈谈自己的职业理想和未来愿景。

3.引导学生讨论交流如何树立科学正确的职业观。

第二章 中国小说名篇鉴赏

苏武传[1]

[东汉] 班固

武字子卿[2]，少以父任，兄弟并为郎[3]。稍迁至栘中厩监[4]。时汉连伐胡，数通使相窥观[5]。匈奴留汉使郭吉、路充国等前后十余辈[6]。匈奴使来，汉亦留之，以相当[7]。天汉元年[8]，且鞮侯单于初立[9]，恐汉袭之，乃曰："汉天子，我丈人行也[10]。"尽归汉使路充国等。武帝嘉其义[11]，乃遣武以中郎将使持节送匈奴使留在汉者[12]，因厚赂单于[13]，答其善意。武与副中郎将张胜及假吏常惠等[14]募士、斥候百余人俱[15]。既至匈奴，置币遗单于[16]。单于益骄，非汉所望也。

方欲发使送武等，会缑王与长水虞常等谋反匈奴中[17]。缑王者，昆邪王姊子也[18]，与昆邪王俱降汉[19]，后随浞野侯没胡中[20]。及卫律所将降者[21]，阴相与谋劫单于母阏氏归汉[22]。会武等至匈奴，虞常在汉时，素与副张胜相知[23]，私候胜曰[24]："闻汉天子甚怨卫律，常能为汉伏弩射杀之[25]。吾母与弟在汉，幸蒙其赏赐[26]。"张胜许之，以货物与常。

后月余，单于出猎，独阏氏子弟在。虞常等七十余人欲发，其一人夜亡，告之。单于子弟发兵与战，缑王等皆死，虞常生得[27]。

单于使卫律治其事。张胜闻之，恐前语发，以状语武。武曰："事如此，此必及我。见犯乃死，重负国。"欲自杀，胜、惠共止之。虞常果引张胜[28]。单于怒，召诸贵人议，欲杀汉使者。左伊秩訾曰："即谋单于，何以复加？宜皆降之。"单于使卫律召武受辞。武谓惠等："屈节辱命，虽生，何面目以归汉！"引佩刀自刺。卫律惊，自抱持武，驰召医。凿地为坎？置煴火，覆武其上，蹈其背以出血[29]。武气绝，半日复息。惠等哭，舆归营。单于壮其节，朝夕遣人候问武，而收系张胜，武益愈[30]。单于使使晓武，会论虞常，欲因此时降武。剑斩虞常已，律曰："汉使张胜谋杀单于近臣，当死。单于募降者，赦罪。"举剑欲击之，胜请降。律谓武曰："副有罪，当相坐。"武曰："本无谋[31]，又非亲属，何谓相坐？"复举剑拟之，武不动。律曰："苏君，律前负汉归匈奴，幸蒙大恩，赐号称王，拥众数万，马畜弥山，富贵如此。苏君今日降，明日复然。空以身膏草野，谁复知之！"武不应。律曰："君因我降[32]，与君为兄弟，今不听吾计，后虽欲复见我，尚可得乎？"武骂律曰："女为人臣子，不顾恩义，畔主背亲，为降虏于蛮夷，何以女为见？且单于信女，使决人死生，不平心持正，反欲斗两主，观祸败[33]。

南越杀汉使者，屠为九郡；宛王杀汉使者，头县北阙；朝鲜杀汉使者，即时诛灭。独匈奴未耳。若知我不降明[34]，欲令两国相攻。匈奴之祸，从我始矣。"

律知武终不可胁，白单于。单于愈益欲降之。乃幽武置大窖中，绝不饮食。天雨雪，武卧啮雪，与旃毛并咽之[35]，数日不死，匈奴以为神，乃徙武北海上无人处，使牧羝，羝乳乃得归。别其官属常惠等，各置他所。

武既至海上，廪食不至[36]，掘野鼠、去草实而食之。杖汉节牧羊，卧起操持，节旄尽落。积五六年，单于弟於靬王弋射海上。武能网纺缴，檠弓弩[37]，於靬王爱之，给其衣食。三岁余，王病，赐武马畜、服匿、穹庐。王死后，人众徙去。其冬，丁令盗武牛羊，武复穷厄。

......

数月，昭帝即位。数年[38]，匈奴与汉和亲。汉求武等，匈奴诡言武死。后汉使复至匈奴。常惠请其守者与俱，得夜见汉使，具自陈道。教使者谓单于，言天子射上林中，得雁，足有系帛书，言武等在某泽[39]中。使者大喜，如惠语以让单于。单于视左右而惊，谢汉使曰："武等实在。"......单于召会武官属，前以降及物故，凡随武还者九人[40]。

武以始元六年春至京师[41]......武留匈奴凡十九岁，始以强壮出，及还，须发尽白。

注释

[1] 选自《汉书·李广苏建传》。本文叙述了苏武出使匈奴的事迹，表现了他在万般危难的情况下艰苦卓绝、誓死不屈的节操。其中"苏武牧羊"的故事成为我国人民所熟悉和喜爱的故事之一，后代许多戏剧、歌词、绘画都取材于此。

[2] 武字子卿：这里只叙苏武的名和字，没有提姓和籍贯，因为删节的上一段文字是其父苏建传，已经说过姓苏，是杜陵（在今陕西长安区南）人。

[3] "少以"二句：年轻时凭父亲的职位，弟兄几个人都做了郎官。父任，父亲的职位。苏建曾做代郡太守，封平陵侯。兄弟，苏武兄名嘉，弟名贤。郎，汉代侍卫皇帝的官员。

[4] 栘中厩（jiù）监：在皇宫栘园的马房中主管鞍马、鹰犬和射猎用具的官员。栘，这里是汉宫中的园名。

[5] "时汉"二句：当时汉朝接连攻打匈奴，常常互相派人窥探对方。胡，这里指匈奴。数，多次。

[6] 留：扣留。十余辈：十多个人。

[7] 相当：相抵。

[8] 天汉元年：公元前100年。天汉，汉武帝的年号。

[9] 且鞮（dī）侯单于：匈奴称其君主为单于，且鞮侯是当时单于嗣位以前的封号。

[10] 丈人行（háng）：长辈。丈人，对父辈的尊称。行，辈。

[11] 嘉：赞赏。义：指上文释放汉使的行为。

[12] "乃遣"句：于是派遣苏武以中郎将的身份带着皇帝的旄（máo）节去出使，以送还汉朝扣留的匈奴使者。中郎将，汉代皇宫主宿卫侍从的武官，秩比二千石。节，即旄节，在竹竿上

饰以三层旄牛尾，作为使者的信物。

[13] 赂：用财物赠送或收买别人。

[14] 假吏：临时充任的官吏。

[15] 募：招募。士：士兵。斥候：侦察人员。俱：一同前往。

[16] 置币：准备财物。遗（wèi），赠送。

[17] "非汉"句：不像汉武帝原来希望的那样。

[18] 会：恰好遇上。缑（gōu）王：匈奴的一个贵族。长水：地名，在今陕西蓝田具。其地多胡骑。虞常：人名，长水人。

[19] 昆邪王：匈奴贵族，汉武帝元狩二年（前121）降汉。姊子：外甥。

[20] 浞（zhuó）野侯：指汉将赵破奴。武帝太初二年（前103）被匈奴所俘虏。没胡中：陷入匈奴，指缑王跟着赵破奴一起为匈奴所俘。

[21] 卫律：长水胡人，先在汉朝为官，后降匈奴，封丁零王。所将：所统率的。

[22] "阴相与"句：暗中共同策划，要把单于母亲阏氏劫掠到汉朝。阴，暗暗地。劫，劫持。阏氏（yān zhī），单于配偶的称号。

[23] 素：平素。相知：互相熟识。

[24] 私候：私下拜访。

[25] 伏弩：埋伏弓箭。弩，一种设有机关的弓。

[26] 幸蒙：希望受到。

[27] 生得：活捉。此指被活捉。

[28] 引：牵扯，攀连。指虞常供出张胜合谋之事。

[29] "覆武"二句：把苏武面朝下伏在坑上，敲打他的背以把血放出来（免得血淤积体内为害）。蹈，通"搯"，轻轻敲打。

[30] 武益愈：苏武的伤渐渐痊愈。

[31] 本无谋：本来就没有和张胜同谋。

[32] 因我：迁就我。

[33] "反欲"二句：反而要唆使两方君主相斗，坐观成败。斗两主，使汉和匈奴两主相斗。

[34] "若知"句：你明知我不肯投降。若，你。

[35] "天雨"三句：天下雪，苏武躺在地窖里嚼着雪，和毡毛一起吞下。雨，落下。啮，咬。旃（zhān），通"毡"，毛织物。

[36] 廪食：公家供应的粮食。

[37] "武能"二句：苏武会结渔网，纺缴丝，矫正弓弩。网，作动词用，结网的意思。缴（zhuó），系在箭上的绳。檠（qíng），矫正弓的工具，这里作动词用，矫正弓弩的意思。

[38] 昭帝：武帝的儿子刘弗陵，公元前87年继位。

[39] "言天子"四句：请汉使向单于说，汉帝在上林苑打猎，射到一只大雁，脚上系着用帛写的信，里边说苏武等人在某一个水泽里。上林，即上林苑，汉代皇家范围。帛，一种丝织品。

[40]"单于"三句：单于召集当初跟从苏武的僚属，除去以前已投降匈奴和死了的，现在跟随苏武一起回去的共有九人。以，通"已"。物故，死亡。

[41] 始元六年：公元前81年。京师：京城，指长安。

思考与练习

一、下列各句中"以"和"为"的用法，说明其词性，并解释。

1. 武字子卿，少以父任，兄弟并为郎

2. 匈奴使来，汉亦留之以相当

3. 何面目以归汉

4. 匈奴以为神

5. 如今人方为刀俎，我为鱼肉，何辞为

6. 险以远，则至者少

二、指出下列各句中词类活用现象和通假现象。

1. 单于壮其节

2. 反欲斗两主，观祸败

3. 空自苦亡人之地

4. 天雨雪，武卧啮雪

三、作者旨在赞扬苏武高尚的民族气节，为什么不详写苏武遭幽见放，而把重点放在卫律逼降、李陵劝降上？

知识延展

班固（32—92），字孟坚，东汉扶风安陵（今陕西咸阳）人，我国古代著名史学家。班固幼年聪慧好学，9岁即能写文章、诵诗书，16岁入洛阳太学，博览群书。他性情谦和，深受当时儒者敬重。其父班彪曾作《史记后传》，去世后，班固因《史记后传》没有完成，叙事也不够详备，于是继承父志，在《史记后传》的基础上撰写《汉书》。因当时有人诬告，班固遂以私改国史的罪名被捕入狱。其弟班超上书解释，汉明帝读了班固的书稿大为赞赏，召为兰台令史，后迁校书郎。利用朝廷良好的藏书条件和工作环境，班固"潜精积思二十余年"，终于完成了《汉书》的写作。

《汉书》全书共100篇，其中包括纪12篇、表8篇、志10篇、传70篇，后人析为120卷。该书体例与《史记》大略相同，都是纪传体。但《史记》是一部通史，《汉书》则是断代史，首创断代为史的编纂方法。同时，把《史记》的"本纪"省称"纪""书"改为"志"；取消了"世家"体例，载入《史记》"世家"的陈涉、外戚和汉代诸王一律编入"传"内；"列传"简称为"传"。这些体例上的变化，对后来的一些纪传体史书的编纂产生了很大的影响。

世说新语（二则）[1]

[南朝宋] 刘义庆

其 一

刘伶病酒[2]，渴甚，从妇求酒[3]。妇捐酒毁器[4]，涕泣谏曰："君饮太过，非摄生之道[5]，必宜断之！"伶曰："甚善。我不能自禁，唯当祝鬼神自誓断之耳。便可具酒肉。"妇曰："敬闻命[6]。"供酒肉于神前，请伶祝誓。伶跪而祝曰："天生刘伶，以酒为名，一饮一斛[7]，五斗解酲[8]。妇人之言，慎不可听。"便引酒进肉，隗然已醉矣[9]。

其 二

王子猷居山阴[10]。夜大雪，眠觉，开室命酌酒，四望皎然。因起彷徨[11]，咏左思《招隐诗》[12]，忽忆戴安道[13]。时戴在剡[14]，即便夜乘小船就之。经宿方至，造门不前而返[15]。人问其故，王曰："吾本乘兴而行，兴尽而返，何必见戴？"

注释

[1]《世说新语》又名《世语》，内容主要是记录魏晋名士的逸闻轶事和玄言清谈，也可以说这是一部记录魏晋风流的故事集，是中国魏晋南北朝时期"笔记小说"的代表作，是我国最早的一部文言志人小说集。

[2] 刘伶：字伯伦，沛国（今安徽宿县）人。性嗜酒，著有《酒德颂》。"竹林七贤"之一。病：嗜，过分喜欢。

[3] 妇：指他的夫人。

[4] 捐酒：把酒倒掉。

[5] 摄生：养生。

[6] 闻命：听你的。

[7] 斛（hú）：古量器名，十斗为一斛。

[8] 酲（chéng）：酒病。指酒后神志不清犹如患病的感觉。

[9] 隗（wěi）：疑为"陨"之通借。"陨"同"颓"，倒下去。

[10] 王子猷（yóu）：名徽之，字子猷。东晋大书法家王羲之的儿子。山阴：今浙江绍兴。

[11] 彷徨：徘徊。

[12] 左思：字太冲，临淄（今山东临淄县）人。西晋文学家。《招隐诗》：左思的《招隐诗》共二首。歌咏隐士的清高生活。

[13] 戴安道：名逵，字安道。东晋书画家、音乐家、雕刻家。

[14] 剡（shàn）：剡县。在今浙江嵊州市西南，境内有剡溪。

[15] 造门：到门前。

思考与练习

一、谈谈你对魏晋名士风度的理解。

二、阅读《世说新语》，列举出几则你喜欢的表现魏晋风度的故事。

三、课外阅读鲁迅《魏晋风度及文章与药及酒之关系》。

知识延展

《世说新语》是南朝宋刘义庆（403—444）撰写的一部笔记小说。主要记述汉末魏晋之间一般文人学士的言谈轶事，生动地反映了部分士族阶层的精神面貌，折射出当时社会生活的情状。南朝梁刘孝标的注本分为10卷。今传本共3卷，分为德行、言语、政事、文学、方正、雅量、识鉴、赏誉等36篇，共1000多则。本文所选二则皆出自第23篇"任诞"。

第一则写刘伶嗜酒如病，夫人劝他戒酒。他表面答应，却借着向神发誓戒酒的机会，大吃痛饮，一醉方休。刘伶根本不把夫人的话当回事，也不把所谓的神灵当回事，全按着他的性子来，洒脱痛快。这就是魏晋名士的风流。但这只是表象，作为"竹林七贤"之一员，刘伶与其他读书人一样，他们不满当时社会虚伪的礼教，不满黑暗腐朽的政治现实，却又无能为力，只好借喝酒麻醉自己，或是隐没在一片竹林里。其实，他的内心是痛苦的，也是反叛的。刘伶不信神，把供给神灵的酒肉自己消受，这是一种自我的表白与挑战。

第二则写天降大雪，王子猷夜不能眠，饮酒诵诗，忽然想起老朋友戴安道，于是驾舟造访。走了一个晚上，来到朋友家门前，却不进而返。原因是"兴尽"了。这个王子猷真是率性。大雪之夜，不嫌麻烦，不怕路远，想见友人就走，是任其性情；费尽周折，到门前而不见面，也是任其性情。王子猷的"任性"，没有一点矫情与做作的痕迹，全然体现了魏晋名士豪放洒脱的风姿。鲁迅说，魏晋时代是人的自觉的时代。由此可见一斑。

《世说新语》的内容多为"残丛小语"。作者用机智幽默、简洁生动的语言，描绘人物的言语行为，展示他们的心灵世界，对后世小说创作产生了深远的影响。

王子安[1]

［清］蒲松龄

王子安，东昌名士[2]，困于场屋。入闱后，期望甚切。近放榜时，痛饮大醉，归卧内室。忽有人白："报马来[3]。"王踉跄起曰："赏钱十千！"家人因其醉，诳而安之曰："但请睡，已賞矣。"王乃眠。俄又有人者曰："汝中進士矣！"王自言："尚未赴都，何得及第？"其人曰："汝忘之耶？三場畢矣[4]。"王大喜，起而呼曰："賞錢十千！"家人又誑之如前。又移時，一人急入曰："汝殿試翰林[5]，長班在此[6]。"果見二人拜牀下，衣冠修潔。王呼賜酒食，家人又給之，暗笑其醉而已。久之，王自念不可不出耀鄉里。大呼長班，凡數十呼，無應者。家人笑曰："暫臥候，尋他去。"又久之，長班果復來。王槌牀頓足，大罵："鈍奴焉往！"長班怒曰："措大無賴！向與你戲耳，而真罵耶？"王怒，驟起撲之，落其帽。王亦傾跌。妻入，扶之曰："何醉至此！"王曰："長班可惡，我故懲之，何醉也？"妻笑曰："家中止有一嫗，晝為汝飲，夜為汝溫足耳。何處長班，伺汝窮骨？"子女粲然皆笑。王醉亦稍解，忽如夢醒，始知前此之妄。然猶記長班落帽；尋至門後，得一纓帽如盞大，共異之。自笑曰："昔人為鬼揶揄，吾今為狐奚落矣。"

異史氏曰："秀才入闈[7]，有七似焉：初入時，白足提籃[8]，似丐。唱名時[9]，官呵隸罵，似囚。其歸號舍也[10]，孔孔伸頭，房房露腳，似秋末之冷蜂。其出闈場也，神情惝怳，天地異色，似出籠之病鳥。迨望報也，草木皆驚，夢想亦幻。時作一得志想，則頃刻而樓閣俱成，作一失意想，則瞬息而骸骨已朽。此際行坐難安，則似被縶之猱[11]。忽然而飛騎傳人，報條無我[12]，此時神色猝變，嗒然若死[13]，則似餌毒之蠅，弄之亦不覺也。初失志，心灰意敗，大罵司衡無[14]目，筆墨無靈，勢必舉案頭物而盡炬之；炬之不已，而碎踏之；踏之不已，而投之濁流。從此披髮入山，面向石壁，再有以'且夫'、'嘗謂'，之文進我者，定當操戈逐之。無何，日漸遠，氣漸平，技又漸癢：遂似破卵之鳩，只得銜木營巢，從新另抱矣。如此情況，當局者痛哭欲死；而自旁觀者視之，其可笑孰甚焉。王子安方寸之中，頃刻萬緒，想鬼狐竊笑已久，故乘其醉而玩弄之。牀頭人醒，寧不啞然失笑哉？顧得志之況味，不過須臾；詞林諸公，不過經兩三須臾耳，子安一朝而盡嘗之，則狐之恩與薦師等[15]。"

注释

[1] 选自《聊斋志异（卷十八）》，齐斋书社1981年版。这是一篇浸着悲剧情思与反思精神的喜剧文字。王子安沉迷科举，却困于场屋，每至放榜，即神经紧张，乃至以酒麻醉。故事写其醉卧迷离，进入幻境，在虚无缥缈中享受了一把成功的喜悦，大出风头。而在清醒的人们的眼里，这个科举迷多么可笑，又多么可怜。他们期望高中，只不过为了功名富贵，只不过为了"出耀乡里"，使唤奴仆"长班"，又多么令人不齿。"异史氏曰""七似"一段文字，更是千古妙文，描写科举迷的心态变迁，真是穷形尽相，细致入微，刺透骨髓。这个故事很短，但却极富反思意义，极具批判力量，对科举制度的弊害及其腐蚀下的士人，具有揭露和警醒的强烈效果。以文章读，则幽默诙谐，妙趣横生，颇耐品味。

[2] 东昌：旧府名，今山东聊城市。

[3] 报马：即"报子"。科举考试发榜时，报子飞马向新科举人或进士报喜以讨赏钱。

[4] 三场：科举分初、二、三场，总称三场，各场所考不同。

[5] 殿试翰林：皇帝在宫殿里亲自主持对会试录取的贡士的考试，并亲点状元、榜眼、探花，状元授为翰林院修撰，榜眼、探花授为翰林院编修。

[6] 长班：也叫长随，即在官员身边随时听候吩咐的跟班、仆人。

[7] 入闱：旧称试院为闱，"入闱"即参加科举考试。

[8] 白足提篮：考生进场时须赤脚，脱去鞋袜，盛干粮食物及文具要用容易检查的篮子，都是为了防止夹带。

[9] 唱名：高声点名。

[10] 号舍：试院隔出了一长排一长排的狭小单间，编排号码，考生对号入座，称号舍。

[11] 猱（náo）：猿猴。

[12] 报条：报马送来的喜报。

[13] 嗒然：沮丧的样子。

[14] 司衡：主考官。

[15] 荐师：科举时代，考生的试卷经某一阅卷的考官推荐而被录取，此考官即为"荐师"。

 思考与练习

一、这篇文章的主题是什么？

二、王子安的遭遇在当时有没有代表性？作者在塑造这个形象时主要用了什么手法？

三、从王子安的心理看，人们期待科举高中的原因是什么？

四、作者将秀才入闱作了比喻，分别是什么？反映了什么问题？

五、再读《司文郎》《胡四娘》《镜听》等文，深刻感受科举对当时人们的影响。

知识延展

蒲松龄（1640—1715），字留仙，一字剑臣，别号柳泉居士，淄川（今山东淄博市）人。十九岁应童子试，县、府、道均考第一，但此后屡试不第。科场不利，使蒲松龄塾师一生，在乡村过着清寒的生活，但却使他由此认识了社会的不平，以及官僚制度、科举制度的黑暗腐朽，并接近了下层民众。他以一腔孤愤创作了文言短篇小说近五百篇，集为《聊斋志异》。"用传奇法而以志怪"，借花妖鬼狐的精彩故事讽喻现实，成为中国文言小说史上的巅峰之作。此外，他还有诗近千首，词百余首，文四百多篇，戏三出，俚曲十多种，杂著五本，近人路大荒辑为《蒲松龄集》。

第三章　外国小说名篇鉴赏

老人与海（节选）[1]

[美] 欧内斯特·米勒尔·海明威

他不愿意再朝那条死鱼看一眼，他知道它的半个身子都给咬烂了。在他跟鲨鱼格斗的时候，太阳已经落下去。

"马上就要天黑，"他说，"一会儿我要看见哈瓦那的灯火了。如果我往东走得更远，我会看见从新的海滩上射出的灯光来的。"

他想，现在离港口不会太远了。我希望没有人替我担心，只有那孩子，当然，他一定会替我担心的，可是我相信他有信心。好多打鱼的老头也会替我担心的，还有好多别的人，我真是住在一个好地方呀。

他不能再跟那条大鱼讲话，因为它给毁坏得太惨啦。这时他的脑子里突然想起了一件事。

"你这半条鱼啊，"他说，"你原来是条整鱼的。过意不去的是我走得太远，这把你和我都给毁啦。可是我们已经弄死了许多鲨鱼，你和我，还打伤好多条。老鱼，你究竟弄死过多少鱼啊？你头上长着那只长嘴，可不是白长的啊。"

他总喜欢想到这条死去的鱼，想到要是它能够随意地游来游去，它会怎样去对付一条鲨鱼。他想，我应该把它的长嘴砍掉，用它去跟鲨鱼斗。可是船上没有斧头，后来又丢掉了刀子。

话又说回来，当时要是我能够把它的长嘴砍掉，绑在桨把上的话，那该是多好的武器呀。那样一来，我俩就会一同跟它们斗啦。要是它们在夜里窜来，你该怎么办呢？你有什么办法呢？

"跟它们斗，"他说，"我要跟它们斗到死。"

现在已经天黑，可是天边还没有红光，也看不见灯火，有的只是风，只是扯得紧紧的帆，他觉得大概自己已经死了。他合上两只手，摸一摸手掌心。它们没有死，只要把它们一张一合，他还觉得活活地痛哩。他把脊背靠在船艄上，才知道他没有死。这是他的肩膀告诉他的。

他想，我许过愿，要是我捉到了这条鱼，我一定把所有的那些祷告都说一遍。但是我现在累得说不出了。倒不如把麻袋拿过来盖在我的肩膀上。

他躺在船梢，一面掌舵一面留意着天边红光的出现。他想，我还有半条鱼。也许我有运气把前面半条鱼带回去。我应该有点儿运气的。可是没有呀,他说。你走得太远,把运气给败坏啦。

"别胡说八道啦,"他又嚷起来,"醒着,掌好舵。也许你的运气还不小呢。"

"我倒想买点儿运气,要是有地方买的话。"他说。

我拿什么去买运气呢?他自己问自己。我买运气,能够用一把丢掉的鱼叉,一把折断的刀子,一双受了伤的手吗?

"可以的",他说,"你曾经想用海上的八十四天去买它。它们也几乎把它卖给了你。"

他想:别再胡思乱想吧。运气是各式各样的,谁认得出呢?可是不管什么样的运气我都要点儿,要什么报酬我给什么。他想,我希望我能见到灯光。我想要的事儿太多,但灯光正是我现在想要的。他想靠得舒服些,好好地去掌舵;因为觉得疼痛,他知道他并没有死。

大约在夜里十点钟的时候,他看见了城里的灯火映在天上的红光。最初只是辨认得出,如同月亮初升以前天上的光亮。然后,当渐渐猛烈的海风掀得波涛汹涌的时候,才能从海上把灯光看得清楚。他已经驶进红光里面,他想,现在他马上就要撞到海流的边上了。

他想,现在一切都过去了。不过,也许它们还要向我扑来吧。可是,在黑夜里,没有一件武器,一个人怎么去对付它们呢?

他现在身体又痛又发僵,他的伤口和身上一切用力过度的部分都由于夜里的寒冷而痛得厉害。他想,我希望我不必再去跟它们斗啦。我多么希望我不必再跟它们斗呀。

可是到了半夜的时候,他又跟它们斗起来,这一回他知道斗也不会赢了。它们是成群窜来的,他只看到它们的鳍在水里划出的纹路,和它们扑到死鱼身上去的时候所放出的磷光。他用棍棒朝它们的头上打去,听到上下颚裂开和它们钻到船下面去咬鱼的时候把船晃动的声音。凡是他能够感觉到的,听见的,他就不顾一切地用棍棒劈去。他觉得有什么东西抓住了他的那根棍,随着棍就丢掉了。

他把舵把从舵上拽掉,用它去打,去砍,两只手抱住它,一次又一次地劈下去,但是它们已经窜到船头跟前去咬那条死鱼,一忽儿一个接着一个地扑上来,一忽儿一拥而上,当它们再一次折转身扑来的时候,它们把水面下发亮的鱼肉一块一块地撕去了。

最后一条鲨鱼朝死鱼的头上扑来,他知道一切都完了。于是他用舵把对准鲨鱼的头打去,鲨鱼的两颚正卡在又粗又重的死鱼头上,不能把它咬碎。他又迎面劈去,一次,两次,又一次。他听到舵把折断的声音,再用那裂开了的桨把往鲨鱼身上戳去。他觉得桨把已经戳进去,他也知道把子很尖,因此他再把它往里面戳。鲨鱼放开鱼头就翻滚着沉下去。那是来到的一大群里最后的一条鲨鱼。它们再也没有什么东西可吃了。

老头儿现在简直喘不过气来,同时他觉得嘴里有一股奇怪的味道。这种味道带铜味,又甜。他担心了一会儿。不过那种味道并不多。

他往海里唾了一口唾沫,说:"吃吧,鲨鱼。做你们的梦去,梦见你们弄死了一个人吧。"

他知道他终于给打败了,而且一点补救的办法也没有,于是他走回船梢,发现舵把断成有缺口的一头还可以安在舵的榫头上，让他凑合着掌舵。他又把麻袋围在肩膀上，然后按照原来的路线把船开回去。现在他在轻松地开着船了，他的脑子里不再去想什么，也没有感觉到什么。什么事都已过去，现在只要把船尽可能好好地、灵巧地开往他自己的港口去。夜里，鲨鱼又来咬死鱼的残骸，像一个人从饭桌子上去捡面包皮似的。老头儿睬也不睬它们，除了掌舵，什么事儿都不睬。他只注意到他的船走得多么轻快，多么顺当，没有其重无比的东西在旁边拖累它了。

船还是好好的，他想。完完整整，没有半点儿伤损，只除了那个舵把。那是容易配上的。

他感觉到他已经驶进海流里面，看得出海滨居住区的灯光。他知道他现在走到什么地方，到家不算一回事儿了。

风总算是我们的朋友，他想。然后他又加上一句：不过也只是有时候。还有大海，那儿有我们的朋友，也有我们的敌人。床呢，他又想。床是我的朋友。正是床啊，他想。床真要变成一件了不起的东西。一旦给打败，事情也就容易办了，他想。我决不知道原来有这么容易。可是，是什么把你打败的呢？他又想。

"什么也不是，"他提高嗓子说，"是我走得太远啦。"

当他驶进小港的时候，海滨酒店的灯火已经熄灭，他知道人们都已上床睡去。海风越刮越大，现在更是猖狂了。然而港口是静悄悄的。于是他把船向岩石下面的一小块沙滩跟前划去。没有人来帮助他，他只好一个人尽力把船划到岸边。然后他从船里走出，把船系在岩石旁边。

他放下桅杆，卷起了帆，把它捆上，然后把桅杆扛在肩膀上，顺着堤坡往岸上走去。这时他才知道他已经疲乏到什么程度。他在半坡上歇了一会儿，回头望了一望，借着水面映出的街灯的反光，看见那条死鱼的大尾巴挺立在船艄后面。他看见鱼脊骨的赤条条的白线，黑压压一团的头，伸得很长的嘴和身上一切光溜溜的部分。

注释

[1] 选自《老人与海》，人民文学社1982年版。《老人与海》是欧内斯特·米勒尔·海明威于1951年在古巴写的一篇中篇小说，于1952年出版。是欧内斯特·米勒尔·海明威最著名的作品之一。它围绕一位老年古巴渔夫，与一条巨大的马林鱼在离岸很远的湾流中搏斗而展开故事的讲述。它奠定了欧内斯特·米勒尔·海明威在世界文学中的突出地位，这篇小说相继获得了1953年美国普利策奖和1954年诺贝尔文学奖。

思考与练习

一、《老人与海》中的老人、海、鲨鱼各有什么象征性意义？

二、为什么说《老人与海》是一曲打不败的失败者的赞歌？如何理解这种"硬汉精神"？

知识延展

　　欧内斯特·米勒尔·海明威（1899—1961），美国小说家，1954年诺贝尔文学奖获得者，《老人与海》为获奖之作。这部小说是根据一位古巴渔夫的真实经历创作的，它以摄像机般的写实手法记录了桑提亚哥老人捕鱼的全过程，塑造了一个在重压下仍然保持优雅风度，在精神上永远不可战胜的老人形象。这部小说创下了人类出版史上空前绝后的一个纪录：48小时售出530万册。

麦琪的礼物[1]

[美]欧·亨利

　　一块八角七分钱。全在这儿了。其中六角还是零钱凑起来的。这些小钱是每次一个两个向杂货店、菜贩和肉店的老板硬扣下来的；人家虽然没有明说，自己总觉得这种掂斤播两的交易未免落个吝啬的恶名，当时羞得脸红。德拉数了三遍。数来数去还是一块八角七分钱。而第二天就是圣诞节了。

　　除了倒在那张破旧的小榻上大哭一场之外，显然没有别的办法。

　　德拉就这么办了。这就使一种精神上的感慨油然而生，认为人生是由啜泣、抽噎和微笑组成的，其中抽噎占主导地位。

　　趁这家的女主人的悲伤逐渐地由第一级降到第二级的时候，让我们看一看她的家吧！一套备有家具的公寓，租金每周八元钱。虽然不能说绝对的难以形容，实际上，确实与贫民窟也相差无几了。

　　楼下的甬道里有一个信箱，但是永远不会有信件投进去；还有一个电铃，鬼才能把它按响。那里还贴着一张名片，上面写着"杰姆斯·狄林汉·杨先生"几个字。

　　"狄林汉"这个名号是主人先前富裕时，也就是每周赚30元时，一时高兴，加在姓名之间的，现在进款减缩到20元了，"狄林汉"几个字看起来有些模糊，仿佛它们正在慎重地考虑是否缩成一个质朴而谦虚的"狄"字为妙。但是每逢杰姆斯·狄林汉·杨先生回家上楼，走进房门时，杰姆斯·狄林汉·杨太太——就是前面已经介绍过的德拉——总是把他叫作"杰姆"，并且热烈地拥抱他。这当然是很好的。——总是把他叫作"杰姆"，并且热烈地拥抱他。这当然是很好的。

　　德拉哭完了以后，小心地用破粉扑在面颊上扑了些粉。她站在窗前，呆呆地看着外面灰蒙蒙的后院里有一只灰色的猫在一个灰色篱笆上走着。明天就是圣诞节了。而她只能拿一块八角七分钱给杰姆买一件礼物。几个月来，她尽可能地节省了每一分钱，结果不过如此。每周二十元本来不经花。支出的总比她预算的多。总是这样。只有一块八角七分钱拿来给杰姆买礼物。她的杰姆。为了给他买一件好东西，德拉自得其乐地筹划了好些日子。要买一件精致、珍奇而真正有价值的东西——够得上给杰姆持有的东西固然很少，可是总得有些相称才成呀。

屋里两扇窗户中间有一面壁镜。读者也许见过房租八元钱的公寓里的壁镜。一个非常瘦小灵活的人，从一连串纵的片断的印象里，也许可以对自己的容貌得到一个大致不错的概念。德拉全靠身材纤细，才精通了这种艺术。

突然她从窗口转过身来，站在镜子前面。她的两眼晶莹明亮，但是在二十秒钟内她的脸失色了。她很快地把头发解开，叫它完全披散下来。

且说，杰姆斯·狄林汉·杨夫妇有两样东西是他们特别引以为自豪的。一样是杰姆三代祖传的金表。另一样是德拉的头发。如果希巴皇后[2]住在气窗对面的公寓里，德拉总会有一天把头发悬在窗外去晾干，只是为了使那位女皇的珠宝和首饰相形见绌。如果所罗门王[3]做了看门人，把他所有的财富都堆在地下室里，杰姆每次经过那儿时会掏出他的金表看看，让所罗门忌妒得吹胡子瞪眼。

这时，德拉的美丽的头发披散在身上，像一股褐色的小瀑布一样，波浪起伏，金光闪闪。头发一直垂到膝盖下，仿佛给她披上一件衣服。她又神经质地很快地把头发梳起来。她踌躇了一会儿，静静地站在那里，有一两滴泪水溅落在破旧的红地毯上。

她穿上她那褐色的旧外套，戴上她那褐色的旧帽子。眼睛里还留着晶莹的泪光，裙子一摆，她飘然走出房门，走下楼梯，来到街上。

她走到一块招牌前停住了，招牌上面写着："莎弗朗尼娅[4]夫人——经营各种头发用品"。德拉跑上楼，一面喘着气，一面定下神来。那位夫人身躯肥大，肤色白得过分，一副冷冰冰的样子。和"莎弗朗尼娅"这个名字太不相称。

"您要买我的头发吗？"德拉问道。

"我买头发，"夫人说，"把你的帽子脱下来，让我看看你的头发什么样儿！"

那股褐色的小瀑布泻了下来。

"二十块钱。"夫人用熟练的手法抓起头发说。

"赶快把钱给我。"德拉说。

啊！随后的两个钟头仿佛长了玫瑰色的翅膀似地飞掠过去了。请不要理会这种杂凑的比喻吧！总之，德拉为了给杰姆买礼物，搜索了所有的铺子。

最后，她终于把它找到了。它确是专为杰姆，不为别人制造的。她把所有的商店都搅翻了一遍，各家都没有像那样的东西。那是一条白金表链，式样简单朴素，只以货色来宣示它的价值，不凭什么俗不可耐的装潢——一切好东西都应该是这样的。它还真配得上那只金表。她一看到这表链就认为非给杰姆买下来不可。它简直像他的为人。文静而有价值——这句话拿来形容表链和杰姆本人都恰到好处。店里以二十一块钱的价格卖给了她，她带着剩下的八角七分钱匆匆地赶回家。杰姆有了这条表链，在任何场合都可以毫无顾忌地看看钟点了。那只表虽然华贵，可是因为他用一根旧皮条来代替表链，他有时只是偷偷地看一眼。

德拉回家以后，她稍稍用谨慎与理智来代替了陶醉。她拿出烫发铁钳，点起煤气，开始补救由于爱情加上慷慨而造成的灾害。那始终是一件艰巨的工作，亲爱的朋友们——简直是了不起的工作。

不出四十分钟，她头上布满紧贴头皮的小发卷，变得活像一个逃学的小学生。她仔细而苛刻地对着镜子照了又照。

"如果杰姆看了我一眼不把我杀死才怪呢，"她自言自语地说，"他会说我是康奈岛游戏场里的卖唱的姑娘。但是我有什么办法？——唉！只有一块八角七分钱，叫我有什么办法呢？"

到了七点钟，咖啡已经煮好了，煎锅也放在炉子后面热着，随时准备煎肉排。

杰姆一向准时回家。德拉把表链对折了握在手里，在他进来必经的门口的桌子角上坐下来。接着，她听到楼下梯级上响起了他的脚步声，她立刻脸色变白了。她有一个习惯，往往为了日常最简单的事情默祷几句，现在她悄声说："求求上帝，让他认为我还是美丽的。"

门开了，杰姆迈步走进来把门关上。他很瘦削，非常严肃。可怜的人，他只有二十二岁——就担负起家庭的担子！他需要一件新大衣，手套也没有。

一进门杰姆就站住了，像一条猎犬嗅到鹌鹑似的闻风不动。他两眼盯着德拉，有一种她捉摸不透的表情，这使她大为惊慌。那既不是愤怒，也不是惊讶，又不是不满，更不是厌恶，不是她所预料的任何一种神情。他只是带着那种奇怪的神情死死地盯着她。

德拉忐忑不安地从桌上跳下来，走到他身边。

"杰姆，亲爱的，"她喊道，"别那样盯着我看。我把头发剪掉卖了，因为我不送你一件礼物，我过不了圣诞节。头发会再长起来的——你不会在意吧，是不是？我实在没办法才这么做的。我的头发长得快得要命。说句'恭贺圣诞'吧！杰姆，让我们高高兴兴的。你猜不到我给你买了一件多么好——多么美丽的礼物。"

"你把头发剪掉了？"杰姆吃力地问道，仿佛他绞尽脑汁之后，还没有把那个显而易见的事实弄明白似的。

"非但剪了，而且卖了，"德拉说，"不管怎样，你还是一样地喜欢我，是不是，没有了头发，我还是我，不是吗？"

杰姆好奇地向房里四下张望。

"你说你的头发没有了？"他带着近乎白痴的神情问道。

"你用不着找了，"德拉说，"我告诉你，已经卖了——卖了，没有了。今天是圣诞前夜，亲爱的，好好地对待我，我剪掉头发为的是你呀，我的头发可能数得清"她突然非常温柔地接下去说，"但是我对你的爱情谁也数不清，我把肉排烧上好吗？杰姆！"

杰姆好像忽然从恍惚中醒过来。他把德拉搂在怀里。为了不要冒昧，让我们花十秒钟工夫瞧瞧另一方面无关紧要的东西吧。每周八块钱的房租，或者每年一百万块钱的房租——其中有什么区别？一个数学家或是一个滑稽家可能给你一个不正确的答复。麦琪带来了珍贵的礼物，但是其中没有那样东西，这句晦涩的话，下文将有说明。

杰姆从大衣口袋里掏出一包东西，把它扔在桌上。

"不要对我有任何误会，德儿，"他说，"不管是剪发、修脸、洗头，我对我的姑娘的爱情是绝不会减低一分的。但是,你一打开那包东西,就会明白,刚才你为什么把我愣住了。"

白皙的手指敏捷地撕开了绳子和包皮纸。接着是一声狂喜的叫喊;紧接着,哎呀! 突然转变成女性神经质的眼泪和号哭,立刻需要公寓的主人用尽办法来安慰她。

因为摆在眼前的是那套插在头发上的梳子——全套的发梳,两鬓用的,后面用的,应有尽有;那是百老汇路一个橱窗里的、德拉渴望了好久的东西。纯玳瑁做的、边上镶着珠宝的美丽的发梳——配那已经失去的美发,颜色恰恰合适。她知道这套发梳是很贵重的。她心向神往了好久,但从来没有存过占有它的希望。现在居然为她所有了,可是用来装饰那一向向往的装饰品的头发却没有了。

但是她还是把它紧紧地抱在怀中,隔了好久,她才能抬起迷蒙的泪眼,含笑对杰姆说:"我的头发长得多快啊,杰姆!"

接着,德拉像一只挨了烫的小猫似地跳了起来,喊道:"噢! 噢!"

杰姆还没有看到送给他的美丽礼物呢! 她热切地把它托在自己掌心上递给他。这无知无觉的贵重金属似乎闪闪地反映着她的快活和热诚的神情。

"漂亮吗,杰姆? 我跑遍了全城才找到它,现在你每天要把表看上一百次了。把你的表拿给我。我要看看它配上是什么样子!"

杰姆并没有照她的话去做,却倒在小榻上,枕着双手头,微笑着。

"德儿,"他说,"让我们把圣诞节的礼物搁在一边,暂时保存起来。它们实在太好了,现在用了未免可惜。我是卖了金表换了钱给你买的发梳。现在请你煎肉排吧!"

那三位麦琪,读者都知道,全是有智慧的人——非常有智慧的人——他们带来礼物,送给生在马槽里的圣婴耶稣。他们首创了圣诞节馈赠礼物的风俗。他们既然有智慧,他们的礼物无疑也是聪明的,可能还附带一种碰上收到同样的东西时可以交换的权利。我的拙笔在这里向读者叙述了一个没有曲折、不足为奇的故事:那两个住在一间公寓里的笨孩子,极不聪明地为了对方牺牲了他们家里最宝贵的东西。但是,让我对目前一般聪明人说一句最后的话,在所有馈赠礼物的人当中,他们两个是最聪明的。在一切授受礼物的人当中,像他们这样的人也是最聪明的。他们就是麦琪。

注释

[1] 选自《欧·亨利短篇小说选》,吉林人民出版社1996年版。本文是欧·亨利的短篇小说代表作之一。麦琪,指基督初生时从东方来耶路撒冷给他送礼物的三位贤人梅尔基奥尔、加斯帕和巴尔撒泽。麦琪首开了圣诞赠送礼物的风俗。

[2] 希巴皇后:希巴古国在阿拉伯西南,就是今日的也门。希巴皇后以美貌著称。

[3] 所罗门王:以色列国王,以聪明和豪富著称。

[4] 莎弗朗尼娅:意大利诗人塔索写的以第一次十字军东征为题材的史诗《被解放的耶路撒冷》中的人物,她为了拯救耶路撒冷全城的基督徒,承认了并未犯过的罪行,成了舍己救人的典范。

思考与练习

一、概括小说的主题思想。

二、本文在情节安排上是怎样运用"双线并行"的手法的？这样写有什么作用？

三、本文在结局处理上有什么特点？

四、举例说明本文幽默诙谐的语言特色。

知识延展

欧·亨利（1862—1910），美国最著名的短篇小说家之一，出生于美国北卡罗来纳州一个小镇。他所受教育不多，15岁便开始在药房当学徒，20岁时由于健康原因去得克萨斯州的一个牧场当了两年牧牛工，积累了对西部生活的亲身经验。此后，他在得克萨斯做过不同的工作，包括在奥斯汀银行当出纳员，还办过一份名为《滚石》的幽默周刊，并在休斯敦一家日报上发表幽默小说和趣闻逸事。他在银行工作时，曾有过写作的经历，担任监狱医务室的药剂师后开始认真写作，以欧·亨利为笔名写作短篇小说，并在《麦克吕尔》杂志上发表。

欧·亨利在大概十年的时间内创作了短篇小说有300多篇，收入《白菜与国王》（1904）、《四百万》（1906）、《西部之心》（1907）、《市声》（1908）、《滚石》（1913）等集子，其中以描写纽约曼哈顿市民生活的作品为最著名。

他最出色的短篇小说如《爱的牺牲》《警察与赞美诗》《带家具出租的房间》《麦琪的礼物》《最后一片藤叶》等都可列入世界优秀短篇小说行列。

苦　恼[1]

［俄］安东·契诃夫

我向谁去诉说我的悲伤……

暮色昏暗。大片的湿雪绕着刚点亮的街灯懒洋洋地飘飞，落在房顶、马背、肩膀、帽子上，积成又软又薄的一层。车夫姚纳·波达波夫周身雪白，像是一个幽灵。他在赶车座位上坐着，一动也不动，身子往前伛着，伛到了活人的身子所能伛到的最大限度。即使有一个大雪堆倒在他的身上，仿佛他也会觉得不必把身上的雪抖掉似的……他那匹小马也是一身白，也是一动都不动。它那呆呆不动的姿态、它那瘦骨嶙峋的身架，它那棍子般直挺挺的腿，使它活像那种花一个戈比就能买到的马形蜜糖饼干。它多半在想心思。不论是谁，只要被人从犁头上硬拉开，从熟悉的灰色景致里硬拉开，硬给丢到这儿来，丢到这个充满古怪的亮光、不停的喧嚣、熙攘的行人的漩涡当中来，那他就不会不想心事……

姚纳和他的瘦马已经有很久停在那个地方没动了。他们还在午饭以前就从大车店里出来，至今还没拉到一趟生意。可是现在傍晚的暗影已经笼罩全城。街灯的黯淡的光已经变得明亮生动，街上也变得热闹起来了。

"赶车的，到维堡区[2]去！"姚纳听见了喊声。"赶车的！"

姚纳猛地哆嗦一下，从粘着雪花的睫毛里望出去，看见一个军人，穿一件带风帽的军大衣。

"到维堡区去！"军人又喊了一遍。"你睡着了还是怎么的？到维堡区去！"

为了表示同意，姚纳就抖动一下缰绳，于是从马背上和他肩膀上就有大片的雪撒下来。……那个军人坐上了雪橇。车夫吧嗒着嘴唇叫马往前走，然后像天鹅似的伸长了脖子，微微欠起身子，与其说是由于必要，不如说是出于习惯地挥动一下鞭子。那匹瘦马也伸长脖子，弯起它那像棍子一样的腿，迟疑地离开原地走动起来了……

"你往哪儿闯，鬼东西！"姚纳立刻听见那一团团川流不息的黑影当中发出了喊叫声。

"鬼把你支使到哪儿去啊？靠右走！"

"你连赶车都不会！靠右走！"军人生气地说。

一个赶轿式马车的车夫破口大骂。一个行人恶狠狠地瞪他一眼，抖掉自己衣袖上的雪，行人刚刚穿过马路，肩膀撞在那匹瘦马的脸上。姚纳在赶车座位上局促不安，像是坐在针尖上似的，往两旁撑开胳膊肘，不住转动眼珠，就跟有鬼附了体一样，仿佛他不明白自己是在什么地方，也不知道为什么在那儿似的。

"这些家伙真是混蛋！"那个军人打趣地说，"他们简直是故意来撞你，或者故意要扑到马蹄底下去。他们这是互相串通好的。"

姚纳回过头去瞧着乘客，努动他的嘴唇……他分明想要说话，然而从他的喉咙里却没有吐出一个字来，只发出咝咝的声音。

"什么？"军人问。

姚纳撇着嘴苦笑一下，嗓子眼用一下劲，这才沙哑地说出口："老爷，那个，我的儿子……这个星期死了。"

"哦！……他是害什么病死的？"

姚纳掉转整个身子朝着乘客说："谁知道呢，多半是得了热病吧……他在医院里躺了三天就死了……这是上帝的旨意哟。"

"你拐弯啊，魔鬼！"黑地里发出了喊叫声，"你瞎了眼还是怎么的，老狗！用眼睛瞧着！"

"赶你的车吧，赶你的车吧……"乘客说，"照这样走下去，明天也到不了。快点走！"

车夫就又伸长脖子，微微欠起身子，用一种稳重的优雅姿势挥动他的鞭子。后来他有好几次回过头去看他的乘客，可是乘客闭上眼睛，分明不愿意再听了。他把乘客拉到维堡区以后，就把雪橇赶到一家饭馆旁边停下来，坐在赶车座位上伛下腰，又不动了……湿雪又把他和他的瘦马涂得满身是白。一个钟头过去，又一个钟头过去了……

人行道上有三个年轻人路过，把套靴踩得很响，互相诟骂，其中两个人又高又瘦，第三个却矮而驼背。

"赶车的，到警察桥去！"那个驼子用破锣般的声音说。

"一共三个人。……二十戈比[3]！"

姚纳抖动缰绳，吧嗒嘴唇，二十戈比的价钱是不公道的，然而他顾不上讲价了……一个卢布也罢，五戈比也罢，如今在他都是一样，只要有乘客就行……那几个青年人就互相推搡着，嘴里骂声不绝，走到雪橇跟前，三个人一齐抢到座位上去。这就有一个问题需要解决：该哪两个坐着，哪一个站着呢？经过长久的吵骂、变卦、责难以后，他们总算做出了决定：应该让驼子站着，因为他最矮。

"好，走吧！"驼子站在那儿，用破锣般的嗓音说，对着姚纳的后脑壳喷气。

"快点跑！嘿，老兄，瞧瞧你的这顶帽子！全彼得堡也找不出比这更糟的了……"

"嘻嘻……嘻嘻……"姚纳笑着说，"凑合着戴吧……"

"喂，你少废话，赶车！莫非你要照这样走一路？是吗？要给你一个脖儿拐吗？……"

"我的脑袋痛得要炸开了……"一个高个子说，"昨天在杜克玛索夫家里，我跟瓦斯卡一块儿喝了四瓶白兰地。"

"我不明白，你何必胡说呢？"另一个高个子愤愤地说。

"他胡说八道，就跟畜生似的。"

"要是我说了假话，就叫上帝惩罚我！我说的是实情……"

"要说这是实情，那么，虱子能咳嗽也是实情了。"

"嘻嘻！"姚纳笑道，"这些老爷真快活！"

"呸，见你的鬼！……"驼子愤慨地说，"你到底赶不赶车，老不死的？难道就这样赶车？你抽它一鞭子！唷，魔鬼！唷！使劲抽它！"

姚纳感到他背后驼子的扭动的身子和颤动的声音。他听见那些骂他的话，看到这几个人，孤单的感觉就逐渐从他的胸中消散了。驼子骂个不停，诌出一长串稀奇古怪的骂人话，直骂得透不过气来，连连咳嗽。那两个高个子讲起一个叫娜杰日达·彼得罗芙娜的女人。姚纳不住地回过头去看他们。正好他们的谈话短暂地停顿一下，他就再次回过头去，嘟嘟哝哝说：

"我的……那个……我的儿子这个星期死了！"

"大家都要死的……"驼子咳了一阵，擦擦嘴唇，叹口气说，"得了，你赶车吧，你赶车吧！诸位先生，照这样的走法我再也受不住了！他什么时候才会把我们拉到呢？"

"那你就稍微鼓励他一下……给他一个脖儿拐！"

"老不死的，你听见没有？真的，我要揍你的脖子了！……跟你们这班人讲客气，那还不如索性走路的好！……你听见没有，老龙[4]莫非你根本就不把我们的话放在心上？"

姚纳与其说是感到，不如说是听到他的后脑勺上啪的一响。

"嘻嘻……"他笑道，"这些快活的老爷……愿上帝保佑你们！"

"赶车的，你有老婆吗？"高个子问。

"我？嘻嘻……这些快活的老爷！我的老婆现在成了烂泥地啰……哈哈哈！……在坟墓里！……现在我的儿子也死了，可我还活着……这真是怪事，死神认错门了……它原本应该来找我，却去找了我的儿子……"

姚纳回转身，想讲一讲他儿子是怎样死的，可是这时候驼子轻松地呼出一口气，声明说，谢天谢地，他们终于到了。

姚纳收下二十戈比以后，久久地看着那几个游荡的人的背影，后来他们走进一个黑暗的大门口，不见了。他又孤身一人，寂静又向他侵袭过来……他的苦恼刚淡忘了不久，如今重又出现，更有力地撕扯他的胸膛。姚纳的眼睛不安而痛苦地打量街道两旁川流不息的人群：在这成千上万的人当中有没有一个人愿意听他倾诉衷曲呢？然而人群奔走不停，谁都没有注意到他，更没有注意到他的苦恼。……那种苦恼是广大无垠的。如果姚纳的胸膛裂开，那种苦恼滚滚地涌出来，那它仿佛就会淹没全世界，可是话虽如此，它却是人们看不见的。

这种苦恼竟包藏在这么一个渺小的躯壳里，就连白天打着火把也看不见……

姚纳瞧见一个扫院子的仆人拿着一个小蒲包，就决定跟他攀谈一下。

"老哥，现在几点钟了？"他问。

"九点多钟……你停在这儿干什么？把你的雪橇赶开！"

姚纳把雪橇赶到几步以外去，伛下腰，听凭苦恼来折磨他……他觉得向别人诉说也没有用了……可是五分钟还没过完，他就挺直身子，摇着头，仿佛感到一阵剧烈的疼痛似的；他拉了拉缰绳。……他受不住了。

"回大车店去，"他想，"回大车店去！"

那匹瘦马仿佛领会了他的想法，就小跑起来。大约过了一个半钟头，姚纳已经在一个肮脏的大火炉旁边坐着了。炉台上，地板上，长凳上，人们鼾声四起。空气又臭又闷。姚纳瞧着那些睡熟的人，搔了搔自己的身子，后悔不该这么早就回来……

"连买燕麦[5]的钱都还没挣到呢，"他想，"这就是我会这么苦恼的缘故了。一个人要是会料理自己的事……让自己吃得饱饱的，自己的马也吃得饱饱的，那他就会永远心平气和。……"

墙角上有一个年轻的车夫站起来，带着睡意嗽一嗽喉咙，往水桶那边走去。

"你是想喝水吧？"姚纳问。

"是啊，想喝水！"

"那就痛痛快快地喝吧……我呢，老弟，我的儿子死了……你听说了吗？这个星期在医院里死掉的……竟有这样的事！"

姚纳看一下他的话产生了什么影响，可是一点影响也没看见。那个青年人已经盖好被子，连头蒙上，睡着了。老人就叹气，搔他的身子……如同那个青年人渴望喝水一样，他渴望说话。他的儿子去世快满一个星期了，他却至今还没有跟任何人好好地谈一下这件事。……应当有条有理，详详细细地讲一讲才是……应当讲一讲他的儿子怎样生病，怎样痛苦，临终说过些什么话，怎样死掉……应当描摹一下怎样下葬，后来他怎样到医院里去取死人的衣服。他有个女儿阿尼霞住在乡下……关于她也得讲一讲……是啊，他现在可以讲的还会少吗？听的人应当惊叫，叹息，掉泪……要是能跟娘们儿谈一谈，那就更好。她们虽然都是蠢货，可是听不上两句就会哭起来。

"去看一看马吧，"姚纳想，"要睡觉，有的是时间……不用担心，总能睡够的。"

他穿上衣服，走到马房里，他的马就站在那儿。他想起燕麦、草料、天气……关于他的儿子，他独自一人的时候是不能想的……跟别人谈一谈倒还可以，至于想他，描摹他的模样，那太可怕，他受不了……

"你在吃草吗？"姚纳问他的马说，看见了它的发亮的眼睛。"好，吃吧，吃吧……既然买燕麦的钱没有挣到，那咱们就吃草好了……是啊……我已经太老，不能赶车了。……该由我的儿子来赶车才对，我不行了……他才是个地道的马车夫……只要他活着就好了……"

姚纳沉默了一忽儿，继续说："就是这样嘛，我的小母马……库兹玛·姚内奇不在了。……他下世了……他无缘无故死了……比方说，你现在有个小驹子，你就是这个小驹子的亲娘……忽然，比方说，这个小驹子下世了……你不是要伤心吗？"

那匹瘦马嚼着草料，听着，向它主人的手上呵气。

姚纳讲得入了迷，就把他心里的话统统对它讲了……

注释

[1] 选自《苦恼》。《苦恼》是安东·契诃夫所著小说，作品通过无处诉说苦恼的姚纳的悲剧，揭示了19世纪俄国社会的黑暗和人间的自私、冷酷无情，这正是当时俄国社会生活的剪影。本篇作于1886年。

[2] 维堡区：彼得堡一个区的名字。

[3] 戈比：俄国货币单位，一百戈比为一卢布。

[4] 老龙：原文是"高雷内奇龙"，俄国神话传说中的一条怪龙名，这里用作骂人的话。

[5] 燕麦：马的饲料。

思考与练习

一、马车夫姚纳为什么要再三对别人，甚至对小母马叙说他儿子死了的事？

二、小说是怎样将"人与人"的关系与"人与马"的关系作对比的？这样对比有何作用？

三、本文的人物对话描写有什么特色？对塑造人物形象有什么作用？

知识延展

安东·巴甫洛维奇·契诃夫（1860—1904），俄国著名小说家、戏剧家。出身于破产的商人家庭，毕业于莫斯科大学医药系，早期以"契洪特"的笔名写过两百多篇短小作品，质量参差不齐，有为适应当时一些资产阶级报纸和市民趣味的读者而写的平庸之作，也有暴露黑暗、针砭社会弊病的佳作，如《一个小官员之死》《变色龙》《苦恼》等。1886年后，他思想剧变，作品中的批判因素增强，创作风格日趋成熟。这一时期他又写了一百多篇中短篇小说，较有名的有《草原》《第六病房》《带阁楼的房子》等。安东·契诃夫的小说简练冷峻，风格独特。他的戏剧创作在戏剧史上也有重要地位，剧作有《万尼亚舅舅》《三姊妹》《樱桃园》等。

教资考试拓展训练

一、精选真题（2019年上半年）

1.卢梭《爱弥儿》体现了人性的（　　　）。

A.白板说　　　　　B.性恶论　　　　　　C.性善论　　　　　D.性三品说

2.唐朝的"六学二馆"的入学要求反映了社会政治经济影响教育的（　　　）。

A.领导权　　　　　B.受教育权　　　　　C.教育内容　　　　D.教育手段

3."一齐人傅之，众楚人咻之，虽日达而求其齐也，不可得矣；引而置之庄岳之间数年，虽日挞而求其楚，亦不可得矣。"这说明了（　　　）对人的影响。

A.父母　　　　　　B.环境　　　　　　　C.主观能动性　　　D.遗传素质

4.魏巍在《我的老师》一文中写道："我们见了她（蔡老师）不由得就围了上去。即使她写字的时候，我们也默默地看着她，连她握笔的姿势都急于模仿。"这一叙述体现了学生的（　　　）特点。

A.可塑性　　　　　B.向师性　　　　　　C.复杂性　　　　　D.创造性

5.孟子曰："善政得民财，善教得民心。"这句话体现了哪两者之间的关系？（　　　　）

A.教育与经济　　　B.教育与政治　　　　C.教育与文化　　　D.教育与科学技术

二、《综合素质》之"文化常识"知识点整理

1.三皇：天皇、地皇、人皇或伏羲、女娲、神农。

2.岁寒三友：松、竹、梅。

3.三纲五常："三纲"：父为子纲、君为臣纲、夫为妻纲；"五常"：仁、义、礼、智、信。

4.花中四君子：梅、兰、竹、菊。

5.文人四友：琴、棋、书、画。

6.文房四宝：笔、墨、纸、砚。

7.四库全书：经、史、子、集。

8."四书""五经"是儒家的主要经典。"四书"即《论语》《孟子》《中庸》《大学》；"五经"指《诗》《书》《礼》《易》《春秋》。

9.五帝：黄帝、颛顼、帝喾、唐尧、虞舜。

10.五金：金、银、铜、铁、锡。

11.五味：酸、甜、苦、辣、咸。

12.五行：金、木、水、火、土。

13.《诗经》中的"六义"指风、雅、颂（分类）、赋、比、兴（表现手法）。

14."永字八法"是说"永"字具有点、横、竖、撇、捺、折、钩、提八种笔画。

15.三教九流。"三教"：儒教、佛教、道教；"九流"：儒家、道家、阴阳家、法家、名家、墨家、纵横家、杂家、农家。

三、精选范文

阅读下面材料,根据要求写作文。

冰心曾说过:"世界上没有一朵鲜花不美丽,也没有一个学生不可爱。"每个学生都是一本需要仔细阅读的书,是一朵需要耐心浇灌的花,是一支需要点燃的火把。如果学生生活在批评中,他就学会了谴责;生活在鼓励中,他就学会了自信;生活在认可中,他就学会了自爱。

根据上述材料给你的启示,以"赏识教育"为题,写一篇不少于1000字的议论文。要求观点明确,条理清楚,语言流畅。

【传统文化版块】古代纪时法

一、干支计时

天干的汉字数目依次是甲、乙、丙、丁、戊、己、庚、辛、壬、癸。地支的汉字数目依次是子、丑、寅、卯、辰、巳、午、未、申、酉、戌、亥。

天干地支二者的组合,产生了六十甲子,在中国采用公历之前,人们长期用它记年、月、日。

（一）纪年

干支纪年以六十甲子周而复始,据说最早应用于西汉,到了东汉元和二年（85年）,朝廷下令在全国范围内推行干支纪年,一直到今天仍在使用。有些史书记载的西汉以前的干支纪年,是后人推算出来的。如甲子年、丙寅年、戊辰年等。例如,公元2001年,是中国农历的辛巳年;下一个辛巳年则是在60年以后,即公元2061年。

（二）纪月

古人常以十二地支配称十二个月,每个地支前要加上特定的"建"字。如"荒村建子月,独树老夫家"中"建子"指农历十一月。

（三）纪日

古人用干支纪日,例如,《郑伯克段于鄢》:"五月辛丑,大叔出奔共。"干是天干,即甲、乙、丙、丁、戊、己、庚、辛、壬、癸,支是地支,即子、丑、寅、卯、辰、巳、午、未、申、酉、戌、亥。十干和十二支依次组合,形成"六十甲子"。分别为:

甲子 乙丑 丙寅 丁卯 戊辰 己巳 庚午 辛未 壬申 癸酉
甲戌 乙亥 丙子 丁丑 戊寅 己卯 庚辰 辛巳 壬午 癸未
甲申 乙酉 丙戌 丁亥 戊子 己丑 庚寅 辛卯 壬辰 癸巳
甲午 乙未 丙申 丁酉 戊戌 己亥 庚子 辛丑 壬寅 癸卯
甲辰 乙巳 丙午 丁未 戊申 己酉 庚戌 辛亥 壬子 癸丑
甲寅 乙卯 丙辰 丁巳 戊午 己未 庚申 辛酉 壬戌 癸亥

每个单位代表一天，假设某日为甲子日，则甲子以后的日子依次是乙丑、丙寅、丁卯等。六十甲子周而复始。这种纪日法在甲骨文时代就有了。

（四）纪时

古人对一昼夜有了等分的时辰概念之后，用十二地支表示十二个时辰，每个时辰恰好等于现代的两小时。小时的本义就是小时辰。十二地支是子、丑、寅、卯、辰、巳、午、未、申、酉、戌、亥。和现代对照，夜半12点（24点）就是子时（又称为子夜），上午2点是丑时，4点是寅时，6点是卯时，依此类推。近代又把每个时辰细分为初、正式成立。晚上11点（23点）是为子初，夜半12点为子正；上午1点为丑初，上午2点为丑正，等等。这就等于把一昼夜等分为24小时了。对照表如下：

	子	丑	寅	卯	辰	巳	午	未	申	酉	戌	亥
初	23	1	3	5	7	9	11	13	15	17	19	21
正	24	2	4	6	8	10	12	14	16	18	20	22

二、天色计时

古代主要根据天色把一昼夜分为若干时段，日出时叫旦、早、朝、晨，日入时叫夕、暮、昏、晚，所以古书上常常出现朝夕、旦暮、晨昏、昏旦并举。太阳正中时叫日中，将近日中的时间叫隅中，太阳西斜叫昃。

古人一日两餐，朝食在日出之后、隅中之前，这段时间叫作食时或蚤食；夕食在日昃之后、日入之前，这段时间叫作晡时。日入之后是黄昏，黄昏以后是人定。《孔雀东南飞》有"奄奄黄昏后，寂寂人定初"的诗句，就是对段时间的确切描绘。人定以后就是夜半了。

《诗经》上说："女曰鸡鸣，士曰昧旦。"鸡鸣和昧旦是夜半以后相继的两个时段名称。昧旦是天将亮的时间，又叫"昧爽"。古书还常提到平旦、平明，这是天亮的时间。

古诗文与纪时：

平明："寒雨连江夜入吴，平明送客楚山孤。"（王昌龄《芙蓉楼送辛渐》）

日中：《两小儿辩日》《陈太丘与友期》

人定："奄奄黄昏后，寂寂人初定。"（《孔雀东南飞》）

日暮："日暮乡关何处是，烟波江上使人愁。"（崔颢《黄鹤楼》）

更定："是日更定矣，余拿一小舟，拥毳衣炉火，独往湖心亭看雪。"张岱《湖心亭看雪》

夜阑："夜阑卧听风吹雨，铁马冰河入梦来。"（陆游《十一月四日风雨大作》）

暮春：王羲之《兰亭集序》

三春："谁言寸草心，报得三春晖。"（孟郊《游子吟》）

三秋："有三秋桂子，十里荷花。"（柳永《望海潮》）

三、中国二十四节气及由来

春雨惊春清谷天，夏满芒夏暑相连，秋处露秋寒霜降，冬雪雪冬小大寒，每月两节不变更，最多相差一两天，上半年来六廿一，下半年是八廿三。

　　二十四节气是中国古代订立的一种用来指导农事的补充历法，是在春秋战国时期形成的。由于中国农历是一种"阴阳合历"，是根据太阳和月亮的运动制定的，因此不能完全反映太阳的运行周期，但中国又是一个农业社会，农业需要严格了解太阳运行情况，农事完全根据太阳进行，所以在历法中又加入了单独反映太阳运行周期的"二十四节气"，用作确定闰月的标准。二十四节气能反映季节的变化，指导农事活动，影响着千家万户的衣食住行。二十四节气是根据太阳在黄道（即地球绕太阳公转的轨道）上的位置来划分的。

　　中国古代利用土圭实测日晷，将每年日影最长定为"日至"（又称为日长至、长至、冬至），日影最短为"日短至"（又称为短至、夏至）。春、秋两季各有一天的昼夜时间长短相等，便定为"春分"和"秋分"。在商朝时只有四个节气，到了周朝时发展到了八个，到秦汉年间，二十四节气已完全确立。公元前104年，由邓平等制定的《太初历》，正式把二十四节气订于历法，明确了二十四节气的天文位置。

　　二十四节气名称首见于《淮南子·天文训》，《史记·太史公自序》的"论六家要旨"中也有提到阴阳、四时、八位、十二度、二十四节气等概念。汉武帝时，落下闳将节气编入《太初历》之中，并规定无中气之月，定为上月的闰月。

　　二十四节气中每一个节气分别相应于太阳在黄道上每运动15°所到达的一定位置。二十四节气又分为12个节气和12个中气，一一相间。二十四节气反映了太阳的周年视运动，所以在公历中它们的日期是相对固定的，上半年的节气在6日，中气在21日，下半年的节气在8日，中气在23日，二者前后不差1~2日。

　　二十四节气的命名反映了季节、气候现象和气候变化三种。反映季节的是立春、春分、立夏、夏至、立秋、秋分、立冬、冬至，又称"八位"；反映气候现象的是惊蛰、清明、小满、芒种；反映气候变化的有雨水、谷雨、小暑、大暑、处暑、白露、寒露、霜降、小雪、大雪、小寒、大寒。

戏剧篇

第一章　戏剧概述

第一节　戏剧的含义、特点与种类

一、戏剧的含义

这里讲的戏剧，主要是指剧作家创作的供戏剧舞台演出用的文学剧本。

戏剧是以演员为中心，在观众面前演出的综合性艺术。"综合性""集体性"是它基本的特点。所谓"综合性"，指它包括了各种艺术成分——如演出用的底本，是文学的成分；演员的化妆、服饰以及舞台布景，是美术的成分；演出的伴奏、音响效果，是音乐的成分；演员演出时的造型，是雕塑的成分；演员的动作，是舞蹈的成分——当各种艺术成分进入戏剧艺术后，就丧失了自己的独立性，而成了以演员为中心，以演出为目的新的艺术的构成因素。所谓"集体性"，是指戏据艺术由许多工作人员——包括剧作家、编导、演员、舞美设计师、化妆师、音乐伴奏、音响效果等——集体创造的。他们依据剧本，按导演的构思，根据演出的目的、要求，分工合作，形成一个有机整体，共同进行戏剧艺术的创造。

戏剧艺术是在剧作家所提供的剧本的基础进行的，剧本的好坏直接关系到演出的效果。同时，剧本又有其独立的文学性，可以供人阅读欣赏。优秀的剧本，如古希腊的悲喜剧，威廉·莎士比亚的剧作，关汉卿的《窦娥冤》、王实甫的《西厢记》、曹禺的《雷雨》《日出》等，不仅被人搬上舞台一演再演，而且也作为文学名著流传下来，供人阅读、欣赏。

二、戏剧的特点

戏剧文学的特点是由戏剧演出的特点和要求产生的。戏剧演出受到时间、空间、其他物质条件以及观众等多重限制，作为戏剧艺术基础的剧本必须考虑到这些限制以及演出时所要求产生的特定效果。戏剧文学的特点可概括如下。

1. 用人物语言展示剧、情塑造形象

文学是语言的艺术。剧本是文学作品的样式之一，它的基本构成要素也是语言。但与小说、诗、散文比较起来，它的语言有其特殊性，是塑造人物、展示剧情的基本手段。在剧本中我们可以看到，它的语言有两类：一类是舞台提示，包括时间、地点、人物动作、心理情绪的简要说明；一类是人物自身的语言（台词），包括对白、独白、旁白等。舞台提示一般写得非常简洁，它仅仅是对舞台演出的一种提示，而台词则构成了剧本的核心，它是展示剧情、塑造人物的基本手段。写剧本，不能像小说、散文那样由作者直接出面进行叙述、议论，暗示读者应该怎样理解人物，甚至给读者解释人物隐秘的思想活动和行为动机。在剧本中，这种叙述、介绍都没有容身之处，作家对人物的塑造，只能通过人物自身的语言（对话、独白、旁白）体现出来。

剧本必须依靠人物的语言来展示剧情，塑造人物，它写人物的语言与小说、散文也有区别。固然，文学作品写人物语言，都要口语化、个性化，都要加以提炼，不能将琐碎而又毫无意义的对话毫无选择地塞进作品，但剧本的写作却有其特殊的要求具体包括三个方面。

其一，剧本的人物语言必须考虑到演出的效果，人物的台词一般不宜写得过长。恩格斯评拉萨尔的历史剧《弗兰茨·冯·济金根》说："由于道白很长，根本不能上演，在做这些长道白时，只有一个演员做戏，其余的人为了不致作为不讲话的配角尽站在那里，只好三番两次地尽量做各种表情。"恩格斯认为，人物的动机应更多地通过剧情的本身的进程"生动地、积极地、也就是说自然而然地表现出来，而相反地，要使那些论证性的辩论……逐渐成为不必要的东西。"他认为，这是"区分舞台剧和文学剧的界限"（《马克思恩格斯选集》第4卷，人民出版社，1972年，第343页）。恩格斯所说的，揭示了台词写作的基本特点。

其二，剧本的人物语言必须具有动作性。剧本是供演出用的，动作是表演艺术的基础。英国舞台艺术革新家戈登·克雷兰指出："观众来到剧场，不是为在两小时里去听上万字的台词，而是去看行动的。"（转引自《焦菊隐戏剧论文集》，上海文艺出版社，1979年，第12页）。别林斯基指出："戏剧性不在于对话，而在于对话者彼此的生动的动作"，戏剧的"主要之点就是避免冗长的对话，使每句话都从动作中表现出来"（《别林斯基论文学》，新文艺出版社，1958年，第187页）。劳逊在《戏剧与电影的剧作理论与技巧》一书中也指出："动作性是戏剧的基本要素""一小段对话，一场或整个一出戏都牵涉到具有不具有动作性的问题"（劳逊：《戏剧与电影的剧作理论与技巧》，中国电影出版社，1961年，第214页）。

这里所说的动作，除了指人的形体动作，更是指某种平衡状态的打破及其变化。劳逊认为："戏剧性动作是一种结合着形体运动和话语的活动；它包括对平衡状态的变化的期望、准备和完成。使平衡状态发生变化的运动可以是逐渐到来的。但是变化的过程必需确实地表现出来……动作可以是复杂的，也可以是简单的，但它的各部分都必须是客观的、进行的、富有意义的。"（劳逊：《戏剧与电影的剧作理论与技巧》，中国电影出版社，1961年，第220页）。这种观点是正确的，剧本的人物语言必须能够造成戏剧的变化及情节的发展，否则就是失败的。

其三，剧本的人物语言还包括戏剧所特有的人物唱词。在歌剧剧本以及中国戏曲剧本中, 剧作家往往通过精彩的唱词, 把人物复杂的内心活动和剧情表现出来。

例如, 清代剧作家李玉在《千忠戮》讲述了建文帝实施削藩政策, 结果导致拥兵自重、觊觎皇权已久的燕王朱棣以此为由, 借着 "清君侧" 的名义兴兵攻下南京, 推翻了建文帝的帝位, 自立为永乐皇帝。建文帝在忠臣的帮助下, 改装成僧人, 得以脱逃, 流落于滇黔、巴蜀等地。建文帝的人生极具戏剧性, 由九五之尊到落魄僧人, 从高居庙堂到漂泊江湖, 他的内心感受也必然是复杂的, 是难以用三言两语说清的。这一点在他的唱词中体现得非常明显。如在《惨睹》中的一段唱词: "收拾起大地山河一担装, 四大皆空相。历尽了渺渺程途, 漠漠平林, 叠叠高山, 滚滚长江。但见那寒云惨雾和愁织, 受不尽苦雨凄风带怨长。雄城壮, 看江山无恙, 谁识我一瓢一笠到襄阳?"(《倾杯玉芙蓉》)《皇极经世·观物外篇》里说道: "以物观物, 性也; 以我观物, 情也。性公而明, 情偏而暗。" 建文帝指出, 若用出家人的视角审视眼前山河, 江山易主但山河依旧无恙, 平林依旧漠漠, 高山依旧叠叠, 长江水滚滚流淌不息, 这是 "以物观物" 的 "无我之境", 因而不知何者为我, 何者为物。这是壮美而不染世情的四大皆空、宝相庄严; 若用曾经帝王的视角看这大好山河, 却是 "以我观物, 故物皆著我之色彩" 的 "有我之境", 云雾与愁绪交织在一起, 透着惨淡的寒意, 风雨与哀怨一起滋生, 带来双重的苦楚与凄凉, 没有人再回认出此时装束简陋的行脚僧竟是昔日的一国之君, 人生的大起大落, 世态的炎凉, 一时都涌上心头, 建文帝的这段唱词极具文学价值, 用诗意的语言描绘了经典人物的复杂内心, 对往昔或有追悔, 对政敌或有痛恨, 对前路或有踟蹰, 一切的复杂心境最终也只能化为对山河的兴叹和对佛理的参悟, 淋漓尽致地表现了建文帝失去君权后的内心的惨淡苍凉。

2. 具有尖锐集中的戏剧冲突

"没有冲突就没有戏剧", 这是人尽皆知的原则。

剧本是供演出的, 剧作家所塑造的人物, 只有通过演员的表演才能变成鲜明、生动的舞台形象; 也只有通过演员的表现, 才能把人物、剧情直观地再现出来, 产生特殊的艺术力量。而演员扮演角色, 使剧本塑造的人物在舞台上活起来, 主要靠的是人物自身的动作, 动作是戏剧艺术的基本手段, 是戏剧艺术的根基。在舞台上, 如果失去了动作, 也就失去了戏剧性。但是, 并不是任何动作都是有戏剧性的, 动作必须具有内在的统一性: 前一动作引起后一动作, 后一动作既是前一动作的延续与发展, 又引发新的动作; 动作与动作之间联系紧密, 发展迅速, 层层推进, 节奏紧凑, 才可能形成强烈的戏剧效果。而使动作统一起来, 使它们能展现剧情的发展, 表现人物性格命运的, 便是戏剧冲突。

冲突也就是矛盾。现实生活中到处充满了矛盾, 毛泽东在《矛盾论》中说: "没有什么事物是不包含矛盾的, 没有矛盾就没有世界。" 叙事文学要反映现实生活, 离不开矛盾冲突。但是, 人们并不说 "没有冲突就没有小说", 这是因为, 小说虽然也离不开写矛盾冲突, 但它的整个内容并不一定完全围绕矛盾冲突来安排, 它可以有环境的细微描写, 有人物的详细介绍, 有许多穿插性的闲笔。而戏剧文学则不同, 它将冲突看作戏剧最核心的要素, 它的整个内容都要围绕戏剧冲突来组织安排, 着重写冲突的发生、发展及解决, 它的冲突集中、尖锐, 一切与戏剧冲突无关的描写都要去掉。

戏剧冲突是使戏剧内容具有活力并得以发展完成的根据和动力。一台戏剧,如同一个构筑在舞台上的世界,由于场景、人物、事件、时间都高度集中,这个世界所反映的种种矛盾都被强化和突出了,从而形成了戏剧冲突。所谓戏剧冲突,就是戏剧中人物与人物之间以及人物自己内心深处的矛盾和斗争,它是人物思想性格在特定戏剧情境中相互撞击、相互影响的结果。

通常将戏剧冲突分为外在冲突和内在冲突。所谓外在冲突,指的是人与人或某种力量之间的冲突,如曹禺的《雷雨》,表现的是周、鲁两家错综复杂的矛盾冲突;19世纪挪威戏剧家易卜生的《人民公敌》,表现的则是个人与某种社会势力之间的冲突,这些冲突都直观地反映了客观世界中的矛盾冲突。某些冲突则发生在人物内心深处,这些冲突虽属个人,但却具有普遍意义,这就是戏剧中的内在冲突。例如,在威廉·莎士比亚的《哈姆莱特》中,哈姆莱特同克劳狄斯以及母亲之间的外在冲突固然首先吸引了我们,但哈姆莱特内心的冲突才是这部戏剧的精髓。而在威廉·莎士比亚另一部悲剧《麦克白》中,外在冲突则退居其次,麦克白的内心冲突得到了突出表现。如果说外在冲突更直观的话,那么内在冲突则使戏剧获得了人性的深度。所以英国当代戏剧理论家尼柯尔说,一个剧本"只有当它把外在冲突与内在冲突结合在一起时,它才会在舞台上与文学领域中获得成功"(尼柯尔:《西欧戏剧理论》,中国戏剧出版社,1985年,第118页)。

戏剧冲突的基本内涵是性格冲突。戏剧中的人物,因思想、气质、能力、兴趣等等的差异和对立,必然会形成不同的性格。不同的性格在有意识地为实现各自的愿望、意图、目的的行动中,必然会发生冲突。而同一个人物,也会因情况的变化而造成性格自身的内在冲突。这种人物与人物之间、人物自身的冲突,统称为性格冲突。戏剧冲突即产生于这种性格冲突中。

在西方现代戏剧中,冲突并不局限在性格方面,有的戏剧中的人物并无性格,甚至连姓名也没有,它不过是某种符号而已。这类冲突是现实生活的抽象化,但也具有实质性的内容,即表现某种哲理性的主题,如尤奈斯库的《椅子》一剧,在舞台上,椅子占据了所有的空间,两个老人在"椅子"中艰难地行走,以隐喻世界的荒诞性:物质的发达不仅没有拯救人类,反而挤掉了人类立足的空间。如另一部荒诞剧塞缪尔·贝克特的《等待戈多》,整部剧里人物也没有鲜明的性格,剧中的两个流浪汉苦等"戈多",而"戈多"久等不来,喻示着人生是一场无尽无望的等待,表达了世界荒诞、人生痛苦的存在主义思想。

戏剧冲突来源于现实生活。现实生活充满了形形色色的矛盾。但生活中的矛盾往往是分散的,有的尚未激化为冲突便消失了,有的虽然具有冲突,但缺乏戏剧性;有的具有戏剧性却又缺乏社会意义。剧作家构思戏剧情节,就必须加以提炼、集中、典型化,使矛盾冲突更为尖锐,更为连贯,更为典型,并把它与人物的真实命运有机地结合起来,一步步地把它推向高潮。

3. 适应舞台时空的戏剧结构

任何文学作品都有一个结构的问题,但戏剧的结构有其特定的要求。戏剧只能在有限的时间(一般不超过三个小时)和有限的空间(舞台)内面对观众演出。它无法像小说、影视那样自由地转换场景。这种时空性决定了剧作家在创作文学剧本时必须高度浓缩地反映生活。它应该集中在几个场景中突出刻画主要人物，揭示现实生活的矛盾冲突。剧作家在考虑篇幅、人物、故事、场景时，必须尽可能做到集中、凝练，篇幅不宜过长，人物不宜过多，故事应单纯、生动，场景不宜变换频繁。

怎样在有限的时空内表现丰富的生活内容，并让观众的审美注意保持到始终，西方古典主义戏剧根据其对亚里士多德《诗学》的理解，提出了"三一律"：即"时间的一律""地点的一律""动作的一律"——事件只能发生在24小时之内，事件必须发生在同一地点，动作必须是围绕同一主题，以求得剧情时空与舞台时空的高度统一。但这种机械的规定无法解决戏剧写作中的实际问题。有些剧本的剧情空间极其广阔，其时间从几天、几十天到长达几年、几十年。

剧作家如何解决剧情时空与演出时空之间的矛盾呢？那就是分场、分幕、分景。剧作家首先是"立主脑""减头绪"，将剧情发展中最富有戏剧性的那些部分，最能显示人物性格和剧作主题的部分处理在台前，而把那些戏剧性不强、不适宜于在舞台表演的部分处理到幕后，通过台词加以介绍，从而使剧情更为集中，更具有戏剧性，更能吸引观众。如老舍的《茶馆》，反映的时间是从1898年戊戌政变失败到1948年国民党统治临近崩溃的前夕，时间跨度达半个世纪之久，涉及人物达70多个，但戏剧内容却相当集中，演出时间仅两个多小时，地点只有一个：茶馆。

三幕戏的故事，彼此相隔很长的时间：第一幕戏，发生在晚清光绪朝的戊戌年；第二幕戏，发生在第一幕十几年后的北洋军阀割据时期；第三幕戏，发生在距第二幕三十多年、抗战结束后的国民党统治时期。在反映茶馆的三个不同时期里，老舍以重点人物的人生兴衰走向为方向，让各类人物先后登场，写他们的言行举止，写他们是怎样活着和怎样死去的，折射出当时社会形形色色的生活，进而表现出整个社会的动荡变迁。三幕历史剧《茶馆》就犹如三组风俗画，反映了三个时代长达50年的风云变幻，成为中国半殖民地半封建社会的一个缩影。

中国戏曲的时空转换也充分体现了"舞台小天地，天地大舞台"的戏剧结构，在舞台方寸之间通过演员程式化的动作提示，可以完成跨越千里的空间转换和超越百年的时间跨度。如京剧《苏三起解》中饰演苏三的旦角一边唱着"苏三离了洪洞县，将身来在大街前。未曾开言我心内惨，过往的君子听我言。哪一位去往南京转，与我那三郎把信传。言说苏三把命断，来生变犬马我就当报还。"一边在舞台上绕圈行走，等她把一整段唱词唱完，她所处的空间已经完成了从洪洞县到太原府的超长跨越，真正算得上是"三五步行遍天下，六七人百万雄兵。"

三、戏剧的种类

1. 依据其表现形式，可以将其分为歌剧、舞剧、话剧和戏曲

话剧、歌剧、舞剧都源于欧洲。

话剧是一种以对话和动作为主，偶尔也可穿插少量歌舞的戏剧。它接近现实生活，便

于抒发和表达人民群众的情感和愿望，台词对于话剧来说，具有特别重要的意义。我国早期话剧于1907年在日本新派剧影响下产生，称新剧或文明剧。"五四"以后，欧洲戏剧传入中国，中国现代话剧兴起，当时称爱美剧或白话剧，1928年由洪深提议定名为话剧，代表作有曹禺的《雷雨》等。话剧是以人物对白为主要形式的戏剧，它由各种人物之间的对话构成戏剧冲突，并且自始至终贯穿着冲突的产生、发展和解决。歌剧以歌唱为主要手段，综合音乐、舞蹈等艺术来揭示戏剧冲突、展现戏剧内容，歌词多采用诗的形式写成，既有精练的叙事性，又有强烈的抒情性，台词是有节奏有韵律的诗词语言。我国现代歌剧的诞生是"五四"以后，特别是延安文艺座谈会后，在民族民间音乐（包括秧歌、戏曲）基础上，借鉴西洋歌剧逐渐形成的，是具有民族特色的中国歌剧。《白毛女》是我国歌剧成型的标志。舞剧以舞蹈为主要手段来揭示戏剧冲突，展现戏剧内容，其中台词较少，有的干脆没有台词，但音乐和歌词则起着重要作用，代表作有《小刀会》《丝路花雨》等。

戏曲是中国特有的戏剧形式，它集文学、音乐、舞蹈、美术、武术、杂技以及人物扮演等诸多因素为一体，角色分生、旦、净、末、丑，表演讲究唱、念、做、打，戏曲剧本一般分"折"或"出"，兼用韵文和散文。

戏曲表演具有虚拟性，演员上台不用实物或只用一象征性的实物：从一片木桨可以看到惊涛骇浪，从几根马鞭可以看到万马奔腾……如京剧大师梅兰芳在《打渔杀家》中只借助一片小桨，就把一个渔家女儿划船的整个过程表现得惟妙惟肖。通过虚拟化的表演，创造出一种"似与不似"的审美境界，一种不受舞台时空限制的艺术氛围。

戏曲在动作表演上讲究程式化。无论是行走坐卧等诸种动作，都有一套具有一定含义、程式的表演动作。演员的表演常常与水袖、髯口、发束、袍带、野鸡翎等的使用相配合，写意性强，讲究手、眼、身、法、步的协调配合。如开门，戏曲舞台上没有真实的门，只有通过演员的动作来表现开门。如骑马，通过演员跑一个圆场来表场跨过千山万水。在戏曲中，各行当的武打套路和所执兵器有严格规定，翻、跌、扑、打的招式也不能有丝毫的差错，并且要与打击乐器协调一致。如《三岔口》，指挥全台武打的锣鼓给人极强的刺激；黑暗中的摸打，穿插其中的刀花、枪花等绝招令人赞不绝口。

戏曲特有的形式美——脸谱、服装行头以及写意化的舞台美术等，是完美的戏曲艺术的有机组成部分。脸谱的主要审美价值表现在勾画人物的性格特点上，通常是白脸奸诈、红脸忠直、黑花脸粗犷、红花脸勇猛、三花脸刁狡古怪。如包拯勾以黑脸，以彰其铁面无私的威严；曹操绘以白脸，细眉长目，以表其奸诈、残忍的性格；项羽别姬时饰以紫脸，以示其忧郁的神情；单雄信、马武等类的脸著以红、蓝、绿等色彩，给人一种面目狰狞的印象。脸谱审美价值的另一方面，是构图变化的韵律美与图案美。绝大多数脸部都呈现左右对称形式，富有图案特色，而且线条流畅，色彩鲜明，一个脸谱就是一张画、一朵"花"。有些构图别致的脸谱还具有一种特殊的韵味，如粤剧中钟无盐的脸谱，那是一张阴阳脸，其构图法则颇有毕加索的风格；京剧中孙悟空的猴脸，使人从似猴又非猴的造型中获得一种类似欣赏布莱希特的表演艺术的"间离"效果的美感。

戏曲行头华美，具有极强的装饰性。常说的"行头"，是戏剧角色穿戴服装的统称，包括盔帽、蟒、靠、褶、帔、靴等。戏曲服装的样式、花纹、色彩都有一定规格，不分朝代，一律以十蟒十靠等一套固定的服装形式，它舍弃了各时代的服饰上的具体细节区别，而抓住性别、年龄、社会地位这些关键进行充分装饰，人们可以借助戏装来判断角色的身份和性格。如穆桂英、王宝钏、白素贞、崔莺莺、红娘、秦香莲，她们都是旦角，谁文谁武、谁贫谁富、谁凡谁仙、谁尊谁卑，全借助于服装来显示。服装成为戏曲演员塑造人物形象的一个重要辅助手段。

传统戏曲的舞台布置是不布实景的，观众可从各类景幕的布置安放情况，了解到表演空间的内外和宽窄等。

戏曲的台词，大都韵散结合，以唱词为主，说白为宾。道白要字正腔圆，慢而不断，快而不乱，抑扬适度。唱腔则要求个性鲜明，声情并茂。唱，无论曲牌或板腔都有一定的格式。道白，如上场引子、定场诗、自报家门、下场诗等也都有一定的程式。

现代戏曲在传统戏曲的基础上作了一些改进，但各地方剧种依然保持了传统的特色。

2. 按照戏剧的容量和场次，可分为独幕剧和多幕剧

多幕剧是指全剧故事情节通过分幕或分场的形式有步骤分阶段展开的戏剧形式。可以通过场景的变换来表现时间的间隔或空间的转移，比独幕剧的容量大，人物多，情节曲折复杂。如老舍的三幕话剧《茶馆》。

独幕剧是指全剧事件在独立的一幕内完成的戏剧形式。比起多幕剧来，受到更为严格的舞台时间和空间的限制。演出时间一般三四十分钟，不变换场景。因而要求情节结构更加精练集中，矛盾冲突的展开也更为迅速，人物较少。如老舍创作的独幕剧《生日》。

3. 根据作品内容的性质以及审美特征，可分为悲剧、喜剧、正剧

悲剧最早产生于古希腊的酒神颂，叫"山羊之歌"，歌颂酒神（实际上是农业之神）狄奥尼索斯的尘世痛苦和再生，是雅典阿刻提农村对于死亡等悲哀事件的庄严表演，悲剧由此发展而来。悲剧有广狭二义。广义的悲剧，指一切表现人生痛苦的戏剧。狭义的、传统文艺理论中所讲的悲剧，指的则是内容严肃、格调崇高，表现正面主人公失败或毁灭的戏剧。这类悲剧的一般特征可以从两个方面来理解：首先是冲突的性质，只有正面主人公在出于自己意志的行动中犯下不可挽回的错误或遭遇到不可避免的不幸时才可能成为悲剧。如果不是正面人物而是一个彻底的坏人，那么他的不幸只会使人觉得罪有应得而成为道德劝诫剧。如果主人公的不幸不是由于自己意志的行动而是由于意外，如某个人物正当事业如日中天时却遭到意外的车祸，这只是一出苦难剧而不可能成为严格意义上的悲剧。其次，悲剧产生的应该是严肃、沉郁并倾向崇高之美的感情，使人超越日常的生活态度和道德水平，激发起正义感或产生对于人生更为严肃、深沉的感受，从而使心灵受到或多或少的净化。如果缺乏崇高感，那只能是较低形态的感伤剧或一般的情节剧。

早在古希腊，悲剧就曾取得辉煌的成就。亚里士多德依据希腊三大悲剧诗人以及其他剧作家所创作的悲剧，曾对悲剧作过比较深入的分析。到18世纪，黑格尔在《美学》中也对悲剧作了自己的论述。马克思、恩格斯继承了黑格尔的思想，并在历史唯物主义的基础上进行了改造，提出了"历史的必然要求和这一要求实际上不可能实现之间的悲剧性冲突"

（《马克思恩格斯选集》第4卷，人民出版社，1972年，第346页）这一思想。他们认为，"冲突"是悲剧的中心；悲剧人物代表了历史的必然要求，有其合理性，是有价值的；这种人物可以是先进社会制度的代表，也可能是还有其合理性的旧的制度的代表，他们的失败、死亡，是因为力量对比的悬殊，或由于自身的不成熟或其他弱点。在我国，鲁迅则把悲剧概括为"把有价值的东西毁灭给人看"（《鲁迅全集》第1卷，人民文学出版社，1981年，第297页）。

喜剧最早产生于古希腊祭祀酒神的狂欢舞和滑稽剧，叫"愉快的行列"，以后逐渐形成喜剧这一文学样式。喜剧的基本特征是引人发笑，它的格调不像悲剧那样严肃、崇高，而是轻快、乐观；它的冲突不像悲剧那样庄重、壮烈，而是轻松愉快。但是，并不是惹人发笑就能构成喜剧，喜剧引发的笑声应具有道德或哲理的深度，体现出对真、善、美的肯定，对假、丑、恶的鞭挞，应该让观众在笑声中不知不觉地得到一种美的升华，如果缺少这种深度，单纯为了制造笑料，则不是严格意义上的喜剧。

喜剧在古希腊就相当发达。喜剧作家阿里斯托芬就被恩格斯称作"喜剧之父"。但严格地说起来，喜剧是逐渐发展完善的。因为喜剧有两种基本类型：一类是对丑恶、落后、可笑事物的嘲笑和讽刺，一类主要是通过笑声去赞美生活中美好的事物。后一类喜剧，主要是在当代发展起来的。

传统的喜剧，是对丑恶、落后事物的嘲笑和讽刺，它以夸张的手法，巧妙的结构，诙谐的台词以及对喜剧人物性格的刻画而造成喜剧效果。其中又衍化出两类不同的形态：第一类喜剧是以否定为基调的。细分为以下三种情况：有时，喜剧中出现正反双方，但在真善美与假丑恶的冲突中，旧的、落后的势力已不能对美的、善的事物形成威胁，只能作为历史嘲笑的对象，每一次冲突的结果都更加暴露出旧事物的可笑、可恶、可鄙，从而激起人们对旧事物、旧力量的嘲笑；有时，喜剧中并不一定出现正面人物、正面力量，如果戈理的《钦差大臣》，陈白尘的《升官图》，只是反面人物丑恶表演的"群丑图"，作者抓住旧事物在内容与形式、现象与本质、目的与效果的极端不协调性构成喜剧性冲突，让观众看了忍不住要笑，这时，观众的笑声也就成了作品的正面力量；有时，喜剧所否定的仅仅是人物身上某种可笑的思想、现象，以显示出他们不合理，但并不否定这个人物本身，如莫里哀的《可笑的女才子》。

对于以否定为基调的喜剧，西方美学家、文艺理论家多有论述。马克思、恩格斯对喜剧未作专门论述，但在谈到旧制度喜剧时，对这类喜剧特征作了深刻的揭示。马克思说："世界历史形式的最后一个阶段就是喜剧……历史为什么是这样的呢？这是为了人类能够愉快地和自己的过去诀别"（《马克思恩格斯选集》第1卷，人民出版社，1972年，第5页）。就这句话的含义来看，喜剧可以理解为用笑声去埋葬旧事物，用笑声去迎接新事物。喜剧否定的是无价值的、丧失合理性的东西，诚如鲁迅先生所言，"喜剧将那无价值的东西撕破给人看"（《鲁迅全集》第1卷，人民文学出版社，1981年，第297页）。

以上都是以否定为基调的戏剧，还有一类喜剧是以赞美为基调的。它的主人公从本质上说是善的、美的，但常常以不协调的、丑的形式表现出来，也构成了喜剧。如意大利哥尔多尼的《一仆二主》，既对仆人的粗心大意进行了善意的嘲讽，又肯定了他的机智。又如《七品芝麻官》《徐九经升官记》，它们的主角是丑扮，人物的语言、动作都是喜剧性的，让人看后忍俊不禁，但在喜剧的形式下，表现的是一颗正直、善良、富于智慧的心，他们敢于为民做主，敢于用自己特有的方式与封建权威做斗争。还有一些抒情喜剧，它们的冲突往往建立在误会的基础上，通过误会的产生和消解来揭示生活中美好的东西。这类喜剧，在当代喜剧类型中占有突出的地位。

正剧又称悲喜剧，它兼具悲喜剧因素又不同于二者。在现实生活中，崇高与滑稽、英雄与小丑，有价值的东西与无价值的东西，常常是同时并存而相互斗争的。从历史的发展来看，崇高的、有价值的东西固然有遭到毁灭的情况，但从历史的长河来说，光明总是要战胜黑暗，有价值的东西总要战胜无价值的东西，这就需要一种新的戏剧样式来反映。就欧洲来说，在较长时期内，悲剧喜剧界线分明，一直到18世纪，才产生正剧。正剧不是描写英雄的毁灭，而是在新旧斗争中反映时代的变化发展。它的题材严肃，剧情有悲有喜，表现的是悲欢离合、正义战胜邪恶的故事。其格调既不像悲剧那样沉重，也不像喜剧那样活泼。它取材严肃，这使它不同于一般的喜剧。它的结局通常是正义一方获得圆满的结局，这又使它不同于悲剧。像我国传统戏曲中的《西厢记》《牡丹亭》，当代戏剧中的《茶馆》《龙须沟》《万水千山》《陈毅市长》等，都属正剧。

第二节　中外戏剧发展史略

一、中国戏剧的发展

1. 中国古典戏曲的初期阶段

中国古典戏曲形成于宋辽金时期，但渊源久远，经历了起源、萌芽、形成到成熟等各个发展阶段。

关于戏曲的起源，学术界有原始社会歌舞说、巫觋说、俳优说、百戏说、傀儡戏说以及外来说等不同说法。中国戏曲是一种高度综合性的艺术，渊源应该是多方面的，它必然综合了诗歌、音乐、舞蹈、表演、讲唱文学甚至杂技等多方面的因素。但主要来源应包括以下三个方面：一是以先秦歌舞、两汉百戏（如"东海黄公"）、六朝歌舞（如"踏摇娘"）、唐宋大曲为代表的歌舞戏；二是以先秦俳优、唐参军戏等为代表的滑稽戏；三是以六朝俗讲、唐变文、宋诸宫调为代表的讲唱文学。除了这三个主要来源外，文学方面的因素对戏曲的形成也极为重要。中国戏曲之所以形成于宋之后，这与中国古典诗歌发展到适合作代言体的曲的出现有关，也与叙事性小说形成和繁荣有关。在此之前的百戏、六朝歌舞、唐宋大曲，都不构成为真正的戏剧，而仅仅是戏剧的一种萌芽形式。因为，它们并不以代言体的故事表演为其中心内容。

真正的戏剧产生于宋辽金时期，我国最早的戏剧雏形是宋杂剧和金院本。中国戏剧的成熟形式是南北宋之交在南方兴起的温州杂剧（即南戏戏文）和从金末起流行于北方的北杂剧（即元杂剧）。南戏戏文是由宋杂剧、唱赚和南方民间村坊小曲等综合发展而成，并以南曲演唱为其特征。但形式比较原始，长期停留在村坊小戏阶段，留存的剧本不多。北杂剧借助于当时的政治形势，迅速勃兴并走向繁荣，成为我国戏剧史上最早成熟的剧种。

北杂剧是在我国初期戏剧，即宋金杂剧，特别是金院本的基础上，综合当时的讲唱文学，主要是诸宫调的若干因素发展而成。诸宫调有人物形象，有故事情节，有说有唱，还有乐器伴奏，和戏剧非常接近。但它通常由演唱者以第三者身份来叙述故事，仍为叙述体，而不是戏剧的代言体。但它的题材内容、组织结构、音乐曲调和讲唱方式都给北杂剧以有益的启示。北杂剧就是在我国戏剧历史发展的基础上，将宋金杂剧中表演、戏弄等有价值的成分、与诸宫调中曲白相生的体制和音乐联套的方式，加以综合、提炼，从而形成一种新型剧种。

2. 元杂剧

元杂剧是一种体制非常严格的剧种，尽管它的唱法久已失传，发展也早已中断，但根据流传下来的剧本和有关记载，可以归纳出如下特点。

（1）基本结构形式为四折一楔子。折，主要指音乐上一个完整的套曲。一折就是与一套曲相适应的一个较大的剧情段落。折是杂剧的一个组织单位。一本四折，就是指一个剧本采用不同宫调的四套曲子和穿插其间的科白，构成戏剧情节发展中的四个段落。一本四折的体制，可能来源于宋金杂剧中的四段，客观上也符合戏剧冲突的形成、发展、高潮和解决这一完整过程的四个阶段。故对于多数元杂剧来说，基本上是适合的，只有少数杂剧由于剧情复杂，突破了一本四折的体制。元代杂剧作家对一本四折的通例，是严格遵循的，一直到元末，才偶有破例。对于一本四折容纳不了的剧情，元人通常做法有二：一是写成多本杂剧，如王实甫《西厢记》写成五本二十折，这么做仍然符合一本四折的体例。另一做法是增加楔子。

楔子原指木工在榫头上加进一块上宽下窄的楔形木片，元杂剧借此表示对戏剧情节的一个补充，用来交代人物、情节、埋下伏线，加强联系。楔子与折不仅在篇幅上有长短之别，更主要的是它不用套曲，只用小令，且多用【仙吕赏花时】或【仙吕端正好】或联幺篇。楔子里唱曲的人物，可以不是全剧主唱角色。现存元杂剧大多加了一个楔子，没有楔子或写了两个楔子的只占少数或极少数。楔子一般放在第一折之前，相当于序幕；也可以放在折与折之间，相当于过场。

（2）角色分四大行：旦、末、净、杂。角色分行是元代戏曲的一个特色。元杂剧的角色分旦、末、净、杂（注：无"丑"，个别剧本中的"丑"，系明人所加）。旦扮演剧中女性。主角为正旦，此外还有副旦、贴旦、外旦、老旦、大旦、小旦、花旦、色旦、搭旦、细旦等名目。末，扮演剧中男性，主角为正末，此外有副末、冲末、外末、大末、二末、小末、末泥等名目。净，以扮刚强狞恶的人物为主，多扮男性，也偶有扮演女性者。有净、副净、二净等名目。不属以上三类，或角色不明的其他人物，可统称为"杂"。"杂"不是角色行当，而是沿袭金院本中所扮演人物之称呼。如孛老（老汉）、卜儿（老妇）、驾（皇帝）、孤（官员）、洁（和尚）、邦老（强盗）、都子（乞丐）、祗从（侍从）、曳剌（番兵）、禾（农人）、倈（儿童）等。

以上角色中，只有正旦和正末才可以成为主角。主角和配角的区别在于：只有主角才可以主唱，其余角色只有科白，没有唱词。

元杂剧体制的另一特色是"一人主唱"，即正末或正旦主唱。正末主唱的叫末本。正旦主唱的叫旦本。在末本中，正旦不能唱。在旦本中，正末不能唱。例外情况极少。部分杂剧中，正末正旦也可分别扮演不同人物。如，末本《单刀会》，正末分别扮乔玄（一折）、司马徽（二折）及关羽（三、四折）；末本《赵氏孤儿》，正末分别扮演韩厥（一折）、公孙杵臼（二、三折）及孤儿（四、五折），在这种情况下，分别由剧中不同人物主唱，但仍然是正末主唱，符合一人主唱的通例。

（3）以曲辞为主要部分。曲辞是元杂剧的主要部分，剧本文学价值高低的标志。元杂剧往往通过大段成套唱词以抒写主唱人物的激情和复杂的精神状态，有些剧本的唱词还吸收了讲唱文学唱中夹白的方式。这些唱词所具有的独特的情调、感情色彩，与宫调的选择有关。

宫调是我国古代音乐术语。它是在七音（即宫、商、角、变徵、徵、羽、变宫）与十二律（黄钟、大吕、太簇、夹钟、姑洗、仲吕、蕤宾、林钟、夷则、南吕、无射、应钟）相配的基础上产生的，理论上可以构成八十四宫调。其中"宫"专指以宫作主调的大调，"调"则泛指以其余六音为主音的各种调式。宫调的作用在于确定主音和限定管色高低。正由于主音的不同、管色高低的不同，表现出来的音律也多有不同。人们听起来，有的雄壮，有的凄婉，有的欢欣，有的感伤。元代剧作家正是利用不同的声律来表现不同的剧情。元杂剧四折宫调的使用也有一个大致规律：第一折几乎都用【仙吕点绛唇】套，第二折多用【南吕一枝花】或【正宫端正好】套，第三折多用【中吕粉蝶儿】或【越调斗鹌鹑】套，第四折大多用【双调新水令】套。总的看来，一、四折比较固定；二、三折比较多变。因一、四折是开头和结束，情调大致相近，故宫调比较一致。二、三折受不同剧情制约，情调差别较大，故宫调选用上变化也较大。

元杂剧每折在一个宫调之内，曲牌选择及先后次序也有一个大致的规律。如仙吕宫以【点绛唇】开始，接着用【混江龙】、【油葫芦】、【天下乐】等曲。南吕宫以【一枝花】开始，接着用【梁州第七】【隔尾】【牧羊关】【贺新郎】等曲。所用曲子多寡不等，视剧情简繁而定，一般用十支左右曲子组成。最短的如《追韩信》第四折【正宫端正好】套，只用三曲。最长的如《魔合罗》第四折【中吕粉蝶儿】套，共用二十六支曲子。

（4）以宾白和科泛为辅助部分。除曲辞，宾白和科泛都是构成杂剧的主要因素。宾白指剧中人物说白部分。古代戏曲以唱为主，以白为宾，故称宾白。也有人解释为二人为宾，一人为白，合称宾白。元杂剧的宾白形式多样，大体可分韵语宾白和散语宾白两大类。韵语宾白指诗词及其他韵语，包括角色出场的上场诗和退场时的下场诗。上场诗也叫定场诗。散语宾白用加工提炼的元代口语，比较通俗、质朴、本色。散语宾白有独白、对白、带白、插白、旁白、分白等样式。独白是一人独自说白，对白是两人对话，带白是唱曲时插入的几句说白，插白则指唱曲时另一角色插入的几句说白。旁白在剧本中常写作"背云"，指剧中人物向观众抒发内心感受，而假定台上其他角色听不到的说白。分白则是两人各自道白，假定彼此不知而内容又相互有关。

另外，元杂剧在剧本结尾处常用两句或四句韵语，说明剧本的思想内容，作为全剧的收场语，叫作"题目正名"。题目正名大约是在散场时念出的，不属于宾白的范围。一般摘取题目正名中末句作为剧本的全名，截取全名末三字或四字作为简名。如《窦娥冤》题目正名的末句为"感天动地窦娥冤"，《窦娥冤》就是截取末三字而成。

元杂剧还把有关动作、表情、效果等舞台指示叫做科或科泛。如两人相见为"做相见科"，思考问题为"做寻思科"，表情示意为"做意科"。元杂剧中的一些舞台效果也叫做科，如"做起风科""内做响雷科"，表明以声音模拟刮风、打雷。这两种科，含意并不一致。

元代杂剧，作家如林，作品似海，当时就有"词山曲海"之称。其繁荣之状况，前所未有。元代杂剧作家据元末钟嗣成《录鬼簿》著录，有一百五十二人，除散曲作家外，有作品可考的剧作家八十余人。元代杂剧作家社会成分非常复杂，几乎包括社会上各个阶层。其中既有统治阶级上层人士，也有下层官吏，还有一些社会底层人物。作为"一代之奇"的元杂剧，作品数量也相当可观，大约有六七百种（现存150余本）。今人为了更准确地说明元杂剧创作发展变化，大多只划分为前后两个时期。这两个时期无论就作家情况而言或作品的思想风格来看，都有许多不同之处。

前期从金末到大德末年（1234—1307），是杂剧发展的鼎盛时期，其间才人辈出，名作如林。因其活动中心主要在大都一带，著名作家几乎都是北方人，如关汉卿、白朴、王实甫、马致远、高文秀、纪君祥等。他们的作品，大多具有深刻的思想内容和浓郁的生活气息，风格豪放粗犷，语言多质朴自然，表现了北方文学的特质与精神。元杂剧中不少著名杰作，多半产生于这个时期。如关汉卿的《单刀会》《窦娥冤》《救风尘》，王实甫的《西厢记》，马致远的《汉宫秋》，白朴的《梧桐雨》，纪君祥的《赵氏孤儿》等。

后期从元武宗至大年间到元末（1308—1368），是元杂剧创作的衰微时期，活动中心已从大都移向杭州。这个时期出现了不少南方作家，有的北方作家，如郑光祖、宫天挺、乔吉等，亦多流寓南方。这个时期除部分作品较有特色之外，多数作家的作品平庸，表现了元杂剧由盛而衰的过程。其中，郑光祖的《倩女离魂》较有名。

3. 南戏

南戏，早期称戏文、南曲戏文，原本是温州一带的地方剧种，它产生的时间，应略早于北杂剧。《永乐大典》收录的《张协状元》，是现存最早的南戏剧本，一般认为是南宋后期作品。剧中已把曲辞、念白、科介等不同表演手段结合起来，相互配合，形成一种综合性的舞台表演体系。但此剧曲白都比较粗糙，某些情节也不甚合理。结构松散，不分出，场面安排较为琐碎，与主题无关的科诨过多。说明此时的南戏，在形式上还不够完善，尚未定型。元灭南宋后，北杂剧传入江南，并以其崭新的内容及精粹的表演压倒南戏。南戏曾一度退出城市舞台，在南方乡村流行。它吸取了北杂剧的一些优点，使剧本的文学素质和舞台表演的艺术水平不断提高。一些南方的或流寓南方的杂剧作家，如马致远、萧德祥、汪元亨等人，可能染指过南戏创作。一大批杂剧题材被改编为南戏，也丰富了南戏的演出剧目。在剧本结构上，南戏也不断吸收北杂剧的联套方式，改变了原来零支歌曲拼凑的简单结构，转而采用使音乐结构与场面安排结合在一起的曲牌联套方法。同时，北曲曲调也被引进南曲的唱腔之中,创立了南北合套的音乐新体制。这一切都使南戏剧本及演出体制更加成熟与完善。

元末,随着元杂剧的衰落,南戏以其成熟的艺术形式,重新繁荣起来。元末明初,为南戏过渡到传奇的重要时期。被人称为"四大传奇"的"荆、刘、拜、杀"(《荆钗记》《刘知远白兔记》《拜月亭》《杀狗记》),以及高明写的被誉为"传奇之祖"的《琵琶记》,是这个时期舞台上负有盛名的代表作,明王骥德在《曲律》中曾说:"古戏如荆、刘、拜、杀等,传之凡二三百年,至今不废。"

四大传奇及《琵琶记》的出现,标志着南戏的最后定型。即由早期地方剧种的"戏文",发展为成熟的全国性大型剧种"传奇",南戏开始成为与北戏分庭抗礼的另一完整的舞台表演体系。

定型后的南戏,与当时的北杂剧有着不同的体制和不同的艺术风格。

就其篇幅而言,杂剧的基本体制是四折一楔子,篇幅紧凑,情节集中,而南戏则无固定限制,一般采取分场形式,以人物上下场为界线,根据内容需要灵活安排场次。早期南戏,篇幅长短比较自由,定型后开始趋于整齐,如"荆、刘、拜、杀"四大传奇,分别为四十八出、三十二出、四十出及三十六出。篇幅增大,能纳入复杂的情节和反映更广阔的社会场面,但往往也失之冗长松散。

就其唱法而言,北戏严格限制为一人主唱,南戏则不论生旦净丑,都可以唱,唱法灵活多变,有独唱、对唱、接唱、合唱等多种形式,且每出唱腔不限一个宫调,也不限一韵。南戏每出的联套方式,也与北戏比较固定的情况不同,它灵活自由,一般可分为引子、过曲及尾声三个部分。

就其曲辞而言,北戏主要用北曲,特点是七声音阶,节奏比较急促,风格粗犷朴实。南戏主要用南曲,特点主要是五声音阶,节奏比较舒缓。南曲是在唐宋大曲、宋词及南方民间曲调的基础上形成的,较北曲衬字要少,用韵为南方音,四声皆备。北曲用弦乐伴奏,以琵琶为主,南曲以管乐伴奏,配以鼓板。故北曲声调遒劲朴实,南曲柔缓婉转。

就其结构而言,南戏定例第一出为"副末开场",不唱曲,念词二阕,以表明作者主旨及戏文大意;接着,生、旦分别登场。结构多为双线并进,生、旦各领一线。至最后一出,照例为全剧人物一同登场欢聚,生旦团圆。

就其宾白言,杂剧较俚俗,而南戏在进入上层社会之后,比较文雅。人物出场,杂剧先白后曲,南戏则大都先曲后白。

就其角色而言,南戏分行较杂剧更细致,一般分为生、旦、贴、末、净、外、丑七类。南戏以生代替杂剧中的末,作为剧中男主角,但仍保留了末,作扮演老年男人的配角。南戏中还添设了丑,以便增加插科打诨、滑稽调笑的内容。

总之,南戏定型后,较之杂剧,有明显的改进,运用戏剧手段反映生活、塑造形象的能力,有很大的提高。

4. 明代戏剧

明代戏剧在元代杂剧高度繁荣的基础上得到进一步的发展,其戏剧品种,既有从元杂剧发展而来的明杂剧,又有从宋元南戏发展而来的明传奇。明传奇随着声腔的发展,又形成昆曲一系和弋阳诸腔一系,这些声腔剧种,均有剧本流传。明传奇,包括后来的昆曲,不断丰富完善,以致逐渐取代了杂剧,成为明代剧坛主流。明中后期,传奇剧目的大批涌现,形成了我国戏剧史上继元杂剧之后的第二个高潮。明传奇中,成就最高、影响最大的,是汤显祖的《牡丹亭》。

5. 清代的戏剧

清代戏剧也取得了很大的成就。清代传奇、杂剧,是明代戏曲的继续和发展。清初,由李玉、朱素臣、毕万后、叶雉斐合作的《清忠谱》,是我国戏曲史上第一部"事俱按实"的历史剧。而《长生殿》和《桃花扇》,是传奇的双璧,在文学史上占有重要地位。洪升的《长生殿》以安史之乱为背景,写唐明皇和杨贵妃的爱情故事,既颂扬了生死不渝的爱情,又反映了安史之乱前后的民族矛盾和阶级矛盾。它以幻想的形式,表达了人民对爱情的理想,是一部浪漫主义的杰作,其艺术表现,达到清代戏曲创作的最高水平。孔尚任和洪升齐名,当时有"南洪北孔"之称。孔氏《桃花扇》是一出描写南明王朝兴亡的历史剧,其主题如作者所说"借离合之情,写兴亡之感"。剧本以侯方域、李香君的爱情为线索,表现出明末腐朽、动荡的社会现实及统治阶级内部的矛盾和斗争。该剧艺术上也很有特色,结构新颖、严整、别致,戏剧语言浓郁,具有诗的神韵。除《长生殿》《桃花扇》外,朱素臣的《十五贯》也负盛名。清中叶以后,随着昆曲的衰落,传奇、杂剧的创作亦转入低潮。但这个时期,植根于民间的地方戏,却蓬勃发展起来,它们以粗犷的形式、生动丰富的内容,博得广大群众的喜爱,为清末京戏和各种地方戏的兴起和发展奠定了基础,在清代剧坛上也占有重要地位。

6. 近代戏剧

到近代,戏剧也随着时代的发展而有所发展。首先,京剧在北京正式形成,并发展为全国性的大剧种,取代了昆剧在舞台上的传统地位。京剧的题材很广泛,不仅从徽调、楚调、京腔、秦腔、梆子、昆剧等继承了大量剧目,而且根据说唱文学和古典小说改编了许多剧目,现存1200多种,其中像《打渔杀家》《辕门斩子》等都是群众喜闻乐见的。其次,随着外国资本主义文化的传入,话剧也被介绍到了中国。中国话剧产生于上海,当时叫"新剧"或"文明新戏"。1899年南洋公学演出《六君子》。此后,"春柳社""新剧同志会""新民社"等在东京、上海陆续成立,先后演出《茶花女》《共和万岁》等新剧。北京、浙江、福建、广东、湖南和河南也纷纷响应,形成了话剧一度繁荣的局面。

辛亥革命前后,在改良主义思潮和革命思潮的推动下,戏剧界经历了一场范围较大的改良运动。在北京、上海,汪笑侬是最早配合社会运动改编和创作京剧剧本的艺人,而梅兰芳、周信芳和欧阳予倩等戏剧家,也在京剧反映现实生活和京剧表演艺术等方面有所革新。夏月珊、夏月润兄弟则创建上海新舞台,在京剧演出中开始用幕,并装配新式布景。在四川,1905年成立了戏曲改良公会,明确提出了"改良戏曲、补助教育"的口号。在陕西,李桐轩、孙玉仁于1912年创办了"易俗社""以补助社会教育,移风易俗为宗旨"。许多地方新剧,如采茶戏、黄梅戏、花鼓戏、采调花灯等也相继产生。与此同时,报刊上还出现了一些提倡改良戏曲的文章,但由于改良运动在理论上和实践上都存在严重缺陷,进步是微弱和短暂的。

7. 现代戏剧

中国现代戏剧，由两股潮流构成：一是20世纪初诞生并逐渐壮阔起来的现代话剧；一是在新的历史环境中由传统旧戏演变而来的戏曲以及从中蜕变而成的新歌剧等。尽管二者在现代文艺舞台上以不同方式、程度不同地影响着读者和观众，但就其思想内涵、表现形式、创作成就等诸方面以及从整个现代文化思潮来考察，居于主导地位的是话剧。

现代话剧在有着悠久历史的戏曲王国里生长，自有其曲折复杂的历程。

"五四"时期，即有一批先驱者开始做西方话剧创作的介绍和引进工作。20年代初，民众戏剧社、上海戏剧协社、南国社等先后成立，涌现出一批专门从事现代话剧创作的戏剧家，如欧阳予倩、熊佛西、田汉、洪深等，他们的作品浸润着对社会和人生问题的关心，具有鲜明的反帝反封建色彩。

随着民主革命的深入，戏剧家的队伍中又增添了曹禺、夏衍、阳翰笙、陈白尘、于伶等一批有才华的作者，他们创作了一批优秀戏剧作品。曹禺的《雷雨》《日出》，通过家庭的和社会的悲剧，表现了中国社会尖锐的阶级对立，标志着现代话剧艺术的成熟。夏衍的《上海屋檐下》，贯注着作家对社会现实问题的强烈关切。其他有影响的剧作，还有田汉的《回春之曲》、洪深的《五奎桥》等。

在抗日斗争中，多角度地反映抗战生活的优秀剧作，有曹禺的《蜕变》、夏衍的《法西斯细菌》、于伶的《夜上海》、陈白尘的《岁寒图》等。这一时期，历史剧大放异彩，尤以郭沫若的《屈原》最为著名，这些作品借古讽今，感情炽烈，诗意浓郁，具有独特的浪漫主义风格。此外，还有陈白尘的《太平天国》、阳翰笙的《天国春秋》，欧阳予倩的《忠王李秀成》等。

在革命根据地，由贺敬之等人执笔的《白毛女》，这些都是新歌剧的典范。

8. 新中国成立后

新中国成立后的前16年里，无论话剧、歌剧，还是传统戏曲，都经历了曲折的历程，都取得了很大的成就。话剧方面，著名的作品有，老舍的《茶馆》《龙须沟》，曹禺的《明朗的天》《胆剑篇》，郭沫若的《蔡文姬》《武则天》，田汉的《关汉卿》《文成公主》，陈其通的《万水千山》，沈西蒙等的《霓虹灯下的哨兵》，天津码头工人集体创作的《六号门》，顾宝璋等的《东进序曲》，白刃的《兵临城下》，王炼的《枯木逢春》，胡可的《槐树庄》等。新歌剧方面，有于村的《王贵与李香香》，田川等的《小二黑结婚》，朱本和张敬安的《洪湖赤卫队》，赵忠等的《红珊瑚》，阎肃的《江姐》，黄勇刹等的《刘三姐》等。

我国传统戏曲源远流长，品种丰富多样，新中国成立后，经大力挖掘、恢复、扶植，品种由新中国成立初期的100多种扩大到300多种。对各个剧种中历代流传下来传统剧目的挖掘、改编，使新中国戏曲取得了较为突出的成就，到20世纪60年代初，全国已搜集和整理了五万多个剧目。成功整理与改编的，有徐进等的越剧《梁山伯与祝英台》、田汉的京剧《白蛇传》、翁偶虹等的京剧《将相和》、马健翎的秦腔《游龟山》、武汉市楚剧团的《葛麻》、陈静等的昆剧《十五贯》、沙汀等的川剧《拉郎配》、赵剑秋等的梆子戏《孙安动本》、范钧宏等的京剧《杨门女将》、杨子静等的粤剧《搜书院》、王肯的吉剧《包公赔情》、顾锡东的绍剧《孙悟空三打白骨精》，以及戏曲大师梅兰芳的京剧《穆桂英挂帅》等。他们都给原作注入了新的生命，带来了新的面貌。

以传统戏曲的艺术形式反映古代生活和以传统戏曲的艺术形式反映现代生活的现代剧创作,也取得了不俗的成绩,著名的有吴晗的京剧《海瑞罢官》、许思言的京剧《海瑞上疏》、田汉的京剧《谢瑶环》、孟超的昆剧《李慧娘》、翁偶虹等的京剧《红灯记》、汪曾祺等的京剧《芦荡火种》、上海京剧院的京剧《智取威虎山》、李师斌等的京剧《奇袭白虎团》、王树元等的京剧《杜鹃山》、赵化鑫等的京剧《草原小姐妹》、曹克英等的评剧《小女婿》、王雁等的评剧《刘巧儿》、宗华等的沪剧《罗汉钱》、刘梅村等的吕剧《李二嫂改嫁》、李进等的锡剧《红色的种子》、杨兰春的豫剧《朝阳沟》、李果仁的花鼓戏《打铜锣》、唐周等的花鼓戏《补锅》等。

9. 戏剧的新时期

进入新时期,戏剧迅速复兴而蓬勃发展,进入了一个不断创新的新时期。属于现实主义传统话剧的优秀之作,有苏叔阳的《丹心谱》、宗福先的《于无声处》、丁一三的《陈毅出山》、沙叶新的《陈毅市长》、所云平等的《东进! 东进! 》等。可归于现代主义探索剧的优秀之作,有高行健的《绝对信号》《车站》《野人》,刘树钢的《一个死者对生者的访问》等。融合现实主义与现代主义的优秀之作,有刘锦云的《狗儿爷涅矩》、郑振环的《天边有一族圣火》等。

在传统戏曲方面,无论是改编的传统戏,还是新编的历史剧和现代剧,都获得了丰硕的成果。轰动剧坛的优秀之作,也为数不少。如陈仁临的《春草闯堂》、魏明伦的《潘金莲》、陈亚先的《曹操与杨修》等。

二、外国戏剧的发展

1. 古希腊戏剧

谈到外国戏剧,首先要提到的就是古希腊戏剧。古希腊戏剧是在两千多年前,从歌舞艺术发展而成的。它起源于酒神祭祀。古希腊民间为祈求丰收和谢神,每年春秋两季都要举行祭祀酒神狄俄尼索斯的庆典活动。春天祭祀酒神所编演的歌舞"酒神颂歌"孕育而成悲剧,秋天谢神时的狂欢歌舞和滑稽表演,发展成为喜剧。古希腊剧作家主要三大悲剧家埃斯库罗斯(约前525—前456)、索福克勒斯(约前496—前406)、欧里庇得斯(约前485—前406)和喜剧诗人阿里斯托芬(约前446—前385)、米南德(约前342—公元前291)。悲剧大多以神话为题材,但表现的是作者对社会生活的认识,有"英雄悲剧"和"命运悲剧"两种。所谓"英雄悲剧",主要内容是主人公为了理想和正义同敌对势力进行顽强斗争直至最后毁灭,如埃斯库罗斯的《被缚的普罗米修斯》。所谓"命运悲剧",主要内容是主人公的意志同命运的对抗,其结局则是主人公无法逃脱命运的罗网而终于毁灭,最典型的是索福克勒斯的《俄狄浦斯王》。喜剧分为"旧喜剧"和"新喜剧"。"旧喜剧"大多为政治讽刺剧,以阿里斯托芬为代表,主要内容是批评雅典政治中的弊端,抨击社会中炙手可热的权势人物。"新喜剧"以米南德为代表,主要内容是家庭生活和爱情故事,后称世态喜剧。古代罗马的戏剧受希腊新喜剧的影响,创作和演出也很繁荣,主要作家有普劳图斯(约前245—前184)、泰伦提乌斯(约前190—前159)等。

2. 中世纪

到了中世纪，由于教会的统治，欧洲的戏剧创作和演出，以宣传宗教观念和道德说教为主要内容，有所谓"奇迹剧""神秘剧""道德剧"，总称为"宗教剧"，但传世作品很少。也有从宗教剧演出中的"幕间剧"独立出来的"笑"。这是一种市民戏剧形式，以描写市民生活为主，其特点是运用滑稽和夸张手法刻画人物，富有生活气息。

3. 文艺复兴时期

文艺复兴时期人文主义文学成为欧洲文学的主流。戏剧创作进入一个新的历史时期。这一时期欧洲戏剧以英国和西班牙成就最大，主要剧作家有英国的"大学才子派"代表马洛（1564—1593）以及威廉·莎士比亚（1564—1616）、本·琼生（1573—1637）和西班牙的维迦（1562—1635）等。其中威廉·莎士比亚的大量剧作，开创了现实主义戏剧创作的传统，是世界戏剧文学中最宝贵的财富。威廉·莎士比亚的戏剧，有历史剧、喜剧、悲剧、传奇剧。历史剧主要是借古喻今，表达人文主义反对封建割据，拥护中央集权的政治理想；喜剧歌颂爱情和友谊，侧重表现人文主义的生活理想；悲剧则表现人文主义理想与黑暗现实的矛盾，并对人文主义本身作了深刻反思；传奇剧以宣扬宽恕谅解，寻求理想社会的途径。著名作品有历史剧《亨利四世》、喜剧《威尼斯商人》、悲剧《罗密欧与朱丽叶》以及被称为"四大悲剧"的《哈姆莱特》《奥赛罗》《李尔王》《麦克白》，传奇剧《暴风雨》等。维迦是西班牙民族戏剧的奠基人，他共创作剧本约1800个，是世界上少有的多产剧作家。他的代表作《羊泉村》，揭露封建罪恶，歌颂人民的斗争精神，体现了西班牙人文主义文学的特点。

4. 16世纪中期以后

在意大利，民间还流行一种"即兴喜剧"。这种喜剧没有固定的剧本，由演员在舞台上即兴编词表演，除男女主人公外，其他角色都戴假面，故又名"假面喜剧"。剧中，人物都是定型的，各有固定的名字，演出是程式化的，并常常穿插舞蹈、音乐、哑剧等表演成分。这种喜剧很快影响到欧洲各国。

5. 17世纪

到了17世纪，法国产生的古典主义戏剧统治了欧洲剧坛。古典主义戏剧是资产阶级与中央专制王权妥协这一历史时期的产物。这种戏剧重理性而轻感情，重共性而忽视个性，强调以希腊罗马为典范，并提出了"三一律"的剧本创作法规，规定剧本情节、地点、时间三者必须完整一致，即每剧限于单一的故事情节，事件发生一个地点并于一天之内完成。古典主义有悲剧和喜剧，而且二者之间不可逾越。古典主义悲剧的创作，以法国的高乃依（1606—1684）和拉辛（1639—1699）为代表，它的基本内容是代表国家民族利益、公民义务的理性与个人的感情、欲念之间的冲突，结果是理性战胜感情，从而突出国家民族利益高于一切的思想。其主人公都是王公贵族。代表作品有高乃依的《熙德》和拉辛的《昂朵马格》。

法国古典主义喜剧的代表是莫里哀（1622—1673）。他继承了法国民间闹剧、英国人文主义喜剧和意大利即兴喜剧的传统，并创造了自己的独特风格。他的创作也崇尚理性，主要内容是讽刺、抨击僧侣、贵族、高利贷者、江湖骗子、醉心贵族的小市民及其丑恶现象，并歌颂下层人民的智慧和善良。他的喜剧不仅有反封建、反教会的倾向，而且具有浓郁的生活气息，著名作品有《伪君子》《悭吝人》等。

6. 18世纪

到了18世纪，欧洲进入启蒙运动时期，戏剧创作和演出强调宣传真理、教化观众，并成为启蒙运动的重要组成部分。这一时期资产阶级取代了王公贵族的地位，成为悲剧舞台的主人公，形成一种"市民悲剧"。这种悲剧从资产阶级和平民的日常生活中取材，以个人和社会环境的矛盾为主要内容。与此同时，还有一种"历史悲剧"，主要写历史事件和伟大人物的不幸遭遇。启蒙运动时期的悲剧创作以德国的莱辛（1729—1781）、歌德（1749—1832）、席勒（1759—1805）为代表。悲剧创作中，他们强调真实性和典型化，强调塑造具有典型意义的个性，强调打破了古典主义的成规。他们的悲剧创作继承了威廉·莎士比亚的现实主义传统，大多具有反封建、反教会的政治倾向，热情宣传自由、平等、博爱、人权等资产阶级主张。代表作品有席勒的"市民悲剧"《阴谋与爱情》，歌德的"历史悲剧"《葛兹·冯·伯里欣根》。这一时期，喜剧创作也很繁荣，最重要的作家是意大利的哥尔多尼（1707—1793）和法国的博马舍（1732—1799），哥尔多尼对即兴喜剧进行改革，使之成为有固定台词的现实主义喜剧，即"风俗喜剧"或"性格喜剧"。他的喜剧讽刺贵族阶级的愚蠢、丑恶，赞扬下层人民的智慧和善良，充满生活的情趣。博马舍的喜剧着重针砭时弊，抨击权贵、宣传启蒙思想，结构严谨，情节紧凑，人物性格生动，语言风趣，并充满了乐观精神。重要的喜剧作品有哥尔多尼的《女店主》、博马舍的"费加罗三部曲"（《塞维亚的理发师》（1772）、《费加罗的婚礼》（1778）、《有罪的母亲》（1792））等。

这一时期还出现了一种介乎悲剧与喜剧之间的戏剧类型，即正剧。其理论的开创者是法国美学家、剧作家狄德罗（1713—1784）。狄德罗认为戏剧应打破传统的悲剧和喜剧之间的严格界限，建立一种新的戏剧类型，他称这第三种类型为"严肃喜剧"。狄德罗提出新的戏剧类型，是为了适应启蒙运动的需要，他认为这种戏剧应该着重反映现实生活，可兼有悲剧和喜剧的因素，可同时运用悲剧手法和喜剧手法。博马舍也对这种新型戏剧作了进一步解释，并在创作中实践了这种理论。19世纪以后，悲剧和喜剧的界限已经不大严格，正剧已成为戏剧创作主流，为各国剧作家广泛采用。

7. 19世纪

19世纪，欧洲戏剧创作分成浪漫主义和现实主义戏剧两大流派。这两大流派在很长时期内独立发展而相互影响，出现了一大批优秀的作品。浪漫主义戏剧的开创者是法国的雨果（1802—1885）。他的浪漫主义戏剧代表作《欧那尼》被称为法国文学史上划时代的作品。该剧完全打破了古典主义戏剧的法规，它的成功演出标志着浪漫主义对古典主义的胜利。现实主义戏剧注重客观、真实反映现实生活，具有强烈的暴露性和批判性，并着力塑造典型人物。现实主义剧作家主要有：法国的小仲马（1824—1895），挪威的易卜生（1828—1906），俄国的格里鲍耶陀夫（1795—1829）、普希金（1799—1837）、果戈理

（1809—1852）、奥斯特洛夫斯基（1823—1886）、安东·契诃夫（1860—1904）和爱尔兰的萧伯纳（1856—1950）等。著名作品有小仲马的《茶花女》、易卜生的"社会问题剧"《玩偶之家》、普希金的历史悲剧《鲍里斯·戈都诺夫》、奥斯特洛夫斯基的《大雷雨》、安东·契诃夫的"抒情喜剧"《樱桃园》、萧伯纳的《华伦夫人的职业》等等。此外，19世纪后期还出现了唯美主义和象征主义倾向的戏剧。代表这两种倾向的著名作品分别有英国作家王尔德的《温德米尔夫人的扇子》和瑞典戏剧家斯特林堡的《到大马士革去》。易卜生晚期戏剧也带有象征主义色彩。

8. 20世纪

20世纪，西方由于各种社会思潮的影响，戏剧创作先后出现各样的流派，如象征主义戏剧、表现主义戏剧、未来主义戏剧、存在主义戏剧、超现实主义戏剧、荒诞派戏剧等。这些流派的共同特点是，作家创作重心转向个人在社会环境的压迫下的心理矛盾及潜意识的活动，创作风格也多样化。有的流派明显表现了强烈的反传统倾向，如荒诞派戏剧，没有完整连贯的情节、没有戏剧冲突，舞台形象支离破碎，人物语言颠三倒四，借以表现世界的荒诞，人生的痛苦和人与人关系的无法沟通。在各种流派竞相发展的情况下，最引人注目的剧作家有：比利时的梅特林克（1862—1949），意大利的皮兰德娄（1867—1936）、马里内蒂（1876—1944），捷克的恰佩克（1890—1938），美国的奥尼尔（1888—1953），法国的萨特（1905—1980）、贝克特（1906—1988）、尤奈斯库（1912—1994），英国的品特（1930—）等等。著名作品有象征主义戏剧梅特林克的《青鸟》，表现主义戏剧奥尼尔的《毛猿》、恰佩克的《万能机器人》，存在主义戏剧萨特的《禁闭》，荒诞派戏剧贝克特的《等待戈多》、尤奈斯库的《秃头歌女》、阿尔比的《美国之梦》等等。这一时期，现实主义戏剧仍在发展，并不断革新，重要作品有俄国高尔基（1868—1936）的《底层》《愤怒的回顾》等。

9. 东方其他国家

东方一些国家的民族戏剧也在较长的历史中发展。在古代，希伯来犹太教的经典《旧约》的诗文集中就收有哲理诗剧《约伯记》，歌颂对神的虔诚，宣扬善恶报应。印度在公元2世纪已有婆罗多梵文著作《舞论》全面论述音乐、舞蹈、戏剧理论和演出经验。古代印度戏剧有"英雄喜剧"和"极所作剧"两种体裁，前者属宫廷戏剧，代表作是迦梨陀娑的《沙恭达罗》，其主题是歌颂人间纯真美好的爱情；后者属平民戏剧，代表作是首陀罗迦揭露专制君王暴虐统治的《小泥车》。中古时代，日本戏剧有较高的成就。日本民族戏剧起源于公元6世纪流行的"猿乐"，这是一种包括歌舞、伎艺和滑稽表演的舞台艺术，中古日本戏剧有"能"与"狂言"两种。"能"是种歌舞剧，风格高雅隽秀，有明显的贵族色彩；"狂言"是一种民间喜剧形式，以动作对白为主，主要体现市民意识。到17世纪，出现了"歌舞伎"，剧目分为"历史剧""时事剧""滑稽剧"和"舞蹈剧"。近代以后，西方戏剧的作品和演出形式，在东方各国广泛传播，推动了这些国家戏剧创作和戏剧艺术的发展，著名剧作家有印度的拉宾德拉纳特·泰戈尔（1861—1941）、日本的菊池宽（1888—1948）、埃及的穆罕默德·台木尔（1894—1973）等。

第三节 戏剧的欣赏

这里讲的欣赏,主要指对剧本的赏析。戏剧和小说、诗歌、散文一样,是文学的一种体裁样式。在阅读中,戏剧冲突、戏剧人物、戏剧台词是我们要把握的主要内容。

一、把握冲突,探求主旨

没有冲突就没有戏剧。对于戏剧冲突的理解,无疑是戏剧鉴赏的关键。把握戏剧冲突,具体说来可从以下几方面进行。

1. 了解冲突发生的背景

所有冲突都是在一定的背景中发生发展的,都是和社会生活紧密联系的,只有把握了冲突发生的社会、历史背景,才能准确地把握冲突。如老舍的名剧《茶馆》,安排了三幕或三个场景的戏,分别以清朝末年、民国初年和抗日战争为背景,不了解戏中的背景,就难以把握其冲突的社会内容。

2. 揭示戏剧冲突的过程

戏剧冲突与现实生活中的各种矛盾冲突一样,有它发生、发展、解决的过程。这种过程,剧本通常以分幕、分场作为它的外在结构形式,其内部结构一般包括"开端、发展、高潮、结局"四个阶段。分析戏剧冲突,要弄清冲突发生的过程,把握冲突的缘起,冲突的发展,高潮是怎样形成,冲突又是怎样得到解决的。

3. 明确冲突的基本内容

一出戏往往涉及许多冲突,各种冲突之间往往互相牵连形成极为复杂的冲突网。作为观众,一是要尽快明晰各种人物的关系及各种冲突的缘起;二是要理清主次,抓住本质。如《雷雨》,出场人物不多,但关系错综复杂,戏剧冲突紧张激烈,主题思想独到深刻。欣赏该剧时,如果分不清主次,抓不住本质冲突,就很难把握作品的内容。

4. 分析冲突的内在结构

戏剧冲突是通过加工后的矛盾冲突,有些戏剧侧重于人物之间的外部冲突,有些戏剧侧重于人物的内部冲突,有的戏剧交织运用内部冲突和外部冲突。了解冲突的内部结构,可使鉴赏者更好地领悟艺术家的创作旨趣,并提高自己的鉴赏能力。

5. 探求冲突的性质和思想倾向

戏剧冲突的性质,往往包含了作者力图反映的社会生活内容;戏剧冲突之中,往往寄寓着剧作家强烈的情感倾向,只有有意识地探求冲突的性质和思想倾向,才能使戏剧艺术的审美认知功能得到充分的发挥。

二、透过剧情,解读人物

冲突是戏剧反映社会生活的基本手段。剧作家总是通过社会性冲突,展开故事情节,塑造人物形象，揭示戏剧主题。欣赏一出戏，分析一个剧本，除了准确把握戏剧冲突的性质，还要把握人物形象。

1. 从戏剧冲突分析人物性格

戏剧冲突就其本质讲就是性格冲突，这种冲突表现得越充分、越尖锐，人物形象也就越鲜明，也就越富有戏剧性。同样，"在有着鲜明的人物性格的那些地方，必定存在着戏剧冲突"（高尔基《论剧本》）。因此，阅读剧本研究人物性格时，一定要把人物置身于戏剧冲突中，分析其性格成长和发展以及它所反映的具有普遍意义的社会矛盾。

以《雷雨》为例，在一个夏天的午饭后，在周公馆的客厅里，周朴园同鲁侍萍再次相见，通过探问，认出了眼前的鲁妈就是当年被周家欺辱过的鲁侍萍，两人的一系列反应体现了他们各自鲜活的个性和迥异的价值观念，构成了尖锐的戏剧冲突，具体的过程是：鲁侍萍以叙述别人故事的口吻，诉说自己的遭遇，悲愤控诉周朴园的罪行；周朴园因而认出鲁侍萍的身份，因为怕鲁侍萍揭露他昔日的罪恶而惊恐不安——周朴园想要用强势恐吓的方式吓退鲁侍萍，翻脸不认账；鲁侍萍则从多年被压迫的生活中磨炼得顽强、坚韧，勇敢反驳周朴园色厉内荏的责问——周朴园看到对鲁侍萍用强硬的手段行不通时，转而换来一副温情的嘴脸，试图用旧情软化鲁侍萍的意志；鲁侍萍在听说周朴园怀念自己后确实表现出了心软和犹豫——周朴园想进一步用金钱来买安心，永绝后患；鲁侍萍却因递到眼前的五千元支票彻底清醒，认清了周朴园肮脏虚伪的本性。周朴园和鲁侍萍的互动构成了激烈的戏剧冲突，在冲突中，两人的性格得以突显：一个是虚伪自私、冷酷残忍的资本家；一个是善良重情、坚守道德准绳的劳动人民。两种截然不同的身份、性格碰撞在一起，激出刺眼的火花，产生巨大的戏剧张力，从而吸引戏剧观众的注意。

2. 从人物言行解读人物

人物的性格又是通过具体的言行表现的。如《茶馆》中茶客们喝茶，不同的人物喝茶的方式就不同：唐铁嘴流浪江湖，以算卦糊口，贫困寒酸，一生"偷喝"王掌柜的剩茶，常常趁人不防时端起茶杯"急饮"，属"牛饮式"，他喝茶是为了解渴；洋教徒马五爷，是上层社会的要人，终日养尊处优，游手好闲，他到茶馆多是沏上自带的名茶，喝茶时细细品味，他喝茶不是因为口渴，而是为了消遣，为了炫耀自己的悠闲和富有，从二人喝茶的动作中便可知晓他们的地位、处境和性格。

三、体味台词的表现力

剧本台词是戏剧重要的构成部分，体味台词的艺术表现力也是欣赏剧本时一个重要的内容。

1. 抓住人物身份，体味台词的个性化特点

人物身份不同，说话的方式、腔调也就不同。高度个性化的台词，不仅符合人物的身份、年龄、性别、职业、情趣、文化程度，显示人物的性格特征，而且还能反映人物之间复杂的关系，推动剧情的发展。

2. 抓住人物的内心活动，体味台词的动作性

李渔说："欲代此一人立言，先宜代此一人立心"（《闲情偶寄》）。指剧作家只有善于揭示人物的内心冲突，写出他的心声，才能"立言"，才能有极强的动作性的戏剧语言。所以阅读剧

本就要从人物内在感情出发,去寻找他在此时此地为什么说出这样的语言的缘由,去体味人物语言与内心活动、形体动作又是怎样紧密地融合在一起的,从而去体味语言的动作性。

3. 品味潜台词,想象、补充人物的真实意图或内心活动

潜台词是藏在字面下没被角色说出来,但读者可以悟到它的存在的台词,也就是"言外之意"。这个"意"就是作者有意把台词写得含蓄精练,留有余地,耐人寻思,让读者去想象、补充人物的真实意图或内心活动,为演员的表演、导演的设计提供艺术创造的广阔天地。演员掌握了"潜台词",才能说好"台词",读者只有读懂"潜台词",才能准确地了解人物丰富复杂的内心活动,看得出人物行动的方向和目的。

比如,汤显祖《牡丹亭》中女主人公杜丽娘的唱词诗意蕴藉,在水磨声腔中婉转地表现了人物的内心世界。以《惊梦》一出为例,杜丽娘出身官宦人家,从小受到封建正统思想教育,被家长培养成一个典型的封建淑女。但随着年纪渐长,内心对自由、爱情的向往逐渐疯狂滋长,但表面还要努力压抑真性情,维持端庄贤淑的闺秀形象。因此只能借着游历春意盎然的园林来间接释放内心的苦闷。当长期被家长约束在闺阁中的杜丽娘第一次大着胆子进入后花园,看到满园春色的时候,她的内心是震撼而惊喜的,在《绕地游》中,她唱道:"梦回莺啭,乱煞年光遍,人立小庭深院,炷尽沉烟,抛残绣线,恁今春关情似去年。晓来望断梅关,宿妆残。你侧着宜春髻子恰凭栏。剪不断,理还乱,闷无端。"表达的是她常年幽居的苦闷和寂寥。在《醉扶归》中,她唱道:"你道翠生生出落的裙衫儿茜,艳晶晶花簪八宝钿。可知我一生儿爱好是天然?恰三春好处无人见,不提防沉鱼落雁鸟惊喧,则怕的羞花闭月花愁颤。画廊金粉半零星,池馆苍苔一片青。踏草怕泥新绣袜,惜花疼煞小金铃。不到园林,怎知春色如许?"表达的是她发现自家后花园春光无限后的惊艳和喜悦,贴近大自然使她更加了解自己渴望自由自在、无拘无束的天性。紧接着在最经典的《皂罗袍》中,她唱道:"原来姹紫嫣红开遍,似这般都付与断井颓垣。良辰美景奈何天,赏心乐事谁家院?朝飞暮卷,云霞翠轩雨丝风片,烟波画船。锦屏人忒看得这韶光贱!"把眼前的大好春光和自己平日过的闺门紧闭、严守规矩的生活加以对比,更加突显出杜丽娘一贯的生活的枯燥压抑,让她觉得自己的青春就像这被人忽略的春景一样被辜负了、被荒废了,本应是最活泼的年龄,就该品味生活中的各种美好,却被父母和老师以礼教为枷锁,画地为牢,自缚于闺中。这段唱词唱出了杜丽娘心灵深处的彻悟,一旦品尝到了自由的滋味,她再也不会回去过以前的苦闷生活了,这里杜丽娘对自由的觉醒也为后面勇敢追求和捍卫自己的爱情奠定了精神基础。

再如,曹禺《雷雨》中周朴园与鲁侍萍相认时的一系列的潜台词,也充分说明了两人的性格特点。相认前周朴园对鲁侍萍的三次问话是很有意思的,"你——你贵姓啊?""你姓什么?""你是谁?"这三句话都是为了确定鲁侍萍的身份,但一次比一次的语气要重。当鲁侍萍回忆三十年前无锡的往事时,周朴园慢慢地发现,这个女人对自己过去的事情了如指掌,便一步步怀疑她的身份,当他听到那个人还活着的时候非常惊讶,忽然立起来问:"你是谁?"这说明此时的他已经心慌意乱、恐惧不安。这三句话的变化不仅是他语气的变化,更是他内心的一步步紧张的过程,也是一步步撕下自己慈善家面孔的最好见证。再看看鲁侍萍的话:"可她不是小姐,也不贤惠,听说也是不大规矩的。"鲁侍萍的潜台词是周朴园满嘴谎言,掩盖真相,她一步一步地逼问着周朴园道出事实的真相,"老爷想见一见她吗?""老爷想帮一帮她吗?"她不断试探着周朴园的态度,最后在说衬衣的时候终于忍

不住说破了自己的身世。相认以后两个人的性格特征就更为明显了,周朴园知道来者身世后,立刻警觉起来:"你来干什么?""谁指使你来的?"两个问句把周朴园老辣的性格体现得淋漓尽致,也进一步揭露了周朴园道貌岸然的虚伪自私的本质。

 思考与练习

一、名词解释
1. 戏剧
2. 戏剧冲突
3. 戏曲
4. 悲剧
5. 喜剧
6. 正剧

二、简答题
1. 戏剧的特点有哪些?
2. 戏剧的种类有哪些?

【思政元素版块四】人格篇

【导语】

《礼记·大学》中说道:"古之欲明德于天下者,先治其国;欲治其国者,先齐其家;欲齐其家者,先修其身;欲修其身者,先正其心;欲正其心者,先诚其意;欲诚其意者,先致其知,致知在格物。物格而后知至,知至而后意诚,意诚而后心正,心正而后身修,身修而后家齐,家齐而后国治,国治而后天下平。"可见,要想有一个美满的家庭、成功的事业、为国家社会做出自己的贡献,共同的前提是"修身",即培养自己正确高尚的道德境界和健康美好的内心修养,形成趋于完美的人格。古人关于人格修养的理念非常之多,如孔子关于"君子"的论述,"君子泰而不骄"(《论语·子路》);"君子矜而不争,群而不党"(《论语·卫灵公篇》);"君子病无能焉,不病人之不己知也"(《论语·卫灵公篇》);"君子疾没世而名不称焉"(《论语·卫灵公篇》);"君子谋道不谋食"(《论语·卫灵公篇》);"君子忧道不忧贫"(《论语·卫灵公篇》)等,认为君子是完美人格的代名词,应该端正自持,重视精神世界的富足。孟子则提出"我善养吾浩然之气",强调做人要有正气,守原则,胸怀坦荡宽广。

在现代中国,大学生需要在社会主义核心价值观的引领下,形成良好的个人修养和人格,主要体现在以下两个方面。

第一,关于国家社会,要形成爱国爱民、博爱宽容的情感、高尚正义的道德感、强烈的社会责任感、服务群众和奉献社会的精神。比如,当国家和社会某一群体需要我们伸出援助之手的时候,我们应该积极主动地贡献自己力所能及的力量;当遇到违背社会公德的情况时,应该采取合法合理的方式表示谴责,为社会的公平正义贡献力量。

第二,关于个人,要形成正确的世界观、人生观和价值观,在三观的基础上不断丰富自己的精神世界、提升自己的个人素养。如诚实劳动、爱岗敬业、诚实守信、和睦友好等,在约束好自己的言行的同时,对周围的人充满善意,努力形成社会主义的新型人际关系。

【代表作品赏析】

桃花扇·却奁(节选)

[清]孔尚任

(末、小旦上)(末)果然起来了,恭喜,恭喜!(一揖,坐介)(末)昨晚催妆拙句,可还说的入情么。(生揖介)多谢!(笑介)妙是妙极了,只有一件。(末)那一件?(生)香君虽小,还该藏之金屋。(看袖介)小生衫袖,如何着得下?(俱笑介)(末)夜来定情,必有佳作。(生)草草塞责,不敢请教。(末)诗在那里?(旦)诗在扇头。(旦向袖中取出扇介)(末接看介)是一柄白纱宫扇。(嗅介)香的有趣。(吟诗介)妙,妙!只有香君不愧此诗。(付旦介)还收好了。(旦收扇介)

【园林好】(末)正芬芳桃香李香,都题在宫纱扇上;怕遇着狂风吹荡,须紧紧袖中藏,须紧紧袖中藏。

(末看旦介)你看香君上头之后,更觉艳丽了。(向生介)世兄有福,消此尤物。(生)香君天姿国色,今日插了几朵珠翠,穿了一套绮罗,十分花貌,又添二分,果然可爱。(小旦)这都亏了杨老爷帮衬哩。

【江儿水】送到缠头锦,百宝箱,珠围翠绕流苏帐,银烛笼纱通宵亮,金杯劝酒合席唱。今日又早早来看,恰似亲生自养,赔了妆奁,又早敲门来望。

(旦)俺看杨老爷,虽是马督抚至亲,却也拮据作客,为何轻掷金钱,来填烟花之窟?在奴家受之有愧,在老爷施之无名;今日问个明白,以便图报。(生)香君问得有理,小弟与杨兄萍水相交,昨日承情太厚,也觉不安。(末)既蒙问及,小弟只得实告了。这些妆奁酒席,约费二百余金,皆出怀宁之手。(生)那个怀宁?(末)曾做过光禄的阮圆海。(生)是那皖人阮大铖么?(末)正是。(生)他为何这样周旋?(末)不过欲纳交足下之意。

【五供养】(末)羡你风流雅望,东洛才名,西汉文章。逢迎随处有,争看坐车郎。秦淮妙处,暂寻个佳人相傍,也要些鸳鸯被、芙蓉妆;你道是谁的,是那南邻大阮,嫁衣全忙。

(生)阮圆老原是敝年伯,小弟鄙其为人,绝之已久。他今日无故用情,令人不解。(末)圆老有一段苦衷,欲见白於足下。(生)请教。(末)圆老当日曾游赵梦白之门,原是吾辈。后来结交魏党,只为救护东林,不料魏党一败,东林反与之水火。近日复社诸生,倡论攻击,大肆殴辱,岂非操同室之戈乎?圆老故交虽多,因其形迹可疑,亦无人代为分辩。每日向天大哭,说道:"同类相残,伤心惨目,非河南侯君,不能救我。"所以今日谆谆纳交。(生)原来如此,俺看圆海情辞迫切,亦觉可怜。就便真是魏党,悔过来归,亦不可绝之太甚,况罪有可原乎。定生、次尾,皆我至交,明日相见,即为分解。(末)果然如此,吾党之幸也。(旦怒介)官人是何等说话,阮大铖趋附权奸,廉耻丧尽;妇人女子,无不唾骂。他人攻之,官人救之,官人自处於何等也?

【川拨棹】不思想，把话儿轻易讲。要与他消释灾殃，要与他消释灾殃，也隄防旁人短长。官人之意，不过因他助俺妆奁，便要徇私废公；那知道这几件钗钏衣裙，原放不到我香君眼里。(拔簪脱衣介)脱裙衫，穷不妨；布荆人，名自香。

(末)阿呀！香君气性，忒也刚烈。(小旦)把好好东西，都丢一地，可惜，可惜！(拾介)(生)好，好，好！这等见识，我倒不如，真乃侯生畏友也。(向末介)老兄休怪，弟非不领教，但恐为女子所笑耳。

【前腔】(生)平康巷，他能将名节讲；偏是咱学校朝堂，混贤奸不问青黄。那些社友平日重俺侯生者，也只为这点义气；我若依附奸邪，那时群起来攻，自救不暇，焉能救人乎。节和名，非泛常；重和轻，须审详。

(末)圆老一段好意，也还不可激烈。(生)我虽至愚，亦不肯从井救人。(末)既然如此，小弟告辞了。(生)这些箱笼，原是阮家之物，香君不用，留之无益，还求取去罢。(末)正是"多情反被无情恼，乘兴而来兴尽还。"(下)(旦恼介)(生看旦介)俺看香君天姿国色，摘了几朵珠翠，脱去一套绮罗，十分容貌，又添十分，更觉可爱。(小旦)虽如此说，舍了许多东西，倒底可惜。

【尾声】金珠到手轻轻放，惯成了娇癡模样，辜负俺辛勤做老娘。

(生)些须东西，何足挂念，小生照样赔来。(小旦)这等才好。

(小旦)花钱粉钞费商量，(旦)裙布钗荆也不妨，

(生)只有湘君能解佩，(旦)风标不学世时妆。

清代孔尚任的《桃花扇》，讲述了明代末年官宦子弟侯方域与金陵名妓李香君之间的爱情故事，借由两人悲欢离合的际遇来展现明末南京的社会现实和政治问题。作为女主角的李香君，是一个对国家、民族、爱情都忠贞不二的刚烈女子。在她的身上，可以看到很多中国古代文人士子所高度歌颂和赞扬的美好人格品质。比如，《却奁》一出就生动诠释了李香君的"富贵不能淫，贫贱不能移，威武不能屈"。李香君与侯方域一见倾心，但侯方域没有银子做礼金，这时侯方域的好友杨龙友提供了资助，侯、李二人的梳拢仪式很顺利地操办了下来。但是后来杨龙友告诉二人，这些钱和首饰实际是阮大铖想拉拢侯方域而托他赠送的。阮大铖是侯方域之前非常憎恶的奸邪小人，是魏忠贤的余党。听到了这一真相后，侯方域表现出犹豫迟疑的举动，但李香君却一时半刻也忍受不了，她当即脱下了头上的发簪，唱道："脱裙衫，穷不妨；布荆人，名自香。"身为地位最低下的妓女，李香君的人格却散发出了最高贵的光辉。她不畏强权，不慕虚荣，果敢而正直，展现出很多须眉男子都不及的人格魅力，她身上难得地带有几千年中国道德情操中的风骨和正气。正如林语堂在《为香君题诗》评道："香君一个娘子，血染桃花扇子，气义照耀千古，羞杀须眉汉子。香君一个娘子，性格是个蛮子，悬在斋中壁上，教我知所管制。如今天下男子，谁复是个蛮子，大家朝秦暮楚，成个什么样子。当今这个天下，都是骗子贩子，我思古代美人，不至出甚乱子。"

【拓展练习】

组织学生展开讨论：

1.通过《却奁》的学习，你得到了哪些对自己有帮助的启发？

2.引导学生讨论如何在生活中培养自己的优良人格，提升个人修养。

第二章　中国戏剧名篇鉴赏

牡丹亭·惊梦[1]

[明]汤显祖

【绕池游】（旦上）梦回莺啭，乱煞年光遍[2]。人立小庭深院。（贴）炷尽沉烟[3]，抛残绣线，恁今春关情似去年[4]？

[乌夜啼]（旦）晓来望断梅关[5]，宿妆残。（贴）你侧着宜春髻子恰凭栏[6]。（旦）剪不断[7]，理还乱，闷无端。（贴）已分付催花莺燕借春看。（旦）春香，可曾叫人扫除花径？（贴）分付了。（旦）取镜台衣服来。（贴取镜台衣服上）"云髻罢梳还对镜，罗衣欲换更添香[8]。"镜台衣服在此。

【步步娇】（旦）袅晴丝吹来闲庭院[9]。摇漾春如线[10]。停半晌、整花钿[11]。没揣菱花[12]，偷人半面，迤逗的彩云偏[13]。（行介）步香闺怎便把全身现！

（贴）今日穿插的好。

【醉扶归】（旦）你道翠生生出落的裙衫儿茜[14]，艳晶晶花簪八宝填[15]，可知我常一生儿爱好是天然[16]。恰三春好处无人见[17]。不提防沉鱼落雁鸟惊喧，则怕的羞花闭月花愁颤。

（贴）早茶时了，请行。（行介）你看：画廊金粉半零星，池馆苍苔一片青。踏草怕泥新绣袜，惜花疼煞小金铃[18]。（旦）不到园林，怎知春色如许？

【皂罗袍】原来姹紫嫣红开遍[19]，似这般都付与断井颓垣。良辰美景奈何天[20]，赏心乐事谁家院[21]！恁般景致，我老爷和奶奶再不提起。（合）朝飞暮卷[22]，云霞翠轩；雨丝风片，烟波画船。锦屏人忒看的这韶光贱[23]！

（贴）是花都放了[24]，那牡丹还早。

【好姐姐】（旦）遍青山啼红了杜鹃[25]，荼蘼外烟丝醉软[26]。春香呵，牡丹虽好，他春归怎占的先[27]！（贴）成对儿莺燕呵！（合）闲凝眄[28]，生生燕语明如翦[29]，呖呖莺歌溜的圆[30]。

（旦）去罢。（贴）这园子委是观之不足也。（旦）提他怎的！（行介）

【隔尾】观之不足由他缱[31]，便赏遍了十二亭台是枉然。倒不如兴尽回家闲过遣。

（作到介）（贴）开我西阁门，展我东阁床。瓶插映山紫[32]，炉添沉水香[33]。小姐，你歇息片时，俺瞧老夫人去也。（下）

注释

[1] 选自昆剧《牡丹亭》，全名《牡丹亭还魂记》，与《紫钗记》《邯郸记》和《南柯记》合称"玉茗堂四梦"，也叫"临川四梦"。受寻幽爱静的道家理念的影响，汤显祖在这部《牡丹亭》中大量涉及神鬼异境。剧中歌颂青年男女大胆追求自由爱情，坚决反对压迫。体现出追求内心精神的完全超脱、绝对自由的道家思想。《牡丹亭》是明代大曲家汤显祖的代表作。明代话本小说《杜丽娘慕色还魂》为《牡丹亭》提供了基本情节。

[2] 梦回：梦醒。乱煞年光遍：使人眼花缭乱的春光到处都是。

[3] 贴：贴旦，扮演次要女角。此指丫鬟春香。炷：焚烧。沉烟：借指名贵的熏用香料沉香。

[4] 恁（nèn）：为什么。此句意为：为什么今年的春情比去年的浓呢？

[5] 梅关：今江西大庾岭，宋代起在此设梅关。

[6] 侧：歪。宜春髻子：古时立春日，妇女剪纸为燕形，上贴"宜春"二字戴头上。此指一种发髻式样。

[7] 翦：同"剪"。

[8] 云髻二句引自唐代薛逢《宫词》。

[9] 袅晴丝：细长柔软的游丝在晴空中飘荡。袅：飘忽不定。

[10] 摇漾：摇摆荡漾。

[11] 花钿：古代妇女鬓发边的饰物。

[12] 没揣：不料。菱花：镜子。

[13] 迤逗：引惹。彩云：此指漂亮的发髻。

[14] 翠生生：形容色彩鲜艳。出落的：显得。茜（qiàn）：旧时常指称大红色。

[15] 艳晶晶：光彩夺目。花簪八宝填：意为镶嵌有多种珍宝的发簪。填：镶嵌。

[16] 爱好：爱美。

[17] 三春好处：喻自己的年轻美貌。

[18] "惜花"句事见《开元天宝遗事》："天宝初，宁王至春时，于后园中纫红丝为绳，密缀金铃，系于花梢之上。每有鸟鹊翔集，则令园吏掣铃索以惊之。盖惜花之故也。"此句意为因惜花驱鸟而频频扯铃，使小金铃痛得要命。

[19] 姹紫嫣红：姹、嫣，本为形容女性娇艳之词，此指各色娇艳的鲜花盛开。

[20] 奈何天：愁闷无聊，伤心抑郁的生活。

[21] 谁家：哪一家。两句意为：大好春光明媚，美丽景物宜人，我杜丽娘却生活在愁闷无聊之中；赏心悦目、快意当前，又在哪一家庭院呢？

[22] 朝飞暮卷：语本王勃《滕王阁诗》："画栋朝飞南浦云，珠帘暮卷西山雨。"

[23] 锦屏人：幽居深闺中的女子，此为丽娘自称。忒（tè）：太。韶光：春光。

[24] 是：一切。

[25] 啼红了杜鹃：到处开遍了红色的杜鹃花。

[26] 烟丝：游丝。

[27] 牡丹虽好二句意为：牡丹虽美，但它开花太迟，怎能占春花中第一呢？句中隐含了杜丽娘对美好的青春被耽误的幽怨和伤感。

[28] 凝眄（miǎn）：注视。

[29] 生生：形容清脆的鸣叫声。明：明快。翦：同"剪"。此句形容燕语声明快清脆。

[30] 呖呖：形容声音清脆流利。溜的圆：形容莺声婉转圆润。

[31] 缱：留恋。

[32] 映山紫：杜鹃花的一种。

[33] 沉水香：即沉香。

思考与练习

一、通读全文，并找到全文阅读。

二、阅读本文，体会戏剧语言的特点。

知识延展

汤显祖（1550—1616），字义仍，号海若、若士、清远道人。临川（今江西省临川）人。明代戏曲家、文学家。曾从罗汝芳读书，又受李贽思想的影响。在戏曲创作方面，反对拟古和拘泥于格律。作有传奇《牡丹亭》《邯郸记》《南柯记》《紫钗记》，合称《玉茗堂四梦》。在戏曲史上，和关汉卿、王实甫齐名。著有《红泉逸草》《问棘邮草》和诗文集《玉茗堂全集》。《牡丹亭》第十出"惊梦"主要通过长期幽居深闺的杜丽娘对美好春色的观赏，以及对春光短暂的感叹，表现出她对大自然的热爱和青春意识的觉醒，以及对自己美好青春被耽误的不满，反映了在宋明理学等封建礼教桎梏下青年女子的苦闷，揭露了扼杀人性的封建礼教对青年人的摧残。

《牡丹亭》改编自话本小说《杜丽娘慕色还魂记》，讲宋初江西南安太守杜宝膝下有一女杜丽娘，年方二八，家中管教甚严。偶有一次在花园游春后，在梦中与一书生相遇私会。梦醒后遍寻不着情郎所在，忧愁消瘦，一病不起，最终撒手人寰。其魂魄从判官处得知心仪之人名为柳梦梅，还魂后与柳幽会三载。后柳梦梅掘墓开棺，杜丽娘起死回生，两人私订终身。经过与杜宝的一番斗争，两人终于结为夫妻。

日出（节选）[1]

曹　禺

门上响起了几下重重的敲击声。陈白露一惊，她的目光慢慢地移向潘月亭，似乎在等待着什么。

一阵短暂的静寂。潘月亭一动不动地站立着。

又是几声门响。

卧室里，小东西[2]在睡梦中颤抖了一下。

陈白露突然转身向门口走去，她俯在门上听了听，——粗声粗气的对话："是这个门么？""八成没错儿！""敲，再敲！"

她回过头，发现潘月亭已经不在客厅里了。

陈白露的脸上浮起一丝冷笑，她毅然打开门。

黑三带着几个打手立在门外。

陈白露：你们是干什么来啦？

黑三：（不理睬，对后面的人）进来，你们都进来！

陈白露：（突然声色俱厉）站住！都进来？谁叫你们都进来！你们吃什么长大的？你们要是蛮不讲理，这个码头不讲理的祖宗在这儿呢！（黑三们呆住了，陈白露笑）你们是搜私货么？我这间屋子里有五百两烟土[3]，（指着卧室，又转而指着左面小客厅的门）那间屋子里有八十杆手枪！你们说，要什么吧，这点东西总够你们大家玩的吧！

她目光灼灼地从门口的人脸上扫过。

黑三：（尴尬地笑着）您这生的是哪一门子气？我们没事也不会到这儿来打搅。我们跑丢了一个孩子，一个刚混事由的。我们到这儿来也是看看，怕她藏在什么地方，回头吓着您。

陈白露：哦，（恍然地）你们这一帮子赶到我这儿来，是为了找一个小姑娘呀。

黑三：（狡猾地）那么说，您是看见她了。

陈白露：对不起，我没看见。

黑三：（悠着）可是您瞧，刚才有人像是看见她进这屋了。

陈白露：进我的屋子来了！那我可说在头里，我这儿要是丢了东西，你们可得包赔。

黑三：您别打哈哈。我们说不定都是一家子的人，您也帮个忙，您跟金八爷……

陈白露：金八爷，哦，你们也是八爷的朋友。

黑三：（笑）够不上朋友，常给他老人家办点小事儿。

陈白露：那就对了，金八爷刚才告诉我，叫你们滚开。

黑三：刚才？

陈白露：（索性做到底）八爷就在这儿！

黑三：（疑惑）在这儿？（停顿，看出她说谎）那我们得见见，我们得把这件事禀告他。（向门口的人）你们说，对不对？

打手们：对，我们得见见八爷。

陈白露：不成，八爷说不愿见人。

黑三：他不能不见见我们，我得见见。

陈白露：不成，你不能见。

黑三：不能见，我也得见！

向小东西睡着的屋门走去。陈白露忽然跑向左面小客厅的门,她站在门口,不顾一切地死死盯视着黑三。

黑三:(向陈白露走来)哦,八奶奶又要跟我们打哈哈啦!

他越走越近,慢悠悠地狞笑着。

陈白露:你大概要找死!(高声、急不可待地)八爷!八爷!您出来,教训教训这帮混东西!

小客厅的门开了,潘月亭披着二件睡衣走出。

潘月亭:(低声、平静地)白露,吵什么,八爷睡觉了。(望着黑三)咦,黑三,是你?

黑三:(想不到)哦,四爷,您老人家也在这儿。

潘月亭:我跟八爷到这儿来歇歇腿,抽口烟,你这是要干什么?

黑三:(喃喃)怎么,八爷是这儿,呃,在这儿睡觉了?

潘月亭:你要进来谈谈么?我烧一口烟,叫金八起来陪陪你。

黑三:(赔着笑)潘四爷,您别跟我们开心,您看我们也是有公事……

潘月亭:好极了,你们要有事,那就请你们给我滚蛋,少在这儿废话!

黑三:是,潘四爷,您别生这么大的气。(忽然对身后的人)你们看什么,你们这些混蛋还不滚,他妈的这些死人!(转过笑脸)没法子,这一群人!回头,潘四爷,八爷醒了,您千万别说我们到这儿来过。小姐,刚才的事,您,——是我该死!(打自己的嘴巴)该死!该死!

陈白露:好好,快滚吧!

黑三:(谄媚地)您出气了吧,好,我们走了。

黑三们退出去,门关上了。

陈白露默默地看了看潘月亭。

潘月亭:(嘘了一口长气)我第一次做这么个荒唐事!

陈白露:我第一次做这么一件痛快事儿!

突然间,她哈哈大笑起来,笑得止不住,潘月亭看着她,简直不知该怎么办才好。

轻轻的敲门声。

潘月亭:有人敲门。

陈白露不理,依然纵声大笑。门推开了,方达生走进来。

方达生:(有些奇怪地看着这样无比快活的陈白露)竹均[4],什么事儿这么高兴?

陈白露并不回答,而是一把拉住方达生的手,"咚"地打开卧室的门。

小东西猛地惊醒了。睁着一双天真的,惊奇的,还未醒过来的眼睛,望着面前的陈白露和方达生。

陈白露:(欢悦地)哦,你醒啦,可算醒啦!

她满心欢喜地望望小东西。又望望方达生。

陈白露:这是我的干女儿,她叫小东西。(解下自己头上的红缎带,给小东西扎在辫子上)你看,她多美!

小东西害羞地低下头。

一个清冽的下午，天空湛蓝，阳光明媚。

在租界的法国公园里，陈白露和方达生坐在长椅上。草坪早已枯黄了，树枝光秃秃的，几片发黑的叶子在风中轻轻作响。

不远处，是儿童的游乐场。

方达生：多好啊，这里。

陈白露：（同样畅快地）是啊，总算找到一块清静的地方。（她把头向后一仰）真舒服啊！

方达生：在我那里，就更好了你知道吗？冬天的田野，一片白，和天都溶在一起了。你会感到一个人，是多么自由。

陈白露眯起眼睛望着天空。

陈白露：是啊，我知道。

她闭上眼睛。方达生望着沐浴在冬日阳光中的陈白露宁静的侧影。

方达生：竹均，你真美，这个时候，你才美。

陈白露睁开眼睛，面对方达生凝视的目光，她忽然不好意思地笑了。

方达生仍然目不转睛地向陈白露望着。

方达生：（恳切地）跟我走，竹均，到乡下去……把小东西也带去，她可以在那里读书。

陈白露突然站起来。

陈白露：来，咱们去荡秋千吧！

游乐场，秋千在风中微微摇晃。

陈白露一边笑着，一边站了上去。她两手抓住绳子，用力地一下一下地荡起来。秋千越荡越高。方达生仰头望着。陈白露散开的长发随风飞扬。

背景上，远处的教堂的尖顶在阳光下闪烁。响起了钟声：当、当、当……钟声越来越响。

方达生的喊声："小东西！小东西！……"

陈白露从门外走进自己的房间。她看见，窗子打开着，方达生探身在窗外，向下面张望。

陈白露：达生！

方达生：（猛地回过头）竹均，你刚才上楼来看见小东西了吗？

陈白露：她不是在屋里吗？

方达生：不，这儿没她，你来，快来！

陈白露跑向窗子。

方达生：（指着远处）你看，你看那边。

陈白露：哪儿？什么？

街上，人群熙熙攘攘。方达生的手在空中停了一会儿，无力地垂下来。

方达生：看不见了！他们把小东西带走了。

陈白露：（不相信地看着方达生）你说什么！

方达生：真的，我看见的，两三个男人夹着她，一晃就没有了。

陈白露转身飞快地跑进卧室。卧室里一个人也没有。她又跑到另一间屋子，同样是空的。她在房间里寻找，然而没有任何痕迹，就像小东西从来没有存在过似的。

她瘫软地坐在沙发上，怔怔地望着地板，一滴愤怒的泪水，无声地流下来。

方达生：（走到她身边，蹲下，震动地）怎么，你哭了？

陈白露没有说一句话，狠狠地抹去了那一滴挂在腮边的眼泪

……一辆汽车停在报馆门口，陈白露从车里面下来，匆匆地走进报馆。

……方达生穿过一条破旧的小街，他不断地四下观望着。

……陈白露从一家事务所里走出来，面色疲惫而阴沉。

……两个妖冶的女人从一座小楼的窗口探出头来，向方达生招手。方达生厌恶地扭过头，走开了。

……在一个街口，方达生远远地看见了陈白露的身影，他飞快地向她跑去。陈白露默默地注视着他。方达生在她面前站住了，沮丧地垂下头。

陈白露和方达生无言地并肩走着。

天空阴暗。他们两个人的身影，在嘈杂的街道上，在偌大的灰色的城市里，显得那么渺小。

注释

[1] 选自曹禺的四幕话剧《日出》。

[2] 小东西：与陈白露同楼的孤女，后被黑势力代表金八卖入妓院，剧中人称呼她为"小东西"。

[3] 烟土：未经熬制的鸦片。

[4] 竹均：陈白露学生时期曾用名。

思考与练习

一、课文节选部分的结尾这样写道"天空阴暗。他们两个人的身影，在嘈杂的街道上，在偌大的灰色的城市里，显得那么渺小"，这段话有什么含义？

二、剧本主要靠人物用自己的语言和动作来表现性格。结合课文分析陈白露性格的复杂性。

三、分析讨论课文中的潜台词对塑造人物形象有哪些作用。

知识延展

《日出》故事梗概：19世纪30年代，知识女性陈白露为了追求真正的爱情，与浪漫诗人许光夫结合，然而严酷的生活使婚姻破裂。诗集《日出》成了她与诗人真挚爱情唯一的纪念物。

陈白露孤身一人沉沦于都市,以其美貌被银行家潘月亭供养,在大旅馆里过着挥金如土、醉生梦死的生活。大丰银行总经理潘月亭在银行只剩下一个空壳之际仍蒙骗客户,过着花天酒地的生活。陈白露就处在潘月亭、黑社会头子金八、妓院流氓黑三、阴诈的李石清等各色社会渣滓的包围中。当罪恶大厦倒下时,压在社会底层的"小东西"、黄省三、妓女翠花等都难逃悲惨的命运,陈白露也最终在黑暗势力的重压下结束了生命,陪伴她的,只有许光夫《日出》诗集中的诗句:"太阳升起来了,黑暗留在后面。而太阳不是我们的,我们要睡了……"

曹禺(1910—1996),中国剧作家、戏剧教育家。本名万家宝,字小石。祖籍湖北潜江,生于天津。由于出身于官僚家庭,曹禺从小就有机会欣赏中国的传统戏剧,并在被称为中国话剧摇篮的南开中学获得了丰富的舞台经验。在清华大学就读时,广泛地接触了威廉·莎士比亚、易卜生、安东·契诃夫、奥尼尔等人的西方戏剧,他不断地探讨戏剧艺术,为中国话剧的发展做出了巨大贡献。他的《雷雨》《日出》《原野》《北京人》《家》等经典剧作,标志着中国的现代话剧走向成熟。

茶　馆（节选）[1]

老　舍

人物介绍:

乡妇——女。三十多岁。穷得出卖小女儿。

小妞——女。十岁。乡妇的女儿。

庞太监——男。四十岁。发财之后,想娶老婆。

小牛儿——男。十多岁。庞太监的书童。

宋恩子——男。二十多岁。老式特务。

吴祥子——男。二十多岁。宋恩子的同事。

康顺子——女。在第一幕中十五岁。康六的女儿。被卖给庞太监为妻。

王淑芬——女。四十来岁。王利发掌柜的妻。

巡警——男。二十多岁。

报童——男。十六岁。

康大力——男。十二岁。庞太监买来的义子,后与康顺子相依为命。

老林——男。三十多岁。逃兵。

老陈——男。三十岁。逃兵。老林的把弟。

崔久峰——男。四十多岁。做过国会议员,后来修道,住在裕泰附设的公寓里。

军官——男。三十岁。

王大栓——男。四十岁左右,王掌柜的长子。为人正直。

周秀花——女。四十岁。大栓的妻。

王小花——女。十三岁。大栓的女儿。

丁宝——女。十七岁。女招待。有胆有识。

小刘麻子——男。三十多岁。刘麻子之子,继承父业而发展之。

取电灯费——男。四十多岁。

小唐铁嘴——男。三十多岁。唐铁嘴之子,继承父业,有做天师的愿望。

明师傅——男。五十多岁。包办酒席的厨师。

邹福远——男。四十多岁。说评书的名手。

卫福喜——男。三十多岁。邹的师弟,先说评书,后改唱京戏。

方六——男。三十多岁。打小鼓的,奸诈。

车当当——男。三十岁左右。买卖现洋为生。

庞四奶奶——女。四十岁。丑恶,要做皇后。庞太监的四侄媳妇。

春梅——女。十九岁。庞四奶奶的丫鬟。

老杨——男。三十多岁。卖杂货的。

小二德子——男。三十岁。二德子之子,打手。

于厚斋——男。四十多岁。小学教员,王小花的老师。

谢志勇——男。三十多岁。与于厚斋同事。

小宋恩子——男。三十来岁。宋恩子之子,承袭父业,做特务。

小吴祥子——男。三十来岁。吴祥子之子,世袭特务。

小心眼——女。十九岁。女招待。

沈处长——男。四十岁。宪兵司令部某处处长。

傻杨——男。表演数来宝的。

茶客——男。

难民——男、女、老、少。

大兵——男。

公寓住客——男。

押大令的兵——男。

宪兵——男。

第二幕

人物:王淑芬、报童、康顺子、李三、常四爷、康大力、王利发、松二爷、老林、难民数人、宋恩子、老陈、巡警、吴祥子、崔久峰、押大令的兵七人、公寓住客二、三人、军官、唐铁嘴、刘麻子、大兵三五人。

时间:与前幕相隔十余年,现在是袁世凯死后,帝国主义指使中国军阀进行割据,时时发动内战的时候。初夏,上午。

地点:北京,裕泰茶馆。

幕起：北京城内的大茶馆已先后相继关了门。"裕泰"是硕果仅存的一家了，可是为避免被淘汰，它已改变了样子与作风。现在，它的前部仍然卖茶，后部却改成了公寓。前部只卖茶和瓜子什么的，"烂肉面"等等已成为历史名词。厨房挪到后面去，专包公寓住客的伙食。茶座也大加改良：一律是小桌与藤椅，桌上铺着浅绿桌布。墙上的"醉八仙"大画，连财神龛，均已撤去，代以时装美人——外国公司的广告画。"莫谈国事"的纸条可是保存了下来，而且字写得更大。王利发真像个"圣之时者也"，不但没使"裕泰"灭亡，而且使它有了新的发展。

因为修理门面，茶馆停了几天营业，预备明天开张。王淑芬正和李三忙着布置，把桌椅移了又移，摆了又摆，以期尽善尽美。

王淑芬　梳时兴的圆髻，而李三却还带着小辫儿。

二、三学生由后面来，与他们打招呼，出去。

王淑芬　（看李三的辫子碍事）三爷，咱们的茶馆改了良，你的小辫儿也该剪了吧？

李　三　改良！改良！越改越凉，冰凉！

王淑芬　也不能那么说！三爷你看，听说西直门的德泰，北新桥的广泰，鼓楼前的天泰，这些大茶馆全先后脚儿关了门！只有咱们裕泰还开着，为什么？不是因为栓子的爸爸懂得改良吗？

李　三　哼！皇上没啦，总算大改良吧？可是改来改去，袁世凯还是要做皇上。袁世凯死后，天下大乱，今儿个打炮，明儿个关城，改良？哼！我还留着我的小辫儿，万一把皇上改回来呢！

王淑芬　别顽固啦，三爷！人家给咱们改了民国，咱们还能不随着走吗？你看，咱们这么一收拾，不比以前干净、好看？专招待文明人，不更体面？可是，你要还带着小辫儿，看着多么不顺眼哪！

李　三　太太　您觉得不顺眼，我还不顺心呢！

王淑芬　哟，你不顺心？怎么？

李　三　你还不明白？前面茶馆，后面公寓，全仗着掌柜的跟我两个人，无论怎么说，也忙不过来呀！

王淑芬　前面的事归他，后面的事不是还有我帮助你吗？

李　三　就算有你帮助，打扫二十来间屋子，侍候二十多人的伙食，还要沏茶灌水，买东西送信，问问你自己，受得了受不了！

王淑芬　三爷，你说的对！可是呀，这兵荒马乱的年月，能有个事儿做也就得念佛！咱们都得忍着点！

李　三　我干不了！天天睡四五个钟头的觉，谁也不是铁打的！

王淑芬　唉！三爷，这年月谁也舒服不了！你等着，大栓子暑假就高小毕业，二栓子也快长起来，他们一有用处，咱们可就清闲点啦。从老王掌柜在世的时候，你就帮助我们，老朋友，老伙计啦！

（王利发老气横秋地从后面进来。）

李　三　老伙计？二十多年了，他们可给我涨过工钱？什么都改良，为什么工钱不跟着改良呢?

王利发　哟! 你这是什么话呀? 咱们的买卖要是越做越好, 我能不给你涨工钱吗? 得了, 明天咱们开张, 取个吉利, 先别吵嘴, 就这么办吧! All right?

李　三　就这么办啦? 不改我的良, 我干不下去啦!

(后面叫: 李三! 李三!)

王利发　崔先生叫你快去! 咱们的事, 有工夫再细研究!

李　三　哼!

王淑芬　我说, 昨天就关了城门, 今儿个还说不定关不关, 三爷, 这里的事交给掌柜的, 你去买点菜吧! 别的不说, 咸菜总得买下点呀!

(后面又叫: 李三! 李三!)

李　三　对, 后边叫, 前边催, 把我劈成两半儿好不好! (愤愤地往后走)

王利发　栓子的妈, 他岁数大了点, 你可得……

王淑芬　他抱怨了大半天了! 可是抱怨地对! 当着他, 我不便直说; 对你, 我可得说实话: 咱们得添人!

王利发　添人得给工钱, 咱们赚得出来吗? 我要是会干别的, 可是还开茶馆, 我是孙子!

(远处隐隐有炮声。)

王利发　听听, 又他妈的开炮了! 你闹, 闹! 明天开得了张才怪! 这是怎么说的!

王淑芬　明白人别说糊涂话, 开炮是我闹的?

王利发　别再瞎扯, 干活儿去! 嘿!

王淑芬　早晚不是累死, 就得叫炮轰死, 我看透了! (慢慢地往后边走)

王利发　(温和了些)栓子的妈, 甭害怕, 开过多少回炮, 一回也没打死咱们, 北京城是宝地!

王淑芬　心哪, 老跳到嗓子眼里, 宝地! 我给三爷拿菜钱去。(下)

(一群男女难民在门外央告。)

难　民　掌柜的, 行行好, 可怜可怜吧!

王利发　走吧, 我这儿不打发, 还没开张!

难　民　可怜可怜吧! 我们都是逃难的!

王利发　别耽误工夫! 我自己还顾不了自己呢!

(巡警上。)

巡　警　走! 滚! 快着!

(难民散去。)

王利发　怎么样啊? 六爷! 又打得紧吗?

巡　警　紧! 紧得厉害! 仗打得不紧, 怎能够有这么多难民呢! 上面交派下来, 你出八十斤大饼, 十二点交齐! 城里的兵带着干粮, 才能出去打仗啊!

王利发　您圣明, 我这儿现在光包后面的伙食, 不再卖饭, 也还没开张, 别说八十斤大饼, 一斤也交不出啊!

巡　警　你有你的理由,我有我的命令,你瞧着办吧!(要走)

王利发　您等等!我这儿千真万确还没开张,这您知道!开张以后,还得多麻烦您呢!得啦,您买包茶叶喝吧!(递钞票)您多给美言几句,我感恩不尽!

巡　警　(接票子)我给你说说看,行不行可不保准!

(三五个大兵,军装破烂,都背着枪,闯进门口。)

巡　警　老总们,我这儿正查户口呢,这儿还没开张!

大　兵　屌!

巡　警　王掌柜,孝敬老总们点茶钱,请他们到别处喝去吧!

王利发　老总们,实在对不起,还没开张,要不然,诸位住在这儿,一定欢迎!(递钞票给巡警)

巡　警　(转递给兵们)得啦,老总们多原谅,他实在没法招待诸位!

大　兵　屌!谁要钞票?要现大洋!

王利发　老总们,让我哪儿找现洋去呢?

大　兵　屌!揍他个小舅子!

巡　警　快!再添点!

王利发　(掏)老总们,我要是还有一块,请把房子烧了!(递钞票)

大　兵　屌!(接钱下,顺手拿走两块新桌布)

巡　警　得,我给你挡住了一场大祸!他们不走呀,你就全完,连一个茶碗也剩不下!

王利发　我永远忘不了您这点好处!

巡　警　可是为这点功劳,你不得另有份意思吗?

王利发　对!您圣明,我糊涂!可是,您搜吧,真一个铜子儿也没有啦!(掀起褂子,让他搜)您搜!您搜!

巡　警　我干不过你!明天见,明天还不定是风是雨呢!(下)

王利发　您慢走!(看巡警走去,跺脚)他妈的!打仗,打仗!今天打,明天打,老打,打他妈的什么呢?

(唐铁嘴进来,还是那么瘦,那么脏,可是穿着绸子夹袍。)

唐铁嘴　王掌柜!我来给你道喜!

王利发　(还生着气)哟!唐先生?我可不再白送茶喝!(打量,有了笑容)你混得不错呀!穿上绸子啦!

唐铁嘴　比从前好了一点!我感谢这个年月!

王利发　这个年月还值得感谢!听着有点不搭调!

唐铁嘴　年头越乱,我的生意越好,这年月,谁活着谁死都碰运气,怎能不多算算命、相相面呢?你说对不对?

王利发　Yes,也有这么一说!

唐铁嘴　听说后面改了公寓,租给我一间屋子,好不好?

王利发　唐先生,你那点嗜好,在我这儿恐怕……

唐铁嘴　我已经不吃大烟了!

王利发　真的? 你可真要发财了!

唐铁嘴　我改抽"白面儿"啦。(指墙上的香烟广告)你看,哈德门烟是又长又松,(掏出烟来表演)一顿就空出一大块,正好放"白面儿"。大英帝国的烟,日本的"白面儿",两个强国侍候着我一个人,这点福气还小吗?

王利发　福气不小! 不小! 可是,我这儿已经住满了人,什么时候有了空房,我准给你留着!

唐铁嘴　你呀,看不起我,怕我给不了房租!

王利发　没有的事! 都是久在街面上混的人,谁能看不起谁呢? 这是知心话吧?

唐铁嘴　你的嘴呀比我的还花哨!

王利发　我可不光耍嘴皮子,我的心放得正! 这十多年了,你白喝过我多少碗茶? 你自己算算! 你现在混得不错,你想着还我茶钱没有?

唐铁嘴　赶明儿我一总还给你,那一总才几个钱呢! (搭讪着往外走)

(街上卖报的喊叫:"长辛店大战的新闻,买报瞧,瞧长辛店大战的新闻!"报童向内探头。)

报　童　掌柜的,长辛店大战的新闻,来一张瞧瞧?

王利发　有不打仗的新闻没有?

报　童　也许有,您自己找!

王利发　走! 不瞧!

报　童　掌柜的,你不瞧也照样打仗! (对唐铁嘴)先生,您照顾照顾?

唐铁嘴　我不像他,(指王利发)我最关心国事! (拿了一张报,没给钱即走。报童追唐铁嘴下。)

王利发　(自言自语)长辛店! 长辛店! 离这里不远啦! (喊)三爷,三爷! 你倒是抓早儿买点菜去呀,待一会儿准关城门,就什么也买不到啦! 嘿!

(听后面没人应声,含怒往后跑。常四爷提着一串腌萝卜、两只鸡,走进来。)

常四爷　王掌柜!

王利发　谁? 哟,四爷! 您干什么哪?

常四爷　我卖菜呢! 自食其力,不含糊! 今儿个城外头乱乱哄哄,买不到菜;东抓西抓,抓到这么两只鸡,几斤老腌萝卜。听说你明天开张,也许用得着,特意给你送来了!

王利发　我谢谢您! 我这儿正没有辙呢!

常四爷　(四下里看)好啊! 好啊! 收拾得好啊! 大茶馆全关了,就是你有心路,能随机应变地改良!

王利发　别夸奖我啦! 我尽力而为,可就怕天下老这么乱七八糟!

常四爷　像我这样的人算是坐不起这样的茶馆喽!

(松二爷走进来,穿得很寒酸,可是还提着鸟笼。)

松二爷　王掌柜! 听说明天开张,我来道喜! (看见常四爷)哎哟! 四爷,可想死我喽!

常四爷　二哥! 你好哇?

王利发　都坐下吧!

松二爷　王掌柜,你好? 太太好? 少爷好? 生意好?

王利发　（一劲儿说）好! 托福!（提起鸡与咸菜）四爷,多少钱?

常四爷　瞧着给,该给多少给多少!

王利发　对! 我给你们弄壶茶来!（提物到后面去）

松二爷　四爷,你,你怎么样啊?

常四爷　卖青菜哪! 铁杆庄稼没有啦,还不卖膀子力气吗? 二爷,您怎么样啊?

松二爷　怎么样? 我想大哭一场! 看见我这身衣裳没有? 我还像个人吗?

常四爷　二哥,您能写能算,难道找不到点事儿做?

松二爷　嗻,谁愿意瞪着眼挨饿呢! 可是,谁要咱们是旗人呢! 想起来呀,大清国不一定好啊,可是到了民国,我挨了饿!

王利发　（端着一壶茶回来,给常四爷钱）不知道您花了多少,我就给这么点吧!

常四爷　（接钱,没看,揣在怀里）没关系!

王利发　二爷,（指鸟笼）还是黄鸟吧? 哨的怎样?

松二爷　嗻,还是黄鸟! 我饿着,也不能叫鸟儿饿着!（有了点精神）你看看,看看,（打开罩子）多么体面! 一看见它呀,我就舍不得死啦!

王利发　松二爷,不准说死! 有那么一天,您还会走一步好运!

常四爷　二哥,走! 找个地方喝两盅儿去! 一醉解千愁! 王掌柜,我可就不让你啦,没有那么多的钱!

王利发　我也分不开身,就不陪了!

（常四爷、松二爷正往外走,宋恩子和吴祥子进来。他们俩仍穿灰色大衫,但袖口瘦了,而且罩上青布马褂。）

松二爷　（看清楚是他们,不由得上前请安）原来是你们二位爷!

（王利发似乎受了松二爷的感染,也请安,弄得二人愣住了。）

宋恩子　这是怎么啦? 民国好几年了,怎么还请安? 你们不会鞠躬吗?

松二爷　我看见您二位的灰大褂呀,就想起了前清的事儿! 不能不请安!

王利发　我也那样! 我觉得请安比鞠躬更过瘾!

吴祥子　哈哈哈哈! 松二爷,你们的铁杆庄稼不行了,我们的灰色大褂反倒成了铁杆庄稼,哈哈哈!（看见常四爷）这不是常四爷吗?

常四爷　是呀,您的眼力不错! 戊戌年我就在这儿说了句"大清国要完",叫您二位给抓了走,坐了一年多的牢! 宋恩子您的记性可也不错! 混得还好吧?

常四爷　托福! 从牢里出来,不久就赶上庚子年; 扶清灭洋,我当了义和团,跟洋人打了几仗! 闹来闹去,大清国到底是亡了,该亡! 我是旗人,可是我得说公道话! 现在,每天起五更弄一挑子青菜,绕到十点来钟就卖光。凭力气挣饭吃,我的身上更有劲了! 什么时候洋人敢再动兵,我姓常的还准备跟他们打打呢! 我是旗人,旗人也是中国人哪! 您二位怎么样?

吴祥子　瞎混呗! 有皇上的时候,我们给皇上效力,有袁大总统的时候,我们给袁大总统效力；现而今，宋恩子，该怎么说啦？

　　宋恩子　谁给饭吃，咱们给谁效力！

　　常四爷　要是洋人给饭吃呢？

　　松二爷　四爷，咱们走吧！

　　吴祥子　告诉你，常四爷，要我们效力的都仗着洋人撑腰！没有洋枪洋炮，怎能够打起仗来呢？

　　松二爷　您说得对！嗻！四爷，走吧！

　　常四爷　再见吧，二位，盼着你们快快升官发财！（同松二爷下）

　　宋恩子　这小子！

　　王利发　（倒茶）常四爷老是那么又倔又硬，别计较他！（让茶）二位喝碗吧，刚沏好的。

　　宋恩子　后面住着的都是什么人？

　　王利发　多半是大学生，还有几位熟人。我有登记簿子，随时报告给"巡警阁子"。我拿来，二位看看？

　　吴祥子　我们不看簿子，看人！

　　王利发　您甭看，准保都是靠得住的人！

　　宋恩子　你为什么爱租学生们呢？学生不是什么老实家伙呀！

　　王利发　这年月，做官的今天上任，明天撤职，做买卖的今天开市，明天关门，都不可靠！只有学生有钱，能够按月交房租，没钱的就上不了大学啊！您看，是这么一笔账不是？

　　宋恩子　都叫你咂摸透了！你想的对！现在，连我们也欠饷啊！

　　吴祥子　是呀，所以非天天拿人不可，好得点津贴！

　　宋恩子　就仗着有错拿，没错放的，拿住人就有津贴！走吧，到后边看看去！

　　王利发　二位，二位！您放心，准保没错儿！

　　宋恩子　不看，拿不到人，谁给我们津贴呢？

　　吴祥子　王掌柜不愿意咱们看，王掌柜必会给咱们想办法！咱们得给王掌柜留个面子！对吧？王掌柜！

　　王利发　我……

　　宋恩子　我出个不很高明的主意：干脆来个包月，每月一号，按阳历算，你把那点……

　　吴祥子　那点意思！

　　宋恩子　对，那点意思送到，你省事，我们也省事！

　　王利发　那点意思得多少呢？

　　吴祥子　多年的交情，你看着办！你聪明，还能把那点意思闹成不好意思吗？

　　李　三　（提着菜筐由后面出来）喝，二位爷！（请安）今儿个又得关城门吧！（没等回答，往外走）

　　（二三学生匆匆地回来。）

　　学　生　三爷，先别出去，街上抓夫呢！（往后面走去）

李　三　（还往外走）抓去也好，在哪儿也是当苦力！

（刘麻子丢了魂似的跑来，和李三碰了个满怀。）

李　三　怎么回事呀？吓掉了魂儿啦！

刘麻子　（喘着）别，别，别出去！我差点叫他们抓了去！

王利发　三爷，等一等吧！

李　三　午饭怎么开呢？

王利发　跟大家说一声，中午咸菜饭，没别的办法！晚上吃那两只鸡！

李　三　好吧！（往回走）

刘麻子　我的妈呀，吓死我啦！

宋恩子　你活着，也不过多买卖几个大姑娘！

刘麻子　有人卖，有人买，我不过在中间帮帮忙，能怪我吗？（把桌上的三个茶杯的茶先后喝净）

吴祥子　我可是告诉你，我们哥儿们从前清起就专办革命党，不大爱管贩卖人口、拐带妇女什么的臭事。可是你要叫我们碰见，我们也不再睁一眼闭一眼！还有，像你这样的人，弄进去，准锁在尿桶上！

刘麻子　二位爷，别那么说呀！我不是也快挨饿了吗？您看，以前，我走八旗老爷们、宫里太监们的门子。这么一革命啊，可苦了我啦！现在，人家总长、次长、团长、师长，要娶姨太太讲究，要唱落子的坤角，戏班里的女名角，一花就三千五千现大洋！我干瞧着，摸不着门！我那点芝麻粒大的生意算得了什么呢？

宋恩子　你呀，非锁在尿桶上，不会说好的！

刘麻子　得啦，今天我孝敬不了二位，改天我必有一份儿人心！

吴祥子　你今天就有买卖，要不然，兵荒马乱的，你不会出来！

刘麻子　没有！没有！

宋恩子　你嘴里半句实话也没有！不对我们说真话，没有你的好处！王掌柜，我们出去绕绕；下月一号，按阳历算，别忘了！

王利发　我忘了姓什么，也忘不了您二位这回事！

吴祥子　一言为定啦！（同宋恩子下）

王利发　刘爷，茶喝够了吧？该出去活动活动！

刘麻子　你忙你的，我在这儿等两个朋友。

王利发　咱们可把话说开了，从今以后，你不能再在这儿做你的生意，这儿现在改了良，文明了！

（康顺子提着个小包，带着康大力，往里边探头。）

康大力　是这里吗？

康顺子　地方对呀，怎么改了样儿？（进来，细看，看见了刘麻子）大力，进来，是这儿！

康大力　找对啦？妈！

康顺子　没错儿! 有他在这儿, 不会错!

王利发　您找谁?

康顺子　(不语, 直奔刘麻子去)刘麻子, 你还认识我吗?(要打, 但是伸不出手去, 一劲地颤抖)你, 你, 你个……(要骂, 也感到困难)

刘麻子　你这个娘儿们, 无缘无故地跟我捣什么乱呢?

康顺子　(挣扎)无缘无故? 你, 你看看我是谁? 一个男子汉, 干什么吃不了饭, 偏干伤天害理的事! 呸! 呸!

王利发　这位大嫂, 有话好好说!

康顺子　你是掌柜的? 你忘了吗? 十几年前, 有个娶媳妇的太监?

王利发　您, 您就是庞太监的那个……

康顺子　都是他(指刘麻子)作的好事, 我今天跟他算算账!(又要打, 仍未成功)

刘麻子　(躲)你敢, 你敢! 我好男不跟女斗!(随说随往后退)我, 我找人来帮我说说理!(撒腿往后面跑)

王利发　(对康顺子)大嫂, 你坐下, 有话慢慢说! 庞太监呢?

康顺子　(坐下喘气)死啦。叫他的侄子们给饿死的。一改民国呀, 他还有钱, 可没了势力, 所以侄子们敢欺负他。他一死, 他的侄子们把我们轰出来了, 连一床被子都没给我们!

王利发　这, 这是……

康顺子　我的儿子!

王利发　您的……

康顺子　也是买来的, 给太监当儿子。

康大力　妈! 你爸爸当初就在这儿卖了你的?

康顺子　对了, 乖! 就是这儿, 一进这儿的门, 我就晕过去了, 我永远忘不了这个地方!

康大力　我可不记得我爸爸在哪里卖了我的!

康顺子　那时候, 你不是才一岁吗? 妈妈把你养大了的, 你跟妈妈一条心, 对不对? 乖!

康大力　那个老东西, 掐你, 拧你, 咬你, 还用烟签子扎我! 他们人多, 咱们打不过他们! 要不是你, 妈, 我准叫他们给打死了!

康顺子　对! 他们人多, 咱们又太老实! 你看, 看见刘麻子, 我想咬他几口, 可是, 可是, 连一个嘴巴也没打上, 我伸不出手去!

康大力　妈, 等我长大了, 我帮助你打! 我不知道亲妈妈是谁, 你就是我的亲妈妈!

康顺子　好! 好! 咱们永远在一块儿, 我去挣钱, 你去念书!(稍愣了一会儿)掌柜的, 当初我在这儿叫人买了去, 咱们总算有缘, 你能不能帮帮忙, 给我找点事做? 我饿死不要紧, 可不能饿死这个无依无靠的好孩子!

(王淑芬出来, 立在后边听着。)

王利发　你会干什么呢?

康顺子　洗洗涮涮、缝缝补补、作家常饭，都会！我是乡下人，我能吃苦，只要不再作太监的老婆，什么苦处都是甜的！

王利发　要多少钱呢？

康顺子　有三顿饭吃，有个地方睡觉，够大力上学的，就行！

王利发　好吧，我慢慢给你打听着！你看，十多年前那回事，我到今天还没忘，想起来心里就不痛快！

康顺子　可是，现在我们母子上哪儿去呢？

王利发　回乡下找你的老父亲去！

康顺子　他？他是死是活，我不知道。就是活着，我也不能去找他！他对不起女儿，女儿也不必再叫他爸爸！

王利发　马上就找事，可不大容易！

王淑芬　（过来）她能洗能做，又不多要钱，我留下她了！

王利发　你？

王淑芬　难道我不是内掌柜的？难道我跟李三爷就该累死？

康顺子　掌柜的，试试我！看我不行，您说话，我走！

王淑芬　大嫂，跟我来！

康顺子　当初我是在这儿卖出去的，现在就拿这儿当作娘家吧！大力，来吧！

康大力　掌柜的，你要不打我呀，我会帮助妈妈干活儿！（同王淑芬、康顺子下）

王利发　好家伙，一添就是两张嘴！太监取消了，可把太监的家眷交到这里来了！

李　三　（掩护着刘麻子出来）快走吧！（回去）

王利发　就走吧，还等着真挨两个脆的吗？

刘麻子　我不是说过了吗，等两个朋友？

王利发　你呀，叫我说什么才好呢！

刘麻子　有什么法子呢！隔行如隔山，你老得开茶馆，我老得干我这一行！到什么候，我也得干我这一行！

（老林和老陈满面笑容地走进来。）

刘麻子　（二人都比他年轻，他却称呼他们哥哥）林大哥，陈二哥！（看王利发不满意，赶紧说）王掌柜，这儿现在没有人，我借个光，下不为例！

王利发　她（指后边）可是还在这儿呢！

刘麻子　不要紧，她不会打人！就是真打，他们二位也会帮助我！

王利发　你呀！哼！（到后边去）

刘麻子　坐下吧，谈谈！

老　林　你说吧！老二！

老　陈　你说吧！哥！

刘麻子　谁说不一样啊！

老　陈　你说吧，你是大哥！

老　林　那个，你看，我们俩是把兄弟！

老　陈　对! 把兄弟, 两个人穿一条裤子的交情!

老　林　他有几块现大洋!

刘麻子　现大洋?

老　陈　林大哥也有几块现大洋!

刘麻子　一共多少块呢? 说个数目!

老　林　那, 还不能告诉你咧!

老　陈　事儿能办才说咧!

刘麻子　有现大洋, 没有办不了的事!

老林、老陈　真的?

刘麻子　说假话是孙子!

老　林　那么, 你说吧, 老二!

老　陈　还是你说, 哥!

老　林　你看, 我们是两个人吧?

刘麻子　嗯!

老　陈　两个人穿一条裤子的交情吧?

刘麻子　嗯!

老　林　没人耻笑我们的交情吧?

刘麻子　交情嘛, 没人耻笑!

老　陈　也没人耻笑三个人的交情吧?

刘麻子　三个人? 都是谁?

老　林　还有个娘儿们!

刘麻子　嗯! 嗯! 嗯! 我明白了! 可是不好办, 我没办过! 你看, 平常都说小两口儿, 哪有小三口儿的呢!

老　林　不好办?

刘麻子　太不好办啦!

老　林　(问老陈)你看呢?

老　陈　还能白拉倒吗?

老　林　不能拉倒! 当了十几年兵, 连半个媳妇都娶不上! 他妈的!

刘麻子　不能拉倒, 咱们再想想! 你们到底一共有多少块现大洋?

(王利发和崔久峰由后面慢慢走来。刘麻子等停止谈话。)

王利发　崔先生, 昨天秦二爷派人来请您, 您怎么不去呢? 您这么有学问, 上知天文, 下知地理, 又做过国会议员, 可是住在我这里, 天天念经; 干吗不出去做点事呢? 你这样的好人, 应当出去做官! 有您这样的清官, 我们小民才能过太平日子!

崔久峰　惭愧! 惭愧! 做过国会议员, 那真是造孽呀! 革命有什么用呢, 不过自误误人而已! 唉! 现在我只能修持, 忏悔!

王利发　您看秦二爷, 他又办工厂, 又忙着开银号!

崔久峰　办了工厂、银号又怎么样呢? 他说实业救国, 他救了谁? 救了他自己, 他越来越有钱了! 可是他那点事业, 哼, 外国人伸出一个小指头, 就把他推倒在地, 再也起不来!

王利发　您别这么说呀! 难道咱们就一点盼望也没有了吗?

崔久峰　难说! 很难说! 你看, 今天王大帅打李大帅, 明天赵大帅又打王大帅。是谁叫他们打的?

王利发　谁? 哪个混蛋?

崔久峰　洋人!

王利发　洋人? 我不能明白!

崔久峰　慢慢地你就明白了。有那么一天, 你我都得做亡国奴! 我干过革命, 我的话不是随便说的!

王利发　那么, 您就不想想主意, 卖卖力气, 别叫大家做亡国奴?

崔久峰　我年轻的时候, 以天下为己任, 的确那么想过! 现在, 我可看透了, 中国非亡不可!

王利发　那也得死马当活马治呀!

崔久峰　死马当活马治? 那是妄想! 死马不能再活, 活马可早晚得死! 好啦, 我到弘济寺去, 秦二爷再派人来找我, 你就说, 我只会念经, 不会干别的! (下)

(宋恩子、吴祥子又回来了。)

王利发　二位! 有什么消息没有?

(宋恩子、吴祥子不语, 坐在靠近门口的地方, 看着刘麻子等。刘麻子不知如何是好, 低下头去。老陈、老林也不知如何是好, 相视无言。静默了有一分钟。)

老　陈　哥, 走吧?

老　林　走!

宋恩子　等等! (立起来, 挡住路)

老　陈　怎么啦?

吴祥子　(也立起)你说怎么啦?

(四人呆呆相视一会儿。)

宋恩子　乖乖地跟我们走!

老　林　上哪儿?

吴祥子　逃兵, 是吧? 有些块现大洋, 想在北京藏起来, 是吧? 有钱就藏起来, 没钱就当土匪, 是吧?

老　陈　你管得着吗? 我一个人揍你这样的八个。(要打)

宋恩子　你? 可惜你把枪卖了, 是吧? 没有枪的干不过有枪的, 是吧? (拍了拍身上的枪)我一个人揍你这样的八个!

老　林　都是兄弟, 何必呢? 都是兄弟!

吴祥子　对啦! 坐下谈谈吧! 你们是要命呢? 还是要现大洋?

老　陈　我们那点钱来得不容易! 谁发饷, 我们给谁打仗, 我们打过多少次仗啊!

宋恩子　逃兵的罪过, 你们可也不是不知道!

老　林　咱们讲讲吧,谁叫咱们是兄弟呢!

吴祥子　这像句自己人的话! 谈谈吧!

王利发　(在门口)诸位,大令过来了!

老陈、老林　啊!(惊慌失措,要往里边跑)

宋恩子　别动! 君子一言,把现大洋分给我们一半,保你们俩没事! 咱们是自己人!

老陈、老林　就那么办! 自己人!

(　"大令"进来:二捧刀——刀缠红布——背枪者前导,手捧令箭的在中,四持黑红棍者在后。军官在最后压队。)

吴祥子　(和宋恩子、老林、老陈一齐立正,从帽中取出证章,叫军官看)报告官长,我们正在这儿盘查一个逃兵。

军　官　就是他吗?(指刘麻子)

吴祥子　(指刘麻子)就是他!

军　官　绑!

刘麻子　(喊)老爷! 我不是! 不是!

军　官　绑!(同下)

吴祥子　(对宋恩子)到后面抓两个学生!

宋恩子　走!(同往后疾走)

——幕落

注释

[1] 选自《茶馆》,人民文学出版社1987年版。话剧《茶馆》是著名作家老舍先生创作的一部不朽的名著,三幕话剧剧本,1957年完成;1958年由北京人民艺术剧院首排,焦菊隐、夏淳导演,于是之、郑榕、蓝天野、英若诚、黄宗洛等人主演,全剧以老北京一家大茶馆的兴衰变迁为背景,向人们展示了从清末到抗战胜利后的50年间,北京的社会风貌及各阶层人物的不同命运。

思考与练习

一、了解戏剧反映的时代背景。

二、阅读本文,体会戏剧语言的动作性这一特点。

知识延展

老舍(1899—1966),现当代作家。原名舒庆春,字舍予。满族,北京人,出生于一个贫民家庭。1918年于北京师范学校毕业后任小学校长和中学教员。1924年赴英国任伦敦大学东方学院汉语讲师,阅读了大量英文作品,并从事小说创作。1926年加入文学研究会。1930年回国后任济南齐鲁大学、青岛山东大学教授。抗日战争爆发后南下赴汉口和重庆。1938年中华全国文艺界抗敌协会成立,他被选为理事兼总务部主任,主持文协日常工作。在创作上,以抗战救国为主题，写了各种形式的文艺作品。1946年应邀赴美国讲学1年，期满后旅居美国从事创作。

老舍一生写了约计800万字的作品。主要著作有：长篇小说《老张的哲学》《赵子曰》《二马》《猫城记》《离婚》《牛天赐传》《文博士》《骆驼祥子》《火葬》《四世同堂》《鼓书艺人》《正红旗下》等；中篇小说《月牙儿》《我这一辈子》；短篇小说集《赶集》《樱海集》《蛤藻集》《火车集》《贫血集》；剧本《龙须沟》《茶馆》。另有《老舍剧作全集》《老舍散文集》《老舍诗选》《老舍文艺评论集》和《老舍文集》等。

第三章　外国戏剧名篇鉴赏

哈姆莱特（第三幕）[1]

〔英〕威廉·莎士比亚

第一场　城堡中一室

国王、王后、波洛涅斯、奥菲利娅、罗森格兰兹及吉尔登斯吞上。

国王：你们不能用迂回婉转的方法，探出他为什么这样神魂颠倒，让紊乱而危险的疯狂困扰他的安静的生活吗？

罗森格兰兹：他承认他自己有些神经迷惘，可是绝口不肯说为了什么缘故。

吉尔登斯吞：他也不肯虚心接受我们的探问；当我们想要引导他吐露他自己的一些真相的时候，他总是用假作痴呆的神气故意回避。

王后：他对待你们还客气吗？

罗森格兰兹：很有礼貌。

吉尔登斯吞：可是不大自然。

罗森格兰兹：他很吝惜自己的话，可是我们问他话的时候，他回答起来却是毫无拘束。

王后：你们有没有劝诱他找些什么消遣？

罗森格兰兹：娘娘，我们来的时候，刚巧有一班戏子也要到这儿来，给我们赶过了；我们把这消息告诉了他，他听了好像很高兴。现在他们已经到了宫里，我想他已经吩咐他们今晚为他演出了。

波洛涅斯：一点不错；他还叫我来请两位陛下同去看看他们演得怎样哩。

国王：那好极了；我非常高兴听见他在这方面感兴趣。请你们两位还要更进一步鼓起他的兴味，把他的心思移转到这种娱乐上面。

哈姆莱特：生存还是毁灭，这是一个值得考虑的问题；默然忍受命运的暴虐的毒箭，或是挺身反抗人世的无涯的苦难，通过斗争把它们扫清，这两种行为，哪一种更高贵？死了；睡着了；什么都完了；要是在这一种睡眠之中，我们心头的创痛，以及其他无数血肉之躯所不能避免的打击，都可以从此消失，那正是我们求之不得的结局。死了；睡着了；睡着了也许还会做梦；嗯，阻碍就在这儿：因为当我们摆脱了这一具朽腐的皮囊以后，在那死的睡眠里，究竟将要做些什么梦，那不能不使我们踌躇顾虑。人们甘心久困于患难之中，也就是为了这个缘故；谁愿意忍受人世的鞭挞和讥嘲、压迫者的凌辱、傲慢者的冷眼、被轻蔑的爱情的惨痛、法律的迁延、官吏的横暴和费尽辛勤所换来的小人的鄙视，要是他只要用一柄小小的刀子，就可以清算他自己的一生？谁愿意负着这样的重担，在烦劳的生命的压迫下呻吟流汗，倘不是因为惧怕不可知的死后，惧怕那从来不曾有一个旅人回来过的神秘之国，是它迷惑了我们的意志，使我们宁愿忍受目前的折磨，不敢向我们所不知道的痛苦飞去？这样，重重的顾虑使我们全变成了懦夫，决心的赤热的光彩，被审慎的思维盖上了一层灰色，伟大的事业在这一种考虑之下，也会逆流而退，失去了行动的意义。且慢！美丽的奥菲利娅！——女神，在你的祈祷之中，不要忘记替我忏悔我的罪孽。

……

第二场　城堡中的厅堂

哈姆莱特及若干伶人上。

哈姆莱特：请你念这段剧词的时候，要照我刚才读给你听的那样子，一个字一个字打舌头上很轻快地吐出来；要是你也像多数的伶人们一样，只会拉开了喉咙嘶叫，那么我宁愿叫那宣布告示的公差念我这几行词句。也不要老是把你的手在空中这么摇挥；一切动作都要温文，因为就是在洪水暴风一样的感情激发之中，你也必须取得一种节制，免得流于过火。啊！我顶不愿意听见一个披着满头假发的家伙在台上乱嚷乱叫，把一段感情片片撕碎，让那些只爱热闹的低级观众听了出神，他们中间的大部分是除了欣赏一些莫名其妙的手势以外，什么都不懂。我可以把这种家伙抓起来抽一顿鞭子，因为他把妥玛刚特形容过分，希律王的凶暴也要对他甘拜下风。请你留心避免才好。

……

哈姆莱特：上帝啊！要说玩笑，那就得属我了。一个人为什么不说说笑笑呢？您瞧，我的母亲多么高兴，我的父亲还不过死了两个钟头。

奥菲利娅：不，已经四个月了，殿下。

哈姆莱特：这么久了吗？哎哟，那么让魔鬼去穿孝服吧，我可要去做一身貂皮的新衣啦。天啊！死了两个月，还没有把他忘记吗？那么也许一个大人物死了以后，他的记忆还可以保持半年之久；可是凭着圣母起誓，他必须造下几所教堂，否则他就要跟那被遗弃的木马一样，没有人再会想念他了。

高音笛奏乐。哑剧登场。

一国王及一王后上，状极亲热，互相拥抱。后跪地，向王做宣誓状，王扶后起，俯首后颈上。王就花坪上睡下；后见王睡熟离去。另一人上，自王头上去冠，吻冠，注毒药于王耳，下。后重上，见王死，作哀恸状。下毒者率其他二三人重上，佯作陪后悲哭状。从者舁王尸下。下毒者以礼物赠后，向其乞爱；后先作憎恶不愿状，卒允其请。同下。

奥菲利娅：这是什么意思，殿下？

哈姆莱特：呃，这是阴谋诡计、不干好事的意思。

奥菲利娅：大概这一场哑剧就是全剧的本事了。

致开场词者上。

哈姆莱特：这家伙可以告诉我们一切；演戏的都不能保守秘密，他们什么话都会说出来。

奥菲利娅：他也会给我们解释方才那场哑剧有什么奥妙吗？

哈姆莱特：是啊；这还不算，只要你做给他看什么，他也能给你解释什么；只要你做出来不害臊，他解释起来也决不害臊。

奥菲利娅：殿下真是淘气，真是淘气。我还是看戏吧。

开场词：这悲剧要是演不好，要请各位原谅指教，小的在这厢有礼了。（致开场词者下）

哈姆莱特：这算开场词呢，还是指环上的诗铭？

奥菲利娅：它很短，殿下。

哈姆莱特：正像女人的爱情一样。

二伶人扮国王、王后上。

伶王：日轮已经盘绕三十春秋，那茫茫海水和滚滚地球，月亮吐耀着借来的晶光，三百六十回向大地环航，自从爱把我们缔结良姻，许门替我们证下了鸳盟。

伶后：愿日月继续他们的周游，让我们再厮守三十春秋！可是唉，你近来这样多病，郁郁寡欢，失去旧时高兴，好教我满心里为你忧惧。可是，我的主，你不必疑虑；女人的忧伤像爱情一样，不是太少，就是超过分量；你知道我爱你是多么深，所以才会有如此的忧心。越是相爱，越是挂肚牵胸；不这样哪显得你我情浓？

伶王：爱人，我不久必须离开你，我的全身将要失去生机；留下你在这繁华的世界安享尊荣，受人们的敬爱：也许再嫁一位如意郎君——

伶后：啊！我断不是那样薄情人；我倘忘旧迎新，难邀天恕，再嫁的除非是杀夫淫妇。

哈姆莱特：（旁白）苦恼，苦恼！

伶后：妇人失节大半贪慕荣华，多情女子决不另抱琵琶；我要是与他人共枕同衾，怎么对得起地下的先灵！

伶王：我相信你的话发自心田，可是我们往往自食前言。志愿不过是记忆的奴隶，总是有始无终，虎头蛇尾，像未熟的果子密布树梢，一朝红烂就会离去枝条。我们对自己所负的债务，最好把它丢在脑后不顾；一时的热情中发下誓愿，心冷了，那意志也随云散。过分的喜乐，剧烈的哀伤，反会毁害了感情的本常。人世间的哀乐变幻无端，痛哭转瞬早变成了狂欢。世界也会有毁灭的一天，何怪爱情要随境遇变迁；有谁能解答这一个哑谜，是境由爱造？是爱逐境移？失财势的伟人举目无亲；走时运的穷酸仇敌逢迎。这炎凉的世态古今一辙：富有的门庭挤满了宾客；要是你在穷途向人求助，即使知交也要情同陌路。把我们的谈话拉回本题，意志命运往往背道而驰，决心到最后会全部推倒，事实的结果总难符预料。你以为你自己不会再嫁，只怕我一死你就要变卦。

伶后：地不要养我，天不要亮我！昼不得游乐，夜不得安卧！毁灭了我的希望和信心；铁锁囚门把我监禁终身！每一种恼人的飞来横逆，把我一重重的心愿摧折！我倘死了丈夫再作新人，让我生前死后永陷沉沦！

哈姆莱特：要是她现在背了誓！

伶王：难为你发这样重的誓愿。爱人，你且去；我神思昏倦，想要小睡片刻。（睡）

伶后：愿你安睡；上天保佑我俩永无灾悔！（下）

哈姆莱特：母亲，您觉得这出戏怎样？

王后：我觉得那女人在表白心迹的时候，说话过火了一些。

哈姆莱特：啊，可是她会守约的。

国王：这本戏是怎么一个情节？里面没有什么要不得的地方吗？

哈姆莱特：不，不，他们不过开玩笑毒死了一个人；没有什么要不得的。

国王：戏名叫什么？

哈姆莱特：《捕鼠机》。呃，怎么？这是一个象征的名字。戏中的故事影射着维也纳的一件谋杀案。贡扎古是那公爵的名字；他的妻子叫作白普蒂丝姐。您看下去就知道是怎么一回事啦。这是个很恶劣的作品，可是那有什么关系？它不会对您陛下跟我们这些灵魂清白的人有什么相干；让那有毛病的马儿去惊跳退缩吧，我们的肩背都是好好的。

一伶人扮琉西安纳斯上。

……

琉西安纳斯：黑心快手，遇到妙药良机；趁着没人看见事不宜迟。你夜半采来的毒草炼成，赫卡忒的咒语念上三巡，赶快发挥你凶恶的魔力，让他的生命速归于幻灭。（以毒药注入睡者耳中）

哈姆莱特：他为了觊觎权位，在花园里把他毒死。他的名字叫贡扎古；那故事原文还存在，是用很好的意大利文写成的。底下就要做到那凶手怎样得到贡扎古的妻子的爱了。

奥菲利娅：王上站起来了！

哈姆莱特：什么！给一响空枪吓怕了吗？

王后：陛下怎么样啦？

波洛涅斯：不要演下去了！

国王：给我点起火把来！去！

众人：火把！火把！火把！（除哈姆莱特、霍拉旭外均下。）

哈姆莱特：嗨，让那中箭的母鹿掉泪，没有伤的公鹿自去游玩；有的人失眠，有的人酣睡，世界就是这样循环轮转。老兄，要是我的命运跟我作起对来，凭着我这念词的本领，头上插上满头的羽毛，开缝的靴子上再缀上两朵绢花，你想我能不能在戏班子里插足？

霍拉旭：也许他们可以让您领半额包银。

哈姆莱特：我可要领全额的。因为你知道，亲爱的朋友，这一个荒凉破碎的国土原本是乔武统治的雄邦，而今王位上却坐着——孔雀。

霍拉旭：您该押韵才是。

哈姆莱特：啊，好霍拉旭！那鬼魂真的没有骗我。你看见吗？

霍拉旭：看见的，殿下。

哈姆莱特：在那演戏的一提到毒药的时候？

霍拉旭：我看得他很清楚。

哈姆莱特：啊哈！来，奏乐！来，那吹笛子的呢？要是国王不爱这出喜剧，那么他多半是不能赏识。来，奏乐！

罗森格兰兹及吉尔登斯吞重上。

吉尔登斯吞：殿下，允许我跟您说句话。

哈姆莱特：好，你对我讲全部历史都可以。

吉尔登斯吞：殿下，王上——

哈姆莱特：嗯，王上怎么样？

吉尔登斯吞：他回去以后，非常不舒服。

哈姆莱特：喝醉了吗？

吉尔登斯吞：不，殿下，他在发脾气。

哈姆莱特：你应该把这件事告诉他的医生，才算你的聪明；因为叫我去替他诊视，恐怕反而更会激动他的脾气的。

……

注释

[1] 选自《哈姆莱特》，人民文学出版社1987年版。《哈姆莱特》是由威廉·莎士比亚创作于1599年至1602年间的一部悲剧作品。戏剧讲述了叔叔谋害了哈姆莱特的父亲，篡取了王位，并娶了国王的遗孀；哈姆莱特王子因此为父王向叔叔复仇。

知识延展

威廉·莎士比亚（1564—1616），欧洲文艺复兴时期英国伟大的戏剧家和诗人。其代表作有《仲夏夜之梦》《威尼斯商人》《哈姆莱特》《罗密欧与朱丽叶》等。《哈姆莱特》是威廉·莎士比亚最负盛名的剧本，又名《王子复仇记》，同《麦克白》《李尔王》和《奥赛罗》一起组成威廉·莎士比亚"四大悲剧"。本文是对《哈姆莱特》第三幕的删选。悲剧《哈姆莱特》写的是丹麦王子哈姆莱特为父复仇的故事。在第三幕中哈姆莱特借伶人的戏剧表演来揭露国王毒害先王的罪行。哈姆莱特身上充分体现了威廉·莎士比亚的人文主义思想。

玩偶之家（节选）[1]

［挪威］易卜生

娜拉：（搂着他脖子）托伐！明天见！明天见！

海尔茂：（亲吻她的前额）明天见，我的小鸟儿。好好儿睡觉，娜拉！我去看信了。

他拿起那些信走进自己的书房，随手关上门。

娜拉：（瞪着眼瞎摸，抓起海尔茂的舞衣披在自己身上，急急忙忙，断断续续，哑着嗓子，低声自言自语）从今以后再也见不着他了！永远见不着了，永远见不着了……（把披肩蒙在头上）也见不着孩子们了！永远见不着了！哦，漆黑冰凉的水！没底的海！快点完事多好啊！现在他已经拿着信了，正在看！哦，还没看。再见，托伐！再见，孩子们！

她正朝着门跑出去，海尔茂猛然推开门，手里拿着一封拆开的信，站在门口。

海尔茂：娜拉！

娜拉：（叫起来）啊！

海尔茂：这是谁的信？你知道信里说的什么事？

娜拉：我知道。快让我走！让我出去！

海尔茂：（拉住她）你上哪儿去？

娜拉：（竭力想脱身）别拉着我，托伐。

海尔茂：（惊慌倒退）真有这件事？他信里的话难道是真的？不会，不会，不会是真的。

娜拉：全是真的。我只知道爱你，别的什么都不管。

海尔茂：哼，别这么花言巧语的！

娜拉：（走近他一步）托伐！

海尔茂：你这坏东西——干的好事！

娜拉：让我走——你别拦着我！我做的坏事不用你担当！

海尔茂：不用装腔作势给我看。（把出去的门锁上）我要你老老实实地把事情招出来，不许走。你知不知道自己干的什么事？快说！你知道吗？

娜拉：（眼睛盯着他，态度越来越冷静）嗯，现在我才完全明白了。

海尔茂：（走来走去）嘿！好像做了一场噩梦醒过来！这八年工夫——我最得意、最喜欢的女人——没想到是个伪君子，是个撒谎的人——比这还坏——是个犯罪的人。真是可恶极了！哼！哼！（娜拉不作声，只盯着他）其实我早就该知道，我早该料到这一步，你父亲的坏德行——（娜拉正要说话）少说话！你父亲的坏德行你全都沾上了——不信宗教，不讲道德，没有责任心。当初我给他遮掩，如今遭了这么个报应！我帮你父亲都是为了你，没想到现在你这么报答我！

娜拉：不错，这么报答你。

海尔茂：你把我一生幸福全都葬送了。我的前途也让你断送了。哦，想起来真可怕！现在我让一个坏蛋抓在手心里。她要我怎样我就得怎样，她要我干什么我就得干什么。她可以随便摆布我，我不能不依她。我这场大祸都是一个下贱女人惹出来的！

娜拉：我死了你就没事了。

海尔茂：哼，少说骗人的话。你父亲以前也老有那么一大套。照你说，就算你死了，我有什么好处？一点好处都没有。他还是可以把事情宣扬出去，别人甚至还会疑惑我是跟你串通一气的，怀疑是我出主意撺掇[2]，从旁怂恿你干的这些事，结婚以来我疼了你这么多年，没想到你这么报答我。现在你明白你给我惹的是什么祸吗？

娜拉：（冷静安详）我明白。

海尔茂：这件事真是意想不到，我简直摸不着头脑。可是咱们好歹得商量个办法。把披肩摘下来——摘下来，听见没有！我先得想个办法稳住他，这件事无论如何也不能让别人知道。咱们俩，表面上照样过日子——不要改样子，你明不明白我说的话？当然，你还得在这儿住下去。可是孩子不能再交到你手里。我不敢再把他们交给你——唉，我对你这么说，心里真难受，因为你是我一向最心爱的，并且现在还是——可是当下情形已经改变了。从今以后再谈不上什么幸福不幸福，只有想法子怎么挽救、遮盖、维持这个残破的局面——（门铃响起来，海尔茂吓了一跳）什么事？三更半夜的！难道事情泄露了？难道他——娜拉，你快藏起来，只推托有病。（娜拉站着不动。海尔茂走过去开门）

爱伦：（披着衣服站在门厅里）太太，您有封信。

海尔茂：给我。（把信抢过来，关上门）果然是他[3]的。你别看。我念给你听。

娜拉：快念！

海尔茂：（凑着灯光）我几乎不敢看这封信。说不定咱们俩都会完蛋。也罢，反正总得看。（慌忙拆信，看了几行之后发现信里夹着一张纸，马上快活地叫起来）娜拉！（娜拉莫名其妙地看着他）

海尔茂：娜拉！哦，别忙！让我再看一遍！不错，不错！我没事了！娜拉，我没事了！

娜拉：我呢？

海尔茂：你当然也没事了，咱们俩都没事了。你看，他把借据还你。他在信里说，他对这件事非常抱歉，要请你原谅，他又说他现在交运了——哦，管他还写了些什么。娜拉，咱们没事了！现在没人能害你。哦，娜拉，娜拉——咱们先把这害人的东西消灭了再说。让我再看看——（朝着借据瞟了一眼）哦，我不想再看它，只当是做了一场梦。（把借据和柯洛克斯泰的两封信一起撕掉，扔到火炉里，看它们烧）好！烧掉了！他说自从24号起——哦，娜拉，这三天你一定很难过。

娜拉：这三天我真不好过。

海尔茂：你心里难过，想不出好办法，只能——哦，现在别再想那可怕的事情。我们只应该高高兴兴多说几遍"现在没事了，现在没事了"，听见没有，娜拉！你好像不明白。我告诉你，现在没事了。你为什么绷着脸不说话？哦，我的可怜的娜拉，我明白了，你以为我还没饶恕你。娜拉，我发誓，我已经饶过你了。我知道你干那件事都是因为爱我。

娜拉：这倒是实话。

海尔茂：你正像做老婆的应该爱丈夫那样爱我。只是你没有经验，用错了方法。可是难道因为你自己没主意，我就不爱你吗？我绝不会。你只要一心一意地依赖我，我会指点你，教导你。正因为你自己没办法，所以我格外爱你，要不然我还算什么男子汉大丈夫？刚才我觉得好像天要塌下来，心里一害怕，就说了几句不好听的话，你千万别放在心上。娜拉，我已经饶过你了。我发誓不再埋怨你。

娜拉：谢谢你饶恕我。（从右边走出去）

海尔茂：别走！（向门洞里张望）你要干什么？

娜拉：（在里屋）我去脱掉跳舞的服装。

海尔茂：（在门洞里）好，去吧。受惊的小鸟儿，别害怕，定定神，把心静下来。你放心，一切事情都有我。我的翅膀宽，可以保护你。（在门口走来走去）哦，娜拉，咱们的家多可爱，多舒服！你在这儿很安全，我可以保护你，像保护一只从鹰爪子底下解救出来的小鸽子一样。我不久就能让你那颗扑扑跳的心定下来，娜拉，你放心。到了明天，事情就不一样了，一切都会恢复老样子。我不用再说我已经饶恕你，你心里自然会明白我不是说假话。难道我舍得把你撵出去？别说撵出去，就是责备，难道我舍得吗？娜拉，你不懂得男子汉的好心肠。要是男人饶恕了他老婆——真正饶恕了她，从心坎儿里饶恕了她——他心里会有一股无法形容的美好感觉。从此以后他老婆愈发是他的私有财产。做老婆的就像重新投了胎，不但是她丈夫的老婆，还是她丈夫的孩子。从今以后，你就是我的孩子，我的吓坏了的可怜的小宝贝。别着急，娜拉，只要你老老实实对待我，你的事情都有我做主，都有我指点。（娜拉换了家常衣服走进来）怎么，你还不睡觉，又换衣服干什么？

娜拉：不错，我把衣服换掉了。

海尔茂：这么晚还换衣服干什么？

娜拉：今晚我不睡觉。

海尔茂：可是，娜拉——

娜拉：（看自己的表）时间还不算晚。托伐，坐下，咱们有好些话要谈一谈。（她在桌子的一头坐下）

海尔茂：娜拉，这是什么意思？你的脸色冰冷铁板的——

娜拉：坐下。一下子说不完。我有好些话跟你谈。

海尔茂：（在桌子那一头坐下）娜拉，你把我吓了一大跳。我不了解你。

娜拉：这话说得对，你不了解我，我也到今天晚上才了解了你。别打岔。听我说下去。托伐，咱们必须把总账算一算。

海尔茂：这话怎么讲？

娜拉：（顿了顿）现在咱们面对面坐着，你心里有什么感想？

海尔茂：我能有什么感想？

娜拉：咱们结婚已经八年了。你觉不觉得，这是头一次咱们夫妻正正经经谈话？

海尔茂："正正经经"这四个字怎么讲？

娜拉：这整整的八年——要是从咱们认识的时候算起，其实还不止八年——咱们从来没有在正经事情上谈过一句正经话。

海尔茂：难道要我经常把你不能帮我解决的事情交给你，麻烦你？

娜拉：我不是指你的业务。我说的是，咱们从来没坐下来正正经经仔细谈过一件事。

海尔茂：我的好娜拉，正经事跟你有什么相干？

娜拉：咱们的问题就在这儿！你从来都没了解过我。我受尽了委屈，先在我父亲手里，后来又在你手里。

海尔茂：这是什么话！你父亲和我这么爱你，你还说受了我们的委屈！

娜拉：（摇头）你们何尝真爱过我，你们爱我只是拿我当消遣。

海尔茂：娜拉，这是什么话！

娜拉：托伐，这是大实话。我在家跟父亲过日子的时候，他把他的意见告诉我，我就跟着他的意见走。要是我的意见跟他不一样，我也不让他知道，因为他知道了会不高兴。他叫我"泥娃娃孩子"，把我当作一件玩意儿，就像我小时候玩的泥娃娃一样。后来我到你家来住着——

海尔茂：用这种字眼形容咱们的夫妻生活简直不像话！

娜拉：（满不在乎）我是说，我从父亲手里转移到了你手里。跟你在一块儿，事情都归你安排。你爱什么我也爱什么，或者假装爱什么——我不知道是真还是假——也许有时候真，有时候假。现在我回头想一想，这些年我在这儿简直像个叫花子，要一口，吃一口。托伐，我靠着给你要把戏过日子。可是你喜欢我这么做。你和我父亲把我害苦了。我现在这么没出息都要怪你们。

海尔茂：娜拉，你真不讲理，真不知好歹！你在这儿过的日子难道不快活？

娜拉：不快活。过去我以为快活，其实不快活。

海尔茂：什么！不快活！

娜拉：说不上快活，不过说说笑笑凑个热闹罢了。你一向待我很好。可是咱们的家只是一个玩儿的地方，从来不谈正经事。在这儿我是你的"泥娃娃老婆"，正像我在家里是我父亲的"泥娃娃女儿"一样。我的孩子又是我的泥娃娃。你逗着我玩儿，我觉得有意思，正像我逗孩子们，孩子们也觉得有意思。托伐，这就是咱们的夫妻生活。

海尔茂：你这段话虽然说得太过火，倒也有点道理。可是以后的情形就不一样了。玩儿的时候过去了，现在是受教育的时候了。

娜拉：谁的教育？我的教育还是孩子们的教育？

海尔茂：两方面的，我的好娜拉。

娜拉：托伐，你不配教育我怎样做个好老婆。

海尔茂：你怎么这样说话？

娜拉：我配教育我的孩子吗？

海尔茂：娜拉！

娜拉：刚才你不是说不敢再把孩子交给我吗？

海尔茂：那是气头上的话，你老提它干什么？

娜拉：其实你的话没说错，我不配教育孩子。要想教育孩子，先得教育我自己。你没资格帮我的忙，我一定得自己干。所以现在我要离开你。

海尔茂：（跳起来）你说什么？

娜拉：要想了解我自己和我的环境，我得一个人过日子，所以我不能再跟你待下去。

海尔茂：娜拉！娜拉！

娜拉：我马上就走。克里斯蒂娜一定会留我过夜。

海尔茂：你疯了！我不让你走！你不许走！

娜拉：你不许我走也没用。我只带自己的东西。你的东西我一件都不要，现在不要，以后也不要。

海尔茂：你怎么疯到这步田地！

娜拉：明天我要回家去——回到从前的老家去。在那儿找点事情做也许不太难。

海尔茂：哦，像你这么没经验——

娜拉：我会努力去吸取。

海尔茂：丢了你的家，丢了你丈夫，丢了你的儿女！不怕人家说什么话！

娜拉：人家说什么我不放在心上。我只知道我应该这么做。

海尔茂：这话真荒唐！你就这么把你最神圣的责任扔下不管了？

娜拉：你说什么是我最神圣的责任？

海尔茂：那还用我说？你最神圣的责任是你对丈夫和儿女的责任。

娜拉：我还有别的同样神圣的责任。

海尔茂：没有的事！你说的是什么责任？

娜拉：我说的是我对自己的责任。

海尔茂：别的不用说，首先你是一个老婆，一个母亲。

娜拉：这些话现在我都不信了。现在我只信，首先我是一个人——跟你一样的一个人——至少我要学做一个人。托伐，我知道大多数人赞成你的话，并且书本儿里也是这么说。可是从今以后我不能一味地相信大多数人说的话，也不能一味地相信书本儿里说的话。什么事情我都要用自己的脑子想一想，把事情的道理弄明白。

海尔茂：难道你不明白你在自己家庭的地位？难道在这些问题上没有颠扑不破的道理指导你？难道你不信仰宗教？

娜拉托：托伐，不瞒你说，我真不知道宗教是什么。

海尔茂：你这话怎么讲？

娜拉：除了行坚信礼的时候牧师对我说的那套话，我什么都不知道。牧师告诉过我，宗教是这个，宗教是那个。等我离开这儿一个人过日子的时候我也要把宗教问题仔细想一想。我要仔细想一想牧师告诉我的话究竟对不对，对我适用不适用。

海尔茂：哦，从来没听说过这种话！并且还是从这样一个年轻女人嘴里说出来的！要是宗教不能带你走上正路，让我唤醒你的良心来帮助你——你大概还有点道德观念吧？要是没有，你就干脆说没有。

娜拉：托伐，这个问题不容易回答。我实在不明白。这些事情我摸不清，我只知道我的想法跟你的想法完全不一样。我也听说，国家的法律跟我心里想的不一样，可是我不相信那些法律是正确的。父亲病得快死了，法律不许女儿给他省去烦恼；丈夫病得快死了，法律不许老婆想办法救他的性命！我不信世界上有这种不讲理的法律。

海尔茂：你说这些话像个小孩子。你不了解咱们的社会。

娜拉：我真不了解。现在我要去学习。我一定要弄清楚，究竟是社会正确，还是我正确。

海尔茂：娜拉，你病了，你在发烧说胡话。我看你像精神错乱了。

娜拉：我的脑子从来没像今天晚上这么清醒，这么有把握。

海尔茂：你清醒得、有把握得要丢掉丈夫和儿女？

娜拉：一点儿不错。

海尔茂：这么说，只有一句话讲得通。

娜拉：什么话？

海尔茂：那就是你不爱我了。

娜拉：不错，我不爱你了。

海尔茂：娜拉！你忍心说这话！

娜拉：托伐，我说这话心里也难受，因为你一向待我很不错。可是我不能不说这句话。现在我不爱你了。

海尔茂：（勉强管住自己）这也是你清醒的有把握的话？

娜拉：一点儿不错。所以我不能再在这儿待下去。

海尔茂：你能不能说明白我究竟做了什么事使你不爱我？

娜拉：能。就因为今天晚上奇迹没出现，我才知道你不是我理想中的那等人。

海尔茂：这话我不懂，你再说清楚点。

娜拉：我耐着性子整整等了八年，我当然知道奇迹不会天天有。后来大祸临头的时候，我曾经满怀信心地跟自己说："奇迹来了！"柯洛克斯泰把信扔在信箱里以后，我绝没想到你会接受他的条件。我满心以为你一定会对他说："尽管宣布吧。"而且你说了这句话之后，还一定会——

海尔茂：一定会怎么样？叫我自己的老婆出丑丢脸，让人家笑骂？

娜拉：我满心以为你说了那句话之后，还一定会挺身出来，把全部责任担在自己肩膀上，对大家说："事情都是我干的。"

海尔茂：娜拉——

娜拉：你以为我会让你替我担当罪名吗？不，当然不会。可是我的话怎么会像你的话那样那么容易叫人相信？这正是我盼望发生又怕发生的奇迹。为了不让奇迹发生，我已经准备自杀。

　　海尔茂：娜拉，我愿意为你日夜工作，我愿意为你受穷受苦。可是男人不能为他爱的女人牺牲自己的名誉。

　　娜拉：千千万万的女人都为男人牺牲过名誉。

　　海尔茂：哦，你心里想的嘴里说的都像个傻孩子。

　　娜拉：也许是吧。可是你想的和说的也不像我可以跟着过日子的男人。后来危险过去了——你不是怕我有危险，是怕你自己有危险——不用害怕了，你又装作没事人儿了。你又叫我跟从前一样乖乖地做你的小鸟儿，做你的泥娃娃，说什么以后要格外小心保护我，因为我那么脆弱不中用。（站起来）托伐，就在那一刻，我好像忽然从梦中醒来，我简直跟一个陌生人生活了八年，给他生了三个孩子。哦，想起来真难受！我恨透了自己没出息！

　　海尔茂：（伤心）我明白了，我明白了，在咱们中间出现了一道沟壑。可是，娜拉，难道咱们不能把它填平吗？

　　娜拉：照我现在这样子，我不能跟你做夫妻。

　　海尔茂：我有勇气重新再做人。

　　娜拉：在你的泥娃娃离开你之后——也许有。

　　海尔茂：要我跟你分手！不，娜拉，不行！这是不能设想的事情。

　　娜拉：（走进右边屋子）要是你不能设想，咱们更应该分开。（拿着外套、帽子和旅行小提包又走出来，把东西搁在桌子旁边的椅子上）

　　海尔茂：娜拉，娜拉，现在别走。明天再走。

　　娜拉：（穿外套）我不能在生人家里过夜。

　　海尔茂：难道咱们不能像哥哥妹妹那么过日子？

　　娜拉：（戴帽子）你知道那种日子长不了。（围披肩）托伐，再见。我不去看孩子了。我知道现在照管他们的人比我强得多。照我现在这样子，对他们一点儿用处都没有。

　　海尔茂：可是，娜拉，将来总有一天——

　　娜拉：那就难说了。我不知道我以后会怎么样。

　　海尔茂：无论怎样，你还是我的老婆。

　　娜拉：托伐，我告诉你。我听说，要是一个女人像我这样从她丈夫家里走出去，按法律说，她就解除了丈夫对她的一切义务。不管法律是不是这样，我现在把你对我的义务全部解除。你不受我拘束，我也不受你拘束，双方都有绝对的自由。拿去，这是你的戒指。把我的也还我。

　　海尔茂：连戒指都要还？

　　娜拉：要还。

　　海尔茂：拿去。

　　娜拉：好。现在事情完了。我把钥匙都搁在这儿。家里的事佣人都知道——她们比我更熟悉。明天我动身之后，克里斯蒂娜会来帮我收拾我从家里带来的东西。我会叫她把东西寄给我。

　　海尔茂：完了！完了！娜拉，你永远不会再想我了吧？

　　娜拉：哦，我会时常想起你，想起孩子们，想起这个家。

　　海尔茂：我可以给你写信吗？

　　娜拉：不，千万别写信。

　　海尔茂：可是我总得给你寄点儿——

娜拉：什么都不用寄。

海尔茂：你手头不方便的时候我得帮点忙。

娜拉：不必，我不接受生人的帮助。

海尔茂：娜拉，难道我永远只是个生人？

娜拉：（拿起手提包）托伐，那就要等奇迹中的奇迹发生了。

海尔茂：什么叫奇迹中的奇迹？

娜拉：那就是说，咱们俩都得改变到——哦，托伐，我现在不信世界上有奇迹了。

海尔茂：可是我信。你说下去！咱们俩都得改变到什么样子——？

娜拉：改变到咱们俩在一块儿过日子真正像夫妻。再见。（从门厅走出去）

海尔茂：（倒在靠门的一张椅子里，双手蒙着脸）娜拉！娜拉！（四面望望，站起身来）屋子空了。她走了。（心里闪出一个新希望）啊！奇迹中的奇迹——

（楼下砰的一声，传来关大门的声音）

 注释

[1]选自《易卜生戏剧四种》，潘家洵译，人民文学出版社1959年版。《玩偶之家》是易卜生的代表作，描写了资产阶级的叛逆女性娜拉，不愿继续当丈夫的玩偶，家庭关系由和睦转向决裂的故事。娜拉是一位天真热情、活泼可爱的少妇，十分喜爱丈夫海尔茂。突然有一天，她偶然得知丈夫罹患重病，无钱就医，为了筹钱给丈夫治病，她不惜假冒父亲的笔迹暗中向人借债。海尔茂病好以后，通过债主柯洛克斯泰的信知道了她冒名借债的事实，害怕自己的名誉、地位受到牵连，对她大发脾气，甚至扬言要剥夺她教育子女的权利。后来，柯洛克斯泰良心发现，决定不再控告娜拉的伪造签名罪，这时海尔茂又摆出一副深情的面孔，表示出对娜拉的不舍和怜爱。已经认清了海尔茂真面目的娜拉如梦初醒，决定离开这个"玩偶之家"。

[2]撺掇（cuān duo）：在一旁鼓动人做某事（通常是不好的事）。

[3]他：指柯洛克斯泰。

思考与练习

一、娜拉说"我现在不相信世界上有奇迹了"，这句话表达的具体是什么意思？

二、结尾处写道"楼下砰的一声，传来关大门的声音"，著名戏剧家萧伯纳评价此处"在他身后关门的砰的一声，比滑铁卢的大炮还要响。"你如何理解他的评论？

三、娜拉的出走是女性对个性解放和人格独立的追求，是值得肯定和赞扬的。但娜拉出走以后应当怎么办，易卜生没有给出答案。你认为娜拉出走后是否能真正独立？应该怎么做才能不再做一个"泥娃娃"女性？

知识延展

亨利克·易卜生（1828—1906），挪威著名戏剧家，欧洲近现代现实主义戏剧的杰出代表，被誉为"现代戏剧之父"。其代表作有《社会支柱》《群鬼》《人民公敌》《玩偶之家》等一系列著名的社会问题剧。

《玩偶之家》上演以后，受到资产阶级上流社会的诋毁和攻击。作为回应，易卜生又创作了《群鬼》这个剧本。在《群鬼》中，易卜生创造了一个符合反对者们道德标准的女性形象——阿尔文太太。她恪守传统,贤良淑德,丈夫沉溺酒色,放诞荒唐,她不敢反抗,听从牧师的教诲默默忍受,忍辱负重。丈夫死后,儿子也沾染上了丈夫的种种恶习,无法医治,最后神智失常。阿尔文太太一生逆来顺受,恪守"妇道",最后却一无所有,成了旧礼教的牺牲品。易卜生通过这两部著名的戏剧作品提出了较为开明的妇女观。

📖 教资考试拓展训练

一、精选真题(2019年上半年)

1.古代建筑的佛塔,最早用于供奉佛的(　　　)。

A.佛像　　　　　　B.佛经　　　　　　C.遗物　　　　　　D.舍利

2.唐代王维"独在异乡为异客,每逢佳节倍思亲。遥知兄弟登高处,遍插茱萸少一人"。"遍插茱萸少一人"描写的是(　　　)远在异乡的思亲之情。

A.端午节　　　　　B.重阳节　　　　　C.元宵节　　　　　D.中秋节

3.我国古代把夜晚分为五个时段,用鼓打更报时,所以叫作五更、五鼓或五夜。下列选项中,属于"三更"的时段是(　　　)。

A.19:00-21:00时　　　　　　　　B.21:00-23:00时

C.23:00-(次日)1:00时　　　　　　D.(次日)1:00-3:00时

4."韦编三绝今知命,黄绢初裁好著书"是一副贺寿对联,所贺寿主的年龄是(　　　)。

A.30岁　　　　　　B.40岁　　　　　　C.50岁　　　　　　D.60岁

5.我国古代思想家墨子认为,人的发展犹如白布放进染缸,"染于苍则苍,染于黄则黄,所入者变,其色亦变"。墨子的这种观点属于(　　　)。

A.遗传决定论　　　B.环境决定论　　　C.教育主导论　　　D.主体能动性

二、《综合素质》之"诗句与人"知识点整理

1.三顾频频天下计,两朝开济老臣心。

——诸葛亮

2.出师未捷身先死,长使英雄泪满襟。

——诸葛亮

3.出师一表真名世,千载谁堪伯仲间。

——诸葛亮

4.已知天下三分鼎,犹竭人谋就出师。

——诸葛亮

5.刚正不阿,留得正气冲霄汉;幽愁发愤,著成信史照尘寰。

——司马迁

6.酌酒花间磨针石上,倚剑天外挂弓扶桑。

——李白

7.千古诗才,蓬莱文章建安骨;一身傲骨,青莲居士谪仙人。

——李白

8.翁去八百年,醉乡犹在;山行六七里,亭影不孤。

——欧阳修

9.铁板铜琶继东坡高唱大江东去,美芹悲黍冀南宋莫随鸿雁南飞。

——辛弃疾

10.世上苍痍,诗中圣哲;民间疾苦,笔底波澜。

——杜甫

11.犹留正气参天地,永剩丹心照古今。

——文天祥

12.深思高举洁白清忠,汨罗江上万古悲风。

——屈原

13.四面湖山归眼底,万家忧乐在心头。

——范仲淹

14.大河百代,众浪齐奔淘尽万古英雄汉;词苑千载,群芳竞秀盛开一枝女儿花。

——李清照

15.译著尚未成书,惊闻陨星,中国何人领呐喊?先生已经作古,痛忆旧雨,文坛从此感彷徨。

——鲁迅

三、精选范文

阅读下面材料,根据要求写作文。

材料一:柳传志说过一句话:"卖一台联想电脑,就相当于是帮别人卖掉一个视窗,帮英特尔卖了一个芯片"。

材料二:崔永元说,我们给别人打工,由于无知识产权,没有自己的核心技术,只能打工。

根据上述材料给你的启示,联系实际,写一篇论说文。

要求:用规范的现代汉语写作,不要脱离材料内容或含义。题目自拟,立意自定,观点明确,分析具体,条理清晰,语言流畅,不少于1000字。

【传统文化版块】中国古代的礼仪制度

中国自古就是礼仪之邦。以五礼为主要内容的礼仪制度,自西周正式形成后,历朝历代在相袭沿用的同时,又不断进行改革和完善,从而使五礼所涉及的范围不断扩大,内容日渐增多,两宋时期,五礼已达112种,所涉及的范围内容几乎包括一切社会活动及人们的日常生活。正因如此，礼仪在古代与社会和个人的联系极为密切，潜移默化地规范着人们的行为方式和思维方式。

一、"五礼"

礼仪即礼节与仪式。周礼最早主要是帝王贵族之礼，统称"五礼"。祭祀之事为吉礼，冠婚之事为嘉礼，宾客之事为宾礼，军旅之事为军礼，丧葬之事为凶礼。宋代，礼仪更与封建伦理道德礼教相融合，成为礼教的实施工具。

1.吉礼

吉礼是有关祭祀的典礼，主要是祭宗庙、祭社稷、祭天地等。

宗庙古人又称为祖庙、太庙，是供奉祖先的场所。皇家宗庙一般建在王宫前面，明、清两朝的宗庙就建在紫禁城外，今天天安门东侧的劳动人民文化宫即那时的太庙。臣下官属的宗庙建在居所附近，又称为家庙或祠堂。

古代帝王诸侯所祭的土神和谷神。代表封建统治者掌握的最高权力。也借指国家。古代礼制规定，"左宗庙，右社稷"，即社稷坛建在王宫前的右侧，与太庙对称。明、清两朝祭祀社稷的场所就是今天天安门右侧的中山公园，园内的方形大坛——五色土坛即当时的社稷坛。

祭祀天地，又称为"封禅"，祭天为"封"，祭地为"禅"，合称为"封禅"。"封禅"仪式极为隆重，一般由帝王亲自在泰山上进行，非帝王是不允许有这种行为的。"封"在泰山顶举行，"禅"则在泰山脚下举行，但"封"重于"禅"。据史料记载，举行过"封禅"泰山的帝王有秦始皇、汉武帝、汉光武帝、唐高宗、唐玄宗、宋真宗等。南宋以后，"封禅"不再单独进行，而与在郊外举行的祭祀天地的"郊祀"合并，"封"与"禅"也一并进行。明代，分别建成了天、地、日、月四坛，明、清两代帝王分别在各坛祭祀天、地、日、月。

2.嘉礼

嘉礼是有关个人成长和交往以及王位承袭的礼节。嘉礼的内容最为庞杂，涉及日常生活、王位承袭、宴请宾朋等多种内容，以婚礼、冠礼、射礼、飨礼、宴礼、贺庆礼最为重要。

婚礼，即男女结合为夫妻时的礼仪。冠礼，是古代男子年满20岁时的所行的一种典礼，即加冠以示成年（女子15岁时行笄礼以示成年）。飨礼，是设酒食款待宾客的一种礼仪。宴礼，古代君臣宴饮之礼。飨与宴内容上有差异，但都同属宴饮之礼，后代经常合称飨宴。养老礼，是对国内年老而又德高望重者按时赠以酒食时所行的一种礼节。射礼，是古代贵族男子进行射箭时的礼仪，古人在进行一些重大的活动时，常以射箭作为活动中的一项内容，以此体现习武、尚武的风尚。

3.宾礼

宾礼指诸侯朝见天子，以及各诸侯国之间相互交往时的礼节，包括朝、聘、盟、会、遇、觐、问、视、誓、同、锡命等一系列礼仪制度。朝，是诸侯按规定的时间拜见天子的礼节。聘，是国与国之间遣使访问的礼节。盟，是指诸侯之间以语言为信约，即用口述的方式，提出某种作为自己或大家共同遵守的原则，即"信约为誓"。锡命，又作赐命，赐，是古代上对下的给予,赐命则专指帝王赐予臣僚爵位、服饰、车仗等的赏命。会、同,通常合在一起,即为"会同",泛指古代诸侯朝见天子,也指诸侯会合。遇,指诸侯或官吏不在规定的时间、地点突然相遇的礼节,通常较简单。

朝聘指诸侯定期朝见天子的礼制,主要有三种形式:每年派大夫朝见天子称为"小聘";每隔三年派卿朝见天子为"大聘";每隔五年亲自朝见天子为"朝"。

揖让指古代宾主相见的礼节。按尊卑分为三种,称为"三揖":一为"土揖";二为"时揖";三为"天揖"。

4.军礼

军礼指军事活动中的礼节规范。包括出师祭祀、誓师、校阅、用兵、田猎等活动时的礼仪。

军旗是军礼的重要内容,军旗在古代战争中还起着发布号令的作用,它往往成为军队的核心,代表着军队。除军旗外,鼓、金(金属制打击乐器,后多指锣)也作为军礼的组成部分,指挥行军作战。各种军礼几乎都离不开鼓、金。

"四时畋猎"是军礼的又一项重要内容,也称田猎、狩猎、围猎,即打猎。自周朝开始,凡国内不发生战争、动乱、王位继立及严重的自然灾害等大事,帝王每年都要在四季进行畋猎活动,届时也将动用军队参加,因此畋猎实际也起着训练和检阅军队的作用,列入军礼范畴。"四时畋猎"即春蒐、夏苗、秋狝、冬狩。这种结合打猎活动而进行的军事训练,可使军队常备不懈,因而为历代所沿袭。军队平时训练的典礼称为"行军田役",在鼓、金敲击出的节奏下,兵士进行此基本功的训练,如前进、后退、疏散、集中等。平时训练一般不在郊野,而在专门的练兵场——校场上进行。

5.凶礼

凶礼指凭吊各种天灾人祸的丧葬的礼节。凶礼大致可分为复、殓、殡、葬、服丧5个阶段。人死后,首先要为他招魂,称为"复",给死者沐浴后,便进行"殓"的仪式,先进行小殓,即给死者穿哀衣;大殓是指将尸体放入棺材。入殓之后,便是"殡",即停棺待葬。殡结束后,便要举行"葬礼",即将棺材埋入地下,因此又称为入葬、下葬、埋葬。之后,要为死者服丧,即在一定时期内带孝,表示对死者的怀念。具体又分为:

(1)天子、太后、公卿王侯之死:薨、崩、百岁、千秋、晏驾等;

(2)父母之死:见背、孤露、弃养等;

(3)佛道徒之死:涅磐、圆寂、坐化、羽化、仙逝等;

(4)一般人的死:亡故、长眠、长逝、谢世、殒命等。

二、生活礼仪

1.生辰礼仪

先秦时,重视诞生礼仪。家里有人生男孩,会在门左边挂一张木弓,象征阳刚之气;生女孩,在门右边挂一幅佩巾,象征阴柔之德。满月时,一般要备酒食,接纳亲友祝贺。孩子满三个月后,家人择吉日为孩子行剪发礼,举行命名仪式,父亲提出对孩子的期望并给孩子命名。孩子百日称为"百岁儿"或"百绿",外婆家亲友给孩子送长命锁、长命衣,食品都以百计算。周岁时要行抓周礼。

成人时,古人还要举行成年礼,也叫"冠礼",成丁礼。汉族"男子二十冠而字",即加过冠的人才能用字、用号。古代女子十五行笄礼,即"许嫁笄而字",笄就是簪子,也即成年之意。

2.衣、食、行礼仪

(1)服饰礼仪

中国古代始终以服饰"分等级、定尊卑",帝王和官员的服装分祭祀典礼的礼服和一般性正式场合的公服,都依身份的不同而有所差别。西周初年制定详细的冠服制度,冕服作为帝王和官员的礼服被后来的统治者沿用为祭祀的礼服。

秦汉时遵行"士冠庶人巾"的服饰制度,唐朝定赤黄色为皇帝专用色,同时形成黄、紫、红、绿、青、白等颜色的等级序列。明清时补服、顶戴花翎的颜色、禽兽的图案、宝石都要排成等级。古人以"布衣"表示平民,"冠带"表示身份高贵,"乌纱帽""红顶"表示高官,"龙袍"表示皇帝。服饰赋予太多的政治色彩,服饰不仅是身份等级的标志,更成为政治立场、思想倾向的标志。

(2)饮食礼仪

饮食方面,商周时代形成严格的等级礼仪。饮食器具鼎具有显赫的地位,是等级与权力的象征。古代贵族讲究钟鸣鼎食,鼎食指列鼎而食。列鼎的数量、盛放的食物有严格的等级。《左传》记载:"天子九鼎,诸侯七,卿大夫五,元士三也。"

在座次方面有严格的礼仪,古代君王坐宴时必须正面对尊,臣子们侧尊而坐,后来演变为分宾主而坐,主面尊,宾侧尊,严格遵守"室中以东向为尊"的方式排列座次。孔子说:"席不正不坐。"

(3)行走礼仪

路遇皇帝经过一定要疾趋,不可慢行,或立即转身低头站在路边,背对路中央。男女同行,男在右,女在左,车行中间;父子同行,父在前,子在后;兄弟同行,兄在前,弟在后;朋友同行,并排走,不得超越。遇到长辈应尽快避让。行车或行船遵循"贱避贵,少避长,轻避重,去避来"的礼仪。

三、社交礼仪

1.称谓礼仪

中国古代社交,一般尊对卑或卑者自称都称名,对平辈或尊辈则称字,以示亲近或尊敬。古人常用的自称"鄙人"。谦称"臣""妾""不才""不肖""小可"。年轻者在年长者面前称"晚生""学生""后生";老百姓在官吏面前称"小人""小民";下级在上级面前称"下官""卑职"。

妇人在人面前称"奴家"。古人常用对他人的尊称"公""长者""先生""您"。在官场中,君对臣称"卿""爱卿",臣对君称"陛下""殿下"。古人对别人的父母为"令尊""令堂", 称别人的兄弟姐妹"令兄""令弟""令姐""令妹", 称别人的儿女"令郎""令媛"。

称自己的父母兄弟姐妹"家父""家严""家母""家慈""家兄""家姊""舍弟""舍妹"。称妻父"岳父""泰山", 称妻母"岳母"。称别人家"府上""尊府", 称自己家"寒舍""舍下""草堂"。称老师"恩师", 称学生"门生", 称同学"同窗"。

中国古代称谓有许多"避讳"。避讳分国讳和家讳。

2.交往礼仪

见面礼节复杂和繁多。有作揖、打躬、鞠躬和跪拜礼等。《周礼·春官·大祝》记载, 跪拜礼中有所谓的"九拜"。

3.社交中的座次排序

古代贵族的活动场所一般为堂室结构, 堂是主人平时活动、行礼、待客的地方, 堂前左右各有一阶梯, 以左为尊, 宾客走左边的阶梯。堂后为室, 室内一般是长方形, 东西长而南北窄。室内座次以坐西面东为尊, 其次坐北面南、坐南面北, 最卑是坐东面西。堂上最尊贵的座位是坐北面南的, 大臣们朝拜君主一般面向北, 按官位高低从东往西排列, 官位高在右, 官位低在左。明清时改右丞相为左丞相, 使座次以左为贵。

技能篇

第一章　演讲稿撰写技巧

演讲是一种面对公众的言语表演，是指在一定的时空环境中，以有声语言为主体，以体态语言为辅助手段，向听众传递思想、表达观点、说明事理、抒发情感的语言艺术，富于艺术性和说服力。演讲稿也称演说辞、演说稿，是人们在公开场合发表演讲的书面文稿，它包括演讲前准备的完整文稿和演讲后整理的文字记录。

一、演讲稿的特点

演讲稿像议论文一样，论点鲜明，逻辑性强，但它又不同于一般的议论文。它是一种带有宣传性和鼓励性的应用文体，经常使用各种修辞手法和艺术手法，感染力较强。

做演讲不一定都使用演讲稿，不少著名的演讲都是即兴做的，由别人整理加工流传开来。但对于重要的演讲，最好还是事先准备好演讲稿，因为演讲稿至少可以起两方面的作用：第一，通过对思路的精心梳理，对材料的精心组织，使演讲内容更加深刻和富有条理；第二，可以帮助演讲者消除临场紧张、恐惧的心理，增强自信心。

演讲稿一般具有以下特点：

1. 宣传性

演讲是一种艺术，同时又是一种社会宣传手段，因而具有明显的宣传性。具体的特点是：演讲以口头语言为媒介，直接把信息告知听众。这也是它区别于大众媒体之处。

2. 瞬间性

多数情况下，演讲都是"一遍过"的，即演讲者的"讲"和观众的"听"同时完成，演讲者讲完，听众也就听完了。

3. 现场性

演讲是一种与听众面对面交流思想的过程，听众对演讲的内容会及时做出反应，或赞同，或反对，或有兴趣，或存疑。

4. 演示性

演讲是面对广大听众发表意见、主张，传播信息的社会活动，因此，在演讲过程中，既要以口头的有声语言为主，同时，又要辅之以无声的肢体语言，如用手势、眼神、表情等强化演讲的效果。

二、演讲稿的分类

通常,依据演讲稿内容的不同,将其分为政治演说型、学术交流型、思想教育型、怀念致意型等类型,不同的演讲稿特点如下:

1. 政治演说型

这类演讲稿所选的题材一般很重大,主题深刻,所涉及的往往是有关国家兴亡、社会发展和人民根本利益的重大主题或突出问题,内容上具有一定的严肃性和紧迫感,或是庄严地号召,或是愤怒地抨击,或是果断地决策,或是紧迫地呼吁。如丘吉尔的《热血、辛劳、眼泪和汗水》、闻一多的《最后一次演讲》等。

2. 学术交流型

这类演讲往往是论述自己对某一学术问题的研究成果,或发表对某一学术问题的见解,或介绍某一学科领域的发展状况,或进行某学科基础知识的普及教育,等等。如高尔基的《科学万岁》、钱学森的《关于新技术革命的若干基本认识问题》等。

3. 思想教育型

这类演讲稿的题材往往都具有普遍意义,内容广泛,常常涉及全社会特别是青少年所关心的切身问题,如爱国主义、人生道路、理想抱负、思想修养、素质教育等。如张海迪的《是颗流星,就要把光留给人间》等 。

4. 怀念致意型

这类演讲稿或表示热烈祝贺,或表示深切怀念,或致以崇高敬意。如林肯的《葛底斯堡演说》、恩格斯的《在克思墓前的讲话》、雨果的《悼念乔治·桑》、毛泽东的《为人民服务》、周恩来的《在上海鲁迅逝世十周年纪念会上的演说》等。

三、演讲稿的写作方法

(一)确定讲题,选择材料

1. 根据演讲活动的性质与目的来确立讲题

所谓讲题,就是演讲的中心话题。演讲稿的撰写必须围绕一个有社会或科学价值,有现实意义或学术意义的特定问题展开,否则,将是漫无目的。

演讲者总是根据演讲的性质、目的来确定选题。若被邀请做学术演讲,就应该介绍自己最新的研究成果或自己掌握的最新的学术信息,这样的话题才最具学术性。如果是在思想教育性的演讲活动中做演讲,应该针对现实中最新鲜的现象和听众最关心的问题发表见解。即使是竞选演说和就职演说,也应把握住听众的理想和愿望来选题。

2. 根据演讲主题与听众情况来选择材料

材料是演讲稿的血肉,所以材料的选择和使用在演讲稿的写作过程中是一个重要的环节。

首先要围绕主题筛选材料。主题是演讲稿的思想观点,是演讲的宗旨所在。材料是主题形成的基础，又是表现主题的支柱。演讲稿的思想观点必须靠材料来支撑，材料又必须充分体现主题，所以，凡是能充分说明、突出、烘托主题的材料都可选用，否则就要舍弃，应做到材料与观点的统一。

另外，还要选择那些新颖的、典型的、真实的材料，使主题表现得更深刻、有力。

其次，材料的选择还要考虑到听众的情况。听众的文化教养、社会地位、心理需求等，都对演讲有制约作用。因而，选用的材料要尽量贴近听众的生活，这样，容易使他们感同身受。一般而言，针对青少年的演讲应形象生动，寓理于事，尽量选择他们所崇拜的人和有轰动效应的事举例；针对工人、农民的演讲，要浅显易懂、朴素生动，尽可能列举周边的人和事作为例子；而针对知识分子的演讲，所选用的材料必须注意文化层次。

(二)写好标题

"题好一半文"，新颖、独特的标题是成功的一半，可以采用诗歌语言、反问句等，也可使用正副标题的形式。

写标题时可以采用以下方式：

1. 提出问题，发人深思

如蔡畅的《一个女人能干些什么》，以提问的方式，吸引听众兴趣，并让人思考演讲内容。

2. 形象地概括主题

如林肯的《裂开的房子》，把南北两种经济制度并存的局面比喻为"一幢裂开的房子"，说"一幢裂开的房子是站不住的，我相信这个政府不能永远保持半奴隶半自由的状态。"演说生动形象，深入浅出，表达了北方的要求，也反映了全国人民的愿望。

3. 概括演讲的内容

如鲁迅的《对左翼作家联盟的意见》，指出思想成熟的作家在任何时候都不能对革命和建设前途抱有浪漫幻想，论及了文艺与革命的关系、革命作家思想建设的问题、文艺为工农大众服务的问题，但是"对左翼作家联盟的意见"恰好是对整篇文章的概括。

4. 交代场合和背景

如廖仲恺的《史坚如烈士石像揭幕仪式演讲词》，指明了演讲的场合——史坚如烈士石像揭幕仪式，以及背景——对史坚如烈士的缅怀。

(三)精心安排好开头、主体和结尾

不同类型、不同内容的演讲稿，其结构方式不同，但结构的基本模块相同，都是由开头、主体、结尾三部分组成。各部分的具体要求如下：

1. 开头要先声夺人，富有吸引力

演讲稿的开头，也称开场白，是演讲稿中很重要的部分。好的开场白能够紧紧吸引听众的注意力，为整场演讲的成功打下基础。开场白要点明主题，交代背景，提出问题等，总的原则是切题和镇场。

谈谈你对以下几种开场白的看法：

"大家让我来讲几句，本来我不想讲，一定要讲就讲吧。"

"同志们，我没什么准备，实在说不出什么。既然让我讲，只好随便讲点，说错了请大家原谅。"

"同志们，这几天实在太忙，始终抽不出时间，加上身体欠安，恐怕讲不好，请大家原谅。"

以上几种开场白都是不可取的。有的是表现出来被动性；有的是没有准备，语言重复；有的是缺乏自信，先找几种借口，再请人原谅。开场白在演讲的整个基调中起着很重要的作用，人们忌讳在演讲中用道歉式开场，因为大家会不满：既然没有准备好，为什么还要耽误我们的时间？你能保证演讲的质量吗？

常见的较好的开场白有以下几种：

（1）幽默式。幽默的开场白能够很快吸引听众的注意力。如澳大利亚总理陆克文，被称为第一位能讲流利汉语的西方领导人。陆克文在北大做中文演讲时，说："尊敬的北京大学校长，亲爱的同学们，大家说我的普通话很流利，其实，我的汉语是越来越差。中国有句古话：'天不怕，地不怕，只怕老外说中国话。'"陆克文的一句调侃，让本来活跃的气氛更加轻松，同学们对他报以热烈的掌声。

（2）直入式。上来就说明你的主题，直接表明自己的目的，简单明了。如《绿色北京绿色奥运》演讲的开场白："我很荣幸今天能有机会在此与大家共同交流，谈一谈我对绿色奥运的一些想法。"

（3）提问式。可以激发听众去思考，跟着你的思路走。如约翰·库提斯的《别说不可能》演讲："你们都可以看到我的残疾，那么，你的残疾是什么呢？世界上每个人都有自己的残疾。"开场直白有力，这样的质问直指人的心灵，足以让所有健全的人自省。

（4）引用式。引用名人名言、歇后语、故事等，阐述哲学观点时，这种引用方法很适用，效果很好。如《弘扬长征精神，追寻金色理想》演讲："一位小女孩问她父亲：'红军长征时为什么不喝健力宝，不吃巧克力呢？'对于他们一代而言，长征仅仅是一个故事，然而随着岁月流逝，长征精神以越来越深刻的魅力，吸引着众多的人到长征路上去追寻，去思考。"

（5）抒情式。用一些修辞手法，直接表达感情。如《迎奥运》的演讲："敬爱的老师、亲爱的同学们，一个民族，一个国家，是要有一种精神的，一种能鼓舞人奋发进取的精神。中国奥运精神，正是顺应时代的潮流，应运而生。它是对以往精神珍宝的继承和发扬，是融入亿万人心血的新力作。"

2. 主体部分要层层展开，步步推向高潮

演讲稿的主体，要层层展开，步步推向高潮。所谓高潮，即演讲中最精彩、最激动人心的段落。在主体部分的行文中，要在理论上一步步说服听众，在内容上一步步吸引听众，在感情上一步步感染听众。精心安排结构层次，层层深入，环环相扣，水到渠成地推向高潮。

主体部分展开的方式有以下三种：

（1）并列式。并列式就是围绕演讲稿的中心论点，从不同角度、不同侧面进行表现，其结构形态呈放射状向四面展开，宛若车轮之轴与其辐条。而每一侧面都直接面向中心论点,辅助证明中心论点。

(2)递进式。即从表面、浅层入手,采取步步深入的方法,最终揭示主题,犹如层层剥笋。用这种方法来安排演讲稿的结构层次,能使事物得到由表及里的深入阐述和证明。

(3)并列递进结合式。这种结构,或是在并列中包含递进,或是在递进中包含并列。一些气势磅礴的演讲常采用这种方式。

在撰写演讲稿时,除了注意以上三种主体展开方式,还应特别注意演讲的情感的渲染,可采用反复呼吁、巧用修辞、提炼警句等方法。

3. 结尾要干脆利落,简洁有力

演讲稿的结尾是主体内容发展的最终结果,结尾或归纳,或升华,或希望,或号召,方式很多。好的结尾应收拢全篇,卒章显志,干脆利落,切忌画蛇添足。

常见的结尾方式如下:

(1)总结式:以简洁明快的语言点明演讲主题或概述演讲的主要内容,使听众得其要而悟其旨。如梁启超的《为学与做人》:"诸君啊,醒醒罢!养足你的根本智慧,体验出你的人格人生观,保护好你的自由意志。你成不成人,就看这几件事!"

(2)号召式:以激情的语言发出号召和希望,使听众受到鼓舞。如美国总统罗斯福的演讲《一个遗臭万年的日子》最后说道:"我们不会后退。我们不会满足于原地踏步。作为美国人,我们要遵奉上帝的意志为国效力和走向前方!"用富有爱国主义激情的话语号召美国人民积极投身到二战中去,为保卫国家安全贡献力量。

(3)警策式:以富含哲理性的名言作为总结,给听众以思考和回味。如埃及前总统萨达特的《在以色列国会的演说》:"我引用珍贵的睿智的《古兰经》中的一段话:'相信真主吧,相信真主对我们的启示吧……'我们不歧视他们中间的任何人;我们是信仰真主的穆斯林。"

关于希特勒入侵苏联的广播演说

(1941年6月22日)

丘吉尔

今晚,我要借此机会向大家发表演说,因为我们已经来到了战争的关键时刻。

今天凌晨4时,希特勒已进攻并入侵俄国。既没有宣战,也没有最后通牒,但德国炸弹却突然在俄国城市上空像雨点般地落下,德国军队大举侵犯俄国边界。一小时后,德国大使拜见俄国外交部长,称两国已处于战争状态。但正是这位大使,昨夜却喋喋不休地向俄国人保证,德国是朋友,而且几乎是盟友。

希特勒是个十恶不赦、杀人如麻、欲望难填的魔鬼,而纳粹制度除了贪得无厌和种族统治外,别无主旨和原则。它横暴凶悍,野蛮侵略,为人类一切形式的卑劣行径所不及。

它的残酷行为和凶暴侵略所造成的恶果超过了各式各样的人类罪行。在过去二十五年中,没有一个人像我这样始终一贯地反对共产主义。我并不想收回我说过的话。但是,这一切,在正在我们眼前展现的情景对照之下,都已黯然失色了。过去的一切,连同它的罪恶,它的愚蠢和悲剧,都一闪而逝了。我看见俄国士兵站在祖国的大门口,守卫着他们的祖先自远古以来劳作的土地。我看见他们守卫着自己的家园，他们的母亲和妻子在祈祷——呵，是的，有时人人都要祈祷，祝愿亲人平安，祝愿他们的赡养者、战斗者和保护者回归。

我看到俄国上万的村庄，那里穿衣吃饭都依靠土地，生活虽然十分艰辛，那儿依然有着人类的基本乐趣，少女在欢笑，儿童在玩耍。我看见纳粹的战争机器向他们碾压过去，穷凶极恶地展开了屠杀。我看见全副戎装，佩剑、马刀和鞋钉叮当作响的普鲁士军官，以及刚刚威吓、压制过十多个国家的、奸诈无比的特工高手。我还看见大批愚笨迟钝，受过训练，唯命是从，凶残暴忍的德国士兵，像一大群爬行的蝗虫正在蹒跚行进。我看见德国轰炸机和战斗机在天空盘旋，它们依然因英国人的多次鞭挞而心有余悸，却在为找到一个自以为唾手可得的猎物而得意忘形。在这番嚣张气焰的背后，在这场突然袭击的背后，我看到了那一小撮策划、组织并向人类发动这场恐怖战争的恶棍。

于是，我的思绪回到了若干年前。那时，俄国军队是我们抗击同一不共戴天的敌人的盟军，他们坚韧不拔，英勇善战，帮助我们赢得了胜利，但后来，他们却完全同这一切隔绝开了——虽然这并非我们的过错。

我亲身经历了所有这一切，如果我直抒胸臆，感怀旧事，你们是会原谅我的。但现在我必须宣布国王陛下政府的决定，我确信伟大的自治领地在适当时候会一致同意这项决定。然而我们必须现在，必须立即宣布这项决定，一天也不能耽搁。我必须发表这项声明，我相信，你们绝不会怀疑我们将要采取的政策。

我们只有一个目标，一个唯一的、不可变更的目标。我们决心要消灭希特勒，肃清纳粹制度的一切痕迹。什么也不能使我们改变这个决心。什么也不能！我们决不谈判；我们决不同希特勒或他的任何党羽进行谈判。我们将在陆地上同他作战；我们将在海洋上同他作战；我们将在天空中同他作战，直至借上帝之力，在地球上肃清他的阴影，并把地球上的人民从他的枷锁下解放出来。

任何一个同纳粹主义作斗争的人或国家，都将得到我们的援助。任何一个与希特勒同流合污的人或国家，都是我们的敌人。这一点不仅适用于国家，而且适用于所有那些卑劣的、吉斯林之流的代表人物，他们充当了纳粹制度的工具和代理人，反对自己的同胞，反对自己的故土。这些吉斯林们，就像纳粹头目自身一样，如果没有被自己的同胞干掉（干掉就会省下很多麻烦），就将在胜利的翌日被我们送交同盟国法庭审判。这就是我们的政策，这就是我们的声明。

因此，我们将尽力给俄国和俄国人民提供一切援助。我们将呼吁世界各地的朋友和盟友采取同样的方针，并且同我们一样，忠诚不渝地推行到底。

我们已经向苏俄政府提供了力所能及的、可能对他们有用的技术援助和经济援助。我们将日以继夜地、越来越大规模地轰炸德国，月复一月地向它大量投掷炸弹，使它每一个月都尝到并吞下比它倾洒给人类的更加深重的苦难。

值得指出的是，仅仅在昨天，皇家空军曾深入法国腹地，以极小损失击落了28架侵犯、玷污并扬言要控制法兰西领空的德国战斗机。

然而，这仅仅是一个开端。从现在起，我国空军的扩充将加速进行。在今后6个月，我们从美国那儿得到的援助，包括各种战争物资，尤其是重型轰炸机，将开始展示出重要意义。这不是阶级战争。这是一场整个大英帝国和英联邦，不分种族，不分信仰，不分党派，全都投入进去的战争。

希特勒侵略俄国仅仅是蓄谋侵略不列颠诸岛的前奏。毫无疑问，他指望在冬季到来之前结束这一切，并在美国海军和空军进行干涉之前击溃英国。他指望更大规模地重演故伎，各个击破。他一直是凭借这种伎俩得逞的。那时，他就可以为最后行动清除障碍了，也就是说，他就要迫使西半球屈服于他的意志和他的制度了，而如果做不到这一点，他的一切征服都将落空。

因此，俄国的危险就是我国的危险，就是美国的危险；俄国人民为保卫家园而战的事业就是世界各地自由人民和自由民族的事业。

让我们从如此残酷的经验中吸取教训吧！在这生命尚存，力量还在之际，让我们加倍努力，团结一心打击敌人吧！

 思考与练习

一、名词解释

1.演讲

2.演讲稿

二、简答题

1.演讲稿的特点有哪些？

2.演讲稿的分类有哪些？

第二章　计划撰写技巧

计划是一种常用的日常事务类文书，指预先对未来一定时期内要开展的工作提出任务、目标、措施、步骤和完成期限的文字材料。计划类文书在日常工作中有较多的体式，从广义上包括安排、打算、规划、设想、意见、要点、方案、纲要等，都是对今后所要进行的工作或活动等做出的部署和安排，都属于广义上的计划范畴，它们的区别主要体现在内容的详略及时限的长短上。

一、计划的特点

1. 指导性

计划是以人们对客观规律的认识为基础，通过人的思维加工而制定的。它是实践的反映，同时又指导着人们的实践。

2. 预见性

计划是对工作的超前安排，要对下一段工作所能达到的目标做出科学的分析与预见，从而明确未来努力的方向。

3. 可行性

计划必须切实可行，这就要求做计划时要实事求是，充分考虑主客观条件。

4. 约束性

计划一经通过、下达，就要严格遵照执行，所以计划的约束性又是实现决策目标的保证。

二、计划的结构和内容

从内容上看，不论什么形式的计划，都应包括制订计划的"任务、目标、措施、步骤"，也称"四要素"。其结构一般由标题、正文、落款三部分组成。

1. 标题

常见的标题包括四项内容：计划的单位、时限、内容、文种，如《××大学1999—2000学年教学工作计划》就包括了上述内容。如果计划尚未正式确定，或是征求意见稿、讨论稿，须在标题后用括号注明"草案""初稿""供讨论用"等字样。

2. 正文

正文一般由开头、主体、结尾三部分组成。

（1）开头，即前言（序言、导言）。主要说明制订计划的依据和指导思想。

（2）主体，即计划事项。包括具体的任务、目标、措施、步骤。一般可采用序号或小标题的方法展开内容。

①任务，即"做什么"，是计划要完成的具体事项。任务要具体、明确、重点突出。

②目标，即"做到什么程度"，是计划完成任务所要达到的基本要求，要求应有量和质的标准，切合实际，有达到的可能性。

③措施，即"怎么做"，是指实施计划的具体办法。措施是实施计划、完成任务的保证，是达到目标的具体手段。措施要求实事求是、具体可行。

④步骤，即"什么时候做"，是指工作的程序和时间安排。

（3）结尾，即结束语。可提出希望、发出号召，以鼓励本单位全体人员为实现计划而努力。但也可视情况不写这部分。

3. 落款

包括计划的署名和日期。如标题中已写明单位的，不用再署名。日期指制定的年、月、日，可写在标题下或正文的右下方。

三、计划的写作要求

1. 实事求是，防止过高或偏低

这里特别要防止两种倾向：一是目标定得太高，好高骛远；二是目标定得过低，轻而易举地就能完成。

2. 明确具体，利于执行检查

计划要定得明确具体。目标、措施、步骤、责任者、时间都要表达清楚、明确，以便于执行，有利于督促检查。

3. 层次分明，语言准确简洁

计划是为了指导未来工作顺利有序地开展而制定的，因此计划的内容要层次分明，语言要准确简洁，让人容易理解，只有这样才能在实际工作中按计划指示来落实。

4. 抓住关键，突出重点

要将中心工作和重点任务突出出来，不能事无巨细，胡子眉毛一把抓。同时，还要兼顾一般，围绕中心工作合理安排其他事项。这样既重点突出，又具有针对性。

四、例文欣赏

××造纸厂2019年质量管理工作计划

近年来，我国进入国际市场的机遇越来越多，面对的竞争也越来越激烈。本厂的外部环境发生了很大变化，提高产品质量，降低产品成本，成为增强本厂竞争能力的重要手段。2019年是本厂产品质量升级、品种更新换代的关键一年，为进一步提高产品的市场竞争力，特制定计划如下：

一、质量工作目标

1. 一季度增加2.8米大烘缸三台，扩大批量，改变纸页温度。

2. 三季度增加大烘缸轧辊两根，进一步提高纸页的光滑度、平整度。此项指标要达到QB标准。

3. 四季度改变工艺流程，实现里浆分道上浆，使挂面纸板和水泥袋纸板达到国内同行业先进水平。

二、质量工作措施

1. 强化质量管理意识，进行全员质量意识教育，培养质量管理干部。

2. 成立以技术副厂长×××为首的计改领导小组，主持为提高产品质量以及产品升级设备引进、技术改造工作，负责各项措施的落实和检查工作。

3. 由上而下建立好质量保证体系和质量管理制度，把提高产品质量列入主管厂长、科长及技术人员的工作责任，年终根据产品质量水平分配奖金，执行奖惩办法（奖惩办法由劳资科负责拟订，1月10日前公布）。

4. 本计划纳入2019年全厂工作计划。厂部负责监督、指导实施。各部门、科室要协同配合，确保本计划的完满实施。

××造纸厂
2019年1月5日

 思考与练习

一、名词解释

1. 计划

2. 计划的目标

3. 措施

二、简答题

1. 计划的"四要素"有哪些？

2. 计划的写作要求有哪些？

第三章　总结撰写技巧

总结是个人或单位对前一段时间已经完成的学习、工作等实践活动进行全面系统的回顾检查、分析反思，从而肯定已取得的成绩，并从中找出经验、教训、不足，并使之条理化、系统化，用以指导今后学习、工作等实践活动而写成的应用文书。

一、总结的结构和内容

总结一般由标题、正文和落款三部分组成。

1. 标题

总结的标题从形式上分，有两大类，即单行标题和双行标题。单行标题又有两种，即公文式标题和文章式标题。

（1）公文式标题。公文式标题是由单位名称、总结时限、总结内容、总结种类构成的，如《××办公室2019年工作总结》。

（2）文章式标题。总结的文章式标题直接标明总结的基本观点和内容范围，多用于专题性总结，特别是经验总结。如《在调整中继续前进的一年》。

（3）双行标题（正副标题）。双行标题，是指同时使用上述两种形式的标题。多是正题采用文章式标题，点明总结的主要观点或基本经验（教训），让人易于把握；副题采用公文式标题，补充说明单位名称、总结时限和内容。如《变顽石为金子——上海市黄浦区第二工读学校经验总结》。

2. 正文

正文一般由前言、主体、结尾组成。

（1）前言，为基本情况概述，或概述工作的背景、全貌；或说明工作的指导思想和成果；或将主要成绩、经验、问题找出来，先给读者一个总体的认识。

（2）主体，这是总结的中心部分，要具体、细致、生动地介绍成绩和经验。通过分析，把零星的、肤浅的、感性的认识上升为系统的、深刻的、理性的认识，从而肯定成绩和经验，找出问题与教训，从中概括出规律性的东西。

（3）结尾，这部分主要是对下一步工作的设想，提出新的目标。行文应简洁有力，具有鼓动性和号召力。

3. 落款

如果单位或个人的署名已经署于标题下，此处可省略。如果是用于报送上级的总结，在单位名称处应加盖公章。

二、总结的写作要求与技巧

1. 注意积累,收集材料

总结是较长时间内工作的回顾,在整个工作过程中,应时时处处当有心人,为写总结积累材料。尤其是掌握原始材料,是写总结的基础,是得出结论、寻找规律的依据。

2. 探索规律,提炼观点

总结工作的经验教训,找出规律性的东西,这是工作总结的重点。能否认识和反映带有规律性的经验,是衡量一篇总结质量高低的重要标志。

3. 突出特点,抓好重点

写总结应突出特点,要求撰写人不断学习、研究、寻找新经验。抓好重点,要求撰写人写深写透,写出特色。这样写出的总结,才有高度、有新意、有时代感。

4. 实事求是,一分为二

写总结必须从客观实际出发,实事求是地反映本单位的情况,恰如其分地评价所做的工作。不浮夸,不虚构,不隐瞒,不缩小。

三、例文欣赏

2019年上半年经济工作总结

2019年是××区的"社区建设年",在区委、区政府的正确领导下,我办按照市、区经济发展的新思路,树立"大服务""大城管""大发展"的观念,以经济建设为中心,大力推进城市社区建设,通过整合社区资源,发挥"三个主体"作用,促进属地经济与社会的协调发展。半年来,经过全办干部职工的共同努力,镜湖经济工作取得了一定的成绩。

一、今年上半年的主要经济指标完成情况及分析

今年1—6月份,实现国内生产总值5009万元,同比增长26.01%,完成年度预期目标任务的50.9%;实现工业总产值11798万元,同比增长82.4%;实现第三产业收入13129万元,同比增长86.8%;实现出口创汇241万美元,完成年度预期目标任务的25.34%;直接利用外资363.2%万美元,完成年度预期目标任务的78.12%。

从上述各项经济指标的完成情况看,我办上半年的经济运行继续保持较快增长的态势,工业企业的经济整体效益上升,第三产业出现蓬勃发展生机,带动镜湖经济的持续增长,实现了时间过半、经济指标也完成过半的良好局面,为今后的经济发展奠定了良好的基础。

二、主要做法

取得以上的成绩,我们的主要做法如下:

(一)领导重视,认识到位

在今年3月底××区招商引资工作会议和第一季度经济分析会议上,区领导都不同程度强调了经济工作的重要性,提出要千方百计把我区的经济工作搞上去。面对严峻的经济形势,我办党政班子清楚认识到只有紧跟区委、区政府的工作部署,调整抓经济工作的思路,改变方式方法,切实采取措施,才能尽快扭转经济工作的被动局面,才能确保全区经济的快速持续稳定发展。因此,我们及时摆正经济工作的位置,主要精力抓经济,充分调动全办上下的

积极性,形成了以经济建设为中心,广泛开展各项社区建设活动的良好氛围。

（二）狠抓招商引资

我办站在谋全局的高度,积极响应"园镇互动"和"做实区、做强镇"的战略,将招商引资工作纳入重要议事日程,及时调整招商工作机构,充实招商引资工作人员,返聘已退休的原分管招商引资、具有丰富工作经验的李国强副主任,专抓招商引资工作,从而在组织、人员上确保了招商引资工作的正常开展。街道党政一把手主动拜会外商,大力宣传全市的发展规划、投资环境、引资政策、资源产业等情况,务必使外商投资项目在我区落户。在领导的带动下,我街招商办人员发扬顽强拼搏精神,积极参与粤台经贸会和粤港经贸会等省、市、区招商引资活动,采用"走出去,请进来"的方法,广泛与港、澳、台、内地客商接洽,千方百计争取外商投资,对项目全力跟踪落实,充分做好"留商培商"工作。1—6月份,成功引进了四家外资企业,投资总额为360.8万美元。

（三）以小区物业市场化运作为契机,发展城市经济

镜湖辖区地处老城区,属地多为行政事业单位,经济资源相当匮乏,尤其是没有大型工业企业,但是镜湖作为政治、文化中心所在地,也有它的优势,如环境、科教、文化等方面,第三产业的发展空间还很大。近期,镜湖街道月华社区物业管理通过招投标,已成功推向了市场。

三、存在问题

从1—6月份的各项指标构成,以及对具体企业的调查分析看,我办对经济形势不能盲目乐观。存在的问题主要如下:

（一）上规模的企业发展不理想。四家企业中,有两家分别是制衣、纸制品生产的传统工业,科技含量不高,上半年的产值均呈不同程度的下降趋势。上规模的企业太少,已使我办的主要经济指标产生出容易波动的特性。

（二）新引进的项目没有达到预期的产出目标,新的经济增长点不足。

（三）由于各种原因的影响,企业多数工人不愿参保,并牵涉到劳资纠纷,使我办完成其他相关任务指标的难度增加。

四、当前要突出抓好的几项工作

（一）目标指标有人落实,工作绩效与考核挂钩

当前,我区在经济方面出台了一系列行之有效的政策和措施,建立了相应的奖惩考核机制,引导各镇、街道用新的方式方法发展经济,我们一定要乘这股东风,在搞好城市管理的同时,突出经济工作"重中之重"的地位,调整充实抓经济工作的人员,保证做到指标有人跟踪落实,服务工作有人抓办。并根据我办实际,制定必要的可操作性强的奖惩措施,把经济发展预期目标的完成情况与党政领导、各部门的年度考核挂钩,建立经济增长目标责任制,实行经济工作的动态管理,确保将今年下半年的经济增长任务落到实处。

（二）发挥资源优势,拓宽第三产业的发展

我办辖区地处城市中心地带,优势资源在于城市商业功能的发挥。因此,我们要抓住各种有利时机,利用城市资源发展各类第三产业。如结合城中旧村改造,引导其向商业街区发展,壮大属地经济。

（三）扶持重点企业,促其加快发展。

要组织力量深入企业,及时了解和掌握企业完成生产经营的情况,利用各种条件扶持重点企业的发展,特别对××电子有限公司这种产值、创汇、纳税大户,希望通过市、区、街联动

协调，解决其在生产经营过程中出现的调配费、社会保险费的交纳等问题，并提供更多的贴身服务。

（四）利用市、区功能区的条件，以今年下半年航展为契机，加大招商引资的力度，尤其注重对区外资金的引进跟踪。

（五）当前，辖区正在酝酿对街道的财税分配管理办法，我办要在配合辖区税源调查研究的基础上，提出我们的合理要求，力争做到经济资源的合理配置，充分发挥街道发展经济的积极性，推动辖区经济快速发展。

××区镜湖办

二〇一九年七月二十八日

2019年1月5日

 思考与练习

一、名词解释

总结

二、简答题

1.总结的正文有哪些内容？

2.总结的写作要求与技巧有哪些？

第四章 日常应用文撰写技巧

应用文是人类在长期社会实践活动中形成的一种文体，是人们传递信息、处理事务、交流感情的工具，有的应用文还被用作相关事项的凭证和依据。随着社会的发展，人们在工作和生活中的交往越来越频繁，应用文的功能也就越来越多了。下面介绍四种常用应用文的特点及其写法。

一、通知

（一）通知的概念

通知适用于批转下级机关或转发上级机关和不相隶属机关的公文，传达要求下级机关办理和需要有关单位周知或执行的事项以及人员的任免，用途比较广，但一般不用于上行。

（二）通知的种类和结构

通知是一种用途非常广泛的公文，主要用作下行文或平行文。根据作用的不同，可将通知分为如下三大类。

1. 印发类通知

这类通知是专门用来印发文件的。根据所发文件性质的不同，可分为批转性通知、转发性通知和发布性通知三种：批转性通知用于印发下级机关的公文；转发性通知用于印发上级或不相隶属机关的公文；发布性通知用于印发本机关的文件。这类通知的写法大致相同，格式如下：

（1）标题。印发类通知的标题应写明所发文件的制发机关名称和文件名称（或事由），并标明"批转""转发""发布"（或"印发"）等字样。写标题时应注意以下事项：

①只有被发文件是法规或规章时，才能使用书名号并写明文件名称；如果被发文件不是法规性文件，则不用书名号，而且只写被发文件的名称。

②当被发文件也是通知时，要注意避免双书名号套单书名号以及两个"的通知"相连的重复写法。如"中国人民银行××分行关于转发总行《关于印发〈中国人民银行分行管辖区内会计财务工作的规定〉的通知》的通知"，可写为"中国人民银行××分行关于转发总行印发《中国人民银行分行管辖区内会计财务工作的规定》有关文件的通知"。

（2）正文。正文也应写明所发文件的制发机关名称和文件名称，并提出相应的要求；如果是批转性通知，还要表明对所发文件的态度等。正文的具体结构形式可分为两种：

①单纯地发文件，没有具体的发文要求。这种情况下正文非常简短，只用一两句话写明文件名称及制发机关等内容即可。

②在发文件的同时，提出具体的贯彻要求。在这种情况下，正文要分为开头和主体两部分，开头写明所发文件的制发机关名称和文件名称，主体分条罗列具体的贯彻要求。

（3）结尾。印发类通知的结尾多用省略式，自然收尾。

（4）附件。该类通知都有附件，但大都不需要说明。

2. 应办事项类通知

这类通知用于传达要求下级机关或有关部门办理或共同执行的事项，主要有工作通知和会议通知两种。

（1）工作通知。工作通知是用于布置任务或指导工作的通知，篇幅一般较长，多首尾分明，其格式如下：

①标题。标题用完全式或常用式，事由直接概括工作名称。

②开头。开头一般有三个要素：首先写明发文缘由，如行文的目的、意义、原因、依据等；然后写明工作名称；最后用过渡句引起下文。

③主体。主体写明要布置的具体工作或对工作的指导意见，如具体的工作任务，开展工作的措施、方法、步骤，对工作的相关要求等，一般要分条罗列，以求条目清晰。

④结尾。结尾可采用专用结语，如"特此通知，请遵照办理"等，也可省略不用。

（2）会议通知。会议通知是专门用于告知参加会议有关事项的通知，其写法与工作通知类似。

①标题。标题多为常用式，写明会议名称和应用文类型。

②开头。开头有三个要素：一是交代召开会议的目的、意义等；二是写明会议主题；三是引起下文。

③主体。主体写明参加会议的有关事项，包括会议的主要内容，开会的时间、地点、出席人，以及其他注意事项。

④结尾。结尾多用省略式，也可用结语"特此通知"等。

3. 应知事项类通知

这类通知用于传达需要下级机关或有关部门周知的事项等，包括知照性通知和任免通知两种。

（1）知照性通知。知照性通知用于告知收文机关应当了解或遵守的事项。这类通知所涉及的事项一般无须收文机关办理。其格式如下：

①标题。标题多用常用式，写明告知事项。

②开头。开头写明告知事项。

③主体。主体写明告知事项的具体内容，如机构的设立与撤销、印章的启用、单位的更名以及需要遵守的规定等。

④结尾。结尾可采用专用结语，如"请相互转告，望悉知"。

（2）任免通知。任免通知是专门用于干部职务任命或免除的通知。从性质上看，任免通知也是一种应知事项类通知，其核心内容是将任免决定通知收文者。其格式如下：

①标题。标题可用完全式或常用式，写明被任免人员的姓名。

②开头。开头可写明任免决定产生的途径或依据，有时也可直接写任免决定，不另写开头。

③主体。主体写明被任命或免除的相关人员的具体情况。有时既有任命，也有相应的免除；有时则只有任命或免除。任命或免除的人员，可能是一人或多人。

④结尾。结尾可用专用结语。

（三）例文欣赏

国务院办公厅关于印发2011年

食品安全重点工作安排的通知

国办发〔2011〕12号

各省、自治区、直辖市人民政府，国务院各部委、各直属机构：

《2011年食品安全重点工作安排》已经国务院同意，现印发给你们，请认真贯彻执行。

各地区、各有关部门要根据《2011年食品安全重点工作安排》，抓紧制定本地区、本部门的具体工作方案，分解细化任务，明确工作要求，落实责任分工。地方各级政府要加强统一领导、组织和协调，切实抓好本行政区域的食品安全工作；各有关部门要认真履行职责，强化协作配合，提高监管水平；国务院食品安全委员会办公室要加强统筹协调，加大督促指导力度，确保各项工作扎实推进。

国务院办公厅

二〇一一年三月十五日

二、启事

（一）启事的概念

启事是机关、团队、个人向公众声明某件事情，提请公众关照、呼吁公众参与、期盼公众帮助的专用文书。启事一般张贴在公众场所或通过媒体给予公开。

（二）启事的种类

从使用范围来看，启事可分为四大类：

（1）礼仪类启事，如致喜、致庆、致歉、鸣谢等。

（2）征招类启事，如招生、招聘、招工、招标、征稿、征订等。

（3）告知类启事，如开业、停业、遗失、作废、更正、迁址等。

（4）找寻类启事，如寻人、寻物、招认、招领等。

（三）启事的特点

1. 公开性

启事通过媒体向社会广泛发布，无秘密可言。

2. 广泛性

启事的使用范围十分广泛，无论集体还是个人，凡是需要公开声明的事项，都可通过启事发布。

3. 简明性

启事要求篇幅短小精悍，语言简洁明快，使公众易于接受。

4. 期盼性

启事发布后总是盼望得到公众的关注、参与和支持，因而具有期盼性。

（四）启事的结构与写法

1. 标题

最简单的标题可只写"启事"二字，但不容易使读者了解这个启事是不是自己所关心的，难以引起人们的注意。所以，通常要在文种前加上一些要素，可以是 "事由+文种"，如"征稿启事"；也可以是"单位+事由+文种"，如"上海大学公开招聘法学院院长启事"。如果启事的内容紧急，可在"启事"前加"紧急"二字。

2. 正文

启事的正文一般包括对事由的具体陈述，将发布启事的原因、目的、内容、要求等事项一一写明。

3. 落款

启事的落款要写明发布启事的单位全称或个人姓名、日期。若标题或正文中已写明单位名称，此处可省略。以机关、团队或单位名义张贴的启事，一般应加盖公章。

（五）例文欣赏

××省电信实业集团公司××市分公司招聘启事

因业务发展需要，××省电信实业集团公司××市分公司特向社会公开招聘营业员若干名，具体要求如下：

一、招聘范围

××市区及乡镇的待业人员。

二、招聘条件

1.年龄35周岁以下，身高1.60米以上。品貌端正，亲和力强，身体健康，遵纪守法。

2.大专及以上文化程度。

3.普通话标准，口齿清楚。

4.有较强的文字、语言表达能力和沟通能力。

5.了解××地域基本情况，具有一定的计算机基础。

6.具有良好的心理素质及营销服务潜质。

7.有相关工作经验的优先。

三、用工性质

应聘者入职后为××市劳动保障事务代理中心合同制员工，派遣至××省电信实业集团公司××市分公司。

四、待遇

工资报酬按照用工单位《派遣制员工薪酬管理办法》执行。享有养老、医疗等五大保险及公积金。

五、报名方式

网上报名，需提供个人简历、相关证件照片，审核通过后，请来面试。我们的地址是：××市东街××路××号××电信实业集团公司××市分公司综合办××室。

联系电话：×××××

××省电信实业集团公司××市分公司
××年××月××日

三、条据

（一）条据的概念

条据是单位或个人之间在工作或生活中用来交流信息、协调关系、存留凭证的综合性文书。它能够使办事更为方便,手续更为清楚。

(二)条据的种类

条据包括便条和单据两大类,具体种类非常繁多,如请假条、留言条等。常用于工作中的条据有收条、借条、领条、欠条四种。

(三)条据的写作要点

条据的内容非常简短,往往只有一两句话。

条据的结构分为以下四部分。

1. 标题

标题直接写明条据名称,如借条、收条、领条、欠条等。

2. 正文

正文写明借到或收到、领到或欠对方(单位或个人)的物品名称、数量或款项金额。

3. 署名

署名要求在右下方,写上单位或个人名称,经手人姓名或出条人姓名,并要签字盖章,表示负责。

4. 日期

要求写明出具条据的年月日。

(四)写条据的注意事项

字迹要清晰工整,只能用钢笔或签字笔书写,不能用铅笔或圆珠笔写;只能用蓝墨水或黑墨水写,不能用红墨水写。

单据上的款项金额、物品数量必须用汉字大写,不能用阿拉伯数字;款项金额后面要加上一个"整"字或"正"字,以防涂改,也可在金额后以括号形式用阿拉伯数学注明。

单据写成后,不可涂改,如需要更改时,应由出具单位或个人在改动处盖公章或私章,以表示负责。

(五)例文欣赏

【例文一】

借条

今借校办《重庆年鉴》一部,半年内归还。

××大学宣传部文史处
经手人:××
××年××月××日

【例文二】

借条

今借张光明先生人民币捌佰元整,2019年10月20日之前付还。

李林(盖章)
2019年8月10日

【例文三】

收据

文学院交来十二月份本院20名党员党费壹佰元整。

××大学组织部
××年××月××日

四、请假条

(一)请假条的概念

请假条是请求领导、老师或其他人准许不参加某项工作、学习、活动等的文书。按请假的原因,常见的请假条分为病假条和事假条两种,也可能有其他缘由而写的请假条。

(二)请假条的结构

(1)标题:"请假条"。

(2)请示对象的称呼。

(3)请假缘由。

(4)请假起止时间。

(5)祝颂语。

(6)请假人签名。

(7)请假时间。

(三)注意事项

(1)请假条内容较少的,不用分段。

(2)语言应简练,不要做无谓的修饰,说事情应该简明扼要。

(3)如有其他证明,可一并提交,例如请病假,需提交医院的证明;请婚假需提交结婚证明等。

(四)例文欣赏

请假条

王老师:

昨天放学回家途中,因淋了大雨,现在重感冒,医生建议休息,希望能请假两天(××月××日至××月××日),望予批准。

(附:××医院病情证明单)

学生:××
××年××月××日

思考与练习

一、名词解释

1.通知

2.启事

3.条据

4.请假条

二、简答题

1.通知的种类有哪些?

2.启事的特点有哪些?

3.写条据的注意事项有哪些?

4.写请假条的注意事项有哪些?

第五章　求职信撰写技巧

一、求职信的概念

求职信是简历的一个组成部分,它是求职人用信函的方式,通过详细介绍自己的个人基本信息和人生履历,向用人单位积极推销自己以求获取录用的专用性文书。

多数用人单位都要求求职者先投递求职信,在通过求职信对众多求职者有一个大致的了解后,再决定面试人选。因此,求职信写得好不好直接关系求职者是否能进入下一轮的角逐。

二、写求职信前应该思考的问题

1. 用人单位的需要

写求职信前应详细了解用人单位的需要,对所应聘职位的工作内容和应聘公司的具体情况都应有一个较为全面的认知,这样才可以切实衡量自己是否满足应聘岗位的要求。

2. 个人的目标

因为就业是一个双向选择的过程,所以在确定自己满足用人单位的要求后,应大致思考自己的职业目标,并衡量该用人单位是否可以帮助自己实现这个目标。

3. 符合要求的个人优势

在确定了自己的目标,并确定用人单位也符合自己的职业规划之后,就应该衡量以下方面:自己的优势是什么,什么样的资质让自己有资格成为一名合格的应聘者,什么样的特征可以保证自己完成拟订的职业规划。这些都是求职者要考虑的核心内容,也是拟写求职信时应该着重思考的要点。

三、求职信的基本格式

求职信一般由称呼、开头、正文、结尾、落款、附件等六部分组成,其中附件为非必须项。

1. 称呼

求职信不同于一般的书信,其寄送对象往往不明确。可能是公司或单位的负责人,也可能是人事部门的一般员工,在不完全肯定接收求职信的对象的时候,最好以"尊敬的先生/女士"作为称谓。

称谓要顶格写,后面跟冒号。

2. 开头

称谓结束后另起一行写求职信开头。要写清自己写信的目的,表达应简洁明确,富有吸引力。

3. 正文

求职信的重点,一般交代求职的原因,应聘、应征的条件,尤其要注意表现自身的主要成绩,以突出应聘优势。

4. 结尾

强调应聘的愿望和要求,并对用人单位致以感谢。语气要诚恳、有礼貌。

5. 落款

在信件最末右下方写上应聘者的姓名和日期。

6. 附件

附件在信末,对前文内容起证明或详细介绍作用,当附件为证明材料时应有必要的签名或盖章。

四、求职信正文的写作要素

求职信正文应从以下四方面来介绍:应聘原因、个人情况、对应聘岗位(公司)的认识、对应聘岗位的态度。

1. 应聘原因

说明自己想要得到这份工作的原因或初衷,也可以简单说明自己得知这份工作的渠道。

2. 个人情况

根据对职位的了解,有针对性地、主次分明地介绍自己的优势和经历。相关内容包括学习经历、工作经历、性格、特长,以及一些个人的优点。

(1)学习经历:介绍与应聘职务有关的学习经历,尤其突出介绍学习过程中的闪光处。

(2)工作经历:除了阐述自己之前的工作岗位和工作内容外,更应该着重说明自己在这份工作经历中得到了什么,有什么提升和感悟。

(3)性格:仔细思考该职位更适合什么性格的人,结合自己性格中与之吻合的方面进行介绍。

(4)特长:选择主要的一两项简单说说即可。此外,擅长书法、绘画、写作、演讲,并获过奖项,都可以纳入特长里,但应点到为止。

（5）个人的优点:要注意考虑自己有没有比别人更有利的条件,以便增加被录用的机会。如有当地的户口,有住房,出身于教育世家等,有时这些小细节反而会成为胜出的撒手锏。

无论如何,自称介绍应做到不卑不亢,过于谦卑,自贬身价,会给对方以碌碌无能的感觉;过于高傲,狂妄自大,会给对方以傲慢的印象。自我介绍是用人方审视应聘者是否能被录用的重要依据之一,应详细、具体、真实。

3. 对应聘岗位(公司)的认识

简单阐述你对单位的认识,以拉近与用人单位的距离,争取亲和感,让别人知道你的应聘态度是端正的,也可适当展示你对进入公司或对某一职位需求的迫切程度。

可以叙述自己对单位的发展前景、发展历史、运营宗旨的了解,意在说明对单位的重视,强调这个单位是最适合你发挥才干的地方。

4. 对应聘岗位的态度

最后,再次坚定地表明自己对应聘职位的态度,展示自己的诚意和决心,并再次感谢应聘方,谦逊、真诚而有礼貌。

五、写求职信时应注意的问题

1.要突出自己的"名""优""特"

要有针对性,充分表现自己的特长。找出自己吸引招聘者的条件,把自己的特长、优势、个性充分表现出来。

2.讲求文笔的"情""诚""美"

以"情"感人。要表达出感情来,讲究感情色彩,语言有情,会更加有利于交流思想、传递信息、产生共鸣。

以"诚"动人。这里的"诚"是指求职的诚意,如自我介绍的诚意。要态度诚恳,用真诚去打动用人单位。

以"美"迷人。这里的"美"指求职信写得漂亮,做到情文并茂。语言要饱含感情,要富于变化,而且要简练,切忌冗长。

3.知己知彼,有的放矢

在写求职信前,应对自己的求职目的与意图有清醒的认识,对自身的条件要有正确的评估,要了解用人单位的基本情况,针对用人单位的性质、特点、需要,有针对性地介绍自己的能力和特长。不要过分自信。

4.书写工整,文面美观

"字如其人,文如其人"。如果你写得一手好字,就自己誊写,这不仅可以给对方办事认真负责的印象,也可以显示你的书法特长。如果你的字写得不好,最好用电脑打印。纸张要用品质较好的白色信纸,用钢笔按正确的格式书写。

六、例文赏析

自荐信

尊敬的先生、女士:

　　您好! 衷心感谢您在百忙之中阅读我的自荐信。

　　我叫××,来自××。自我攻读硕士学位以来,贵公司独到的经营模式和多样的发展理念便给我留下了深刻的印象,并成了我的目标公司。近日从贵公司官网获悉××职位的招聘信息,极大地激发了我的兴趣和热情。作为一个好学、勤勉、求知欲旺盛且时刻充满活力的女孩,在朋友、同学、同事们眼中我一直是一个活泼开朗,积极向上,善于沟通,认真负责的人,而这也正是我竞聘这个职位最大的优势。

　　2010年,我以优异的成绩考上了××大学金融财务管理专业。四年内,顺利完成了金融、会计、精算等18门专业课程,以及英语、逻辑学等6门选修课。与此同时,我也积极参加了多项社团活动和社会实践。作为学校第一位女性篮球社社长,我负责组织执行学校篮球比赛相关事宜,协调社内各部门职能及挑选、培养学生干部。这份珍贵的经历不仅锻炼了我的组织、策划、协调能力,更加强了我的社交能力和团队合作精神。

　　2015年,我获得了包括美国南卡罗来纳大学、英国诺丁汉大学等八所学校的研究生录取通知书。在综合兴趣爱好、师资设备等多方面因素之后,我最终选择了美国罗切斯特理工学院的旅游管理专业继续深造学习。这个为期两年的研究生课程涵盖了酒店、游乐园、度假村等第三产业的规划和管理,主要学习内容包括:①效益管理;②财务状况分析;③服务理念及创新;④行业内具体现状及未来发展。我用了一年半的时间,以全班前三的成绩提前完成了所有课程,得到了同期同学及老师的一致赞许。除了出色的学习能力,我个人的独立精神和自主意识也在美国期间得到了很好的锻炼和体现,长期的独居生活,磨炼了我的意志,提升了我自主、自律、积极乐观的精神。这段丰富多彩,困难与挑战并存的留学生活拓宽了我的视野,帮我建立了全面的世界观,成为我人生一笔宝贵的财富。

　　长期以来,无论是在学习还是工作中,我一直被评价为一个"学习能力强,适应能力好,充满团队协作精神的好学生/员工"。对此,我清楚自己的优势,但是也从未忽视过自己的弱项。工作经验的不足使我明白依然任重而道远,未来的路依旧艰辛而泥泞。但我相信我的经历、实力以及对这份工作的热情,可以帮助我很好地克服未来工作中未知的困难,我也有信心面对人生的挑战。

　　最后,恭祝贵公司蒸蒸日上,祝各位工作顺利!如能获得与大家共事的机会,我会在将来更进一步地为您证明我的实力和诚意,再次由衷感谢!

此致

　　敬礼!

2019年5月20日

 思考与练习

一、指出例文的独到之处。

二、根据求职信的写作标准对例文进行系统评价。

第六章　毕业论文撰写技巧

毕业论文是本、专科及研究生学历专业教育学业的最后一个环节,为对本专业学生集中进行科学研究训练而要求学生在毕业前总结性独立作业、撰写的论文。

一、毕业论文的特点

1. 理论性

这是毕业论文的灵魂,是作者运用抽象思维的方法,在对丰富、复杂的材料进行分析综合的基础上,寻找出带有普通意义的规律并加以论述形成的由概念、判断、推理组成的一个完整体系。

2. 应用性

撰写毕业论文是本、专科毕业生必须完成的作业。它的目的主要是考查和培养学生运用已学知识分析和解决问题的能力、实际操作能力、实验能力及学生查阅资料和撰写文章的能力。

3. 创见性

本、专科毕业生的毕业论文虽然不要求具有学术论文那样高的独创性,但也要求在本专业范围内,对课题有自己的独到见解,而不是简单地重复、模仿或抄袭别人的东西。

4. 科学性

科学性是指论题必须正确,应用的材料必须确凿无误,论据必须正确可靠,论述必须具有逻辑严密性,而且,毕业论文的实际操作环节必须坚持严谨缜密的治学态度。

二、毕业论文的写作步骤

1. 确定论文方向和题目

毕业论文写作的第一步是确定一个既是所学专业、又是自己比较熟悉、感兴趣的论文方向,并在掌握初步资料的基础上,逐步确立论文的具体题目和论文研究阐述的角度。建议从自己得心应手的知识模块、能够获得充足的参考资料的主题或专业领域内较新颖的角度出发确定课题。如果没有十足的把握和清晰的方向,可以请教老师或专家的意见,也可以与同学多交流沟通,或者多阅读与本学科相关的学术期刊,以进一步明确方向。

有了论文的方向,不等于就有了恰当的课题。论文题目的确定,应当充分考虑个人的时间、资料准备情况和研究能力,并能充分发挥自己的优势和长处,这样研究和写作起来才能得心应手。例如:《给心灵另一个世界——试论徐志摩诗歌中的意象运用》就比《试论徐志摩诗歌》,题目明确具体,难度也相对小一些。

2. 搜集、筛选及整理资料

搜集资料时，首先要明确哪些资料是有用的、不可或缺的；哪些资料是必须首先了解的，急需的，只有这样，才能有目的地进行资料搜集。一般来说，论文资料的收集应从以下三类资料入手。

（1）核心资料，即研究对象本身的资料。

（2）背景资料，即对核心资料起参考、比较、深化作用的资料，包括已有的研究成果资料和相关的参照资料。

（3）具有方法论意义的理论资料。

例如：《分析陈染作品的现代表现手法》这一选题，其核心资料应是陈染的作品及对陈染作品的研究书目、篇目；背景资料是那些有关女性文学研究的书目、篇目；具有方法论意义的理论资料就是那些有关现代作品创作技巧和精神分析的书目、篇目。

搜集资料或是通过社会调查，或是搜集文献资料。前者是获取第一手资料的主要方法，虽然比较零散，但却是对研究方向或题目的感性认识；后者是获取系统化、理论性信息的主要途径和方法，这类资料既能对研究和行文有一定的理论指导意义，也能增强论文内容的理论性。要想快速并行之有效地查阅资料，就要熟悉图书分类法，善于利用目录、索引、文摘等进行检索，并学会使用年鉴、手册等工具书，善于借鉴网络文献资源，养成阅读时随时记笔记的好习惯。

搜集好资料后，首先必须对资料消化吸收、融会贯通，针对论文方向和题目展开重点研究，以形成自己的观点，提出独到的见解。其次要对资料进行归类，即按照资料的性质不同进行分类，分类后对资料进行简单的概括，以便找出资料与观点见解、资料与资料之间的关系，为编写提纲做好准备。

3. 编写提纲

提纲是论文写作的设计图。编写提纲的目的一方面在于反复考虑论文的逻辑构成，疏通思路，全面安排，把材料组织成一个完整的理论体系；另一方面能尽早同指导老师沟通，便于指导老师进行比较具体的指导，保证论文写作的顺利进行，以免耽误时间、浪费精力。

编写提纲的方法与步骤：

（1）拟标题。拟定标题时，应力求简单、具体、醒目，或提示论题。需要注意的是，编写提纲的标题一般是最后确定的标题。

（2）用主题句列出全文的基本论点，以明确论文中心，统领全文。

（3）合理安排论文各大部分的逻辑顺序，用标题或主题句的形式列出，设计出论文的结构和框架。论文的结构层次安排一般常用并列式、递进式或因果式，在一篇论文里它们往往是综合运用的。

（4）将论文中的各大部分，逐层展开，扩展深化，设置项目，并结合搜集的材料，进一步构思层次，形成近似论文概要的详细提纲。

（5）将每个层次分成若干段落，写出每个段落的论点句子，并依次整理出需要参考的资料，如卡片、笔记等，标上序号，排列备用。

（6）检查整个论文提纲，做出必要的修改，即增加、删除、调整等。

论文提纲示例：

中国大陆地区高校自主招生改革趋势探究

论点：自主招生不仅是对统一招生考试弊端的最佳弥补方法，更是招生制度改革的必然趋势。

一、考试内容形式多元化

1."国"情：幅员辽阔、民族众多、地区差异较大。

2."校"情：每一所高校的办学理念和人才培养的侧重点都不相同。

3."生"情：学生的差异性在统一考试中往往得不到体现。

二、主体之间的选择认证双向化

1.志愿填报制度，学生落榜风险较大

2.高校对上线的考生没有更多选择权，没有进一步筛选的权力

3.自主招生能给考生与学校更多选择权

三、措施

1.不同学校的自主招生时间"错峰"设置

2.录取认证工作公开化、透明化

3.增强教职人员、管理人员和考生的诚信道德观

4.加强学校自主招生工作的问责制建设

5.完善监督机构和体系，使招考机构的建设和管理向法制化和完善化趋近

结语：重申并强调主论点。

4. 撰写初稿，力求写出新意

根据指导教师的意见和自己拟定的写作提纲撰写论文的初稿。在写作时应力求有新意——或纠正通说，补充新说；或体现新的观点、新的成果；或用新材料、新方法改换分析论证角度，写出有价值、有新意的论文。

初稿的撰写有两种方法：一是从头到尾，不间断、不停顿，一气呵成，写完初稿，然后再仔细推敲，加工修改；二是根据文章的层次结构，一部分一部分地撰写、推敲、加工修订，全文各部分写完后，再合并起来诵读，最后统稿完成。写作时还要注意适度把握论文的写作速度，不宜求快，应做到纲举目张，顺理成章，井然有序，详略得当。

5. 征求意见，反复修订

毫不夸张地说，优秀的毕业论文都是"改"出来的。初稿完成后，不仅要让指导老师提出意见，还要听取其他同学及有关人员的意见，重新阅读有关的参考资料，从观点、材料、结构、语言等各个方面寻找缺陷、错误，反复进行修改，直到满意为止。

修订初稿时应考虑以下几个方面：

（1）检查观点。应侧重检查观点（包括题目）是否正确，是否站得住脚，是否有新意，是否表达清楚。重要提法是否有片面之处，是否貌似惊人实则捡拾他人的成见，是否故作肆意极端之言，是否步人后尘毫无新意。

（2）验证材料。要验证材料是否确凿、有力，是否能相互配合说明论点，是否发挥了论证力量，是否符合逻辑。

（3）调整结构。中心是否突出，层次与部分是否清楚，段落划分是否合适，开头、结尾、过渡照应如何，全文是否构成一个完整而严密的整体。

（4）修改语言。一要改得通顺；二要改得精练（把可有可无的字句删去）；三要合乎文体，注意文题相符；四要检查行文格式、文字书写、标点符号等有无错误。实际修改时，要做到边吟边改，边抄边改，抄改结合，直到满意为止。这样，一篇完整的较成功的毕业论文就完成了。

三、毕业论文的结构和内容

1. 标题

标题应能反映论文的中心内容，让人一看就能大体了解论文的内容。标题应恰当、准确、鲜明地反映论文的内容，不宜过长，一般以25字以内为佳。标题一般不能为疑问句和否定句。如：《企业会计推广应用难的成因及解决对策》《中国需要第三产业——关于国内外第三产业的比较》等。

写论文时，应注意不要把毕业论文的题目定得太大，以避免与论文的实际内容不符。如《浅谈我国证券市场的现状及如何管理》这个题目就太大，如果说是"浅谈"，则无论是现状还是管理都浅尝辄止，不容易写出深度。

2. 署名

在论文标题的下面署作者姓名和指导教师姓名。有统一封面的，作者姓名和指导教师姓名写在封面的指定位置上。

3. 目录

有些毕业论文篇幅较长，文内又有若干小标题，为方便阅读，可列出目录，标明页码。但也可以不列出目录。

4. 摘要

摘要是对论文内容的简短陈述，提示论文的主要观点、见解、论据和概括介绍论文的主要内容。摘要的文字要简明、确切。毕业论文的摘要，放在正文的前面，有统一封面的，通常指定在封二页填写摘要。自然科学毕业论文摘要的主要内容包括：研究的目的，对象、方法、结果、结论及其意义等。其中，研究对象、结果是每篇摘要必不可少的内容。文科毕业论文的摘要通常是用简要的文字对内容进行概括，比较完整地反映论文要点，特别要突出有创见的内容。毕业论文摘要的字数一般在300字左右。

5. 关键词

又称主题词，是指用来表达论文主题内容信息的词语或术语，其目的是为文献检索提供方便。主题词一般3~8个。

6. 正文

正文是论文的主体和核心，毕业论文的正文一般由绪论、本论、结论构成。

（1）绪论。绪论是毕业论文的开头部分，它要求简洁说明论题的主旨、撰写本论文的目的及意义、研究范围、研究方法,有的还对本论、结论作扼要提示。

(2)本论。本论是论文的主体。应对研究的课题作全面的分析、论证、详细说明作者的观点。本论是展开论题、表达作者研究成果的部分。

毕业论文经常采用分列小标题或标示层次序码的方法,来安排本论部分的结构层次。或者把从属于基本论点的若干分论点并列起来,逐个加以论述;或者从不同的角度、不同的方面对论题展开论述;或者用层层推进的方式来展开论述。

当然,本论部分没有什么固定的结构方式,应根据具体情况采用适当方法科学地安排层次。由于不同学科研究的内容不同,毕业论文本论的写法有很大差别。理论型论文一般包括论点、论据、论证三个部分。论点是作者对所论述的问题提出的观点;论据是作者建立自己观点的依据,包括正确、完整的科学理论,真实确凿的数据、图表;论证是作者用论据说明论点的过程,亦即作者运用归纳、演绎、类比等逻辑分析方法,用论据科学地说明论点的正确性。实践性论文是以实践为基础,进行实验、试验和观察,其内容包括其装置、材料、方法、结果与讨论。对结果讨论是正文的重点,讨论要以实践结果及科学理论为依据,论证有哪些成果、哪些缺点、有什么新发现以及对前景的展望。

(3)结论。结论是本论部分阐述的必然结果,是本论要点的归纳,是课题研究的答案。结论既要照应绪论,又要写得简明概括。

7. 参考文献

写毕业论文,常常需要用引文。一般情况下,作者要在正文中所用引文的后面加注码,在正文之后按注码依次注明作者、书名、出版社名称、出版年月、版次、页码;如果引文出自学术论文,应注明作者、论文题目、期刊名称、年份和期号、页码。对毕业论文有参考价值的其他主要参考文献,也应在正文之后一一注明。

四、毕业论文的写作要求

1. 选题要慎重

毕业论文的选题必须符合专业培养的总体要求,围绕专业课的内容。论文的内容,强调的是对所学专业领域内某一课题的研究和设计的成果,以训练学生综合运用所学知识独立分析问题、解决问题的能力,因而,一定要以所学专业理论、知识和基本技能为选题内容,不得超出这个范围。论文题目不宜太大,涉及范围不能太广,否则,时间有限,力不从心,论述不深刻,是写不出像样的毕业论文的;如果能以小见大,抓好重点,找出其难点和症结所在,把问题讲深讲透,并提出自己独到的见解,这样的毕业论文就有价值。

2. 见解要独到

在写作过程中,对所选材料要充分利用,切不可拘泥,要将其有效地纳入到自己文章的思维领域,让材料为我所用。同时注意充分发挥自己写作的主观能动性,对论文的主题、结构、内容等都应有自己独到的把握,从而保证发挥最佳写作水平。

3. 论证要严密

议论要切题,要紧扣中心,用论据充分揭示论点,这是论证中始终应注意的问题。为此,要注意研究论点和论据之间的内在联系,使用合适的分析方法,这样的论证才合理、严密,才能避免"空泛议论,堆砌材料,观点加例子"等类似的毛病出现。

4. 语言要规范

具体来讲,毕业论文的语言要准确、科学、客观、中立、简洁。写毕业论文时,所阐述的论点、论据应经过自己认真审酌,有确切把握,要一是一,二是二,不能含糊其词,避免出现"好像""仿佛""似乎""类似"等显示执笔者没有信心的词语。自述观点时,一般采用"笔者",以表明自己的中立立场,不能用"我"。感情色彩不宜过于外露,不要出现过多的形容词和文学性描写。论述时应简洁明快,避免出现冗长的句子和段落。

 思考与练习

一、名词解释

毕业论文

二、简答题

1.毕业论文的写作步骤有哪些?

2.毕业论文的写作要求有哪些?

第七章　说课稿撰写技巧

说课是一种教学、教研改革的手段,是教师参与教学改革,提高自身教育理论和教研水平的最好途径。说课是授课教师在备课的基础上,面对同行或教研人员,口头表述具体课题的教学设想及其理论依据,然后由听者评说,达到互相交流,共同提高的目的的一种教学研究和师资培训的活动。说课稿则是教师设计、组织说课内容、顺序的书面材料。说课稿与教案是不同的,教案是给授课老师自己看的,主要涉及教师的教学内容,即"怎样教";说课稿则是用来体现与同行交流说课思路的,重点解释"为什么要这样教"。

一、说课稿的主要内容

（一）关于教材

教材是进行教学的评判凭据,是学生获取知识的重要来源。主要有三个方面:

1.说课内容是什么教材的课文;

2.本文的主要内容是什么;

3.本课文有什么特色。

【例】

《小鹰学飞》是苏教版二年级小学语文第三册的一篇课文,这是一篇非常有趣的童话故事,叙述了小鹰在跟随老鹰学飞的过程中,老鹰不断向小鹰提出新的目标,从而使小鹰懂得天外有天,学无止境,应该不断进取的道理。课文结构相近,语言生动,对话居多,插图逼真,有助于激发学生的阅读兴趣。

(二)关于教学目标

1.先说一说制定教学目标的依据。主要有三方面:

一是语文课程标准对教学目标三个维度的描述;

二是学生的年龄特点;

三是教材本身的特点。

2.具体描述教学目标。要注意目标的准确性和具体性。在描述的方法上有两种:

一是按新课标关于目标的三个维度描述,即从"知识与能力""过程与方法""情感态度与价值观"三个方面去表达;

二是同样从这三个方面去思考,但表达时可将这三个层次的意思整合在一起。在具体的表达时,还要时刻注意我们是在"说"课,并要照顾整个一篇文章,而不是只说一课时,但由于两课时都具体说又不可能,因此,第一课时可简要说说目标,而把重点放在第二课时上。

【例】

《小鹰学飞》的目标可这样描述:为了顺利完成本课教学,我准备分两课时进行教学。第一课时主要解决生字词的识写,使学生正确流利地朗读课文,理清文章脉络。

下面我重点说说第二课时的教学目标。根据学生知识与能力、过程与方法、情感态度和价值观这三个维度,结合低年级学生形象思维占主导和本文情趣性强的特点,我确定了以下几个教学目标:

1.能分角色有滋有味地朗读全文,尤其是读好三次对话;

2.抓住重点语段,品词析句,具体感悟,理解文章意思;

3.能练习学习第一次对话的方法,自学第二次、第三次对话;

4.通过学习课文,懂得学无止境,不断进取的道理。

(三)关于教法、学法

教法是指教师的教学方法,即怎样运用教材,引导学生学习。在说课稿中应说明:①教法的具体内容;②采取教学方法的理由;③所用的教具、学具。在教学中往往多种教法配合使用,使教学效果事半功倍。

【例】《坐井观天》的教法

根据寓言故事的特点及本课的语言特色,教学中,以青蛙与小鸟的三次对话为线索,以读代讲,以读促学,让学生在读中悟情明理。引导学算自由阅读,自由表达,打好自主学习语文的基础。再有,低年级学生喜欢直观、形象、生动的画面,为贴近学生实际,可采用简笔画、录像、动片演示等手段,激发学生的学习兴趣。依据新课标的精神,我运用了谈话法、对比法、表演法、实践法等教学方法,激励学生全面参与,主动学习,培养创新能力和实践能力。

学法是指教师教授给学生的学习方法。具体包括学习方法的选择、学习方法的指导和良好的学习习惯的培养。在说课稿中应说明：①学法指导的依据；②学法的具体内容；③学法指导的实施过程。

【例】《坐井观天》学法

新课标要求，语文课程一定要使学生"掌握最基本的语文学习方法"。学生掌握了正确的学习方法，就会产生两个飞跃：一是由"学会"变为"会学"；二是由"被动地学"变为"主动地学"，达到"自能读书，不待老师讲"的理想境界。这样，学生的主体精神被大大激发，其学习效率就会大大提高，做到事半功倍。学无定法，贵在得法，教学本课时，指导学生自由选用"读、说、背、演"等学习方法，结合比较朗读、想象情境、直观理解、做实验等学习方法，真正达到"教是为了不教"这一教学的最高境界；在阅读习惯方面，着重培养学生解疑阅读，学会自学，学会积累的良好习惯。

（四）关于教学过程

教学过程是指通过教师的教和学生的学共同完成教学任务的流程。在说课稿中应说明以下三点内容：

1.整个教学过程的主要步骤及具体环节

在设计环节名称时，最好字数相等、结构相近、层次清晰。

【例】特级教师王崧舟的《圆明园的毁灭》的教学过程

一、揭题导入，奠定基调；

二、整体感知，敏化感悟；

三、拓展背景，加深理解；

四、情境写话，激荡感情

2.教学过程与前面的教材、教学目标、教法、学法相比，信息量较大，一定要注意详略得当

对于基本环节要简略地说，做到惜墨如金；对于重点环节，如课文重点、教学重点、教学亮点、教学特色等，要具体详细地加以说明。

3.说设计意图，说理论依据是说课稿的重中之重

这是说课稿区别于教案的重要部分。因此。要精心设计，找准切口，择其精要，点到为止。

（五）关于板书练习等

在教学过程中，教师会采用板书、练习、多媒体等多种手段来辅助教学，所以也要在说课稿中简要说明。

二、撰写说课稿的注意事项

1. 说课稿内容的要求

①要求内容正确；

②要求内容完整、系统；

③要求内容有序、联贯；

④要求内容有详有略，重点突出。

2.说课稿中的理论与教学实践相结合的要求

说课不但要说"教什么"和"怎样教"，更要说出"为什么这样教"，这个"为什么教"就是教育理论，它涉及课程标准、教材、学情、教育学、心理学、教学法等一系列教育基础理论。要通过说课实现理论与教学实践相结合，使经验型、实践型教学活动，上升为一种科研型、研究型教学探究过程，从而使教育理论得以在教学实践的过程中不断得到验证和发展。

3.与课堂教学相统一

说课的终极目的是优化课堂教学，提高教学效益，这与课堂教学所追求的目标是一致的。凡是课堂教学需要遵循的原则，说课稿也必须遵循。

三、例文欣赏

《将相和》说课稿

一、说教材

《将相和》这篇课文是根据司马迁《史记》中《廉颇蔺相如列传》改写而成的一篇历史故事。它以秦赵两国的矛盾为背景，以蔺相如的活动为线索，记叙了"完璧归赵""渑池之会""负荆请罪"三个小故事，三个小故事相对独立且又互相联系。蔺相如在"完璧归赵"中临危受命，带着和氏璧出使秦国，面对秦王，他审时度势，机智勇敢地与秦王周旋，最终不辱使命，赵王封他为上大夫。在"渑池之会"上，秦王令赵王鼓瑟欲辱赵王，被蔺相如识破，不惜以死相拼，逼秦王为赵王击缶，维护了国家尊严。归国后，赵王拜蔺相如为上卿，位在廉颇之上，廉颇心里失衡，欲找机会羞辱蔺相如，导致了将相之间的不和。蔺相如无病请假、路遇躲避，他"为了赵国利益"忍辱负重、顾全大局的精神最终感动了廉颇。廉颇"负荆请罪"，将相重归于好。

细品全文，文章篇幅虽长，但巧妙地运用过渡句，将三个小故事有机地联系在一起，使得整篇文章脉络清晰，指向明确。文中着力描绘了人物的言行，刻画出蔺相如不畏强暴、机智勇敢和廉颇知错能改的人物形象，讴歌了他们忠于国家、顾全大局的高尚品质。纵观全文，蔺相如"完璧归赵"，不辱使命，在"渑池之会"为捍卫国家尊严不惜以死相拼，面对廉颇的羞辱而忍辱负重以及后来廉颇的"负荆请罪"，这些"豪举"的产生都源于"国家利益高于一切""和为贵"这一思想基础。古人云："天地之气，莫大于和。"在当今构建和谐社会的新形势下，《将相和》这个故事无疑被赋予了新的历史意义。

二、说教学目标

综上所述，我将本课的教学目标制定为：

1.学会本课生字词，理解"完璧归赵、负荆请罪"等词语的意思。

2.初步认识过渡句，了解其在文中的作用。

3.抓人物言行感受人物品质，懂得"国家利益高于一切""和为贵"的道理。

教学重、难点：深入品析人物言行，感受蔺相如和廉颇忠于国家、顾全大局的高尚品质。懂得"国家利益高于一切""和为贵"的道理。

三、说教法、学法

教法：抓题眼，带动对整篇课文的阅读，是本课在教法上的一大特色，也是对"长文"进行"短教"的理想方法。为了避免将三个"相对独立"的小故事教成"绝对孤立"，我将视觉拔向课题中的"和"字，有"和"必有"不和"，将矛盾的焦点聚焦到蔺相如的"嘴"上。在教学中紧紧扣住蔺相如的言行，采用"读议结合、读演结合、读写结合"的方法，步步为营，逐层推进。在读中展开对话过程，将学生的思维引向深入。力求把蔺相如这一人物形象定格在学生眼前，将"国家利益高于一切""和为贵"的思想植根于学生心中。

学法：读议"完璧归赵"——读演"渑池之会"——读写"负荆请罪"

四、说教学过程

下面主要说说"完璧归赵"的教学过程

板块一：找准矛盾焦点，形成探究主题

1.(板书课题)同学们，上节课我们预习了课文，谁来说说课题的意思？

2.既然是"和好"，说明将相以前有过"不和"，他们为什么不和了呢？看看廉颇是怎么说的？

A.生读文，找到第十六自然段廉颇说的话，指名读。

"我廉颇攻无不克，战无不胜，立下许多大功。他蔺相如有什么能耐，就靠一张嘴，反而爬到我头上去了。我碰见他，得给他个下不去！"

B.指导朗读：读书要读得"声情并茂"，老师教大家一个方法：边读边揣摩廉颇当时的心理，想象他说话时的表情、动作，这样自然而然就读得"声情并茂"了。想不想试试？

C.生自由练读后指名读，师生共同评议。

3.找到将相矛盾的焦点了吗？(师生讨论交流)

4.小结：在廉颇的心目中，自己是身经百战、屡建奇功的大功臣。而蔺相如只会耍嘴皮子，没什么真本事。竟然爬到他头上去了，心里就不平衡，不服气。那么蔺相如究竟是怎样的一个人，他的嘴到底厉害不厉害？官到底该不该升？这就是咱们要重点研究的问题。

(板书：嘴 厉害？ 官 升？)

[设计意图：由课题入手，有"和"必有"不和"。引导学生直接切入到课文第十六自然段廉颇的语言，在感情朗读中理清将相矛盾的焦点，形成探究主题——蔺相如的"嘴"到底厉害不厉害？官到底该不该升？"牵一发而动全身"，力求收到"提纲挈领，百毛皆顺"之功效。]

板块二：紧扣人物语言，丰满人物形象

1.我们先来看"完璧归赵"这个故事。请大家自由读课文，找到描写蔺相如面见秦王说话时表现的两个词语，做上记号。

A. 学生自由读文。

B. 请两位同学将词语板书到黑板上。(理直气壮 大大方方)

2.指名读"理直气壮",理解词意,指导读出词语的味道来。

3.引读:蔺相如理直气壮地说——

"我看您并不想交付十五个城……我的脑袋和璧就一块儿撞碎在这柱子上。"

4.蔺相如的理"直"在哪里?请大家默读第二自然段到第八自然段,画出重点句,组织好语言,替蔺相如来摆摆这个理。(师生共同讨论交流)

[设计意图:"阅读是教师、学生、文本之间对话的过程",其中学生与文本之间的有效对话是基础。此处引导学生潜心会文,替蔺相如摆理。理摆透了,气才能壮。既训练了学生的语言概括能力,又为下面的感情朗读以及对话的展开奠定了基础。]

5.导读:

是啊,拿城换璧是你秦王提出来的,我把和氏璧给你送来了,你却不交城。理由充分,说话才有气势。蔺相如理直气壮地说——

(生读"我看您并不想交付十五个城……我的脑袋和璧就一块儿撞碎在这柱子上")

有理有据,所以蔺相如面对的虽然是虎狼之国的秦王,却仍然毫无惧色,言语中字字掷地有声。蔺相如理直气壮地说——

(生齐读"我看您并不想交付十五个城……我的脑袋和璧就一块儿撞碎在这柱子上")

6.讨论交流:蔺相如真的撞吗?(引导:秦王对和氏璧是爱不释手,蔺相如已看在眼里。这是蔺相如使的"金蝉脱壳"之计。)

7.除了金蝉脱壳之计,蔺相如还用了几个计。请大家接着读书,看看谁能读出来?

(生读书后交流,师相机引导"缓兵之计""瞒天过海""明修栈道,暗渡陈仓"等)

8.过渡:和氏璧完好无损地回到了赵国。蔺相如心里的一块石头总算落地了。所以到了举行典礼的那一天,他进宫见了秦王才会——(师指板书"大大方方",生齐读)

9.引读:蔺相如大大方方地说——

"和氏璧已经送回赵国去了……您杀了我也没有用,天下的人都知道秦国是从来不讲信用的。"

10.讨论交流:蔺相如难道不怕秦王杀他吗?这可是欺君之罪呀!请大家再读蔺相如的话,揣摩一下秦王当时的心理。

(相机指导:蔺相如已揣摸透了秦王的心理:和氏璧已经送回赵国去了,杀了蔺相如也没有用。反而落下不讲信用的恶名,让天下人耻笑)

11.导读:

"知己知彼,百战不殆",蔺相如已经摸透了秦王的心理,知道秦王不会杀他,所以才会大大方方地说——

(生齐读"和氏璧已经送回赵国去了……您杀了我也没有用,天下的人都知道秦国是从来不讲信用的")

12.你们读出一个怎样的蔺相如来?(不畏强暴 机智勇敢)

13.小结:蔺相如凭着过人的机智和超人的胆识,用他的那张嘴和秦王针锋相对。不仅"完璧归赵",还让秦国没有理由对赵国动兵。你们说说,他这张嘴厉害不厉害?

（擦去黑板上"厉害"后的"？"，改为"！"）

[设计意图：这一板块教学由"理直气壮"和"大大方方"这两个关键词语入手，引导学生展开探究，既避免了传统阅读教学逐段讲解的弊端，又增加了学生思维的跨度。将学生思维引向深入的同时，蔺相如"机智勇敢、不畏强暴"的形象在学生心中丰满起来。]

板块三：回归课文开头，提升人物精神

1.和氏璧完好无损地回到了赵国，蔺相如也被秦王客客气气地送回了赵国。咱们悬着的心总算可以放下来了。让我们静下心来想想：蔺相如决定接受赵王让他带璧入秦的使命时，他心里有把握吗？请大家读书，找出文中的句子来。

"我愿意带着这块和氏璧到秦国去。如果……那时候秦国理屈，就没有动兵的理由。"

A.指名读后自由读。

B.你们又读出一个怎样的蔺相如来？（交流"自信""胸有成竹"，相机指导朗读）

2.总结提升："运筹于帷幄之中，决胜于千里之外"，一切尽在掌握之中。这就是大智大勇的蔺相如。正是有了这样的大智大勇，才敢带璧入秦，最终完璧归赵，不辱使命。（板书：不辱使命）

3.同学们，如果你是赵王，面对这样一个拥有大智慧的人才，要不要给他升官？

（师擦去黑板上"升"后的"？"，改为"！"）

[设计意图："蔺相如决定接受赵王让他带璧入秦的使命时，他心里有把握吗？"这一问题将学生引入更深层次的对话之中。在指导学生读、悟的过程中，将一个"运筹于帷幄之中，决胜于千里之外"的大智大勇、不辱使命的蔺相如立在学生面前。]

五、说板书设计

将 （廉　颇）　　　　　　　　　　　　　　　　负荆请罪

　　　　　　　—————————→ 不和 —————————→ 和

相 （蔺相如）　　完璧归赵——渑池之会

板书设计揭示课文的主要内容，展现文章脉络和故事之间的因果关系；简洁明晰。

【思政元素版块五】文化自信篇

【导语】

2014年，习近平提出要"增强文化自信和价值观自信"。之后，习近平又指出："我们要坚持道路自信、理论自信、制度自信，最根本的还有一个文化自信。"这里的"文化自信"指的是一个国家及其人民对本民族文化持有的坚定信心，这种文化自信来源于对本民族文化价值的认同、肯定和积极践行。文化自信的意义非常重要，如习近平所说："文明特别是思想文化是一个国家、一个民族的灵魂。无论哪一个国家、哪一个民族，如果不珍惜自己的思想文化，丢掉了思想文化这个灵魂，这个国家、这个民族是立不起来的。"中国有着悠久的历史和博大精深的文化底蕴，具体包括以下三个方面。

1.传统文化

传统文化能"增强做中国人的骨气和底气",是中华民族的灵魂基石与精神动力。在漫长的古代历史中,中国以儒家精神为主,融会贯通了多家思想,形成了中华民族传统文化的庞大体系。如《易经》中"自强不息"的奋斗精神、"革故鼎新"的创新思想、孟子"舍生取义"的牺牲精神、岳飞"精忠报国"的爱国情怀、顾炎武"天下兴亡,匹夫有责"的担当意识,以及中国历代社会发展总结出的哲学观、社会观和价值观,如"天人合一""天下为公"的社会理想,"国而忘家,公而忘私"的价值理念,"扶危济困"的公德意识,"以人为本""民惟邦本"的治国理念,"载舟覆舟""居安思危"的忧患意识,"止戈为武""协和万邦"的和平思想,"与人为善""己所不欲,勿施于人"的处世之道,"儒法并用""德刑相辅"的治理思想,"和为贵""和而不同"的东方智慧等。近年来,随着中国国力的增强,传统的国学又被人们所重视,人们重读文史经典,学习古人留下的精神财富和文化遗产,兴起了一波又一波的国学热潮。同时传统文化也藉由一些文化创意作品,如影视、文学、音乐等作品,走出国门,走向国际,越来越多的外国人学习汉语和汉学,说明传统文化具有跨越时代与种族的精神魅力。作为中国人,要以传统文化为荣,吸取其中优秀养分,继承传统美德。

2.革命文化

近现代,中国经历了翻天覆地的大变革,在一次次变革中,中国共产党登上了历史舞台,带领中国人民翻身解放,开创了新中国崭新的历史篇章。在这一段血与火的岁月淬炼中,人们形成了顽强不屈、奋发进取的革命精神。从战争年代的井冈山精神、长征精神、延安精神、西柏坡精神,到新中国建设时期的雷锋精神、大庆精神、两弹一星精神,再到世纪之交的航天精神、北京奥运精神、抗震救灾精神,中国的革命文化在不同历史时期一直指引着人民克服困难、不断前进,创造了一个又一个的奇迹。作为中国人,要不忘这段艰辛而光荣的历史,继承勇往无前的革命文化传统,不断鞭策和激励自己,从而为我们在新的历史时期推进文化建设奠定坚实基础。

3.社会主义先进文化

在革命年代,历史证明了"只有社会主义才能救中国"这一命题。而在进入21世纪的新历史时期,也只有社会主义才能让我们继续创造新的成绩,实现中华民族的伟大复兴。社会主义先进文化的明显特征是中国特色社会主义的共同理想、以爱国主义为核心的民族精神和以改革创新为核心的时代精神,以及社会主义荣辱观。改革开放三十年的社会主义实践充分证明和检验了社会主义文化是先进的文化,是有生命力的文化,是体现人类文明发展进步方向的文化。我们应该继续坚持社会主义先进文化,坚定不移地在党的领导下走有中国特色的社会主义道路。

总之,我们的文化自信,不仅来自于历史传统、革命实践,更来自当前对社会主义文化的高度自信。改革开放30多年来,我们创造了举世瞩目的成就。国家强盛起来了,文化就必然繁荣。党的十八大以来,把建设社会主义文化强国摆到更加突出的位置,中华文化将会迎来一个黄金发展时期。社会主义核心价值观是中华民族传统文化、革命文化和社会主义先进文化的结合体，是党对国家、社会、个人价值观要求的高度凝练。作为大学生，更应该对中国文化有信心，热爱中华传统文化、珍视革命文化、领会社会主义先进文化，做继承和传播中华文化的新一代接班人，为实现中国梦的美好愿景而奋斗。

【代表作品赏析】

三字经（节选）

[宋]王应麟

人之初，性本善。性相近，习相远。

苟不教，性乃迁。教之道，贵以专。

昔孟母，择邻处。子不学，断机杼。

窦燕山，有义方。教五子，名俱扬。

养不教，父之过。教不严，师之惰。

子不学，非所宜。幼不学，老何为。

玉不琢，不成器。人不学，不知义。

……

父子恩，夫妇从。兄则友，弟则恭。

长幼序，友与朋。君则敬，臣则忠。

此十义，人所同。当师叙，勿违背。

……

蚕吐丝，蜂酿蜜。人不学，不如物。

幼而学，壮而行。上致君，下泽民。

扬名声，显父母。光于前，裕于后。

人遗子，金满赢。我教子，唯一经。

勤有功，戏无益。戒之哉，宜勉力。

《三字经》是宋朝王应麟所作，内容大都采用三字一句，四句一组的韵文形式，易于背诵、朗朗上口、语言浅显易懂，适合儿童学习，是历朝历代最重要的儿童启蒙教材之一。《三字经》取材典范，包括历史、哲学、天文地理、人伦义理、文学等，核心思想可以概括为"仁，义，诚，敬，孝。"

如选文的第一部分就强调了教育的重要性，指出家庭教育和学校教育应共同作用，引导孩子健康成长。一个人的成才之路如同雕刻玉器一样，玉在没有打磨雕琢以前和石头没有区别，人也是一样，只有经过刻苦磨炼才能成为一个有用的人。

第二部分则说明了如何维系良好的人际关系。社会是复杂的，每人有各种亲属关系和社会关系。古人提出"十义"（父慈、子孝、夫和、妻顺、兄友、弟恭、朋信、友义、君敬、臣忠），这是处理各种相互关系的准则，现今这些准则仍是维持社会安宁、推动社会发展的保证。

第三部分是《三字经》的结尾部分，教育儿童要认真完成学业，长大才能学以致用，为国效力，为家庭分担责任。这里特别提倡一种奉献的精神，即对祖国、对人民、对他人的奉献精神，我们的学识是奉献的资本，谁的学识越多，谁的奉献就越大，人民就把更多的荣誉献给他们。人类只有通过不断的学习，才能掌握前人留下来的知识，并以此来开拓更深、更广泛的知识领域，不断地改善人类自身的生存和生活环境。

现今，《三字经》依旧有教育意义，教会人们如何处理个人与社会、他人的关系；如何把所学知识转化为实践能力，贡献自己的力量。

【拓展练习】

组织学生展开讨论：

1.通过《三字经》的学习，你得到了哪些对自己有帮助的启发？

2.与同学介绍和推荐一部能体现中国文化自信的文学或影视作品？

3.在现实生活中，如何通过言行展示文化自信的观念？

 教资考试拓展训练

一、精选真题（2019年上半年）

1.下列交际用语使用得体的一项是（　　　　）。

A.涂鸦之作，不足当先生一哂，如蒙赐正，令郎不胜感激

B.家父古稀之庆，承蒙各位亲友光临，略微薄酒，敬答厚意

C.某大学研究生给自己的老师写信，称自己的老师为"先师"

D.古代人尊称别人的妻子为内人

2.对联"暮云收尽溢清寒，银汉无声转玉盘"中描述的节日是（　　　　）。

A.元宵节　　　　　　　B.端午节　　　　　C.中秋节　　　　　　　　D.除夕

3.俗语"日已长至，夏正当中"中描述的节气是（　　　　）。

A.立夏　　　　　　　　B.夏至　　　　　　C.小暑　　　　　　　　　D.大暑

4.在我国农历的干支纪年中，从甲子年到癸亥年共六十年构成一个循环，如果将上一个甲子年当作本循环的第1年，那么第31年是（　　　　）。

A.甲戌年　　　　　　　B.甲午年　　　　　C.戊戌年　　　　　　　　　D.庚午年

5.《论语·宪问》中说"君子上达，小人下达"，这是对人物（　　　　）的描述。

A.能力　　　　　　　　B.气质　　　　　　C.性格　　　　　　　　　D.情感

二、《综合素质》之"称谓"知识点整理

（一）人的称谓

1.称字：幼时由长辈命名，成年（男20岁，女15岁）取字。如茅盾，本名沈德鸿，字雁冰；鲁迅名叫周树人，字豫才。

2.称号：一般只用于自称，以显示某种志趣或抒发某种情感，年龄不限，如李白号青莲居士，白居易号香山居士，李清照号易安居士。

3.称谥号：古代王侯将相、高级官吏、著名文士等死后被追加的称号，如范仲淹称文正，欧阳修称文忠。

4.称籍贯：以人的出身地命名，如孟浩然称孟襄阳，柳宗元又称柳河东。

5.称官名：以人的官名来命名，如杜甫称杜工部。

6.称官地：以人做官的地方来命名。如岑参被称为岑嘉州，柳宗元称柳柳州。

7.古代帝王对贵族功臣的封赐爵号（位）：公、侯、伯、子、男（五等）。

（二）谦称

1.自称：愚、敝、卑、臣、仆。

2.帝王自称：孤、寡、朕。

3.古代官吏自称：下官、末官、小吏。

4.读书人自称：小生、晚生、晚学、不才、不肖。

5.古人称自己一方的亲属朋友用家或舍，如家父、家母、家兄、舍弟、舍妹、舍侄。

6.其他自谦词

尊长者自称：在上。

晚辈自称：在下。

老人自称：老朽、老夫。

女子自谦：妾。

（三）敬称

1.对帝王：万岁、圣上、天子、圣驾、陛下、大王。

2.对将军：麾下。

3.对于对方或对方亲属的敬称用令、尊、贤。

令：令尊（对方父亲）、令堂（对方母亲）、令兄（对方哥哥）、令郎（对方儿子）、令爱（对方女儿）。

尊：用来称与对方有关的人和物。

尊上（对方父母）、尊公、尊君、尊府（对方父亲）

尊堂（对方母亲）、尊亲（对方的亲戚）、尊命（对方的吩咐）、尊意（对方的意思）

贤：称平辈或晚辈。

贤家（指对方）、贤郎（对方儿子）、贤弟（对方弟弟）。

仁：称同辈友人中长于自己的人为仁兄。称地位高的人为仁公。

4.称年老的人为丈，如丈人。唐以后称岳父为丈人，又称泰山。妻母为丈母，又称泰水。

5.称谓前加"先"表已死，用于敬称地位高的人或年长的人。

称死去的父亲：先考、先父。

称死去的母亲：先妣、先慈。

已死去的有才德的人：先贤。

死去的帝王：先帝。

6.君对臣敬称：卿、爱卿。

7.对品格高尚、智慧超群的人用"圣"表敬称，"孔子"为"圣人"，"孟子"为"亚圣"，"杜甫"为"诗圣"，后来"圣"多用于帝王，如"圣上""圣驾"。

（四）特殊称谓

1.百姓的称谓：布衣、黎民、庶民、苍生、氓。

2.伯（孟）仲叔季：兄弟行辈中长幼排行的次序。

伯（孟）是老大，仲是老二，叔是老三，季是老四。

3.不同的朋友关系之间的称谓

贫贱之交：贫贱而地位低下时结交的朋友。

金兰之交：情谊契合，亲如兄弟的朋友。

刎颈之交：同生死，共患难的朋友。

忘年之交：辈份不同，年龄相差较大的朋友。

竹马之交：从小一块长大的异性朋友。

布衣之交：以平民的身份相交往的朋友。

患难之交：在遇到磨难时结成的朋友。

4.年龄的称谓

垂髫：三四岁至八九岁。

总角：八九岁至十三四岁。

豆蔻：十三四岁至十五六岁（比喻人还未成年，未成年的少年时代称为"豆蔻年华"）。

弱冠：20岁。

而立：30岁。

不惑：40岁。

知天命：50岁。

花甲：60岁。

古稀：70岁。

耄耋：80岁~90岁。

期颐：100岁。

三、精选范文

阅读下面材料，根据要求写作文。

美国华盛顿儿童博物馆墙上有句格言："我听见了就忘记了，我看见了就记住了，我做过了就理解了。"

从教育角度立意，写一篇不少于800字的文章。

【传统文化版块】中国古代科举文化

一、科举制度的发展

科举制度是中国历史上通过考试选拔官员的一种基本制度。它创始于隋朝，确立于唐朝，完备于宋朝，兴盛于明、清两朝，废除于清朝末年，历时1300余年，对中国历史的发展产生了广泛而深远的影响。

先秦有乡举里选之说，是最早的为政府选拔人才的做法。春秋战国时期，有"养士"的选官之道。汉代有了察举制度，用来选拔统治人才。魏晋南北朝有九品官人法，由各州郡都设中正官负责品评当地人物的高低，分为上上、上中、上下、中上、中中、中下、下上、下中、下下九品。

科举的创办人是隋炀帝杨广。隋代废除了九品中正的选拔制度，设进士、明经二科取士。唐沿隋制，并增设明法、明字、明算诸科，以进士、明经二科为主。进士科重文辞，明经科重经术。进士、明经等科通常每年都举行考试。此外唐代还有所谓制举，这是由皇帝特诏举行的考试，据说是要选拔特殊的人才。无论取中进士、明经等科与否，都可以应制举。考期不固定，科目由皇帝临时决定，有贤良方正能直言极谏科，才识兼茂明于体用科，文辞秀逸科，风雅古调科，等等，前后不下百十种，这些称为制科。唐代博学宏词科本来也是制科，开元十九年（公元731年）以后改为吏部选人的科目，每年举行考试。宋代制举恢复博学宏词科，直到清代还有博学鸿词科。

宋代最初也以进士、明经等科取士。宋神宗时王安石建议废明经等科，只保留进士科。进士科不考诗赋而改试经义，此外仍考论策（后来也间或兼考诗赋）。礼部考试合格后，再由皇帝殿试复审，然后分五甲（五等）放榜，授予官职。

明清两代的科举制度大致相同。正式的科举考试分为三级，即乡试—会试—殿试。各种考试主要是考八股文和试帖诗等。八股文这种文体有一套固定的格式，规定由破题、承题、起讲、入手、起股、中股、后股、束股八个部分组成，每一部分的句数、句型也都有严格的限定。"破题"规定两句，说破题目意义；"承题"三句或四句，承接"破题"加以说明；"起讲"概括全文，是议论的开始；"入手"引入文章主体；从"起股"到"束股"是八股文的主要部分，尤以"中股"为重心。在正式议论的这四个段落中，每段都有两股相互排比对偶的文字，共为八股，八股文由此得名。八股文的题目，出自《四书》《五经》，八股文的内容，不许超出《四书》《五经》的范围，要模拟圣贤的口气，传达圣贤的思想，考生不得自由发挥。无论是内容还是形式，八股文都起到了束缚思想、摧残人才的作用。

二、古代学校名称

【校】夏代学校的名称，举行祭祀礼仪和教习射御、传授书数的场所。

【庠】殷商时代学校的名称。《孟子·齐桓晋文之事》："谨庠序之教，申之以孝悌之义。"

【序】周代学校的名称。《孟子·滕文公》："设为庠序学校以教之。"古人常以庠序称地方学校，或泛指学校或教育事业。

【国学】先秦学校分为两大类：国学和乡学。国学为天子或诸侯所设，包括太学和小学两种。太学、小学教学内容以"六艺"（礼、乐、射、御、书、数）为主，小学尤以书、数为主。

【太学】中国封建时代的教育行政机构和最高学府。魏晋至明清或设太学，或设国子学（监），或两者同时设立，名称不一，制度也有变化，但都是教授王公贵族子弟的最高学府，就学的生员皆称太学生、国子生。

【乡学】与国学相对而言，泛指地方所设的学校。

【国子监】汉魏设太学，西晋改称国子学，隋又称国子监，从此国子监与太学互称，都是最高学府兼有教育行政机构的职能。如明代设"国子监"，而《送东阳马生序》中则称之为"太学"。

监生指国子监的学生。或由学政考取，或地方保送，或皇帝特许，后来成为虚名，捐钱就能取得监生资格。《祝福》中的"四叔"就是"一个讲理学的老监生"，《儒林外史》中的严监生则是一个吝啬鬼的典型人物形象。

【书院】唐宋至明清出现的一种独立的教育机构，是私人或官府所设的聚徒讲授、研究学问的场所，宋代著名的四大书院是江西庐山的白鹿洞书院、湖南长沙的岳麓书院、湖南衡阳的石鼓书院和河南商丘的应天府书院。明代无锡有"东林书院"，曾培养了杨涟、左光斗这样一批不畏阉党权势、正直刚硬廉洁的进步人士，他们被称为"东林党"。

三、科举制名称

【童试】也叫"童生试"；明代由提学官主持、清代由各省学政主持的地方科举考试，包括县试、府试和院试三个阶段，院试合格后取得生员（秀才）资格，方能进入府、州、县学学习，所以又叫入学考试。应试者不分年龄大小都称童生。《促织》："邑有成名者，操童子业。"这里的"操童子业"是说正在准备参加童生试。

【乡试】明清两代每三年在各省省城（包括京城）举行的一次考试，因在秋八月举行，故又称为秋闱（闱，考场）。主考官由皇帝委派。考后发布正、副榜，正榜所取的叫举人，第一名叫解元。

【会试】明清两代每三年在京城举行的一次考试，因在春季举行，故又称为春闱。考试由礼部主持，皇帝任命正、副总判官，各省的举人及国子监监生皆可应考，录取三百名为贡士，第一名叫会元。

【殿试】是科举制最高级别的考试，皇帝在殿廷上，对会试录取的贡士亲自策问，以定甲第。实际上皇帝有时委派大臣主管殿试，并不亲自策问。录取分为三甲：一甲三名，赐"进士及第"的称号，第一名称状元（鼎元），第二名称榜眼，第三名称探花；二甲若干名，赐"进士出身"的称号；三甲若干名，赐"同进士出身"的称号。二、三甲第一名皆称传胪，一、二、三甲统称进士。

【及第】指科举考试应试中选，应试未中的叫落第、下第。《祭妹文》："逾三年，予披宫锦还家。"古时考中进士要披宫袍，这里"披宫锦"即指中进士。《祭妹文》："大概说长安登科，函使报信迟早云尔。"这里的"登科"是及第的别称，也就是考中进士。

【进士】是科举考试的最高功名。贡士参加殿试录为三甲都叫进士。古代许多著名作家都是进士出身，如唐代的贺知章、王勃、宋之问、王昌龄、王维、岑参、韩愈、刘禹锡、白居易、柳宗元、杜牧等，宋代的范仲淹、欧阳修、司马光、王安石、苏轼等。考中进士，一甲即授官职，其余二甲参加翰林院考试，学习三年再授官职。

【状元】科举制度殿试第一名，又称殿元、鼎元，为科名中最高荣誉。历史上获状元称号的有一千多人，但真正参加殿试被录取的大约为七百五十名。唐代著名诗人贺知章、王维，宋代文天祥都是经殿试而被赐状元称号的。

【会元】举人参加会试，第一名称会元，其余考中的称贡士。

【解元】生员（秀才）参加乡试，第一名称解元，其余考中的称举人。

【连中三元】科举考试以名列第一者为元，凡在乡、会、殿三试中连续获得第一名，被称为"连中三元"。据统计，历史上连中三元的至少有十六人。欧阳修在《卖油翁》中提到的"陈康肃公尧咨"，即陈尧咨，陈尧咨与其兄陈尧叟都曾考中状元，而陈尧叟则是连中三元。

【鼎甲】指殿试一甲三名：状元、榜眼、探花，如一鼎之三足，故称鼎甲。状元居鼎甲之首，因而别称鼎元。

【贡士】参加会试而被录取的称贡士。

【举人】参加乡试而被录取的称举人。举人可授知县官职。《儒林外史》第三回写范进中举后，张乡绅立即送贺银和房屋，范的丈人胡屠户也立时变了嘴脸吹捧女婿是"天上的星宿"，而范得了消息，高兴得发了疯。说明古代中举后便可升官发财。

【生员】即秀才，通过院试（童试）的可称为生员或秀才。如王安石《伤仲永》"传一乡秀才观之。"东汉时避光武帝刘秀讳，而称秀才为茂才，《阿Q正传》中称赵少爷"茂才公"，用以表示讽刺。

参考文献

[1] 余冠英.诗经选[M].北京：人民文学出版社，1979.

[2] 陈新璋.诗词鉴赏概论[M].广州：广东人民出版社，1991.

[3] 陈振鹏，章培恒.古文鉴赏辞典[M].上海：上海辞书出版社，1996.

[4] 袁行霈.中国文学史[M].北京：高等教育出版社，1999.

[5] 陈平原.中国散文选[M].天津：百花文艺出版社，2000.

[6] 江少川.高等语文[M].北京：高等教育出版社，2011.

[7] 莫林虎.中国诗歌源流史[M].北京：中国社会科学出版社，2001.

[8] 张德实.应用写作[M].北京：高等教育出版社，2003.

[9] 宿春礼.市场推广管理文案[M].北京：经济管理出版社，2003.

[10] 莫砺锋.古典诗学的文化观照[M]．北京：中华书局，2005.

[11] 钱理群，吴福辉，温儒敏，等.中国现代文学三十年[M].北京：北京大学出版社，1998.

[12] 王步高.唐诗宋词鉴赏[M].北京：北京大学出版社，2003.

[13] 张占国，王铁柱.中国历代诗词分类品读[M].北京：学苑出版社，2006.

[14] 康震.长安文化与隋唐诗歌[M]．西安：陕西人民教育出版社，2008.

[15] 柳诒徵.中国文化史[M].北京：东方出版社，2007.

[16] 夏中义.大学新语文[M].北京：北京大学出版社，2005.

[17] 许瑞蓉.职场应用文写作训练教程[M]．重庆：重庆大学出版社，2006.

[18] 俞纪东．经济写作[M]．上海：上海财经大学出版社，2009.

[19] 国家公务员录用考试教材编写组.申论[M].北京：中共党史出版社，2007.

[20] 胡胜，颜琳．新编大学语文教程[M].沈阳：辽宁教育出版社，2010.

[21] 丁仕原，罗靖，王达.现代应用写作新编[M]．长沙：湖南人民出版社，2009.

[22] 洪子诚.中国当代文学史[M].北京：北京大学出版社，2009.

[23] 李永新.申论[M].北京：法律出版社，2009.

[24] 许鹏.文学概论[M].2版.北京：中国人民大学出版社，2011.

[25] 戴尔·卡耐基.卡耐基魅力口才与演讲的艺术.[M].北京：中国华侨出版社，2011.

[26] 徐中玉，齐森华.大学语文[M].上海：华东师范大学出版社，2013.

[27] 张荣翼，李松.文学概论[M].北京：北京大学出版社，2013.

[28] 李永梅.语文拓展阅读[M].北京：光明日报出版社，2013.

[29] 朱维之，赵澧，崔宝衡，等.外国文学史（欧美卷）[M].天津：南开大学出版社，2014.